本书由以下项目资助出版

2018 年国家自然科学基金项目（71874037）
2018 年广东省自然科学基金项目（2018A030313397）

跨越“死亡之谷”和“达尔文海”

——ST理论及其在新技术产业化中的应用

刘贻新　张光宇　著

科学出版社

北京

内 容 简 介

本书将ST理论和政策组合这两个前沿理论与新技术产业化管理这一重大现实问题有机结合，围绕“如何助力新技术成功跨越‘死亡之谷’和‘达尔文海’两道鸿沟且实现可持续发展，为破解当前新技术产业化发展困境提供更为科学的理论指导和技术支持”这一主题展开研究，旨在揭示可持续转型的机理机制，为把握新技术产业化的发展规律和培育成效提供一种新的研究视角、分析模型和经验借鉴。

本书可供创新管理和政策科学相关领域专家学者、各级政府管理者、企业科技创新管理相关人员、高校科研院所研究生及社会公众阅读参考。

图书在版编目（CIP）数据

跨越“死亡之谷”和“达尔文海”：ST理论及其在新技术产业化中的应用/刘贻新，张光宇著. —北京：科学出版社，2021.11

ISBN 978-7-03-069229-0

Ⅰ.①跨…　Ⅱ.①刘…　②张…　Ⅲ.①新兴产业-高技术产业化-研究-中国　Ⅳ.①F279.244.4

中国版本图书馆CIP数据核字（2021）第116630号

责任编辑：郭勇斌　杨路诗 / 责任校对：杜子昂
责任印制：张　伟 / 封面设计：众轩企划

科学出版社 出版
北京东黄城根北街16号
邮政编码：100717
http://www.sciencep.com
北京厚诚则铭印刷科技有限公司 印刷
科学出版社发行　各地新华书店经销
*
2021年11月第 一 版　开本：720 × 1000　1/16
2023年 1 月第三次印刷　印张：21 1/4
字数：428 000

定价：148.00元

（如有印装质量问题，我社负责调换）

前　言

“那是最美好的时代，那是最糟糕的时代”，狄更斯《双城记》的这句名言似乎也折射出当今人类社会发展的某种现状：科学技术以前所未有的速度迅猛发展，增强了人类改造自然的能力，给社会带来空前繁荣；但与此同时，现有的生产与消费模式又给人类赖以生存的自然资源和环境带来极大的破坏，资源枯竭、温室效应加剧、海洋酸化、土地污染等问题日益恶化。如何秉持新发展理念，促进生产与消费模式的可持续转型，实现各国共同发展，构建人类命运共同体，是当前全球面临的重大挑战。

早在 2014 年，中共中央总书记、国家主席、中央军委主席习近平在中国科学院第十七次院士大会、中国工程院第十二次院士大会上的讲话就指出，“科技是国家强盛之基，创新是民族进步之魂。自古以来，科学技术就以一种不可逆转、不可抗拒的力量推动着人类社会向前发展……从某种意义上说，科技实力决定着世界政治经济力量对比的变化，也决定着各国各民族的前途命运”[①]。可见，培育以新技术驱动为核心的新兴产业，是拉动本国经济增长、提高供给体系质量、实现绿色低碳可持续发展的重要引擎。当前，中国面对经济发展新常态，明确提出要坚持“创新、协调、绿色、开放、共享”五大发展理念，通过实施创新驱动发展战略加快新兴产业的培育，通过推进供给侧结构性改革提升新兴产业的竞争力，从而推动经济发展的质量变革、效率变革和动力变革，引领经济迈进高质量发展阶段。为此，中国政府近年来制定了一系列重大战略规划，旨在通过有效的政府宏观调控和科学的政策组合设计，加快新技术产业化的成功培育和可持续发展，并通过“一带一路”倡议等将自身发展寓于全球发展，在同各国的良性互动中实现普惠共赢。

然而，以区块链、人工智能、太阳能和新能源汽车（new energy vehicle，NEV）为代表的新兴产业发展表明，新技术产业化是一项复杂的系统工程，新技术成功产业化，最终变革现有的社会-技术体制且实现可持续发展并非易事。从社会-技术体制转型视角来看，实现新技术产业化，必须要成功跨越技术演进过程中的“死亡之谷”与市场扩散过程中的“达尔文海”两大鸿沟，这既关系到新技术自身的内生演化，还涉及其所处的社会-技术体制的外部演进，这两大

---

① 资料来源：http://cpc.people.com.cn/n/2014/0610/c64094-25125594.html。

鸿沟导致新技术产业化普遍面临着成功率和贡献度不高的问题。为此，各国政府出台了大量的扶持政策，但现实反馈这些扶持政策并没有产生应有效果，甚至出现了“不扶还好，一扶就倒”的现象，与政府初衷背道而驰，新技术产业化发展陷入了所谓的“亚历山大困境”。

如何提高新技术产业化的成功率？是否需要政府扶持？如何提升政府实施政策干预的效果？这些问题，正是当前学界和业界讨论的焦点。Kemp 等（1998）认为，新技术产业化的成功率不高，是由于缺乏一套科学的分析模型来剖析新技术成长的内在规律，更是由于缺乏一种系统的工具方法指引和管理新技术的成长。对于“产业政策之争”问题，中国经济学家林毅夫（2017）提出市场存在失灵的瓶颈，应通过“有为的政府”促进“有效的市场”，主张积极采用灵活的产业政策促进新兴产业发展。2016 年英国伦敦经济与商业政策署前署长罗思义援引经典著作《创业型政府》，论证了产业政策在欧洲发达经济体加快新技术产业化中的重要性。中共中央总书记、国家主席、中央军委主席习近平在 2017 年中央经济工作会议上，也明确提出在加快建设现代化经济体系时，要“使市场在资源配置中起决定性作用，更好发挥政府作用”[①]。因此，精准把握新技术产业化的发展规律，提高政府实施政策引导与干预的效力，从而助力新技术成功跨越“死亡之谷”和“达尔文海”两道鸿沟，为破解当前新技术产业化发展成功率和贡献度不高、政策扶持效果不大的困境提供技术支持和决策参考，无疑成为当前新技术产业化管理的一个重大现实课题。

20 世纪 90 年代末，针对全球不可持续的生产消费模式所带来的严峻挑战，欧美发达国家提出要促使现有社会-技术体制向可持续发展方向转型。在此背景下，不少学者提出以建立更可持续发展的社会-技术体制为目标，通过科学设计政策组合来有效构建和管理保护空间，助力具有前景的新技术的生态位形成，直至变革现有社会-技术体制，向更可持续发展的社会-技术体制转型的理论——可持续转型（sustainable transition，ST）理论。ST 理论的核心思想，就是为了实现可持续的生产消费模式，针对某项具有发展前景的新技术，在其尚未占据主导设计和主流市场之前，主动为其构建一个保护空间，并采取特定的机制策略来控制和管理这个空间，逐步创建和发展新技术的生态位，从而实现创新生态位的“孕育—发展—涌现”，直至变革现有社会-技术体制，最终向更可持续发展的社会-技术体制转型。由于 ST 理论能为技术变革、绿色低碳发展等重大现实问题提供科学的理论解释和解决途径，受到学界和业界的热切关注，成为当前创新管理和转型管理的一个重要研究领域，被广泛应用在新能源与公共运输系统、水污染与城市发展、农业与食品安全等诸多新兴产业培育和能源系统转换的实践应用中。目

① 资料来源：http://cpc.people.com.cn/n1/2017/1220/c64094-29719664.html。

前，ST研究在理论推广、方法创新以及应用实践上取得了丰硕成果，效果显著。

减缓气候变化、海洋酸化和其他与碳排放相关的环境问题需要在能源、交通和若干相关领域迅速实现实质性的社会-技术转型。在此背景下，ST学者分析政策干预如何能够引导、加速和改变技术变革和新技术可持续发展，并促成新技术产业化向更可持续的生产和消费模式转型，即如何运用公共政策促进可持续转型。这个领域研究的一个重要观点是，对单个政策的关注过于狭隘，应该加强对政策组合的分析。政策组合（policy mixes）在技术变革以及新技术可持续发展过程中起到关键的作用，因为许多市场或系统的失灵、障碍、风险都涉及技术变革和转型，这是单个政策无法解决的。在过去20多年里，结合ST研究背景的政策组合研究也越来越受到关注，尤其是如何加强对政策组合动态演变的本质理解，以及评估与测量政策组合对促进技术变革和新技术可持续发展的影响效应，从而为制定有效的政策设计方案和"修补"现有的政策提供决策参考，成为当前政策组合研究领域的热点。

为此，《跨越"死亡之谷"和"达尔文海"——ST理论及其在新技术产业化中的应用》将ST理论和政策组合这两个前沿理论与新技术产业化管理这一重大现实问题有机结合到一起，围绕"如何通过科学的政策组合设计，有效构建和管理保护空间，助力创新生态位的培育跃迁和协同演化，从而助力新技术成功跨越'死亡之谷'和'达尔文海'两道鸿沟且实现可持续发展，为破解当前新技术产业化发展困境提供更为科学的理论指导和技术支持"这一主题展开研究，旨在梳理与跟踪当前国际ST理论和政策组合这两个领域的研究前沿，基于ST理论视角识别新技术产业化发展的障碍因素，并揭示其转型的机理机制，为把握新技术产业化的发展规律和培育成效提供一种新的研究视角、分析模型和可借鉴经验。这既能响应当前新技术产业化管理研究的热点，又能进一步丰富该领域的理论研究。同时，本书按照"通过有效构建和管理保护空间，助力创新生态位的培育跃迁和协同演化"的研究思路，剖析保护空间驱动新技术产业化的运作机制及其策略，既可进一步完善现有ST理论中保护空间的研究，又可回应当前"产业政策之争"这一焦点问题并表明学术态度，为政府通过实施有效的政策干预来引导和加快新技术产业化发展提供科学的理论支撑。此外，通过提出如何科学设计和评估测量政策组合，从而促进新技术可持续发展，为提高政府实施政策干预的及时性和实效性、加快发展新技术产业化提供决策支持，可满足当前对贯彻新发展理念，推动绿色低碳发展、转型的研究需求。

本书按照"导论→理论概述→机理探究→评价分析→应用探索"的系统分析框架展开研究（图0-1），研究内容分为五大部分，共十四章。在研究方法上，本书采取了定性和定量分析相结合、实证和实验研究相呼应的研究手段，具体包括文献分析归纳法、知识图谱方法、政策文本计量分析法、问卷调查和比较分析法、案例研究方法和系统动力学（system dynamics，SD）建模仿真法等，同时，根据具体研究方法的需要，选用相应的软件实现，包括 CiteSpace（图谱可视化分析软件）、Vensim（建模仿真软件）、SPSS（数据统计分析软件）等。

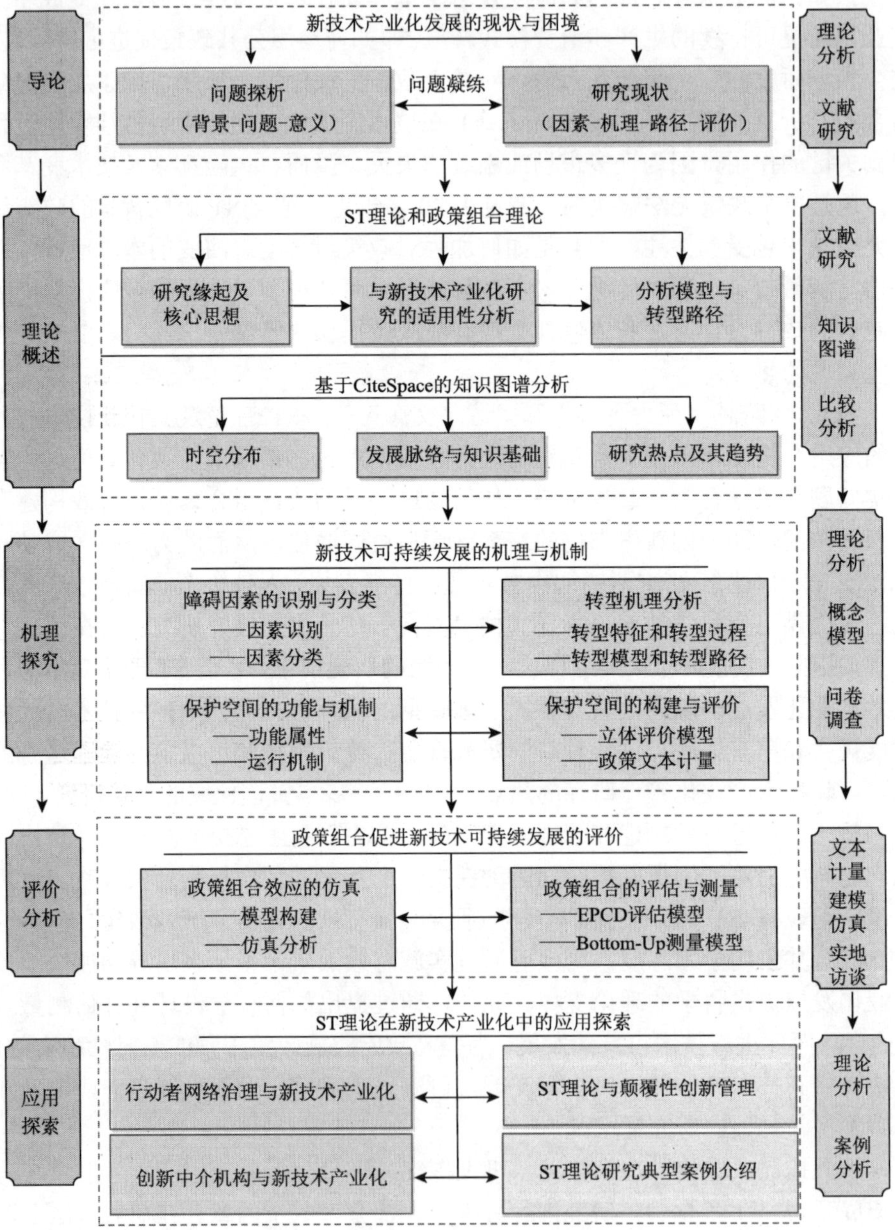

图 0-1　研究内容的构成及逻辑关系

本书凝结了研究团队近十年来的研究成果，是团队基于 ST 研究背景下促进新技术产业化研究的一个阶段性总结，同时也是我 2016 年博士论文的进一步拓展和深化。从 2010 年开始，团队就持续对 ST 理论和政策组合理论对促进新技术可持续发展的作用进行跟踪研究，很多研究同人给予了悉心帮助，可以说本书是一个集大家智慧的成果。

本书是 2018 年国家自然科学基金项目“保护空间驱动新技术产业化的运作机制和效应评价：可持续转型视角”（71874037）和 2018 年广东省自然科学基金项目“可持续转型视角下保护空间驱动新技术产业化的作用机理、运行机制与绩效评价研究”（2018A030313397）的研究成果，并由上述两个项目资助出版。

同时，本书也包含了 2019 年中国工程院咨询研究项目“颠覆性技术产生规律及识别、培育机制研究”（2019-XZ-40-02）、2018 年广东省软科学科技管理改革重点项目“促进广东新型研发机构高质量发展研究”（2018B070714019）、2020 年教育部人文社会科学研究一般项目“数字经济条件下中国企业主导‘一带一路’RVC 延伸的治理方式与实现路径研究”（20YJA630029）、2018 年度教育部人文社会科学研究青年基金项目“后发企业颠覆性创新的影响因素及其机理研究：基于战略生态位管理视角”（18YJC630101）、2018 年广东省自然科学基金项目“广东省高新技术企业颠覆性创新的影响因素及其机理研究”（2018A030313227）等项目的阶段性研究成果。

在本书成书过程中，中国工程科技创新战略研究院、广东省科学技术厅、广东省科学技术情报研究所给予了大力支持。同时，感谢华南理工大学朱桂龙教授、北京理工大学王兆华教授、哈尔滨工程大学孙冰教授、华南师范大学党委副书记黄兆团和经济与管理学院彭璧玉教授，以及广东工业大学管理学院张德鹏教授、刘洪伟教授和经济与贸易学院张成科教授、谭蓉娟教授。此外，承蒙科学出版社的大力支持，本书才得以顺利付梓，在此一并向他们表示诚挚的谢意！

本书撰写时大量参考借鉴了国内外众多同行的思想和观点，他们的真知灼见使我们受益良多，虽然书中列出了有关参考文献，但唯恐挂一漏万，特在此谨致谢忱！由于我们的研究能力与水平所限，本书难免存在不足之处，敬请专家学者和广大读者斧正！

刘贻新

2021 年 4 月于广州大学城

目　录

前言

第一篇　导　论

第 1 章　实现新技术产业化须跨越的鸿沟……3
1.1　加快新技术产业化发展的需求……4
1.1.1　经济高质量发展的迫切需要……4
1.1.2　转型升级的先导力量……5
1.1.3　应对危机的重要举措……5
1.2　新技术产业化过程中的鸿沟与困境……7
1.2.1　两道鸿沟……7
1.2.2　发展困境……11
第 2 章　新技术产业化管理的研究……12
2.1　文献研究的计量分析……12
2.1.1　中文文献……13
2.1.2　外文文献……16
2.2　重点研究领域的分析……19
2.2.1　影响因素……19
2.2.2　发展机理……21
2.2.3　培育路径……23
2.2.4　政策评价……24
2.3　管理研究存在的不足……26

第二篇　理 论 概 述

第 3 章　可持续转型理论……31
3.1　理论概述……31
3.1.1　背景依据……31
3.1.2　核心思想……34
3.1.3　研究特征……35
3.1.4　关键术语……37

3.2 知识图谱分析 ······39
3.2.1 CiteSpace 知识图谱 ······40
3.2.2 ST 研究外文文献分析 ······40
3.2.3 ST 研究中文文献分析 ······53
3.3 框架与主题 ······59
3.3.1 分析框架 ······59
3.3.2 研究主题 ······64
3.4 对新技术产业化研究的适用性 ······72
3.4.1 必要性分析 ······72
3.4.2 可行性分析 ······73
第 4 章 政策组合理论 ······76
4.1 政策组合研究概述 ······76
4.1.1 研究背景 ······76
4.1.2 概念涵义 ······77
4.1.3 特征属性 ······78
4.2 文献计量分析 ······80
4.2.1 总的计量分析 ······80
4.2.2 创新领域中的政策组合研究 ······82
4.2.3 政策领域中的政策组合研究 ······83
4.3 框架与主题 ······85
4.3.1 分析框架 ······85
4.3.2 研究主题 ······90
4.4 与新技术产业化研究的适用性 ······96
4.4.1 必要性分析 ······96
4.4.2 可行性分析 ······97

第三篇 机 理 探 究

第 5 章 新技术产业化障碍因素的识别与分类 ······101
5.1 障碍因素的识别 ······101
5.1.1 思路与方法 ······101
5.1.2 归纳与合并 ······102
5.1.3 问卷与访谈 ······106
5.2 障碍因素的分类 ······107
5.2.1 环境层面 ······108

5.2.2　供给层面……108
5.2.3　需求层面……108
5.3　新技术产业化障碍因素的动态性分析……108
第 6 章　ST 视角下新技术产业化的机理与机制……110
6.1　机理……110
6.1.1　作用过程角度：SNM-MLP 综合模型……110
6.1.2　空间集聚角度：local-global 生态位模型……117
6.2　路径……119
6.2.1　转型路径的分类……120
6.2.2　转型路径的切换……123
6.3　实验……124
6.3.1　生态位实验……124
6.3.2　有限的社会-技术实验……125
6.3.3　转型实验……126
6.3.4　草根实验……127
6.3.5　可持续性实验……128
第 7 章　ST 视角下保护空间的功能与机制……130
7.1　保护空间的基本概述……130
7.1.1　ST 理论中保护空间的研究……130
7.1.2　保护空间的典型特征……131
7.1.3　保护空间的功能属性……132
7.2　保护空间的运行机制……137
7.2.1　触发机制——保护空间的构建……138
7.2.2　作用机制——保护空间的功能……138
7.2.3　反馈机制——保护空间的效果……139
7.2.4　退出机制——保护空间的撤离……139
7.3　保护空间的评价模型……139
7.3.1　构建思路……140
7.3.2　评价模型……141
第 8 章　ST 视角下保护空间的构建与分析……145
8.1　中国 NEV 产业概述……145
8.2　数据采集及编码……147
8.2.1　数据采集及说明……147
8.2.2　分析单元及编码……147
8.3　信度和效度评估……150

8.3.1 信度评估 …… 150
8.3.2 效度评估 …… 151
8.4 计量结果分析 …… 152
8.4.1 中国 NEV 产业政策文件的时空分析 …… 152
8.4.2 X 维度：政策工具分析 …… 153
8.4.3 *X* 维度与 *Y* 维度及 *Z* 维度的关系分析 …… 158
8.4.4 启示与建议 …… 160

第四篇 评 价 分 析

第 9 章 ST 视角下保护空间的建模与仿真 …… 165
9.1 SD 及其在 NEV 产业化中的应用 …… 165
9.1.1 SD 概述及其建模过程 …… 165
9.1.2 SD 与 NEV 产业化保护空间的分析 …… 166
9.2 模型构建 …… 169
9.2.1 建模目的和基本假设 …… 169
9.2.2 因果回路图 …… 170
9.2.3 存量流量图 …… 171
9.3 模型检验 …… 174
9.3.1 一般性检验 …… 175
9.3.2 结构性检验 …… 175
9.3.3 真实性检验 …… 176
9.3.4 相关性检验 …… 176
9.4 仿真分析 …… 177
9.4.1 仿真Ⅰ：NEV 保护空间水平的演变趋势 …… 177
9.4.2 仿真Ⅱ：三大类型政策工具力度的演进 …… 179
9.4.3 仿真Ⅲ：单一政策工具及其组合的效应 …… 180
9.5 仿真结果校验 …… 186
9.5.1 消费者购买意愿 …… 186
9.5.2 企业参与度 …… 187
9.5.3 NEV 产业化水平 …… 188
第 10 章 政策组合的评估与测量 …… 189
10.1 政策组合评估的回顾 …… 189
10.2 EPCD 评估模型 …… 190
10.2.1 模型的基础性分析 …… 190

10.2.2 模型的构建与应用 …… 193
10.3 Bottom-Up 测量模型 …… 195
10.3.1 模型的基础性分析 …… 195
10.3.2 模型的构建与应用 …… 198

第五篇 应用探索

第 11 章 ST 视角下的行动者网络治理 …… 207
11.1 行动者网络治理的重要性 …… 207
11.2 理论基础和逻辑分析 …… 208
11.2.1 政策组合在新技术可持续发展不同阶段的作用 …… 208
11.2.2 行动者网络理论及其治理 …… 209
11.3 新技术可持续发展过程的网络治理 …… 213
11.3.1 分析框架的构建 …… 213
11.3.2 网络治理的实施 …… 215
11.4 经验启示 …… 217
第 12 章 ST 视角下的颠覆性创新管理 …… 218
12.1 颠覆性创新管理的重要性 …… 218
12.2 基于 ST 理论的颠覆性创新管理机制模型构建 …… 219
12.2.1 颠覆性创新 …… 219
12.2.2 ST 理论与颠覆创新管理的逻辑关系 …… 220
12.2.3 管理机制模型构建 …… 221
12.3 代表性发达经济体的案例分析 …… 222
12.3.1 颠覆性创新外部演进过程 …… 222
12.3.2 颠覆性技术内生演化过程 …… 224
12.4 经验启示 …… 229
第 13 章 ST 视角下的创新中介机构 …… 231
13.1 ST 视角下的创新中介机构 …… 231
13.1.1 创新中介机构的发展演变 …… 231
13.1.2 创新中介机构的发展定位 …… 233
13.1.3 创新中介机构的分类 …… 234
13.2 ST 视角下创新中介机构的功能作用 …… 237
13.2.1 前期开发与路径探索阶段 …… 237
13.2.2 创新加速和技术嵌入阶段 …… 238
13.2.3 网络构筑与市场稳定阶段 …… 239

13.3 荷兰皇家旅游俱乐部在创新中的作用 ······ 240
13.3.1 前期开发阶段（1898～1909 年） ······ 240
13.3.2 创新加速阶段（1910～1940 年） ······ 240
13.3.3 市场稳定阶段（1941～1970 年） ······ 242
13.3.4 新体制形成阶段（1971 年至今） ······ 242
13.4 经验启示 ······ 242
第 14 章 案例介绍 ······ 244
14.1 新加坡新生水产业 ······ 244
14.1.1 研究背景 ······ 244
14.1.2 研究方法 ······ 245
14.1.3 研究过程 ······ 245
14.1.4 经验启示 ······ 253
14.2 瑞士可再生能源产业 ······ 254
14.2.1 研究背景 ······ 254
14.2.2 研究方法 ······ 257
14.2.3 研究过程 ······ 260
14.2.4 经验启示 ······ 264
14.3 中国山东太阳能热水产业 ······ 265
14.3.1 研究背景 ······ 266
14.3.2 研究方法 ······ 268
14.3.3 研究过程 ······ 269
14.3.4 经验启示 ······ 276
14.4 中国电动自行车产业 ······ 278
14.4.1 研究背景 ······ 278
14.4.2 研究方法 ······ 281
14.4.3 研究过程 ······ 282
14.4.4 经验启示 ······ 287
参考文献 ······ 289
附录 1 ST 视角下障碍因素识别的调查问卷 ······ 313
附录 2 保护空间政策工具编码信度效度评估表 ······ 315
附录 3 系统动力学模型主要方程式 ······ 318
后记 ······ 323

第一篇

导　　论

第1章　实现新技术产业化须跨越的鸿沟

培育以新技术驱动为核心的新兴产业，对拉动本国经济增长、提高供给体系质量、实现绿色低碳发展具有重要引擎作用，这也促使各国近年来纷纷加大对新技术的创新投入，加快新兴产业的培育，以此来创造经济增长的新动力和实现可持续发展。当前，中国面对经济发展新常态，明确提出要坚持“创新、协调、绿色、开放、共享”五大发展理念，通过实施创新驱动发展战略加快新兴产业的培育，通过推进供给侧结构性改革提升新兴产业的竞争力，从而推动经济发展的质量变革、效率变革和动力变革，引领经济迈进高质量发展阶段。如何通过有效的政府宏观调控和科学的政策组合设计，加快新技术产业化的成功培育和可持续发展，最终实现生产与消费模式的可持续转型，是当前的重大挑战。然而，新技术产业化是一项多主体参与、多要素协同、多阶段衔接的动态复杂系统工程，从社会-技术体制转型视角来看，实现新技术产业化必须成功跨越技术演进过程中的“死亡之谷”与市场扩散过程中的“达尔文海”两大鸿沟，这导致新技术产业化过程面临成功率和贡献度不高的问题。虽然政府针对新技术产业化发展的问题出台了大量扶持政策，但现实反馈并没有产生应有效果，新技术产业化发展还是陷入了所谓的“亚历山大困境”①。如何提高新技术产业化的成功率？是否需要政府扶持？如何提升政府实施政策干预的效果？这些问题，也正是当前学界和业界讨论的焦点。因此，精准把握新技术产业化的发展规律，提高政府实施政策引导与干预的效力，助力新技术成功跨越“死亡之谷”和“达尔文海”两道鸿沟，为破解当前新技术产业化发展成功率和贡献度不高、政策扶持效果不大的困境提供技术支持和决策参考，是当前新技术产业化管理的一个重大现实课题。

作为全书的总起，本章将重点围绕“促进新技术产业化可持续发展为何重要？当前新技术产业化发展存在什么问题，遇到哪些困境？”展开研究，从而为后文的学理分析和应用探索奠定基础。为此，本章首先结合国家宏观政策和社会经济环境，阐述分析加快新技术产业化发展的迫切性和必要性，接着从社会-技术体制转型视角，在分析当前新技术产业化发展存在两大鸿沟的基础上，指出其遭遇的发展困境。

---

① “亚历山大困境”，最早由哈佛大学教授克里斯坦森（Christensen）于 1997 年在其“颠覆性创新”理论中提出，后来被描述为欲扶持技术创新和新兴产业，改变现有发展格局，却陷入进退两难的局面。

1.1 加快新技术产业化发展的需求

习近平总书记2014年在中国科学院第十七次院士大会、中国工程院第十二次院士大会上曾指出，“进入21世纪以来，新一轮科技革命和产业变革正在孕育兴起，全球科技创新呈现出新的发展态势和特征……信息技术、生物技术、新材料技术、新能源技术广泛渗透，带动几乎所有领域发生了以绿色、智能、泛在为特征的群体性技术革命……科技创新，就像撬动地球的杠杆，总能创造令人意想不到的奇迹。当代科技发展历程充分证明了这个过程”①，这充分反映了当前中国要加快新技术产业化发展的迫切性。

1.1.1 经济高质量发展的迫切需要

近年来，中国经济虽然保持着平稳较快发展，经济总量稳居世界第二，但高投入、高消耗和低成本的增长方式已经受到资源供给不足和成本提高的严重约束，导致中国传统产业经济收益下滑，增长效率不高，产业结构不合理，节能减排压力日益加大，存在发展中不平衡、不协调、不可持续的问题，产业转型升级和增效提速刻不容缓。为此，党的十八届五中全会明确提出了“创新、协调、绿色、开放、共享”五大发展理念来破解当前经济发展新常态下中国经济面临的难题。2018年10月31日，中共中央总书记习近平在中共中央政治局第九次集体学习时也再次强调，我国经济已由高速增长阶段转向高质量发展阶段，正处在转变发展方式、优化经济结构、转换增长动力的攻关期，迫切需要新一代人工智能等重大创新添薪续力。要发挥人工智能在产业升级、产品开发、服务创新等方面的技术优势，促进人工智能同一、二、三产业深度融合，以人工智能技术推动各产业变革，在中高端消费、创新引领、绿色低碳、共享经济、现代供应链、人力资本服务等领域培育新增长点、形成新动能②。

新兴产业具有知识技术密集、物质资源消耗少、成长潜力大、综合效益好等明显优势，对经济社会全局和长远发展具有重大引领带动作用和支撑作用。无疑，加快新技术产业化发展，是当前中国成为全球科学技术策源地的现实选择，更是适应当前中国经济发展新常态的迫切需要。

① 资料来源：http://cpc.people.com.cn/n/2014/0610/c64094-25125594.html。

② 资料来源：http://www.gov.cn/xinwen/2018-10/31/content_5336251.htm。

1.1.2 转型升级的先导力量

当前，中国不少产业还处于全球产业链的中低端，存在缺乏核心技术和自主品牌，以及供给不足与供给过剩并存、有效需求不足与需求外移并存等突出问题。新兴产业是以突破性创新技术或者颠覆性创新技术驱动的产业，能催生出大量新供给和培育广阔新需求，具有创新的驱动性、突破性和协同性等显著特征。2017 年 7 月，国家发改委副秘书长费志荣在 2017 战略性新兴产业发展高峰论坛上指出，中国战略性新兴产业覆盖一、二、三产业，既是新技术、新产业、新业态、新模式最集中的领域，也是全面改造提升传统产业的重要支撑。发展战略性新兴产业，可以为培育壮大新动能提供动力支撑，有利于补齐中高端供给短板，提高产品和服务的供给质量，推动实现更高水平的供需平衡。未来 5～10 年是全球新一轮科技革命和产业变革从蓄势待发到群体迸发的关键时期，创新驱动的新兴产业将逐渐成为推动全球经济复苏和增长的主要动力①。因此，中国明确提出了要以加快新技术产业化为突破口的产业转型升级战略，充分发挥新兴产业以重大新技术创新突破为基础的优势，突出创新要素在新兴产业形成过程中的驱动作用，通过加大新技术产业化的政策扶持力度，结合需求侧的短期政策措施与供给侧的长期改革方案，大力推进技术密集型、附加值高的新兴产业的发展，打造和形成新兴产业体系，推动经济发展方式由要素驱动向效率驱动、创新驱动转变，以及使供给结构更好地适应需求结构的变化，化解产能过剩等问题，补齐经济社会发展领域的短板，从而实现产业转型升级，优化经济结构，提高中国经济的长期潜在经济增长率。2019 年，中国战略性新兴产业增加值占 GDP 的比重已达到 11.5%。“十四五”规划提出，未来 5 年，战略性新兴产业增加值占 GDP 比重将达到 20%左右。可见，加快新技术产业化既能创造新供给、提供新服务，又能培育新消费、满足新需求，是中国大力实施创新驱动发展战略和深化供需双侧改革的先导力量。

1.1.3 应对危机的重要举措

从世界经济发展的历史进程看，每一次危机都孕育着新技术和新兴产业的突破。2008 年国际金融危机爆发，刺激了发达国家对新技术和新兴产业的高度关注（涂文明和刘敦虎，2015），世界各国都在积极探索能够引领各自经济实现复苏、走向可持续发展的新技术和新兴产业。信息技术、生物技术、绿色制造、新能源等领域备受热捧，全球进入空前的新技术密集和新兴产业发展时期。以美国、英

① 资料来源：http://finance.sina.com.cn/china/hgjj/2017-07-05/doc-ifyhrxsk1841047.shtml。

国、日本、德国、法国等为代表的发达国家不约而同地推出新兴产业发展规划，以抢占未来经济与科技竞争的制高点。美国联邦政府于 2012 年提出了“国家制造业创新网络”计划，德国于 2013 年提出了“工业 4.0”战略，法国于 2013 年宣布了“新工业法国”计划；除此之外，还有英国的低碳转型计划、日本的“未来开拓战略”以及韩国的未来增长动力计划等。中国长期以来的经济增长模式是“高投入、高能耗、高污染”的粗放型发展模式，导致过去 30 多年经济奇迹的背后是能源需求的快速增长，环境破坏的与日俱增，以及原油对外依存度不断上升，能源安全形势十分严峻。为此，近年来中国不断推出“能源新政”，大力倡导节能减排，全力扶持可再生能源等新兴产业的发展。2015 年 11 月，习近平主席在气候变化巴黎大会开幕式的讲话中指出，中国“将于 2030 年左右使二氧化碳排放达到峰值并争取尽早实现，2030 年单位国内生产总值二氧化碳排放比 2005 年下降 60%～65%，非化石能源占一次能源消费比重达到 20%左右，森林蓄积量比 2005 年增加 45 亿立方米左右”①。“十三五”规划中也明确提出，到 2020 年中国要完成单位 GDP 碳排放比 2005 年下降 40%～45%的国际承诺低碳目标，并且要为完成《中美气候变化联合声明》中提出的中国在 2030 年左右要达到碳排放的峰值的中长期低碳发展目标奠定基础，同时要在大气污染防治等环境指标方面取得明显成效。2019 年 6 月，习近平主席在以“打造可持续发展议程”为主题的第二十三届圣彼得堡国际经济论坛全会上，发表了题为《坚持可持续发展　共创繁荣美好世界》的致辞，更明确提出“中国愿继续同各方携手努力，秉持可持续发展理念，体现人类命运共同体担当，倡导多边主义，完善全球治理，共同促进地球村持久和平安宁，共同创造更加繁荣美好的世界”②。因此，面对国际经济发展和节能减排的双重挑战，中国迫切需要转变经济发展方式，加快发展新技术产业化以推进产业转型升级，大力提升新兴产业在全球的竞争力和影响力，以构建国际竞争新优势并掌握发展的主动权。可以说，加快新技术产业化是保障国家能源安全、降低环境污染、提升国家综合实力、建设世界强国的必由之路。

基于上述的现实背景，近年来中国政府为加快新技术产业化做出了一系列战略部署，先后制定出台了《国务院关于加快培育和发展战略性新兴产业的决定》《中华人民共和国国民经济和社会发展第十三个五年规划纲要》《“十三五”国家战略性新兴产业发展规划》和《中国落实 2030 年可持续发展议程创新示范区建设方案》等政策文件。《中华人民共和国国民经济和社会发展第十三个五年规划纲要》明确提出，要着力“发挥产业政策导向和促进竞争功能，构建有利于新技术、新产品、新业态、新模式发展的准入条件、监管规则和标准体系。鼓励民生和基础

① 资料来源：http://www.xinhuanet.com/world/2015-12/01/c_1117309642.htm。

② 资料来源：http://www.gov.cn/gongbao/content/2019/content_5401339.htm。

设施重大工程采用创新产品和服务。设立国家战略性产业发展基金，充分发挥新兴产业创业投资引导基金作用，重点支持新兴产业领域初创期创新型企业”。习近平总书记和李克强总理也多次在不同的场合强调，中国必须大力推进新型工业化、信息化、城镇化、农业现代化同步发展，逐步增强战略性新兴产业和服务业的支撑作用，着力推动传统产业向中高端迈进，通过发挥市场机制作用并依靠新技术产业化创新来培育和形成新的经济增长点。2020 年 2 月 23 日，习近平总书记在统筹推进新冠肺炎疫情防控和经济社会发展工作部署会议上的讲话指出，“疫情对产业发展既是挑战也是机遇。一些传统行业受冲击较大，而智能制造、无人配送、在线消费、医疗健康等新兴产业展现出强大成长潜力。要以此为契机，改造提升传统产业，培育壮大新兴产业”①。可见，加快发展新技术产业化，实现创新、协调、绿色、开放、共享发展，对在当前中国经济新常态和应对全球疫情冲击背景下实施创新驱动发展战略，立足产业转型升级，坚持绿色可持续发展，大力提升中国新兴产业在国际上的竞争力和影响力，实现中国由制造大国向制造强国的转变，具有重大的理论和现实意义。

1.2　新技术产业化过程中的鸿沟与困境

1.2.1　两道鸿沟

由于新技术产业的高成长性以及对传统产业的渗透作用，世界各国政府都把新技术产业化放在关系国家生存与发展的重要战略地位加以扶持，一方面借助法律法规和优惠政策等科技政策环境的营造来鼓励新技术的商业化，另一方面通过高新技术园区和孵化器等打造新技术产业化平台，这些举措和行动极大地推动了新技术产业化的发展。但是实践表明，目前许多国家新技术产业化的成功率都远低于预期。近年来，有关风险投资和新产品开发失败率的研究发现，一个公司将现有技术打进现有市场的成功率大约是 75%；如果市场或技术中的一方对于公司来说是新的，则成功率为 25%～45%；如果公司要靠新技术进入新市场，则成功率为 5%～15%。另一项研究报告显示，中国高校虽然每年取得 6 000～8 000 项科技成果，但实现了成果转化与产业化的还不到 10%（唐方成，2013）。

虽然新技术具有美好又富有希望的前景，新兴产业对经济社会全局具有重大的引领和支撑作用，然而近十几年来，以太阳能光伏、海上风电、生物燃料和新能源汽车（NEV）等为代表的产业的发展历程表明，新技术产业化是一项多主体参与、多要素协同、多阶段衔接的复杂系统工程。新技术成功产业化，最终变革

① 资料来源：https://www.ccps.gov.cn/xxsxk/zyls/202002/t20200223_138234.shtml。

现有的社会-技术体制且实现可持续发展并非易事。从社会-技术体制转型视角来看，实现新技术产业化，必须要成功跨越技术演进过程中的"死亡之谷"与市场扩散过程中的"达尔文海"两大鸿沟（刘贻新等，2018a）。

最早提出"鸿沟理论"的著名学者杰弗里·摩尔（Geoffrey Moore）①在其著作《跨越鸿沟》一书中指出，高科技产品在市场营销过程中遭遇的最大障碍就是高科技企业的早期市场（第一个市场）和主流市场（第二个市场）之间的巨大"鸿沟（chasm）"，如图 1-1 所示。能否顺利跨越鸿沟并进入主流市场，成功赢得使用者支持，决定了一项高科技产品的成败。Nordfors 等（2003）提出，科研成果能否实现商业转化取决于能否跨越"死亡之谷"和"达尔文海"两个障碍。杰弗里·摩尔和陈劲（2014）认为，从基础性研究、发明，到初建创新企业，再到规模产业化，当中存在众多鸿沟，限制了知识创新、技术发明以及产业创新的有效联结。李飞星等（2019）从创新价值链角度剖析了形成"死亡之谷"与"达尔文海"的困局及其原因，认为创新价值链上由于存在"价值链断裂"和"知识碎片化"，从而导致知识创新到技术创新再到产品创新的脱节，形成科技经济困局，即"死亡之谷"和"达尔文海"现象。

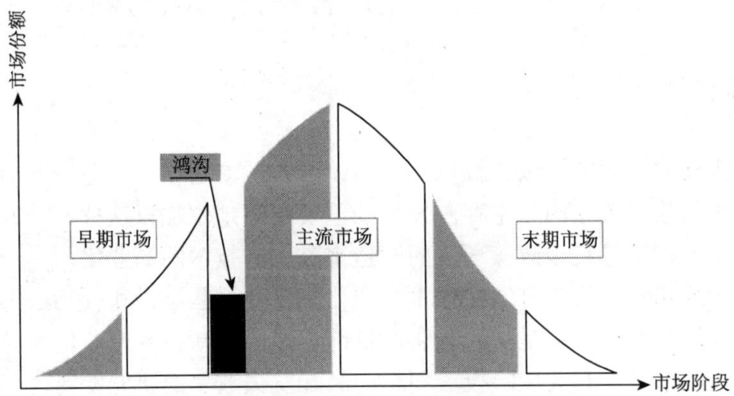

图 1-1　新技术产业化的鸿沟

新技术产业化的过程，其本质是从新技术演进到新市场，再由新市场演化到新产业的可持续发展过程。ST 理论认为，从社会-技术体制转型视角来看，新技术产业化的过程，实质上是新技术创新生态位在选择变异机制下从技术生态位跃迁到市场生态位，再从市场生态位跃迁到范式生态位的过程。这个过程必须成功跨越两道鸿沟，见图 1-2。其中，一道是新技术演进过程中从技术生态位跃迁到市

① 杰弗里·摩尔（Geoffrey Moore）被誉为"高科技营销魔法之父"，是鸿沟咨询公司的创始人。其所创立的关于技术产品生命周期的定律，被称为新摩尔定律。

场生态位之间的鸿沟，即所谓的“死亡之谷”；另一道为市场扩散过程中从市场生态位跃迁到范式生态位之间的鸿沟，即所谓的“达尔文海”。成功跨越“死亡之谷”和“达尔文海”两道鸿沟，是实现新技术产业化的必经之路。

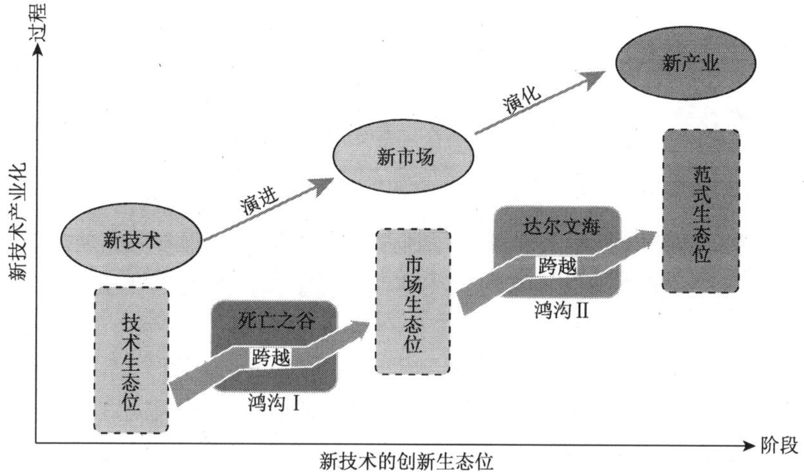

图 1-2　ST 视角下新技术产业化发展的两大鸿沟

1. 鸿沟Ⅰ：死亡之谷

“死亡之谷”形象比喻了新技术从最初研发（research and development，R&D）的技术生态位阶段跃迁到市场生态位阶段期间，由于受到众多障碍而被淘汰夭折的鸿沟，是创新生态位跃迁面临的第一道鸿沟。Kemp 等（1998）指出，在基础研究与产品开发之间存在鸿沟，意指很多科研成果还未走向市场，就被埋没在从基础研究到商品化的过程中。他认为政府必须在“死亡之谷”上搭建桥梁，以促使更多的基础性研究成果能够跨越鸿沟，从而实现商品化和产业化。Schot 和 Geels（2008）指出，多数学者都认同新技术的出现有着美好又富有希望的前景，但许多经研发部门研发、试验、科学论证的新技术，不一定能成功跨越技术研发与市场应用之间的“死亡之谷”。通过案例分析，不少学者发现，创新生态位从技术生态位跃迁到市场生态位的过程中，由于低质量的期望、弱连接的社会网络和低效的学习，导致了新技术产业化转型的困境（Kamp and Vanheule，2015；Xue et al.，2016）。李飞星等（2019）认为，当知识创新和产品创新之间出现了空白地带，就导致创新价值链断裂，创新知识无法传递到产品环节，无法进入市场，而企业由于难以接收到创新知识，没有能力通过知识创新和技术创新满足消费者的需求，导致科技与市场之间存在沟壑，即“死亡之谷”，这是创新价值链断裂造成的结果。

“死亡之谷”现象揭示了新技术往往由于萌发在与主流不一样的技术轨道，极容易受制于现有主流技术的锁定。某项新技术刚出现时，虽然美好又富有前景，但由于存在技术知识基础薄弱、相关辅助技术缺乏、消费者认知度不高等障碍，通常是粗糙和低效的，在性能、便利性和价格等方面的竞争力不强，难以与现有主流技术抗衡。同时，“死亡之谷”现象也表明科技成果转化的难度和风险在每个国家都存在，而在发展中国家科技成果转化会更难。总的来说，形成“死亡之谷”鸿沟的原因，主要在于新技术本身粗糙、不完善以及辅助技术缺乏，消费者认可度低，等等。可见，新技术要想成功跨越技术演进过程中的“死亡之谷”可谓举步维艰。

2. 鸿沟Ⅱ：达尔文海

ST学者将新技术产品从投入生产到大规模产业化，从而形成新的社会-技术体制之间的鸿沟，称为“达尔文海”（也有个别学者称其为“堰塞湖”），这是新技术产业化必经的第二道鸿沟，主要发生在从市场生态位跃迁到范式生态位之间。

Geels（2002）指出，因为由发明到创新的过程并非线性过程，在科技成果产业化和商品化过程中，会遇到社会方方面面的挑战，如传统技术以及其他新技术的竞争、竞争企业的挑战等，即使跨过“死亡之谷”，成果转化依然要面临技术风险、商业风险、法律风险甚至是管理风险等，因此存在于发明与创新之间的沟壑，要比“死亡之谷”更危险、更复杂、更具有不确定性，采用充满着生存竞争且前行方向具有不确定性意味的“达尔文海”来形容存在于发明与创新之间的沟壑更为合适。ST学者认为，当新技术的创新生态位从技术生态位成功跨越“死亡之谷”，实现到市场生态位的跃迁后，新技术将逐渐进入主流市场，与现有的技术竞争，主导设计得以出现。同时由于社会-技术景观带给现有社会-技术体制的持续压力以及新技术成功发展带来的利益，现有社会-技术体制内部结构开始发生变革，新的社会-技术体制逐步建立。通过研究飞机复合材料的新技术产业化的案例，Bakker等（2015）、Kamp和Bermúdez（2016）指出，新技术产业化不应局限于创新生态位内部发展，还应扩展到从创新生态位到新的社会-技术体制的过程。总的来说，即使新技术暂时立足主流市场，但在经历第二道鸿沟时，新技术产业化仍会受制于现有社会-技术体制中诸如生产消费模式、产业结构、基础设施、用户偏好和政治力量等多要素相互作用形成的路径依赖，要实现规模化生产并可持续发展，就必须兼顾多方既有的巨大利益和处理好先期投入的高额沉没成本。

事实上，跨越第二道鸿沟更是难上加难，因为新技术产品在规模化形成新兴市场的过程中，极其容易遭遇到现有主流社会-技术体制的选择压力，以及旧主导技术下形成的路径依赖和技术锁定，而难以形成市场的网络效应和规模递增效应，从而造成恶性循环，最终导致新的社会-技术体制建立失败，这也正是“达尔文海”鸿沟产生的主要原因。可见，新技术成功跨越市场扩散过程中的“达尔文海”，无疑也是异常艰辛的。

1.2.2　发展困境

新技术产业化成功与否，既关系新技术自身的内生演进问题，也涉及所处的社会-技术体制的外部演化问题。针对新技术产业化必须要成功跨越两道鸿沟的难题，各国政府都积极探索有效的解决路径，针对新技术产业化出台了大量扶持政策，但现实反馈并没有产生应有效果，新技术产业化发展陷入了所谓的"亚历山大困境"。就中国而言，虽然近年加大了对各类新技术和新兴产业的扶持力度，但产业水平仍然不高，产业竞争力和影响力在全球不具明显优势，具体表现为：

第一，新技术产业化过程中，诸多新技术创新水平不高，新技术成果能成功走到商品化阶段的寥寥无几，新技术最终能替代现有主流技术而成为市场主导的成功率非常低。由于新技术属于起步发展阶段，其技术特征、性能、发展前景以及相关辅助技术水平都难以明确，加上现有主流社会-技术体制所造成的技术锁定和路径依赖，使得新技术成长面临着巨大的不确定性和复杂性，发展新兴产业具有高风险性。按照贾品荣（2012）的研究，新兴产业的投资失败率为60%～80%。统计表明，近年来中国科技成果转化率和产业化率"两低"的局面依然没有明显改变，目前我国科技成果转化率大约为25%，真正实现产业化的不足5%，与发达国家80%的转化率相差甚远（夏林，2016）。

第二，即使个别新兴产业初具雏形，但发展周期长，难以形成规模，效率低，导致新兴产业尚未催生出有效的新供给和新需求，对拉动经济增长和整个产业转型升级的贡献度不高，与政府预期目标相差甚远。据统计，新兴产业企业成立6年内退出市场的比例高达40%，同时部分新兴产业也出现产能过剩、效益下滑等现象。

第三，新技术产业化过程充满着不确定性、复杂性和高风险性，既受到其内在技术性能等因素影响，又受到市场需求、要素供给、创新环境和政府政策等多重外在因素影响，这些因素极大地阻碍了新技术产业化的成功转型，降低了其效率和贡献。各国政府虽出台了大量的扶持政策，但政策工具失灵、政策执行陷入误区以及因政策工具运用不当所造成的浪费时有存在，甚至出现了"不扶还好，一扶就倒"的怪现象，与政府的初衷背道而驰。近年来出现的光伏产业产能过剩和NEV"骗补"事件，就是产业政策工具失灵和政策工具运用不当而造成巨大浪费等弊端的典型例子。

总的来说，新技术产业化的培育与发展，必然会遭遇到现有社会-技术体制所造成的具有极强稳定性的路径依赖和技术锁定，这导致当前新技术产业化普遍存在成功率和贡献度不高、政策扶持效果不大的发展困境。

第2章 新技术产业化管理的研究

新兴产业以“高新技术”为立足点，从萌芽至今，在短短十几年间已经展露出其巨大的潜在产能。以技术创新为核心的新兴产业，最突出的优势在于以技术进步替代大规模的资源和劳动力投入，通过提高全要素生产率促进生产力的长期提升，是应对全球资源日益枯竭、世界人口持续增长的有效途径之一。技术实力是占据全球价值链两端的必要条件，从国家层面看，新兴产业的数量和质量反映了一国技术水平的高低，同时反映了一国的创新水平，并对其国际地位产生深远影响。新能源、新材料等产业在变革生产方式的同时，也对人们的生活方式产生影响，当人们的生活方式从粗放型向集约型转变后，会对新兴产品产生需求，形成更广阔的消费市场，从而正向促进新兴产业的进一步发展。

新技术产业化管理的研究始于20世纪80年代，美国宾夕法尼亚大学沃顿商学院新技术管理研究小组2000年出版专著《沃顿论新兴技术管理》(*Wharton on Managing Emerging Technologies*)，首次系统论述了新技术及产业化的内涵特征、新技术的识别与评估、新技术产业化的管理策略等，提出与现有主流技术的管理相比，新技术管理遵循一种不同的“游戏规则”，需要不同的管理技巧、框架和策略。自此之后，新技术产业化的管理和发展问题成为国际学术研究的新热点，受到国内外学术界和政府的高度重视，至今已在理论推广及方法创新上取得了一定的成果，积累了不少经验。2009年，国内首次提出了“战略性新兴产业”的概念，并把可持续发展作为新兴产业的战略方向。当前，新技术产业化管理已成为国内一个持续研究的热点，国家自然科学基金委员会2016年还专门设立“绿色低碳发展转型中的关键管理科学问题与政策研究”重大课题，研究“经济发展新常态下的绿色低碳转型特征与模式”和“绿色低碳转型路径与政策的综合研究”等问题。根据研究需要，本章首先运用文献计量分析对国内外新技术产业化研究做一个全面的信息挖掘，然后再对新技术产业化的影响因素、发展机理、培育路径和政策评价等重点研究领域进行详细的梳理归纳。

2.1 文献研究的计量分析

文献计量分析是对研究领域内的科研成果进行信息挖掘的重要方法，对新技术产业化研究的文献计量分析，能够客观地反映该领域的研究现状和研究态势，为新技术产业化研究领域前沿热点的把握与挖掘提供思路。

2.1.1　中文文献

为了精准把握新技术产业化研究的演进历程和领域内的前沿热点，避免不同水平期刊的干扰影响，分析所使用的文献数据样本取自 CNKI 中的 CSSCI 数据库，以提升分析结果的科学性和精准性。通过设定搜索条件“主题 = 新技术产业化 or 新兴产业 or 战略性新兴产业”进行匹配检索，得到检索结果 4 430 条（检索时间截止到 2019 年 12 月 31 日）。利用 CiteSpace 进行文献数据处理分析，基于“author”“institution”“keywords”等分类标准依次进行知识图谱分析，并通过调整可视化效果，最终生成所需的相关知识图谱。

（1）研究趋势分析

根据 CSSCI 数据库关于新技术产业化研究的文献检索结果，绘制出近 20 年该领域研究中文文献发文量的年度走势图（图 2-1）。在 2009 年之前，关于新技术产业化的研究还处于小规模的摸索阶段，发文数量相对较少且保持平稳的态势。从 2009 年至 2013 年，新技术产业化受关注度迅速提升，研究成果处于井喷状态，其重要原因在于 2009 年中国首次提出“战略性新兴产业”的概念，可持续发展成为指导新兴产业发展的重要战略理念。在 2013 年之后，新技术产业化的研究仍保持着相对较高的成果产出，但是总体处于下降趋势。该趋势与当前新兴产业对国家起到越来越显著的引领和支撑作用的形势是不匹配的，但也表明在该领域需要挖掘新的研究方向与价值热点，这可能成为未来新技术产业化研究的重要任务和方向。

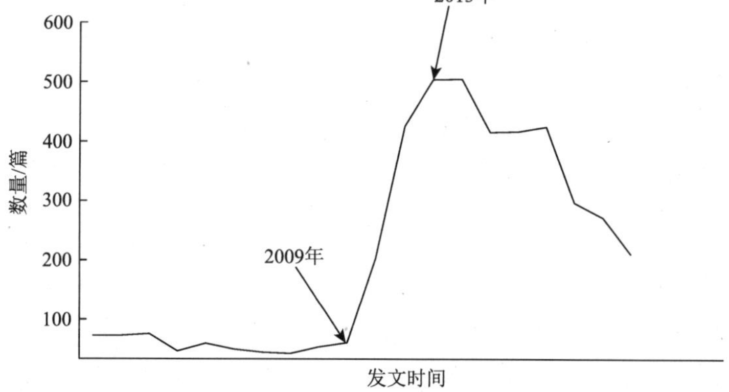

图 2-1　新技术产业化研究中文文献发文量

（2）研究热点分布

关键词知识图谱是对文献研究热点的可视化展现，通过对目标文献进行关键词计量提取，能够更加直观地呈现出新技术产业化领域内的研究热点及研究趋势。根据新技术产业化研究中文文献关键词知识图谱（图 2-2），新技术产业化研究的最大节点为“战略性新兴产业”，之后为“新兴产业”“产业政策”“技术创新”“供给侧结构性改革”与“创新驱动”等热点问题。对新技术产业化的研究以“战略性新兴产业”的宏观政策导向为核心，已经搭建起了丰富的研究体系。研究的深度和广度不断强化，创新技术的关注、产业转型的升级以及创新生态的完善等研究方向之间形成了紧密结合的研究网络，整个研究体系不断细化，各具体领域之间的相互作用也得到了广泛关注。

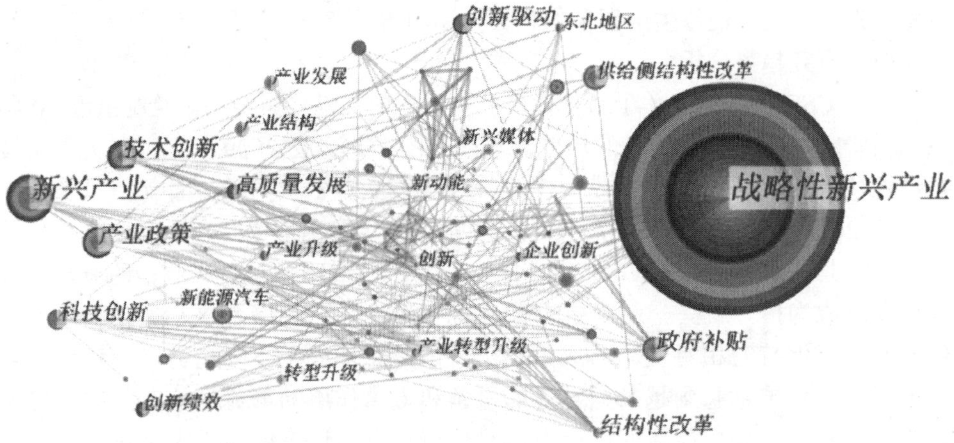

图 2-2　新技术产业化研究中文文献关键词知识图谱

（3）重点研究机构

基于 CiteSpace 中“institution”的聚类分析功能，对新技术产业化研究中文文献的研究机构进行计量分析。从中文文献发表机构的知识图谱（图 2-3）来看，南京大学经济学院、中国社会科学院工业经济研究所、南京航空航天大学经济与管理学院、大连理工大学管理与经济学部（现为经济管理学院）、中国人民大学中国经济改革与发展研究院等机构是新技术产业化研究的高频发文机构，在整个研究体系中发挥着关键作用。从机构合作网络来看，总体上新技术产业化研究机构之间的合作关系相对稀松，机构之间的研究合作偏少，部分合作为同一机构下设的二级机构之间所进行的研究合作，如南开大学经济学院与南开大学经济与社会发展研究院之间的合作。加快新技术产业化研究机构之间合作与交流平台的搭建，对促进领域内研究的不断深入具有重要意义。

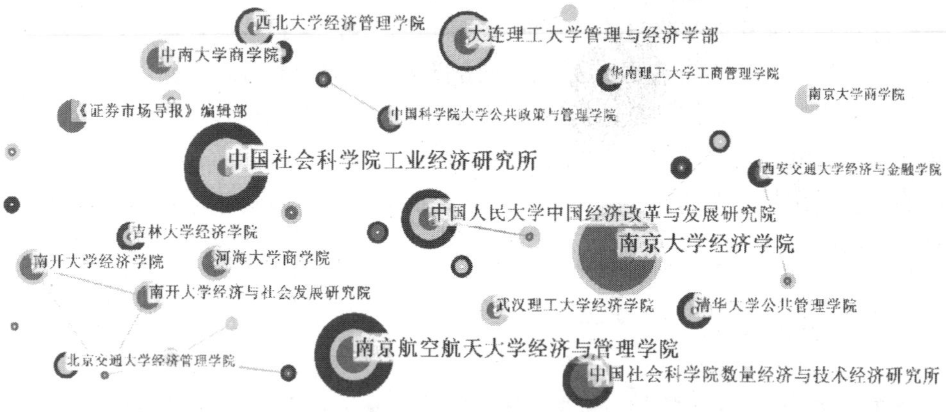

图 2-3　新技术产业化研究中文文献发表机构知识图谱

（4）主要核心作者

基于 CiteSpace 中“author”的聚类分析功能，对新技术产业化研究中文文献的发文作者进行计量分析，得到发文作者的知识图谱（图 2-4）。从图中来看，张杰、任保平、白雪洁等是新技术产业化研究的高频发文作者。张杰（2019）对中国关键核心技术创新的特征、阻碍和突破开展研究，指出中国关键核心技术存在创新不足或缺失现象，既分布在传统制造业的特定环节，也广泛分布在高端生产设备和战略性新兴产业的各个产业链、产品链环节。任保平和赵通（2019）对高质量发展的核心要义与政策取向进行研究阐述，提出培育壮大战略性新兴产业是高质量发展的重要内容，随着新一轮科技革命和产业变革的逐步兴起，要将壮大

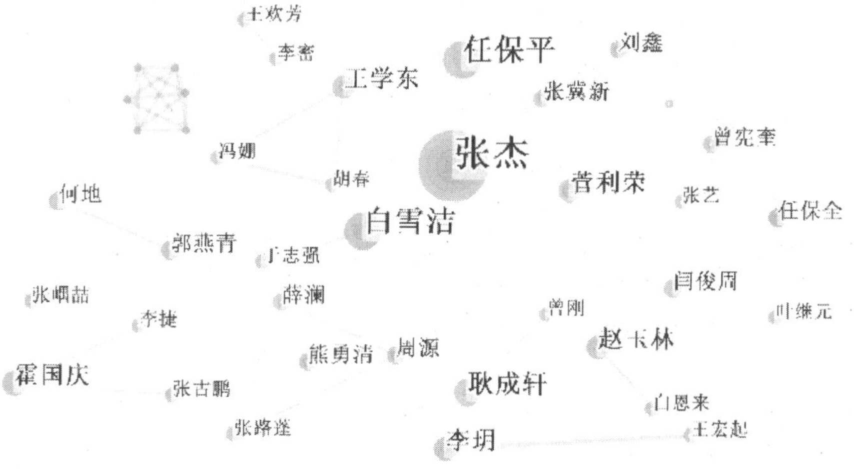

图 2-4　新技术产业化研究中文文献发文作者知识图谱

战略性新兴产业作为战略目标，加快布局新兴产业，抢占战略性新兴产业发展的制高点成为国际竞争的重要手段。白雪洁和李媛（2012）针对如何避免战略性新兴产业发展的低端锁定问题，提出关键共性技术战略性攻关、赋予龙头企业创新责任与创新激励等六条实现价值链攀升的对策路径。此外，新技术产业化研究领域的作者合作相对密切，作者之间形成相互联系的多个合作团队，共同推进该领域研究的深入。

2.1.2　外文文献

在外文文献计量分析中，选取 Web of Science（WoS）作为来源数据库，设定搜索条件“TI =（Emerging industries OR Industrialization of new technology OR Strategic emerging industries）”，文献类型选择“article”，共得到 488 篇检索结果。

（1）研究趋势分析

根据 WoS 数据库关于新技术产业化研究的文献检索结果，绘制出近 20 年该领域研究外文文献发文量的年度走势图（图 2-5）。从图中可以看出，关于新技术产业化研究的发文数量总体处于不断上升的趋势，而且根据发文数量的变化，可以把国际新技术产业化研究的历程分为三个阶段：缓慢起步阶段（2000～2007 年）、平稳上升阶段（2008～2014 年）、迅速爆发阶段（2015～2019 年），可见国际对新技术产业化研究热情高涨，研究成果与产出不断涌现。尤其与中文文献近 5 年的研究趋势相比（见图 2-1），国际新技术产业化的研究明显呈现出上升态势。

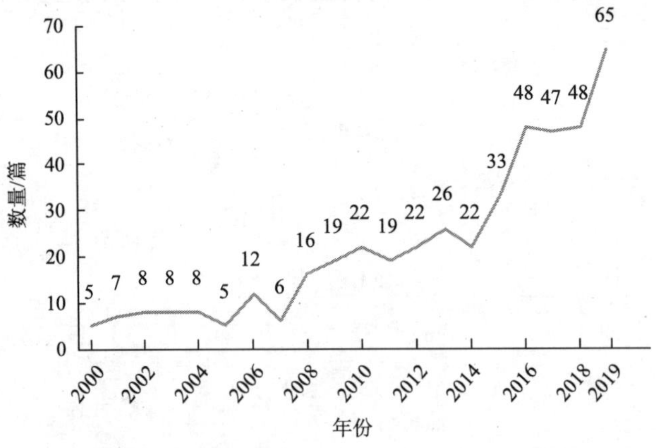

图 2-5　新技术产业化研究外文文献发文量

（2）研究方向分布

利用 WoS 数据库自带的文献分析功能，可以对国际新技术产业化研究的 488

篇文献检索结果按照研究方向进行分类（表 2-1）。从表 2-1 可知，根据研究方向内的文献数量，国际新技术产业化研究排名前十的研究方向分别为：商业经济学、工程学、环境科学、计算机科学、科学技术其他专题、地理学、食品科学技术、农业、能源燃料和保健科学服务。商业经济学是新技术产业化研究的重要方向，超过一半的文献与商业经济学有关；新技术产业化的研究领域分布较广，不仅涉及商业经济学等人文社科领域，而且对工程学、环境科学、食品科学技术等具体科学技术领域内的前沿技术进行了深入关注；此外，从文章的分布与数量来看，不同学科之间存在交融连接，多学科共融成为新技术产业化研究的一种重要方式。

表 2-1　国际新技术产业化研究方向分布

排名	研究方向	文章数量	比例(*N*/488)/%
1	商业经济学	269	55.123
2	工程学	141	28.893
3	环境科学	104	21.311
4	计算机科学	90	18.443
5	科学技术其他主题	60	12.295
6	地理学	49	10.041
7	食品科学技术	48	9.836
8	农业	42	8.607
9	能源燃料	39	7.992
10	保健科学服务	39	7.992

（3）重点研究机构

将国际新技术产业化研究的文献检索结果按照所属研究机构进行整理，可以得到发文量前十的重点研究机构（表 2-2）。从表 2-2 可知，根据研究机构的发文数量，国际新技术产业化研究领域排名前十的研究机构分别为：清华大学、新加坡国立大学、剑桥大学、安徽科技学院、加利福尼亚大学、伦敦大学、北卡罗来纳大学、埃迪斯科文大学、美国能源部、利物浦大学。国际新技术产业化的研究机构主要为各国高校，高校机构成为领域研究中的重要主体。中国是国际上研究新技术产业化的重要国家，清华大学是发文量最多的研究机构。在发文量排名前五的研究机构中，中国独占两席。究其原因，与中国政府对新兴产业、新技术产业化的政策导向密不可分。

表 2-2　国际新技术产业化研究主要研究机构

排名	机构名称	文章数量	比例(*N*/488)/%
1	清华大学	14	2.869
2	新加坡国立大学	10	2.049
3	剑桥大学	10	2.049
4	安徽科技学院	8	1.639
5	加利福尼亚大学	7	1.434
6	伦敦大学	7	1.434
7	北卡罗来纳大学	7	1.434
8	埃迪斯科文大学	5	1.025
9	美国能源部	5	1.025
10	利物浦大学	5	1.025

（4）重点收录期刊

将国际新技术产业化研究的文献检索结果按照所属收录期刊进行整理，可以得到发文量前十的重点收录期刊（表 2-3）。从表 2-3 可知，在国际新技术产业化研究领域，文章的收录期刊相对分散，单个期刊的文章收录量普遍较少，缺乏具有影响力的代表性期刊。

表 2-3　国际新技术产业化研究重点收录期刊

排名	期刊名称	文章数量	比例(*N*/488)/%
1	*Journal of Cleaner Production*	11	2.254
2	*Sustainability*	8	1.639
3	*International Journal of Technology Management*	6	1.230
4	*Technology Forecasting and Social Change*	6	1.230
5	*International Business Review*	5	1.025
6	*Journal of Business Research*	5	1.025
7	*Research Policy*	5	1.025
8	*Asian Journal of Technology Innovation*	4	0.820
9	*Energy Policy*	4	0.820
10	*International Journal of Production Research*	4	0.820

（5）主要核心作者

按照作者的发文量，对国际新技术产业化研究的核心作者进行归类整理，可以得到发文量前十的核心作者（表 2-4）。从表 2-4 可知，Alonso、Miao、Rong、

Sun 和 Geng 是发文量排名前五的核心作者；此外，中国学者是国际新技术产业化研究中的重要研究人员，该研究领域绝大部分核心作者为中国研究人员。

表 2-4　国际新技术产业化研究核心作者

排名	作者	文章数量	比例(*N*/488)/%
1	Alonso	8	1.639
2	Miao	4	0.820
3	Rong	4	0.820
4	Sun	4	0.820
5	Geng	3	0.615
6	Rong	3	0.615
7	Shi	3	0.615
8	Sun	3	0.615
9	Zhang	3	0.615
10	Ahmad	2	0.410

2.2　重点研究领域的分析

当前国内外学术界结合不同研究视角，运用多种研究方法分别对新技术产业化的影响因素、发展机理、培育路径以及政策评价等方面进行了细致的研究，本节将对以上 4 个重点研究领域进行详细的梳理归纳。

2.2.1　影响因素

新技术产业化具有先导性、复杂性、融合性和不确定性等特征，其发展过程受到产业内外部诸多因素的影响和综合作用，全面、系统地识别新技术产业化的影响因素，是加快新技术产业化发展的关键问题之一。当前国内外学术界运用 SEM 模型、因子分析和回归分析等方法从不同视角对影响因素进行了分析，形成了不少研究成果。

国际上主要通过实证方法展开对新技术产业化过程中某个具体影响因素的研究。如 Castellacci（2008）认为新技术产业化的模式与经济政策以及制度安排有关，两者对新兴产业的竞争力具有重要作用。Klepper（2010）通过对美国硅谷和底特律的新兴产业成长的分析，指出组织再造和传承是新兴产业发展的重要因素。Maine 等（2012）通过对纳米技术产业快速发展的分析，指出纳米技术和市场的匹配以及纳米技术产学研联盟建设是该产业发展的重要因素。Walsh（2012）通过对再生能源企业的研究，表明新技术产业化受市场拉动和技术推动的交互影响。Budde 等（2012）通过对生物燃料能源汽车的研究，表明期望对参与创新的厂商策略制定非常重要，会影响汽车产业的可持续转型，而期望的形成，与政府采取的政策干预高度相关。Dan（2016）比较分析了中国 31 个省（自治区、直辖市）培育的新兴产业，认为在当前中国政府经济权力下放的前提下，不少省份忽略了区域自身的技术优势而盲目发展，从而导致新兴产业发展的无效性和高风险性。Hanson（2018）以挪威太阳能光伏产业为例，阐释了现有的成熟产业及其所在技术创新生态系统拥有的特定资源有助于新技术创新生态系统形成。Li 等（2019）认为，产业技术标准联盟作为专利共享、共同创造和应用推广的重要载体，已日益成为世界各国技术标准化的主要组织模式。特别是技术标准联盟协同创新更有利于加快新兴产业自主创新步伐和技术标准国际化进程。Borge 和 Bröring（2020）提出小组概念图的方法（探索性和自下而上的参与性方法），通过对不同利益相关群体（科学家、技术转让者、企业和企业家等）进行多维标度和层次聚类分析，提出了在跨学科和新兴知识领域培养成功新技术转让的管理和政策建议。

与国际研究相比，中文文献更关注新技术产业化发展中多层面影响因素的综合分析，譬如孙丽文等（2009）运用 31 个地区的面板数据分析创新人才、资金渠道、创新环境和创新文化四个因素影响高新技术产业发展的程度，研究结果表明，技术能力和区域环境是阻碍高新技术发展的核心因素。黄鲁成和王冀（2011）运用 SEM 模型，从宏观环境角度对影响新技术商业化的各种外部环境因素进行实证分析，得出了不同因素对新技术商业化的影响程度及其相互关系。陈衍泰和史世伟（2012）以德国风机制造产业的发展演化为例，指出创新投入、法律体系、政策及产业生态环境是影响该新兴产业发展的主要因素。苟劲松等（2014，2015）认为新技术产业化需跨越两大障碍，即两次“死亡之谷”，并提出解决第二次“死亡之谷”的关键在于确立主导设计。吴绍波和顾新（2014）从创新生态系统视角，提出运行创新生态系统是战略性新兴产业实现协同创新的重要途径，而影响创新生态系统运行的主要因素有企业组织相互依赖的非对称性、技术配套的专用性、集体行动的“搭便车”行为以及技术学习能力的差异性，从而滋生了机会主义行为。李煜华等（2015）运用 SEM 模型分析了战略性新兴产业技术创新的影响因素及其关系，结果表明政府干预、企业协同创新、高校及科研机构的参与、产业内组织单元的互搏意愿、关键资源、运营管理对战略性新兴产业技术创新有显著影响。娄伟和李萌（2016）分析了新技术产业化在不同阶段的困境，指出科技研发阶段面临着知识储备、科技成果储备、人才储备和基础研究体系等严重不足的问题，在商业化生产及产品市场化阶段存在市场认可度不高、成本相对较高等问题。李俊强（2016）运用分位数回归方法分析了新兴产业不同发展水平的影响因素及其变化规律。梁军和赵方圆（2016）对影响新兴产业与传统产业互动发展的产业外部因素进行了实证研究，其研究结果表明，城市化水平、产业集聚、政府资金支持、研发经费投入等因素对新兴产业与传统产业的互动关系具有显著影响。杜传忠和曹艳乔（2017）实证考察了金融资本对中国新兴产业发展的影响，证明了银行贷款和政府补贴对新兴产业成长均有显著的正向作用。陈鲁夫和邵云飞（2017）以新一代信息产业为例，对新兴产业创新绩效各影响因素进行实证分析，结果表明当众多因素共同产生影响时，该产业的生产要素、需求多样性、相关关联产业以及政府政策等因素对创新绩效具有更为显著的影响。石璋铭和徐道宣（2018）以五大类战略性新兴产业的省级面板数据为样本，实证研究了集聚对于战略性新兴产业创新生态系统的促进作用，发现集聚对于新能源、高端装备制造、生物医药与节能环保四大类战略性新兴产业创新网络构建与创新能力提升具有显著的促进作用，但对创新环境的促进作用并不显著。赵辰辰（2019）研究创业合成对新兴产业技术变革的影响，发现创业合成借助示范效应、激励效应和选择效应对新兴产业的技术变革产生促进作用，新创企业和在位企业交替占据技术创新的主导地位，形成一个互相推动的技术演进过程。

2.2.2　发展机理

新技术产业化是一项多主体参与、多要素协同、多阶段衔接的复杂系统工程，新兴产业的形成反映着因新技术变革而引起的产业形态重塑，进而引起产业空间集聚发展方式变革。大量的学术研究表明，新技术产业化发展具有一定的规律性。因此，揭示和厘清新技术产业化发展的内在机理，是当前研究新技术产业化的关键性问题。目前国内外学者主要从创新生态系统、产业演变等视角运用了动态博弈法、案例分析等方法探索和阐述新技术产业化中产业集聚和协同演化方面的机理问题。

在新兴产业集聚研究方面，新技术产业化的集聚效应关系到其可持续发展，学者们主要研究了集聚的路径和机理、动力机制和空间布局等方面，譬如李扬和沈志渔（2010）进一步细化了产业集群的创新发展条件，比较分析了三种典型的新兴产业集群（新能源产业集群、新材料产业集群和生物医药产业集群）的创新演化情况，进而将产业集群的演化分为分析地区资源特征、形成地区创新网络、促进网络互动合作和推动创新循环发展四个螺旋上升的阶段，分析了新兴产业的集群路径和条件。张治河等（2014）认为区域创新系统和产业创新系统共同促成了产业集群的形成，并且需要政府、市场，以及其他主体要素的共同参与和合作。王明和吴幸泽（2015）结合安徽省 NEV 产业说明战略性新兴产业的发展路径主要依赖两种模式，一种是产业内核心企业带动，另一种是多主体协同创新。涂文明和刘敦虎（2015）认为战略性新兴产业的形成遵循“技术-产业”拓展范式，即“突破性技术创新-产业重塑-产业空间集聚”的新兴产业区域集聚演进机理。李燕和李应博（2015）利用中国制造业和服务业的相关数据，分析了目前中国战略性新兴产业的区位布局及集聚情况。喻登科和周荣（2016）提出了全要素网络概念，并揭示了全要素网络维力作用新兴产业集聚的形成机理。孙瑜康等（2017）通过创新地理学视角，从集聚化、本地化和网络化三个方面对创新集聚的空间特征进行了梳理，归纳总结出影响创新集聚的五种机制。范晓莉等（2017）运用面板数据模型，分析了中国战略性新兴产业集聚发展的区域差异特征，研究结果显示，当前中国战略性新兴产业集聚程度区域分异明显、发展趋势呈现集聚与扩散并存的现象。胡安军等（2018）分析了高新技术产业的不同集聚模式对绿色经济效率的作用机制，测算了中国各省区的绿色经济效率和高新技术产业集聚水平。刘和东与陈雷（2019）建立了互利共生、偏利共生以及竞争共生三种演化模型，分析高新技术产业集聚区生态系统的主体集聚演化机理，通过建立熵变模型，分析生态系统整体演化机理；并依据生命周期理论，揭示高新技术产业集聚区生态系统各阶段演化动力与机理。王燕和孙超（2020）基于高新技术产业与生产性服务业协同的视角，对产业协同集聚对绿色全要素生产率的影响进行研究，揭示产业协同集聚对绿色全要素生产率的影响呈倒 U 形关系。

在协同演化方面，从技术与体制共同演化角度来阐释新技术产业化发展规律是当前主要的研究视角，譬如 Cao 和 Brechtel（2011）以中国新兴产业为例，从多层次视角研究了技术和制度动态交互和共同演化在新技术产业化过程中的作用机制。任海英等（2010，2013）运用系统动力学建模仿真，分析了在产业化投入、过程和效益三个系统中各因素间的相互作用，及各项策略对于产业化的作用原理和作用特点。李小芬（2012）从技术、市场和制度演进的角度，揭示了新兴产业的发展表现为技术、市场和制度的协同演进，新兴产业创新发展的过程最终表现为认知增进和扩展的过程。李华军和陈鸽林（2015）认为新兴产业的培育和发展，实质就是以创新为驱动、以技术为依托、以产业为载体，推动科技创新和产业变革融合发展的创新演化过程，并基于战略生态位管理视角分析了新兴产业社会技术实验驱动要素与模式。孙晓华和王林（2014）与孙晓华和刘小玲（2015）从技术范式转换视角，分析了战略性新兴产业演化的过程及阶段性特征，基于战略生态位管理理论，考察了技术和市场生态位在新兴产业发展不同时期的作用。单晓红等（2015）运用多主体建模仿真方法，分析新技术产业化过程中相关主体的行为关系，研究了产业化环境和产学研合作对新技术产业化过程的影响。特日昆等（2016）基于新熊彼特理论和技术与制度共同演化视角，综合考虑了战略性新兴产业在产业生命周期不同阶段的技术创新和制度支撑特征，在企业技术创新活动中引入公共部门和金融部门的制度因素，建立更符合战略性新兴产业演化发展的技术与制度共同演化模型，并进行了仿真研究。Rong 等（2017）以电动汽车这一新兴产业为例，从系统结构和运行两个维度，结合供给侧、需求侧和中介机构三个角度，比较分析了中国和欧盟电动汽车产业生态系统演进的机理。汪明月等（2018）基于演化博弈对战略性新兴产业的技术异地协同共享激励机制进行研究，揭示内部激励机制激发了参研单位选择技术共享的意愿，同时，随着内部激励系数的变化，产业技术创新系统趋向技术共享，进而为产业政策的制定和效果评估提供决策支持。许倩和曹兴（2019）分析新技术企业创新网络的结构特征及其演化特征，从微观视角研究新技术企业知识协同的过程和网络化模式及知识主体进行知识协同的目标。

2.2.3　培育路径

为了提高新技术产业化的进程，需要探究和把握新技术扩散的轨迹，以及新兴产业集聚的路径等问题。刘志阳和程海狮（2010）从集群发展模式，分析了战略性新兴产业的扩散路径。纪玉山和于晶（2011）从引导规划、融资渠道、科技研发、人才培养和政策支持五方面介绍了新兴产业具体的发展路径。针对新兴产业发展路径选择不明的问题，陈玲和谢碧辉（2011）在对新兴产业的形成、发展动因和路径梳理的基础上，明确了新兴产业发展的基本原则，据此对福建省的主要产业采用因子分析法，系统地提出了福建省未来新兴产业的选择导向、发展重点及顺序。李俊强（2016）以河北省为例，从科技创新、金融服务、人才支撑及集群发展等方面设计出战略性新兴产业的具体发展路径。熊勇清和刘霞（2016）针对中国新兴产业在发展过程中遇到的国内外市场选择困境，结合目标国家以灰靶模型衡量的"市场吸引力"以及新兴产业以熵权法评估的"现有基础和能力"，构建了新兴产业的国内外市场进入决策机制。肖灵机等（2016）基于新技术的"井筒存储效应"，提出了通过产业集群缩减空间距离，促进同质型产业技术网状扩散结构的形成和异质型产业技术融合空间扩大的微观机理，从产业集群带动创新人才集聚、加快社会网络建设、降低技术共享成本、完善相关产业链条等方面进一步剖析集群对技术扩散路径优化的作用机制。宋杰鲲等（2019）构建了技术创新产出重心测算模型及重心迁移的区域贡献模型，并构建了区域技术创新产出变动的驱动因素分解模型，将其分解为人员投入、经济基础、投入强度和经费产出效率四方面效应，结合各地区技术创新产出变动的驱动因素分析和各地区的实际情况，提出了促进技术创新产出增加的对策。

除了研究新兴产业与技术领域的宏观产业化培育路径之外，寻求针对具体领域和目标对象的具体策略也具有重要意义。刘洪昌和刘洪（2018）以战略性海洋新兴产业为研究对象，在分析战略性海洋新兴产业内涵及其特征的基础上，构建了区域战略性海洋新兴产业双螺旋培育模式，探寻基于创新双螺旋视角下战略性海洋新兴产业的发展路径。卫平和范佳琪（2019）研究技术创新路径选择对高技术产业出口的影响，得出自主研发显著促进高技术产业出口，但影响结果存在区域差异；技术消化吸收在国外技术引进影响高技术产业出口过程中发挥的正向调节作用不太显著，甚至可能转为负向作用；技术改造在国内技术购买影响高技术产业出口过程中发挥着显著的正向调节作用，但调节作用因区域而异。王博等（2020）以 NEV 为例，运用专利计量方法定量化描述了传统汽车技术体系形成到 NEV 技术范式变革的过程，研究表明，传统汽车技术已经经历了完整的范式周期，NEV 处于范式发展期且新的技术体系正在形成，进而展示了汽车产业技术变革期技术标准从技术规范到与知识产权相结合的标准体系的演进路径。

2.2.4 政策评价

理论研究和实践表明，相对于现有的成熟产业，新技术产业化发展需要更多政策扶持和监管。但是，政府如何实施有效的政策干预？如何根据产业化的效果评估及时调整政策工具运用？如何协调好政府和市场两者的关系？这些问题，一直是学术界争辩的焦点，具有代表性的是 2016 年中国经济学家林毅夫和张维迎关于产业政策的“世纪之辩”，此次交锋不仅引起学术界的广泛关注，还演变成了一场关于产业政策理论与实践问题的大讨论。最近几年，围绕新兴产业扶持政策的理论与实践探索，以及政策效应评价的研究呈快速增长态势，是当前新技术产业化管理研究的一个热点。

近年来国际上流行从政策组合角度来分析政府扶持技术创新和新兴产业的发展，通常采用财政税收、金融、科技、对外贸易等多种政策工具的组合，譬如 Liu 等（2014）提出了需要根据新材料产业的不同发展阶段制定相适宜的金融政策。Murray 等（2014）认为，补贴政策能否有效促进新兴产业发展的关键在于政策的稳定性。但也有学者认为，相对于市场作用来说，扶持政策是低效的。Pack 和 Saggi（2001）认为，政府补贴行为完全不利于企业发展，市场与政府相比，择优能力更胜一筹。Green 等（2014）探讨了美国电动汽车扶持政策的效率问题，指出“主流消费偏好”是美国电动车政策的缺陷，并提出要通过战略生态位管理、聚焦研发和激励以及贷款等政策组合来解决。Reichardt 和 Rogge（2016）以德国风能产业为例，剖析了创新政策组合与技术创新系统（technological innovation system，TIS）发展之间的相互关系，以及 TIS 又是如何影响政策组合的演变发展。研究发现，政策组合的调整与 TIS 中重复的模式呈现高度动态的相互依赖性。Rogge 和 Reichardt（2016）强调政策组合是 ST 研究中的一个非常重要的领域，提出了政策组合在新技术变革方面的分析模型，并以德国可再生能源系统为例进行了实证分析。Kivimaa 和 Kern（2016）认为政策组合对 ST 起到关键性作用，转型的理想政策组合应该包括“创造性破坏”元素，由此构建了一个包括两个政策组合维度（创造和破坏）的新分析框架，并以芬兰和英国的低能源政策组合为例进行了验证。Rong 等（2017）详细分析了挪威如何成功建立了一个新兴电动汽车产业的生态系统，认为政策制定者需要运用不同的战略和政策工具推动电动汽车行业的可持续发展。Matti 等（2017）运用案例分析和实证研究，详细揭示了多层次政策组合的有机设计对西班牙风能产业不同阶段发展过程的相互作用。Georgallis 等（2019）从理论上分析了政府对新兴产业的支持是如何由产业的内部特征和外部力量共同决定的，发现激励可再生能源的上网电价政策更有可能出现在太阳能光伏发电企业数量更多、行业更为连贯的国家。

中国政府为了加快新技术产业化，出台了大量的宏观政策，亦引发了国内大量学者对政策组合和政策效应的研究，譬如吴超林（2001）认为中国宏观调控政策效应不理想主要不是政策本身原因，而是政策背后的市场基础与制度条件方面的问题。研究通过比较内生安排与外生安排的宏观调控政策的不同绩效，建立了一个解释中国宏观调控政策效应的理论框架，并在此基础上揭示了如何正确地把握宏观调控政策的问题。段宏波等（2014）利用广义 Bass 模型对比中国与世界其他风能先进国家在技术创新水平和模仿水平上的差异，考察外生政策冲击对中国风能技术扩散的影响。黄萃等（2014）的研究表明，中国政府通过技术储备、促进转移、扩大市场、强制学习、稳步退出五个方面政策推动了风电产业的迅速发展。曹建海和邓菁（2014）通过实证研究发现，临时性的政府补贴模式对战略性新兴产业创新产出效果的激励作用十分重要，政府补贴对研发性沉没成本低的企业更具有激励作用。苏竣和张芳（2015）比较了美国、德国、日本和中国等主要国家发展光伏产业的政策组合，指出不同类型政策工具对清洁能源产业技术创新的作用效应各有不同，中国近期虽然通过密集的需求拉动型政策工具刺激了国内光伏市场的迅猛扩张，但未来中国光伏产业的发展依赖于更加合理审慎的政策组合结构。黄永春等（2015）运用动态演化博弈方法，仿真分析了政府在扶持新兴产业时所应采取的策略演化路径，并借助政策工具理论构建了扶持战略性新兴产业企业实现赶超的政策工具框架。田志龙等（2015）采用纵贯研究、内容分析、深度访谈相结合的定性方法，以宏观政策决策过程为研究对象，探讨在有不确定性的情况下，互动是如何帮助政府进行政策决策的。李方旺（2015）在其博士论文中构建了一套战略性新兴产业财政政策评价指标体系，采取数据包络分析的方法来对近年高技术产业财政政策的效率进行了评价，指出不同政策运用配比不合理是造成财政政策资源使用的低效性甚至无效性的主要原因。朱艳鑫等（2016）采用文本量化分析的方法，对中国地方政府的战略性新兴产业展开分析，统计表明，当前地方政府的战略性新兴产业政策集中在产业方向选择和产业政策工具运用方面，在政策工具运用上供给型政策偏多，需求型政策偏少，主要倾向于采取“短、平、快”的措施。徐娟（2016）从新兴产业补贴方向与补贴时机入手，基于实物期权构建了供给端与需求端补贴下的企业投资决策模型，比较分析了政府扶持新兴产业的主要政策工具——对厂商的直接补贴和对消费者的间接补贴两者的政策效果。林毅夫（2017）通过对 13 个成功经济体的研究分析，得出新技术产业化过程中的基础科研和公用技术的突破需要政府的支持，积极有为的政府制定产业政策有利于推动新兴产业发展。薛澜和蒋凌飞（2017）实证分析了中国电动乘用车选择性产业政策的成效和产生的原因，并对产业政策的制定和执行提出了建议。白雪洁和闫文凯（2017）以中国 NEV 产业为例，提出新兴产业政策需依据产业发展阶段特征及政策目标差异，构建多元主体的全过程政策实现机制。孙育红和张春晓（2018）回顾了改革开放以来中国绿色技术创新的政府规划和政策，指出目前绿色技术创新中仍存在政府、企业和公民的权责不明，成果转化率偏低，宣传科普力度不够，法律约束力度不强等问题。

此外，不少学者根据新技术产业化系统的特征及其运行规律，运用 SD 建模理论及方法来分析各种政策或市场手段对新技术产业化进程的影响，如单春红和孔海峥（2014）构建了中国海洋风能产业化的 SD 模型，仿真分析了海洋风能产业化财政支撑政策（包括政府购买、政府补贴和优化税率三种支撑政策）在产业化不同发展阶段的作用效果。姜钰和贺雪涛（2014）建立了林下产业可持续发展的 SD 模型，分析了林下产业的经济、社会、生态三个子系统的相互作用和各自的系统结构，以及相关策略的效应。刘秋岭等（2015）建立了中国镁产业转型升级的 SD 模型，仿真分析了单一政策和政策组合（研发投资组合、环保政策组合和外贸政策组合）对镁产业升级的影响，探讨分析了政策的阶跃效应和脉冲效应。李子彪等（2018）基于企业所有权性质的调节效应，探索了三类政府财政激励政策（政府补贴、高新技术企业税收减免和研发加计扣除税收减免）对不同所有权性质的高新技术企业创新绩效的激励机制及其差异，并构建了以研发资金投入和研发人力投入为中介变量的理论模型。刘和旺和张双（2019）基于 2001～2007 年中国工业企业数据，采用双重差分、三重差分方法，实证研究了清洁生产政策对中国企业转型升级的影响及作用机制，结果表明，清洁生产政策显著促进了中国企业转型升级，且这种影响对高技术产业和大型企业的效应更大。孙振清等（2020）采用 DID 和 PSM-DID 方法评估碳交易政策对碳排放的影响，从产业结构调整与技术创新双重视角研究碳交易政策下的区域减排潜力。

2.3 管理研究存在的不足

综上所述，当前国内外学术界对新技术产业化的影响因素、发展机理、培育路径及政策评价方面，从协同演化、路径依赖、演化博弈、创新生态系统、生命周期理论、主导设计视角和技术效率等多个视角出发，运用了 SEM 模型、动态博弈、因子分析和回归分析、文献计量以及案例分析等方法进行了细致的研究，积累了相当丰富的成果，但也存在着一定的不足。

第一，缺乏一种系统的、全过程式的创新管理工具和理论来重新审视新技术产业化的本质及其发展的内在机理，从而指导和加快新技术产业化的培育发展。新技术产业化的本质是以突破性创新技术或颠覆性创新技术为驱动，培育形成一种稳定且可持续发展的新产业，最终实现社会-技术体制转型的过程。其核心涵义可概括为两点：一是新技术产业化最终体现在新旧社会-技术体制的转型变革上，终极目标是实现可持续性发展；二是新技术产业化整个转型的过程涉及多要素（技术、产品、市场和制度等）、多主体（政府、消费者、企业、中介机构、科研机构和金融机构等）以及多阶段的衔接（新技术—新产品—新市场—新社会技术），是一个动态、复杂的系统工程。现有的不少研究的确也从协同演化和创新生态系统等视角来分析新技术产业化存在的突出问题，但缺乏系统性和全局性。因此，需要用一种系统的、全过程式的创新管理工具和理论重新审视新技术产业化的内在机理，提供科学的转型方法，从而指引和加快新技术产业化的培育发展。

第二，现有文献关于新技术产业化障碍因素的研究还不够全面和系统，缺乏从过程发展阶段角度来揭示新技术产业化的影响因素及其作用机理。新技术产业化的过程涉及自身新技术以及产业内外部环境的多种因素，既包括新技术的成熟度、稳定性和便利性，多个创新主体的协同创新、企业内部的组织再造、新商业模式等，还包括现有社会-技术体制形成的选择压力，以及技术锁定和路径依赖等。现有大部分文献是以某一产业或行业为例，揭示个别或部分影响新技术产业化的因素和作用效果，而从技术及产业内外部支撑要素等方面全面综合研究新技术产业化影响因素的文献较少。由于新技术产业化受系统内外部多因素的交互影响，因此，本书将从 ST 视角解读新技术产业化发展过程中必经的“死亡之谷”和“达尔文海”两道鸿沟，全面识别构成两道鸿沟的影响因素及其互动关系，建立各因素作用于新技术产业化的概念模型，这有利于充分揭示新技术产业化的关键影响因素及其作用机理，同时也为通过 ST 理论主张运用保护空间来破解这些障碍提供前提基础。

第三，对新技术产业化扶持政策及其效应评价的研究还处于分散起步阶段，研究深度有待进一步拓展。当前，对政府扶持新技术产业化政策的现有研究涉及面较广，但研究视角比较单一，研究的关注点有一定程度的局限性，主要体现在：一方面过于关注新技术产业化的激励引导性政策，忽略了约束性的政策工具，缺乏对新技术产业化政策体系的整体把握；另一方面体现在现有研究更多的是对一种或几种政策工具进行比较分析，缺乏对新技术产业化过程不同阶段所采用的不同类型的政策工具及其组合做出一个整体性的展现。此外，研究过程多采用叙事性方式，缺少相应的理论分析框架和定量化的研究方法作为支撑，还没有很好地解析所运用的政策工具“为谁用？为什么用？如何用？效果怎样？”的问题，尤其是政策工具的效应方面，缺乏政策工具运用后对其效率和效果的跟踪和评价。

第二篇

理 论 概 述

第3章　可持续转型理论

可持续转型（ST）理论主要研究在现有社会-技术体制的选择环境下，如何通过新技术创新生态位的培育演化，变革现有社会-技术体制，进而促使社会-技术体制转向可持续发展方向。近20年才兴起的ST理论是当前创新管理和转型管理研究的一个重要领域，受到了学术界和产业界的热切关注。2009年，ST理论研究网络组织（Sustainability Transitions Research Network，STRN）正式成立，并于2010年7月发表了第一份任务声明和研究进展，同时设置了ST理论的博士课程体系。从2009年至2020年，STRN连续举办了十届可持续转型的国际会议（IST），还设立了 *Environmental Innovation and Societal Transitions* 这本刊物（*Elsevier* 期刊）。目前，STRN成员已经从2010年的200人增加到2019年的2 000人。STRN的发展，促使ST理论的研究成果成为一个集体性、富有成效和高度积累的领域。从2011年起，国际ST研究的文献数量呈现爆发式增长。近年来，ST理论研究框架更为清晰和丰富，研究内容和方法日趋完善。目前，国内已有个别团队和学者关注该理论，如清华大学的技术创新研究中心和广东工业大学的创新理论与创新管理研究中心。

本书研究团队自2008年起，就一直密切关注和紧密跟踪国际ST领域的研究，至今收集整理了相关文献1 200多篇，形成了一个相对系统和完善的ST研究文献数据库。首先，本章在详细梳理ST研究的起源、核心思想、关键术语的基础上，利用知识图谱的方法，运用CiteSpace可视化软件和NoteExpress文献管理工具，全面而直观地详细分析了该理论国内外研究的时空分布、发展脉络、知识基础、研究热点及趋势；其次，重点介绍了ST研究的分析框架和研究主题；最后，阐述ST理论在新技术产业化研究中的适用性，为后文研究奠定理论基础。

3.1　理论概述

3.1.1　背景依据

（1）产生背景

当前全球范围内不可持续的生产与消费模式一直是个热点话题，并因其紧迫性而持续受到高度关注。现有的生产与消费模式，不仅与地球提供的有限资源有关，更与环境污染和气候变化相关。事实上，这些问题正以惊人的速度恶化，全球已形成了一种共识：气候变化正在发生并影响着我们的生活，同时环境污染正以惊人的速度侵蚀着地球，甚至会让人类走向灭亡。越来越多的人相信不可能再继续目前的生产与消费模式，必须向可持续发展模式转型，即必须进行系统转型。然而，转型并非一件简单的事情，因为现有的生产与消费模式已经历了长时间的演化，涉及已深深植根于社会-技术体制中的技术、社会、经济、制度甚至政治利益等。同时，现有的生产与消费模式已投入的成本（如现有内燃机汽车的加油站、油田开发建设等基础设施）通常价值数十亿美元。此外，新技术的应用推广在现实中也困难重重，以NEV为例，在现有交通体制中汽车充电就是个难题，汽车消费者与生产者几乎都被锁定在传统汽车的社会-技术体制中，消费者对现有的内燃机汽车有着极高的产品忠诚度，不会轻易尝试新产品，加上NEV与充电维修等基础设施有着“鸡生蛋还是蛋生鸡”的关系，若NEV推广数量不多，基础建设投资人会面临亏损，不愿加大投入，但基础设施不完备，消费者就不会选择NEV。总的来说，社会发展模式经常被现有的不可持续性生产与消费模式所“锁定”。

ST研究的初衷，是意识到许多环境问题将给人类社会发展带来巨大的挑战和灾难，譬如气候恶化、物种灭绝和资源枯竭等，而这些问题本质上是由现有社会-技术体制中不可持续的生产与消费模式所造成的。历史证明，上述问题不是通过渐进式或修正式的技术演进就能从根本上得到解决的，因此，现有的社会-技术体制迫切需要进行根本性的转型。

针对当前全球范围内所存在的不可持续的生产与消费模式，如何通过突破性甚至是颠覆性的新技术驱动形成新兴产业，实现社会-技术体制的转型，进而实现经济和环境的可持续发展，是近十几年来国际上的一个热点话题。但新技术产业化是一个多主体参与、多要素协同和多阶段衔接的动态复杂系统工程，具有典型的复杂性、动态性和高风险性特征，这也导致了各国在促进新技术产业化时遇到同样的瓶颈：新技术最终成功形成新兴产业引领和支撑本国经济增长的概率非常低，即使部分新技术产品能立足现有市场，但却存在着扩散慢、贡献度不高的现实难题，与预期目标相差甚远。ST研究者认为产生这样困境的深层次原因主要在于两个方面：第一，原有的生产消费模式涉及技术、社会、经济、制度甚至政治利益等多层要素，经过长期的共同演化已深深植根于现有的社会-技术体制当中，新技术成功转型需要解决现有的社会-技术体制所形成的高额沉没成本；第二，一项新技术能否成功产业化，占据现有主流市场最终实现可持续发展，既涉及新技术自身的变革，还关系到外部社会-技术体制和社会-技术景观。过去的技术发展史也表明，不少经研发、科学论证和试验的新技术，并不能成功跨越研发与现有市场、现有社会-技术体制与未来新的社会-技术体制之间的两道鸿沟："死亡之谷"和"达尔文海"。因此，ST 研究者明确指出，这是由于缺乏一种全过程式的理论模型和工具方法来实现新技术产业化的有效管理。正是在此背景下，Kemp、Schot、Weber 和 Hoogma 等学者在 20 世纪 90 年代末，基于生态位理论、技术演化理论和建构性技术评价理论提出了一种针对新技术产业化的分析模型和研究——ST 研究。

（2）理论依据

ST 研究是在生态学和社会技术范式的思想基础上，通过引入生态位观点，研究如何在现有社会-技术体制下实现新技术创新生态位的"选择—构建—培育—繁殖—跃迁"，进而形成新兴产业，直至变革现有社会-技术体制的转型过程。Raven（2005）详细阐述了 ST 研究的理论依据，主要来源于以下三个方面：

①生态位理论（niche theory）。该理论是生物学中专门研究生物体之间的竞争性、生物对环境的适应性、生态系统的多样性和稳定性等问题的重要理论。自从 20 世纪 90 年代中期起，该理论被引入到技术能力和技术创新研究中，从生态位演化视角分析了技术变革过程，并逐步延伸出了"技术生态位"和"市场生态位"等概念。Agnolucci 等（2007）认为，技术生态位的本质可理解为新技术的"孵化器"，在这个孵化空间里，新技术将受到一定程度的保护，并得以培育和发展。新技术成功经历技术生态位阶段后，形成的初始产品由于在质量、性能、经济性等方面无法与主流市场上的同类产品竞争，只能适用于特殊的市场环境，通过市场生态位这个原始市场，引导新技术产品满足潜在消费者需求，逐步提高消费者满意度。

②技术演化理论（technology evolution theory）。该理论旨在从演化角度来理解和阐释新技术变革的过程，认为技术变革的过程严格遵循着"技术变异—技术选择—技术固化"的演进机制，该机制的循环导致了新的技术体制和技术轨迹的产生。ST 理论研究者在此基础上提出了"创新生态位"和"社会-技术体制"的概念，认为在现有的社会-技术体制选择压力下，新技术的成长是创新生态位演进的过程，创新生态位更有助于理解技术的变异与选择规则以及新社会-技术体制的出现，并将其视为成为新技术产业化的关键。

③建构性技术评价理论（constructive technology assessment theory）。该理论是一种技术管理的分析工具，认为在新技术设计的初始阶段应实现所有利益相关者之间的联合，扩大技术决策的基础和设计过程，强调要增强二阶学习（社会学习）过程的发生机会，从而解决技术产生的社会问题。ST 理论研究者在此基础上，提出了要通过构建广泛的社会网络和加强多维度的学习来进行新技术的反复试验，并促进二阶学习的出现，从而实现创新生态位的成功跃迁。

3.1.2 核心思想

“转型”这个术语通常用于表示实现某种社会功能系统的长期变化。1987 年世界环境与发展委员会提出了可持续发展理念，转型的概念开始被用于社会-技术的研究领域中，由此 Rotmans 等（2001）和 Loorbach（2007）提出了“社会-技术转型（socio-technical transition）”的概念，给出了定义：如果一个社会-技术性的需求得到满足，社会-技术体制中的结构（如组织、架构）、文化（如准则、规范、行为模式）、实践（如程序、技能）等方面将发生根本性变革，这个过程周期是非常长的，需要一二代人去实现。

譬如气候变化问题，通常可归类为“持续发展的问题”，其本质是存在于系统结构中的固有问题，因此不能通过“末端处理”的方法解决（该种方法没有从根本上改变原有的结构）。气候变化是人类现有不可持续的生产和消费模式所导致的自然结果，要解决这个问题，必须向可持续的系统转型。为了实现这一目标，并试图与传统转型有所不同，“可持续转型（ST）”这一概念应运而生。Raven 等（2010）、Geels（2011）、梅亮等（2015）将 ST 定义为：有目的、有针对性地朝向环境和社会可持续替代的系统进行转变，这种转变体现在技术、制度、组织和社会经济子系统等方面的协同演进，而且在一定程度上能被控制和引导，最终实现生产和消费模式的可持续发展。STRN 在 2019 年将 ST 界定为：既定的产业、社会-技术体系和社会，向着更可持续的生产和消费模式发展的长期转型过程①。

本书结合 Geels（2002）、Smith 等（2005）、Raven（2005）、Caniëls 和 Romijn（2008）等的几篇代表性文献的观点，梳理凝练了 ST 理论研究的几个要点：

第一，ST 以实现经济和社会可持续性发展为最终目的。ST 研究产生的初衷，就是为了反思由于过去生产与消费模式的不可持续性而增加了环境能源和产业经济的发展压力，以及回答如何通过新技术变革，驱动重构产业新的生产和消费模式，从而更好地实现可持续性发展。

第二，ST 是通过创新生态位动态演进来剖析新技术产业化的过程。作为剧变环境下竞争优势提升的关键，ST 被视为一种特殊的社会-技术体制的根本性创新变革，其不仅包含新技术，亦涉及相关市场、用户实践、政策、文化语境及治理制度的社会-技术体制变革。同时，这种变革是通过新技术创新生态位的动态演化机制来实现。ST 的核心思想就是通过引入创新生态位动态演化这个关键性的理念，来剖析技术创新演化、新兴产业形成和社会-技术体制变革的过程，具体体现

① 资料来源：STRN 官方网站 https://transitionsnetwork.org/。

在从技术生态位跃迁到市场生态位，再由市场生态位跃迁到范式生态位（新的社会-技术体制）的过程。

第三，ST强调新技术在创新生态位演化过程中的驱动作用。纵观整个ST的研究，特别强调了技术创新，尤其是突破性创新技术或颠覆性创新技术在创新生态位层面的驱动作用，这类创新技术的出现，往往是诞生新兴产业的“突破口”，是引领ST的“第一动力”。

第四，ST主张有目的地、主动地通过保护空间的有效构建、培育和及时撤离，来助力创新生态位的成功跃迁。由于现有社会-技术体制带来的巨大压力，以及由此形成的技术锁定和路径依赖会严重阻碍新技术创新生态位的演化，因此，ST提倡要为新技术主动提供一个暂时的保护空间，通过保护空间的“触发—作用—反馈—退出”机制，来发挥保护空间特有的功能，一方面，提高技术生态位的成熟度和强壮性，使其具有足够条件跃迁到市场生态位；另一方面，促使市场生态位有效扩散，从而为拓展或颠覆现有社会-技术体制储备能量。

综上所述，ST理论研究的核心思想可概述为：为了实现可持续性的生产消费模式，针对某项具有发展前景的新技术，在其尚未占据主导设计和主流市场之前，主动为其构建一个保护空间，并采取特定的机制策略来控制和管理这个空间，逐步创建和发展新技术创新生态位，实现创新生态位的“孕育—发展—涌现”，直至变革现有社会-技术体制，最终向可持续发展的社会-技术体制转型。总的来说，ST认为，社会-技术体制转型，关键在于创新生态位的培育发展引发社会-技术体制的突破性变化。

3.1.3　研究特征

Smith等（2010）指出，ST视角拓展了传统技术创新研究的框架，重新阐述了技术创新的演进与技术系统外部的社会-技术体制的互动关系，侧重探讨“如何在技术创新（创新生态位）与社会-技术体制演化初始阶段利用机会，构建并有效管理新的社会-技术体制”，以及“现有社会-技术体制与未来新的社会-技术体制之间的适应与选择”等基本问题。当前，ST已成为可持续发展和广泛社会科学中的一个独特的研究领域，Rotmans等（2001）、Elzen等（2003）、梅亮等（2015）和Köhler等（2019）认为，相比传统转型研究，ST研究具有以下几个基本特征。

（1）目标导向性强

ST往往用明确的愿景与具体的目标来指导一系列行动者和利益相关者的行为，强调实现长期愿景目标的过程中引导和管理在转型方向的重要作用，如环保问题治理、能源危机处理等。在这个引导过程中，政策制定者以及监管和体制的支持者都发挥着重要作用。同时，值得关注的是，ST的愿景有可能会受到其解释的影响，并可能随着时间的推移而改变。相反，传统转型常为突发式的。ST 研究的一个核心目标就是解释社会功能如何实现社会-技术体制的变革。因此，ST 的分析单位主要位于社会-技术体制的“中间”层次，其研究重点不同于长期以来在“宏观”层面（如改变整个社会的性质）或者在“微观”层面（如改变个人的选择和态度）的可持续性争论。

（2）涉及多维度和多要素的协同演化过程

社会-技术体制实际上是由众多要素组成的，包括技术、市场、用户实践、文化含义、基础设施、政策、产业结构以及供应与分销链等，因此 ST 涉及一系列要素和维度的变革，是一个协同演化的过程。同时，ST 不是一个线性变革的过程，而是包含相互衔接和相互作用的多个阶段的复杂动态过程。此外，ST 是由一系列行动者和社会团体实施的，这些行动者和社会团体有自己的资源、能力、信念、策略和兴趣。上述原因使得 ST 的过程非常复杂，无法通过单一理论或学科全面解决，ST 甚至可能会威胁到一些现有强大行业企业（如石油、汽车、电力、农业食品）的经济地位和商业模式。Schäpke 等（2017）认为这些现任者可能会为了保护自身既得利益，质疑对转型的必要性和速度甚至阻挠转型，这就涉及新旧社会-技术体制的竞争与共生。

（3）是一项系统性的变革

社会-技术体制要素的调整或改变，最终将影响到整体，并导致体制出现系统性演进的格局。ST 研究的一个核心问题是处理稳定和变革之间的关系。一方面，出现了许多绿色创新及其实践应用，譬如汽车共享、社区能源、城市农业、区域供暖、太阳能光伏、风力涡轮机和电动汽车等；另一方面，围绕着内燃机汽车、燃煤和燃气发电、集约农业等行业有着根深蒂固的社会-技术体制，它们锁定了现有的生产与消费模式，造成了稳定的路径依赖。由于对社会-技术体制变革的关注，ST 研究旨在揭示激进性变革的动力与路径依赖的稳定力量之间的多方博弈，迫使 ST 研究要从不同学科和理论中寻求稳定和变革之间的辩证关系。

（4）是一个长期、复杂和不确定的过程

ST 是一个长期过程，可能需要几十年才能完成。其中一个原因是激进式创新与实践应用通常需要很长时间才能形成早期小范围的生态位，再发展到广泛市场扩散；另一个原因是打破和“解锁”现有社会-技术体制的惯性和路径依赖，克服现有的阻力需要很长时间。为了使研究易于处理，Rotmans 等（2001）将 ST 分为预发展、启动、加速和稳定四个不同的阶段。此外，在所有领域的转型中，通常同时存在着多种有前途的创新，但不可能确定哪一种创新或新技术就一定会占上风，这是因为在现实中存在多种转型路径，使得未来转型的发展是无限的、不可完全预测的。不确定性还源于创新过程、政治协商过程和社会文化过程的非线性特征。

（5）规范的方向性

ST的产生背景和研究目的，注定了它是一种带有公益性质的行动，而由于私人行动者（如公司、消费者）“搭便车”和“囚徒困境”，解决这一问题的动力有限。这意味着公共政策必须通过环境法规、标准、税收、补贴和创新政策在塑造转型方向中发挥核心作用，这就需要指明转型的规范性方向。

上述ST研究的特征表明了其具有跨学科的性质，使得ST研究的范围显得更广泛和更跨界，这可能是ST研究受当前学者追捧的原因之一。

3.1.4　关键术语

（1）创新生态位

“创新生态位”是ST研究中的一个核心概念，这主要是因为它在新技术培育中扮演了关键性的角色。生态学中的生态位，通常是指一个种群在生态系统中，在某个时间空间上所占据的位置及其与相关种群之间的功能与作用关系。借鉴上述概念，ST学者将创新生态位界定为新技术在社会-技术体制中特定的时空位置及功能关系。创新生态位相对独立于现有的社会-技术体制，甚至很有可能替代它并创造新的轨迹和路径。Berkhout等（2012）提出，创新生态位与社会-技术体制另一个不同点是，更具有灵活性，更不受规则的约束。Kemp等（1998）和Geels（2002）认为，创新生态位的培育和发展，在社会-技术体制转型过程中扮演了关键角色，孕育了变革现有社会-技术体制的“种子”。

ST学者将创新生态位划分为技术生态位（technological niche）、市场生态位（market niche）和范式生态位（paradigm niche）。其中，技术生态位表示新技术在现有技术轨道中所处的位置和功能；市场生态位是指新技术形成的新产品在现有主流市场中所占据的位置及其关系，即新技术产品的初始市场；范式生态位则表示新技术在现有社会-技术体制中形成了一种新的技术范式，以及其在社会-技术体制中所处的位置和关系。创新生态位通常被认为是一个可以让创新得以培育和发展的空间，它能为创新提供有期限的保护和孵化，防止创新过早被现有主导选择规则过滤掉。在这个空间里，激进型创新技术可以不受现有社会-技术体制的选择压力影响而得以培育发展。通过社会试验的学习过程，阐明新技术的期望，并发展多样化的异构网络，从而促使创新生态位获得发展动力，最终与现有主流技术竞争。

（2）社会-技术体制

ST研究核心的概念之一是社会-技术体制（早期也称为“技术体制”），它结合了演化经济学和社会技术学的观点和关键概念，强调科学知识、工程实践和过程技术是社会嵌入的，它们与技术用户的期望和技能、制度结构及更广泛的基础设施无缝地交织在一起。该体制的核心思想是，它为沿着既定的发展道路逐步进行的社会技术变革规定了逻辑和方向。Geels（2002）、Markard 等（2012）提出的社会-技术体制，是由已形成的技术、产品、知识、期望、用户实践、规则等多维度要素构成的一个连贯且高度相关的稳定结构。社会-技术体制通过其内部构成要素之间的交互作用，形成稳定性极强的路径依赖和技术锁定。社会-技术体制由特定的技术、基础设施、空间布局、用户偏好、文化、政策及产业结构等要素构成，ST 的实现意味着社会-技术体制的构成要素将发生根本性变化。Smith 等（2005）指出，社会-技术体制的变革是创新生态位“孕育—发展—涌现”的内生成长过程，也是其与外部环境多层次、多维度、多要素交互作用的非线性演化过程。

可见，社会-技术体制通常由三个因素组成：第一，社会网络因素。一个随着时间推移发展而成的行动者和社会团体的网络。第二，规则因素。一系列正式或非正式的规则指导行动者去重新生产或维持社会-技术体系的要素。第三，物质和技术因素。社会-技术体制的改变意味着体制内部功能的变化。体制往往会抵制系统的变化，也会抵制旨在取代体制的创新生态位。体制的权力确实比生态位更大，但这并不意味着体制一定就能战胜创新生态位。只要体制本身是稳定的，并且环境不是不利的，那么社会-技术体制就会在其运作系统的不同要素之间建立更强的一致性，从而形成整个系统的路径依赖或锁定。体制内部的一般变化通常遵循依赖路径发展，而且往往是渐进式的。然而，如果一个体制内部变化非常剧烈而导致系统发生变化，那么就通常称为体制转型或体制重构。

（3）社会-技术景观

Geels（2002）认为，社会-技术景观，是指影响社会-技术体制和创新生态位发展的外部环境，包括政治意识形态、社会价值观、文化信仰和宏观经济趋势等要素，代表的是最深层次的社会经济结构关系。

（4）社会-技术实验

实验是 ST 研究的核心概念之一，其对研究非常重要。Markard 等（2012）认为，正因为将实验作为变革的关键因素，才使得 ST 理论有别于社会变革理论和政策理论。社会-技术实验与自然科学实验有所不同，后者可广义理解为一种在实验室或严格控制的环境中进行的实践，以此来寻找物质现实的客观真相，而前者更多的是从社会建构主义角度出发，为了有目的地重塑现有的社会-技术体制，以现实社会作为实验室，通过各种行动者引进可替代的新技术进行复杂的实践过程。在 ST 研究背景下，社会-技术实验被视为变革的催化剂，最终可能引起人类需求或社会功能方式的深刻变化。随着可持续系统和实践的微观系统的发展，实验中可取代的社会技术结构将出现在真实背景下，从而促进对技术、社会和制度的学习。研究“实验”的意义在于，通过实验学习和示范效应促进ST的动力，从而改变现有不可持续的社会-技术体制。

（5）保护空间

ST研究中所谓的“保护空间”，就是在转型过程中针对某项具有发展前景的新技术（尤其是突破性创新技术和颠覆性创新技术），在其尚未占据主流地位之前，通过采取一定的生态位策略体系（包括政府的公共政策体系等）构建一个空间，一方面，为其提供必要的资源，使得其在现有社会-技术体制下享受成长的额外待遇，以避免其受到现有社会-技术体制的选择压力而过早夭折；另一方面，促进创新生态位的内生形成过程（包括建立期望、加强学习和构建社会网络），以解决新技术产业化过程中所遭遇的各种障碍。同时，培育一批新技术的支持者，提高其在现有选择环境中的竞争力和影响力，从而适应或变革现有的社会-技术体制。可见，ST理论所提倡的保护空间，本质上是在一定时期和空间范围内，通过主动且有针对性地制定一系列特定的保护措施和运用独特的社会经济实验方法，为具有发展前景的新技术成长及其产业化到最终实现可持续发展提供额外帮助的一个综合的政策工具系统，其根本目的：一是从创新生态位自身内部的培育发展角度来看，是要促进对新技术适用性的了解和认同，学习和宣传新技术的优势，提高新技术的认知度和成熟度；二是从创新生态位更为广泛的转型过程来看，是要加快新技术的应用速度和范围，促进新技术的广泛扩散，使得其能适应现有的社会-技术体制，或在变革现有体制的同时，建立新的社会-技术体制，从而最终实现可持续发展（Smith and Raven，2012；Smith et al.，2014a）。

3.2　知识图谱分析

自从1998年由Kemp、Schot、Weber等学者正式提出ST理论以来，由于其为各国新技术变革和新兴产业培育提供了系统的理论基础和科学的解释依据，而得到政府、企业界和学术界的广泛关注，迅速成为技术创新管理领域的一个重要研究方向。近年来，各国在产业转型升级的实践与总结更促使该领域在研究视角、研究方法和实践应用方面得到了进一步的拓展和完善，发文数量逐年增加，成果更为丰富，影响力进一步提升。国内近年来已有个别学者和科研团队关注和引介该领域，并结合中国国情开展了一定程度的研究，具有代表性的包括清华大学经济管理学院陈劲教授（原浙江大学公共管理学院）带领的团队，广东工业大学张光宇教授带领的团队，华中科技大学管理学院的陈卓淳博士，以及上海大学管理学院的薛奕曦博士等。但总体来说，研究群体还不够广泛，对该理论的研究脉络、热点趋势等的跟踪还不够全面和及时，形成的研究成果在国际上的影响力还远远不足，有待进一步提升。

3.2.1 CiteSpace 知识图谱

近年来，运用知识图谱方法和可视化工具对特定专业领域的研究动态和发展趋势进行文献计量分析，成为当前学术研究的一大热点（夏恩君和宋剑锋，2015）。知识图谱是通过数据挖掘、信息分析、科学计量和图形绘制等一系列处理，可视化地展现某一学科领域知识的方法（韩增林等，2016），目前在国内被广泛应用到诸多领域的研究热点分析上，如技术创新管理、新兴产业管理、图书情报管理和教育管理等。鉴于此，本章将运用知识图谱方法及相关工具，对国际 ST 研究进行整体、动态和多维度的可视化分析，进一步厘清和辨识 ST 研究的时空分布、发展脉络和热点前沿，对当前国际在该领域的研究主题演化及未来趋势全貌做一个更为整体而细致的描绘，力求达到“一图谱春秋，一览无余；一图胜万言，一目了然”的效果（陈悦等，2015），旨在为当前中国推进产业转型升级和经济结构调整背景下，紧跟国际前沿开展 ST 研究、提高研究水平和实践运用提供参考。

陈悦和刘则渊（2005）认为，知识图谱是显示科学知识的发展进程与结构关系的一种图形，是显示科学知识地理分布的知识地图转向以图像展现知识结构关系与演进规律的结果。知识图谱具有“图”和“谱”的双重性质与特征：既是可视化的知识图形，又是序列化的知识谱系（陈悦等，2015）。

本书使用由陈超美教授开发的 CiteSpace 软件工具进行可视化图谱分析（Chen，2006），该软件是目前国际公认领先的知识图谱绘制工具之一，它将引文分析、聚类分析、网络分析等在知识单元分析的基础上集合起来，并融入数据挖掘、计算机图形学、图像技术、智能技术及相关先进算法等方法，从而形成新一代的适于多元、分时、动态的网络分析可视化工具（Chen，2012）。CiteSpace 绘制的知识图谱最突出的特点是能够将一个知识领域的演进历程集中展现在一幅引文网络图谱上，并在图谱上把作为知识基础的引文节点文献和共引聚类所表征的研究前沿自动标识出来。与常见的信息可视化分析软件相比，CiteSpace 能提供针对施引文献的合作图谱和共现图谱，以及针对被引文献的共引图谱，侧重于探测和分析学科研究前沿的演变趋势及其知识基础之间的关系，以及不同研究前沿之间的内部联系，具有数据处理便捷、可视化效果好等优点。

3.2.2 ST 研究外文文献分析

欧美发达国家大概每隔 5 年，就有学者对 ST 领域研究的最新进展和热点问题进行评述，代表学者有 Kemp 等（2001）、Geels（2005b，2010）、Markard 等（2012）和 Köhler 等（2019）等。

1. 数据来源与整理

（1）数据的采集

本书针对 CiteSpace 对文献来源数据库的特殊要求，重新对 ST 研究文献进行了采集（检索时间截止到 2019 年 12 月 31 日），具体步骤和处理方法如下：以 WoS 核心合集数据库为主，PQDT 学位论文全文数据库作为补充，在参考经典文献和咨询过相关专家的前提下，针对研究主题设计检索策略为：TI = (Sustainable transition* OR Sustainability transition* OR Socio-Technical Regimes Transition *)，确保检索能够尽量覆盖该领域代表性的研究成果。

（2）数据的格式转换与过滤除重

目前 CiteSpace 在上述 2 个数据库中只适用于 WoS 数据库导出的题录。因此，本书将 PQDT 数据库导出的题录信息进行补充和完善后，通过 CiteSpace 提供的功能模块进行转换。同时，对 2 个数据库合并后可能存在相同题录的情况，通过 Date 模块进行过滤和除重。经上述两大步骤后，最终筛选出 1 456 条文献题录作为分析数据。

2. 操作参数设置与观测说明

（1）CiteSpace 操作参数设置

CiteSpace 软件提供了丰富的功能区和参数设置，根据本书研究需要，对所使用的功能及其参数设置做以下汇总说明：第一，时间切片。对所要分析的数据进行时区分割，以便对某个知识领域进行时序“抓拍”，通过连接分时图片达到历时性图谱的绘制。本书设定为每一年一切割。第二，网络类型。本书选取了作者、机构、国家、关键词的共现分析，以及文献、作者、期刊的共被引分析。第三，关系强度计算。用于网络节点的关联强度计算，包括 Cosine 算法、Jaccard 算法和 Dice 算法。具体算法的选择，本书在实际操作中不断尝试，以获取最佳效果。第四，参数阈值。为了方便删除掉可能无太大意义的高频文献或低频文献，CiteSpace 中最常用的方法有两种：一种是 TOPN 法，表示在各个时间切片内所要提取对象的数量；另一种是阈值插值法，通过设定前中后三个时间段 C、CC 以及 CCV 的阈值来提取数据。本书将根据数据规模、引文增长及可视化效果等情况，在每种参数阈值设置时，分别采取以上两种方式进行具体参数数值的调试，对比效果后再选定。第五，网络裁剪。当网络比较密集时可以通过保留重要的连线来使网络可读性提高。CiteSpace 提供了两种裁剪方法：一种是最小生成树（minimum spanning tree，MST）法，优点是运算简捷，能很快得出结果，但不具有完备性；另一种是寻径网络（path finding network，PFNET），优点是能简化网络并突出其重要的结构特征。第六，聚类命名算法。CiteSpace 提供加权算法、对数似然算法、互信息算法三种用于在施引文献的不同位置提取聚类的标签名称的算法，本书选取了对数似然算法。

（2）可视化图谱观测要点和指标说明

对形成的各类可视化图谱，本书将对表 3-1 中的几个要点和指标进行观测解读。

表 3-1 可视化图谱观测要点和指标

	具体	描述说明
要点	网络结构	是否能看到自然聚类？是否包括转折点（有深色外圈的节点）
	时间分布	每个聚类是否有主导颜色（出现时间相对集中）？是否有明显的热点（节点年轮中出现红色年轮）？通过各个年轮的色彩可判断被引时间分布。聚类之间的知识流向可从时间（色彩）上看到（由冷色到暖色）
	聚类内容	通过算法能得到几个聚类？几种不同算法聚类所选出的最有代表性的名词短语是否合理
指标	节点数量	是否有足够多的节点（太少则可能全都出自同一篇文献的参考文献）
	引文年轮	节点整体大小反映了节点被引或者出现的次数，节点的年轮代表不同年份数量，某个年份年轮越宽，则代表该年份频次越高
	Centrality 值	即中介中心性，也称为转折点，是测度节点在网络结构中的重要性的一个指标，当节点的 Centrality 值不小于 0.1 时，用深色外圈对节点进行重点标注
	Brust 值	即突发点，某个聚类突发节点越多，那么该领域就越活跃
	Sigma 值	结合节点在网络结构中的重要性（Centrality）和节点在时间上的重要性（Brust）两个指标而复合构造的测度节点重要性的一个指标
	Silhouette 值	网络同质性的指标，即 S 值。S 值越接近 1，表示网络的同质性越高。S 值>0.7 时，聚类结果是具有高信度的
	Modularity 值	网络模块化的评价指标，即 Q 值。一个网络的 Q 值越大，表示网络聚类越好。Q 值>0.3 时，意味着得到的网络结构是显著的

资料来源：根据文献（Chen，2006；刘则渊等，2008）整理归纳所得

3. 时空分布探究

（1）时间分布

时间分布可从文献数量变化趋势和被引频次变化趋势两个角度反映，其中文献被引频次变化趋势利用 WoS 数据库提供的 H 指数来反映。某个领域的论文被引次数越高，说明该领域论文的影响力越高，受关注度也越高。根据 WoS 数据库中 ST 研究文献的引文报告，H 指数为 63，每项平均引用次数为 21，被引频次总计 21 080 次，施引文献达到 12 888 篇。其中从 2011 年开始，每年被引次数开始超过 300 次。

这些指标与同类文献被引计量比较，数值都比较高，说明近年来学术界对 ST 研究的关注度越来越高，ST 理论在相关领域的影响力不断增强。

文献数量变化趋势如图 3-1 所示，结果显示 ST 领域研究最早的外文文献出现在 1998 年，仅 2019 年就有 195 篇。纵观过去 20 多年全球经济和能源环境发展历史可发现，ST 的研究与全球产业经济、能源环保危机问题呈现较高的关联性，譬如 1997～1998 年的亚洲金融危机，引发了 2003～2007 年 ST 研究的快速增长；2008 年由美国次贷危机导致的国际金融危机，掀起了学术界关注如何进行经济结构调整和产业转型升级的 ST 研究的热潮，2011 年至今，文献数量呈现爆发式增长。

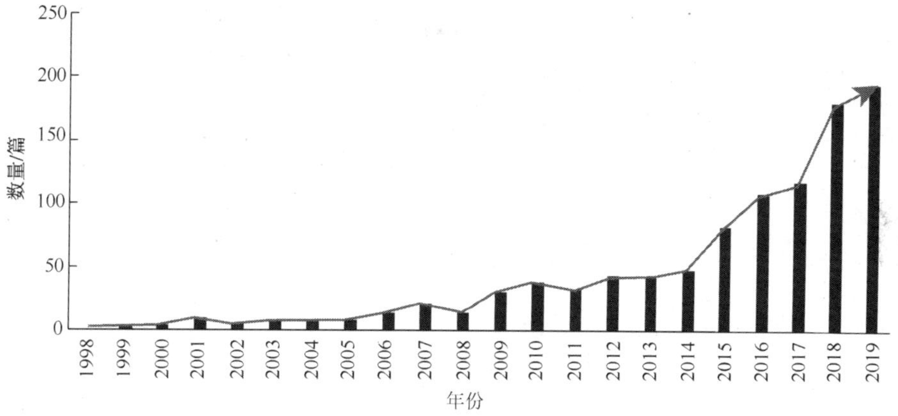

图 3-1　ST 研究外文文献发表时间分布

（2）空间分布

空间分布主要体现在科研合作网络分析，CiteSpace 提供了微观层的学者合作网络、中观层的研究机构合作网络和宏观层的国家（地区）合作网络共三个层面的分析。

①微观层：学者合作网络分析。

通过学者合作网络分析，能够识别出一个领域的核心研究学者及其之间的互引关系和合作强度，本书从学者的共现和共被引两个角度进行挖掘。

学者的共现分析如图 3-2 所示，图谱中共有 119 个节点和 114 条连线。图中的年轮大小表示研究学者出现的次数，其中在 10 次以上的包括 Raven、Geels、Smith、Kemp、Romijn、Verbong、Seyfang、Schot 8 位作者，说明这些研究学者在 ST 研究领域出现的频次非常高，是该领域研究的领军人物。节点中带有深色外圈的年轮表示该节点的 Centrality 值高，图中 Raven、Kemp 两位作者带有深色外圈，说明这两位研究学者是 ST 研究网络的两个转折点，起到关键枢纽作用，占有非常重要的位置。从连线密度来看，Kemp、Raven、Schot、Romijn 和 Geels

等作者的连线都在 5 条以上，其中 Kemp 有 14 条，说明 Kemp 与他人合作非常广泛；从连线强度分析，围绕上述 8 位高产作者，国际 ST 研究形成了显著的若干个研究团队，而且各团队之间的连线强度系数都大于 0.75，表明各团队互引关系较强，合作程度较高。同时，对学者 Brust 值的检测结果显示，该共现网络中有 2 个突发点，证明该网络具有较强活跃性。

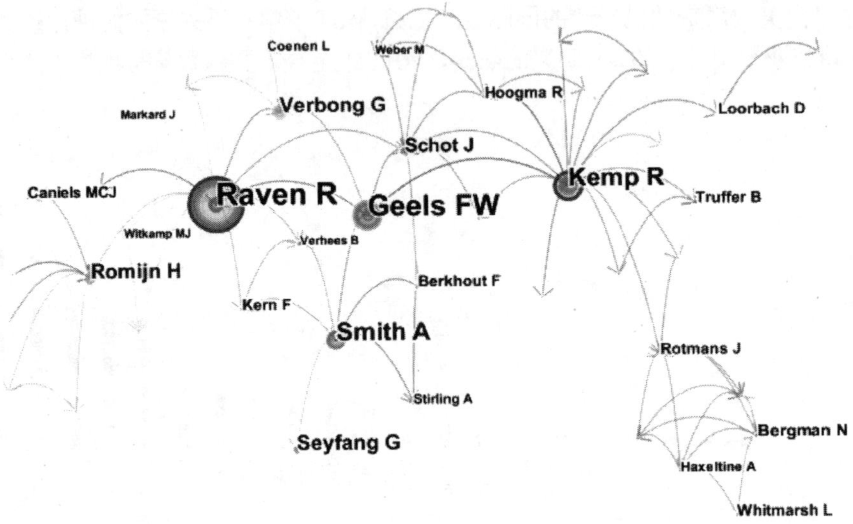

图 3-2 国际 ST 研究学者共现图谱

在学者的共被引分析方面（图 3-3），ST 研究学者的共被引网络 Q 值大于或等于 0.3，S 值大于或等于 0.5，表明该网络聚类较好，结构显著，结果合理。从后台数据分析可知：在网络聚类方面，该网络形成了 9 个聚类，其中最大的聚类为“#0 社会技术转型”，包含了 25 个作者，S 值为 0.659，共被引最为活跃的是 Geels、Kemp、Raven、Smith 和 Schot 5 位作者；在被引频次方面，被引用频次最多的前三位研究学者是 Geels、Kemp 和 Smith。结果还显示共有 16 位研究学者具有强的共被引突发性，其中 Smith、Ieromonachou、Hoogma 的 Brust 值排在前三位，同时表明了该共被引网络具有非常大的活跃性。

②中观层：研究机构共现分析和期刊共被引分析。

中观层面可从研究机构共现分析和期刊共被引分析两个途径进行描绘，其中研究机构共现，可把握某领域研究机构的重要性以及机构之间的合作程度，反映该领域的知识积累和传播速度。期刊共被引，可通过掌握该领域文献发表期刊的主要出处和确定该领域的关键核心期刊，来分析研究某一领域的学科基础及其演变。

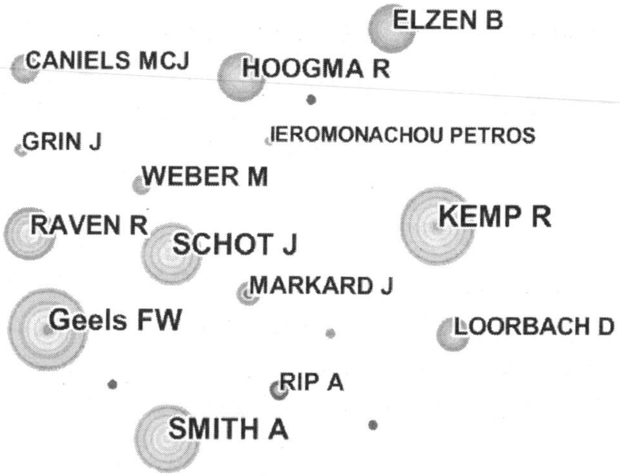

图 3-3　国际 ST 研究学者共被引图谱

在研究机构共现分析方面（图 3-4），当前国际 ST 研究机构主要有两大分支：一个以荷兰埃因霍芬理工大学（Eindhoven University of Technology）和英国萨塞克斯大学（University of Sussex）为核心，另一个以荷兰代尔夫特理工大学（Delft University of Technology）和荷兰乌德勒支大学（Utrecht University）为核心。其中，

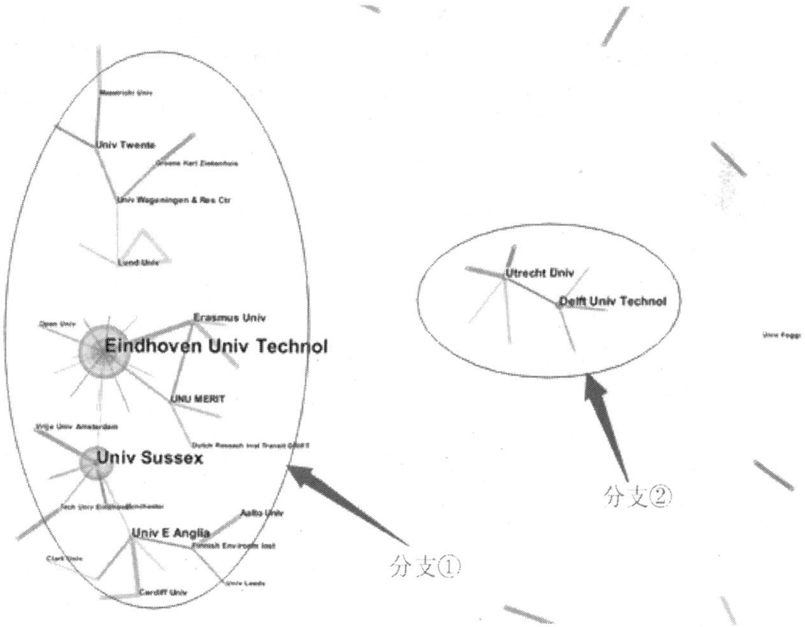

图 3-4　国际 ST 研究机构共现图谱

前一个分支的节点数量和大小、网络连线的密度和强度要比第二分支大得多，表明其是当前 ST 研究中最为核心的研究机构群体。年轮最大的研究机构荷兰埃因霍芬理工大学，同时也是该网络中唯一的一个突发点，是荷兰乃至全欧洲最负盛名的理工科大学之一，其高质量的科研在荷兰国内和国际上都具有极高知名度，著名的 ST 研究学者 Raven、Geels、Romijn、Verbong 就在这所学府任职。通过 CiteSpace 中的 Link Walkthrough 展示该图谱的演变趋势，可以明显发现，以荷兰埃因霍芬理工大学节点为中心的机构合作网络呈现加速、放射状发展的态势，说明该领域的知识研究比较开放，知识传播速度越来越快。近年来，荷兰鹿特丹伊拉斯姆斯大学（Erasmus University Rotterdam）、荷兰瓦格宁根大学（Wageningen University & Research）和英国伦敦大学（University of London）几个机构在 ST 研究领域的发文数量显著增加。

在期刊共被引分析方面（图 3-5），图谱中共有 180 个节点和 258 条连线，密度为 0.016，年轮较大的节点数量众多，结合后台发文数量和被引频次数据分析可知，*Technol Anal Strateg* 和 *Res Policy* 两个期刊集中了大部分 ST 领域的研究，所刊载的相关论文代表了该领域的研究前沿和热点。此外，*Energy Policy*、*System Dynamics Review*、*Futures*、*Journal of Cleaner Production*、*Sustainability*、*Environmental Innovation and Societal Transitions* 以及 *Environ Plann C* 杂志都是 ST 研究领域的核心期刊，刊载了该领域众多代表性的研究成果。在上述代表性的期刊中，*Res Policy*、*Energy Policy*、*Futures* 等期刊在 2015 年的影响因子都比较大，尤其是 *Res Policy*，作为科技政策类的顶级期刊，更体现了 ST 理论受到管理研究领域的认可。从节点重要性来看，期刊共被引图谱中带有深色外圈的年轮数量也

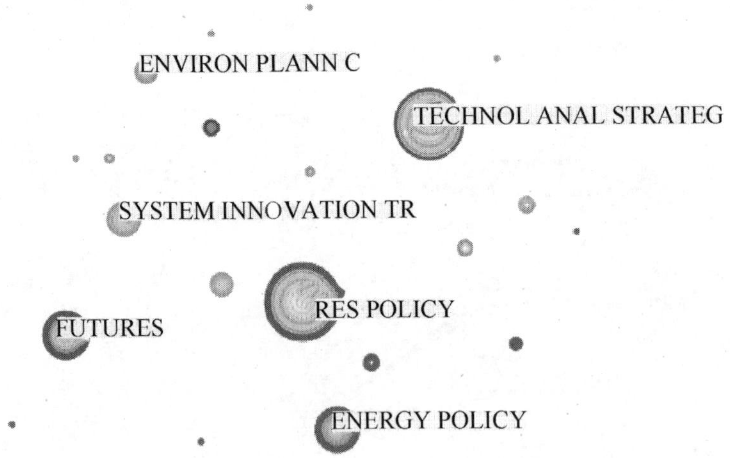

图 3-5 国际 ST 研究期刊共被引图谱

相对较多，其中Centrality值大于或等于0.1的依大小就有*Technology Analysis and Strategic Monagement*、*Energy Policy*、*Futures*和*Res Policy*四种期刊，表明它们在该共被引网络中处于关键节点位置，是研究人员与企业管理者进行交流的纽带。从期刊的Brust值检测结果来看，该领域期刊共被引图谱共有21个突发点，数量非常大，表明该领域在各类期刊中活跃程度非常高。

③宏观层：研究国家（地区）和所属学科的共现分析。

在研究国家（地区）共现分析方面，通过国家的合作图谱分析可揭示具体哪些国家在ST研究领域的文献产出量最大，是否存在合作关系及其合作强度如何，结果见图3-6。

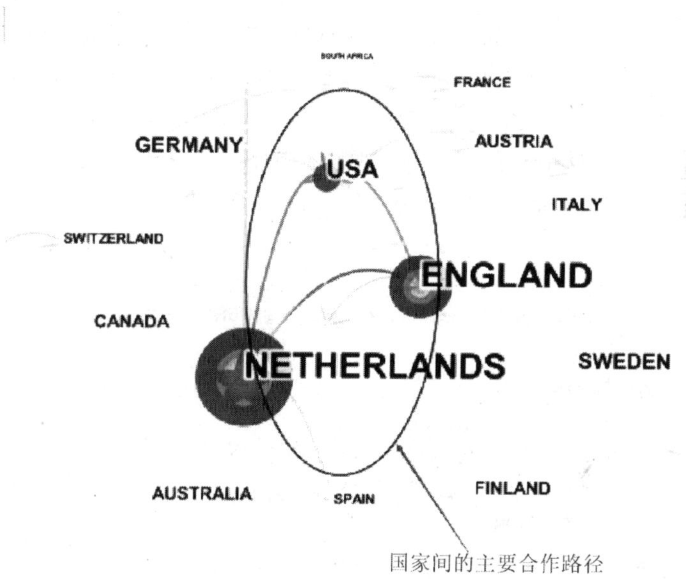

图3-6　国际ST研究国家（地区）共现图谱

当前ST研究主要来自44个国家（地区），但呈现出向少数几个国家（地区）集中的态势，主要来自以荷兰为核心和以英国为核心的两个聚类群。论文产出量在50篇以上的国家只有6个，但这些国家论文数量占总数的86.8%。其中荷兰占有绝对优势，在ST研究领域产出贡献非常突出（共有142篇，占40.8%），而且与18个国家存在合作研究关系；其次是英国，有94篇（占27.0%）；再接下来是美国、德国、瑞典和芬兰。图3-6也显示了国家之间的主要合作路径：荷兰—英国—美国，这三个国家合作强度较大，而且存在两两合作，犹如当前国际ST研究领域的“金三角”。从节点的重要性来看，荷兰、英国和美国的Sigma值分别为0.55、0.27、0.24，都大于0.1，在研究国家合作图谱中处于关键节点位置。

值得注意的是，根据可视化结果的分析发现，亚洲各国（地区）在 ST 领域的研究成果仅有 15 篇（只占 4.3%，其中中国大陆、韩国和印度各有 3 篇，日本有 2 篇，中国台湾地区、新加坡、马来西亚和泰国各有 1 篇），可见目前亚洲地区，尤其是像中国这样正处于产业转型升级和经济结构调整关键时期的发展中国家，ST 研究的成果非常少，与其发展形势不匹配；同时所形成的研究成果在国际学术界的影响力非常小，相关的研究水平明显落后于欧美发达国家。

在所属学科的共现分析方面，学科共现分析图谱可清晰地展示该领域的学科基础和涉及的主要交叉学科领域，便于我们分析学科知识结构及其演变。国际 ST 研究所属学科共现图谱如图 3-7 所示。根据 CiteSpace 运行结果的数据分析，当前 ST 研究文献共涉及 WoS 学科分类中的 40 个学科。从图 3-7 得知，年轮大（共现频次在 60 次以上）的节点有商业经济学、环境与生态学、管理学、科学技术其他主题、环境学、公共管理学和城市规划学 7 个学科。从重要性来看，商业经济学、环境学、经济学、工程学的 Sigma 值大于 0.5，表明这些学科在图谱中处于关键节点位置。所属学科共现图谱的 Brust 值检测结果显示共有 6 个突发节点，数量较多，侧面反映了 ST 研究在这些学科中比较活跃，也反映了 ST 研究所属学科的知识结构情况。

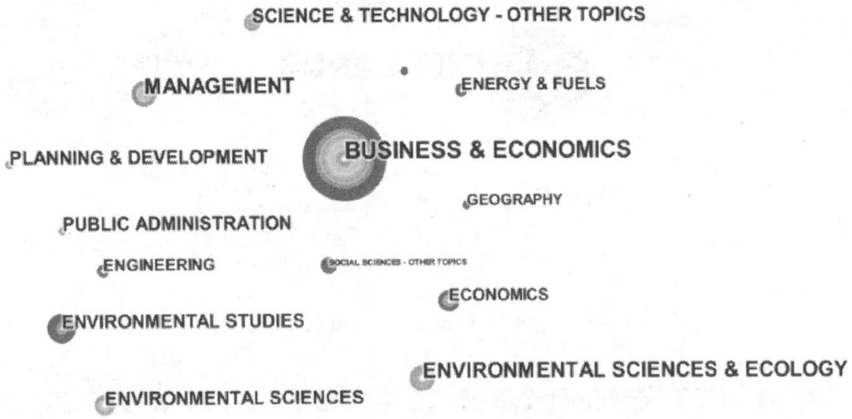

图 3-7 国际 ST 研究所属学科共现图谱

4. 发展脉络和知识基础

（1）发展脉络

CiteSpace 基于共被引文献形成的图谱，可以将某个领域研究的知识基础和前沿以关键节点、聚类和色彩展示出来，借此能够掌握该领域研究的关键成果和整个领域的发展脉络。

ST 研究的文献共被引图谱中共有 119 个节点，190 条连线，密度为 0.027 1，图谱中节点大小代表了文献被引频次的高低，节点间连线表明文献之间的共被引关系和强度。共被引次数越多，文献之间的关系越密切，距离也会越近。罗晓梅等（2015）指出，一个研究领域的知识基础会同其研究前沿随着时间的变化而演进，在这种发展过程中，必然会产生导致研究前沿演进的关键节点文献。这些关键节点文献一般都是按时间序列提出了重要新理论或具有重大理论创新的经典文献，最有可能形成该领域的研究前沿。因此，通过梳理这些关键节点文献，可以反映出该领域核心理论的发展脉络。通常，可通过 CiteSpace 统计出的节点 Sigma 值、Centrality 值或特征向量中心性（eigenvector centrality）来识别这些关键文献。表 3-2 以时间为序，列举了共被引图谱中节点 Sigma 值排列前十位的关键节点文献。

表 3-2　共被引图谱中的关键节点文献

作者（年份）	文献名称	来源	Sigma 值
Kemp 等（1998）	通过生态位实现可持续转型：战略生态位管理方法	技术分析和战略管理	5.87
Geels（2002）	作为演化重构过程的技术变革：一个多层次视角及其案例研究	政策研究	9.50
Smith 等（2005）	可持续社会-技术转型的治理	政策研究	4.23
Raven（2005）	生物能源的战略生态位管理	博士学位论文	4.56
Seyfang 和 Smith（2007）	促进可持续发展的草根创新：研究展望和政策建议	环境政策	1.80
Schot 和 Geels（2008）	战略生态位管理与可持续创新：理论、发现、研究主题和政策	技术分析和战略管理	1.88
Geels（2010）	本体论、社会-技术转型（可持续性）和多层次视角	政策研究	1.64
Markard 等（2012）	可持续转型（ST）：一个新兴的研究领域及其前景	政策研究	2.31
Smith 和 Raven（2012）	什么是保护空间？重新审视可持续转型中的创新生态位	政策研究	2.31
Papachristos 等（2013）	社会-技术变迁中的系统交互：多层次视角的拓展	环境创新和社会转型	1.45

以上 10 篇关键节点的文献集合构成了 ST 理论研究的经典文献，基本映射出了 ST 研究的发展脉络。其中，Kemp 等（1998）针对现实中诸多新技术的变革不能成功转型的问题，在分析新技术培育发展的各种障碍因素和新技术变革的涵义基础上，提出了创建和管理新技术创新生态位的战略生态位管理（trategic niche

management，SNM）方法，主张通过构建保护空间，运用社会实验的方式来加强技术生态位内部的期望、学习和网络管理，促使新技术变革，从而首次构建了 ST 研究的初步分析框架，因此也成为 ST 研究领域引用频次非常高的文献。Geels（2002）从演化理论的“选择—变异—保留”机制角度，阐述了技术变革不仅涉及新技术本身，还与现有社会-技术体制的选择压力密切相关，强调新技术产业化的成功转型更依赖于创新生态位与外部的社会-技术体制和社会-技术景观层面的互动，由此首次从微观创新生态位、中观社会-技术体制和宏观社会-技术景观三个层面提出了用多层次视角（multi-level perspective，MLP）方法来分析新技术变革及新产业形成的机理过程，为后续研究提供了一个新的研究思路，并得到了学者们的广泛认同，因此，该文献的 Sigma 值和被引频次都是最高的。Smith 等（2005）侧重分析了机构（agency）和权力（power）在社会-技术体制转型过程中具体管理的作用，指出影响体制变革的权力取决于体制成员、资源配置和期望，为后续新技术创新生态位保护空间的构建和管理奠定了研究基础。Raven（2005）的博士论文是首篇系统运用 SNM 方法来分析新技术变革的博士学位论文，该文详细阐述了 SNM 的理论背景和分析框架，并对荷兰和丹麦的生物能源新技术变革进行了比较分析，提出了新技术创新生态位发展的“局部—整体”分析模型，对创新生态位如何在规模上进行有效扩散给出了有力的解释，从而进一步完善和丰富了 SNM 的研究，得到了后期众多学者的肯定。Seyfang 和 Smith（2007）首次将 SNM 引入到草根创新研究中，运用 SNM 方法，提出了 3 种途径促进草根生态位的创新与扩散的分析框架，吸引了不少欧美学者运用这一个框架研究分析譬如社区能源、社区花园等地区性和全球性的草根创新项目，开辟了 ST 研究的另一个重要分支。Schot 和 Geels（2008）回顾了 SNM 与颠覆性创新可持续发展的分析框架和相关成果，指出了 SNM 运用的利弊，并明确提出了 MLP 在 ST 的作用和影响，对后续 ST 的研究指引了方向。可以说，该篇文章是 SNM 和 MLP 研究的分水岭，被引用的次数也非常多。Geels（2010）重新审视和阐述了 MLP 在社会-技术转型到可持续发展的作用地位及其理论依据，既对前期 MLP 在 ST 研究的运用进行了梳理，又为其后期研究提出了新的思路。Markard 等（2012）在整理分析了 540 篇有关 ST 研究的文献，梳理和评述了 ST 研究中的基本分析框架、理论成果、研究方法和政策研究等的基础上，首次明确提出了 ST 理论的研究框架。Smith 和 Raven（2012）界定了新技术创新生态位保护空间的内涵本质，阐述了保护空间的功能过程，弥补了 ST 研究中对如何构建、运用和撤销保护空间的研究的不足，受到了研究者们的高度重视，引发了近年来对 ST 研究中有关保护空间构建及其效应评价的研究热潮。Papachristos 等（2013）在 Geels、Raven 等提出的多生态位-多体制互动模型的基础上，提出多生态位-多体制互动的转型路径，更加完整地构建了创新生态位在 ST 中的作用和路径的分析模型。

通过对经典文献的深入剖析，ST 研究发展脉络可以概括为：研究对象从激进性技术创新到新兴产业，再到草根创新。研究内容从初期运用 SNM 方法分析创新生态位内部形成机制，逐步扩展到运用 MLP 剖析外部互动机制，再到同一社会-技术体制下“生态位-体制互动”研究，直至当前“多生态位-多体制互动”的 ST 研究。研究热点由完善理论分析框架，逐步发展到如何构建创新生态位保护空间及其效应评价上。在研究范畴上，早期文献通常关注电力和交通等行业产业，但现有研究也拓展到其他社会领域，包括食品、水、热能和建筑、城市和废物管理等。

（2）知识基础

所谓知识基础是研究前沿在科学文献中的引文和共引轨迹，也就是承载动态概念的引文及其参考文献所形成的聚类，也有学者称为知识群组。一个研究领域的知识基础会同其研究前沿随着时间的变化而演进（罗晓梅等，2015；刘则渊等，2008）。

从图谱总体情况来看，ST 理论研究文献共被引聚类能形成若干个自然聚类，聚类中存在几个明显的转折点，聚类的名词短语体现了 ST 研究的专业术语，而且网络集中性较强，网络重叠度较高，研究分支较少。根据后台数据统计分析，该网络被划分为 9 个共被引聚类，最大的前 3 个聚类分别是“#0strategic niche management（战略生态位管理）”（S 值为 0.982，包含了 15 个文献）、“#1sustainability transition（可持续转型）”（S 值为 0.967，也包含 15 个文献）和“#2multi-level perspective（多层次视角）”（S 值为 0.750，包含了 14 个文献）。被引次数最高的文献是在“#1”类中的（Geels，2002），共被引用了 122 次；“#2”类中的文献（Schot and Geels，2008）被引用了 100 次，排在第二。综上所述，根据聚类情况，本书将当前 ST 研究的知识基础划分为：转型、SNM、MLP 和社会-技术体制转型四个群组。

5. 研究热点

研究热点是指在某个领域中学者共同关注的一个或者多个话题，有很强的时间特征。关键词凝练了作者研究的焦点，是一篇文献主题的高度概括和凝练，因此通过对关键词进行共现分析，可以发现科学领域的研究热点。

ST 研究热点图谱显示，ST 研究关键词共现网络的结构显著，结果合理，共有 32 个节点和 60 条连接，其中出现次数较多的关键词（在图谱中显示为较大的节点）共有 10 个，这些节点在该网络中具有重要的枢纽作用。从知识理论的角度来看，Centrality 值和共现频次高的关键词代表着一段时间内研究者共同关注的问题，因此本书按照 Centrality 值大于或等于 0.1 对共现图谱中的关键词进行筛选，从而探测各个时期的 ST 研究热点，如表 3-3 所示。

表 3-3　高 Centrality 值关键词及其共现频次

序号	关键词	Centrality 值	频次/次	序号	关键词	Centrality 值	频次/次
1	strategic niche management（战略生态位管理）	0.56	267	11	experimentation（试验）	0.18	36
2	sustainability transition（可持续转型）	0.48	235	12	learning（学习）	0.16	45
3	multi-level perspective（多层次视角）	0.46	242	13	social network（社会网络）	0.16	42
4	socio-technical regime（社会-技术体制）	0.37	169	14	technological change（技术变革）	0.13	52
5	niche development（生态位发展）	0.31	103	15	radical innovation（激进式创新）	0.12	24
6	protected space（保护空间）	0.30	86	16	sustainability innovation（可持续创新）	0.11	36
7	transition pathway（转型路径）	0.26	43	17	grassroots innovation（草根创新）	0.10	21
8	policy instrument（政策工具）	0.24	78	18	renewable energy（可再生能源）	0.10	18
9	technological niche（技术生态位）	0.23	84	19	community energy（社区能源）	0.10	15
10	market niche（市场生态位）	0.20	62	—	—	—	—

资料来源：根据图谱后台数据，作者自行整理

通过表 3-3 可知，关键词 strategic niche management（战略生态位管理）、sustainability transition（可持续转型）、multi-level perspective（多层次视角）、socio-technical regime（社会-技术体制）和 niche development（生态位发展）的 Centrality 值排在前五位，而且共现频次都超过了 100 次，表明这五个关键词在 ST 研究中作为“桥梁中介”的作用非常明显，尤其是对于 strategic niche management 和 multi-level perspective 的方法和实践，研究人员进行了大量的探索。同时，在 ST 研究领域，protected space（保护空间）、transition pathway（转型路径）、policy instrument（政策工具）、technological niche（技术生态位）、market niche（市场生态位）等都是研究热点，Centrality 值和引用频次都比较高。其中，“保护空间”的 Centrality 值达到了 0.30，共现频次为 86 次，表明如何认识保护空间的功能，以及如何有效构建和及时撤离保护空间是当前 ST 研究者关注的热点之一。

3.2.3　ST 研究中文文献分析

目前国内已有个别学者和团队关注引介 ST 理论及其分析框架，并陆续形成了与该理论相关的综述性文章。如张光宇等（2011，2012）对 ST 理论中的技术生态位和 SNM 方法研究的起源、过程、理论成果和发展趋势等方面进行了系统的梳理和探讨。叶芬斌和许为民（2012）在界定技术生态位涵义的基础上，介绍了荷兰学者利用技术生态位构建技术范式变迁的分析模型，并总结该模型对技术范式研究的可行性和有效性。梅亮等（2015）认为 ST 理论是创新驱动社会转型与变革的重要理论基础，系统分析了该理论的源起、特征及 MLP 分析框架。刘贻新等（2015）对 ST 理论的研究背景和理论依据，以及生态位内生演化机制和与体制环境的互动机制等方面进行了梳理和总结。吕涛等（2015）回顾了面向可持续性的社会-技术体制转型的理论框架，介绍了 ST 理论中的转型管理（transition management，TM）方法和 MLP 方法，概述了 ST 理论在能源系统转型中的应用。张光宇等（2015b）出版的专著《战略生态位管理的理论与实践》对 ST 理论的 SNM 方法在理论层面、方法层面和应用层面进行了全面、系统的归纳和分析。陈卓淳（2016）梳理总结了 ST 理论中的利基最新研究进展情况，分析了利基的相关思想和观点发展脉络、成长条件，以及利基催生体制转变的动态过程、模式、路径选择等。刘贻新等（2017a）分别以 WoS 数据库和 CNKI 数据库收录的 ST 文献为研究对象，运用知识图谱方法及 CiteSpace 工具，从时空分布、发展脉络及热点趋势三方面对国际 ST 研究进行可视化分析，旨在对该领域研究做一个整体性描绘。刘贻新等（2018b）辨析了国际 ST 理论的研究缘起和内涵特征，运用知识图谱方法描绘了 ST 研究的知识基础、发展脉络及热点趋势。在此基础上，分析了运用 ST 研究新技术产业化的优势，最后指出了未来研究方向。

本书以 CSSCI 数据库检索的文献题录作为分析数据（检索条件为："主题 = 可持续转型 or 多层次分析 or 技术创新系统方法 or 战略生态位管理 or 转型管理 or 社会技术体制"，检索时间截止到 2019 年 12 月 31 日，共获得有效数据 972 条），运用知识图谱方法及 CiteSpace 工具，对当前 ST 研究中文文献进行整体、多维度的可视化分析。

1. 文献总体描述与统计分析

（1）时间分布和来源数据库

按年份进行字段抽取和频次统计，将分析数据利用 Excel 形成国内 ST 研究的时间分布，结果如图 3-8 所示。从图中得知，国内 CSSCI 数据库中关于 ST 的研究最早的文献出现在 2002 年，2011 年、2016 年是 ST 研究中文文献的爆发点。

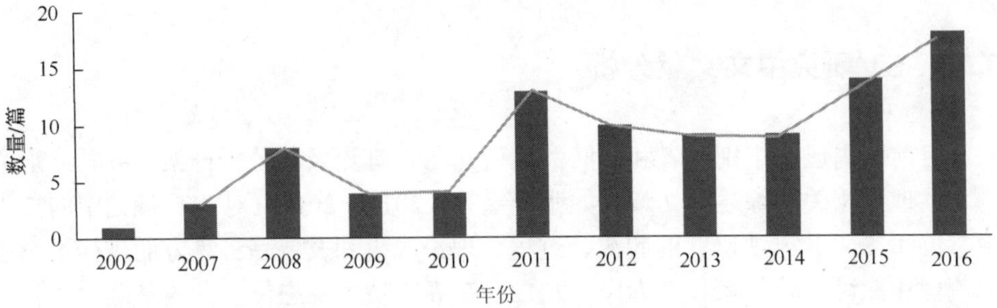

图 3-8 ST 研究中文文献发表时间分布

通过 CNKI 数据库后台数据统计，ST 中文文献的研究绝大部分来源于期刊，也有部分来自于博士研究生和硕士研究生的学位论文。此外，会议论文数量偏少，说明 ST 研究目前在国内学术会议上交流不多。

（2）资助基金和期刊领域

通过 SATI 软件按基金和来源进行字段抽取和频次统计后发现，当前国内 ST 研究得到了 39 类基金项目共 348 项课题的资助，其中国家级项目占了绝对比重（总数的 85.9%），其中，国家社会科学基金项目与国家自然科学基金项目就有 235 项（占国家级项目的 78.6%），这表明 ST 研究目前在国内学术界已经得到一定的认可，具有一定程度的影响力，具体见表 3-4。

表 3-4 国内 ST 研究资助数量前十位的基金项目

序号	基金项目	数量/个
1	国家社会科学基金	129
2	国家自然科学基金	106
3	全国教育科学规划课题	15
4	中国博士后科学基金	14
5	高等学校博士学科点专项科研基金	8
6	教育部人文社会科学研究项目	6
7	教育部新世纪优秀人才支持计划	6
8	北京市自然科学基金	5
9	国家软科学研究计划	5
10	广东省自然科学基金	4

资料来源：作者整理

从期刊分布来看，国内 ST 研究主要来源于 25 种期刊，其中发表在中文核心期刊的 93 篇文献中，能在 CSSCI 数据库检索到的仅 14 篇（占 15.1%），其中包括《科学学研究》4 篇、《科技进步与对策》3 篇和《科学学与科学技术管理》2 篇。上述结果，一方面反映了 ST 研究得到国内高水平的管理类和经济类期刊的认可，另一方面也折射出当前公开发表的高水平、高质量的中文 ST 文章数量还是偏少，ST 研究有待进一步加强。

2. 国内 ST 研究的图谱分析

本书根据研究需要对所要分析的数据进行时区分割，将时间切片设定为每一年一切割。在网络类型方面，分别选取了作者、机构和关键词的共现分析。在网络节点关系强度计算方式上，本书选取了 Cosine 算法。为了方便删除掉可能无太大意义的高频文献或低频文献，在参数阈值设置上，本书根据引文增长及可视化效果，采取 TOPN 法，其中 N 值的确定经过不断调试，对比结果后而定。为了提高可读性，本书在网络裁剪方法上分别采用了最小生成树（MST）法和寻径方法（Pruning）。在聚类名称算法上，本书选取了对数似然算法。在图谱观测指标方面，本书主要选取了节点数量、引文年轮、频次、Brust 值和 Centrality 值等指标进行分析。

（1）研究学者合作网络的图谱分析

如图 3-9 所示，共有 95 个节点和 83 条连线，密度为 0.018 6。图中的节点大小表示研究学者出现的次数，其中次数在 5 以上的有张光宇、刘贻新、叶芬斌、罗嘉文 4 位作者，说明这些学者在国内 ST 研究中出现的频次高，是该领域研究的高产作者。节点中带有深色外圈的年轮表示该节点的 Centrality 值高，图中张光宇带有深色外圈（其 Centrality 值最大，达到 0.3），说明该位学者是国内 ST 研究网络的重要转折点，占有非常重要的位置。从连线密度来看，张光宇和刘贻新两位作者的连线都在 10 条以上；从连线强度分析，围绕上述 4 位作者，国内 ST 研究形成了较为显著的若干个研究团队，而且每个团队内的社会关系大部分是师生合作关系。但与此同时，本书通过 Brust 值检测发现，现有数据中没有存在突发点，这说明了当前国内对 ST 的研究还处于起步阶段，尚未形成浓厚、活跃的研究氛围。

（2）研究机构合作网络的图谱分析

如图 3-10 所示，当前国内 ST 研究机构图谱中共有 50 个节点，节点大小排在前 4 位的是广东工业大学、浙江大学科学技术与社会研究中心、哈尔滨工程大学经济管理学院和江西师范大学商学院。节点年轮最大的研究机构是广东工业大学，同时经过 Brust 值检测发现，该机构也是网络中唯一的一个突发点。通过 CiteSpace 中的 Link Walkthrough 展示该图谱的演变趋势，可以明显发现，以广东工业大学节点为中心的机构合作网络呈现加速、放射状发展的态势，说明该领域的知识研究比较开放，知识传播速度越来越快。但图 3-10 也展示了当前国内 ST 研究机构

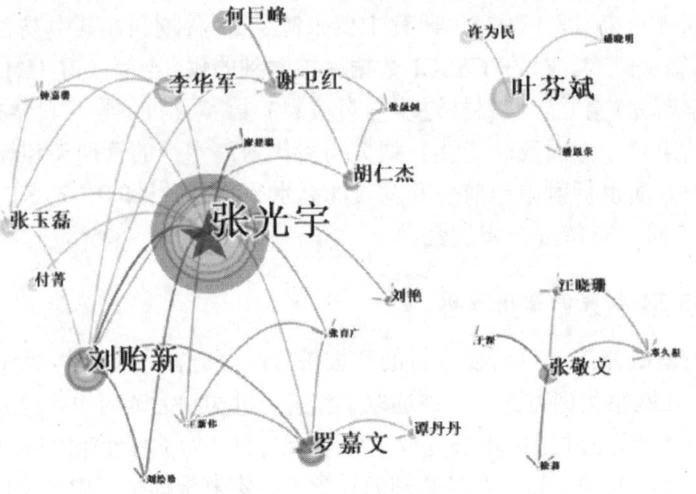

图 3-9　国内 ST 研究学者共现图谱

图谱中只有 17 条连线，密度仅为 0.013 9，这说明国内现有 ST 研究机构之间的合作程度相对比较低，尤其是中心节点之间的合作更为缺乏。原因可能在于当前国内对 ST 的研究尚未普及，机构之间进行学术交流的机会少，还处于一个萌芽发展的初期阶段。

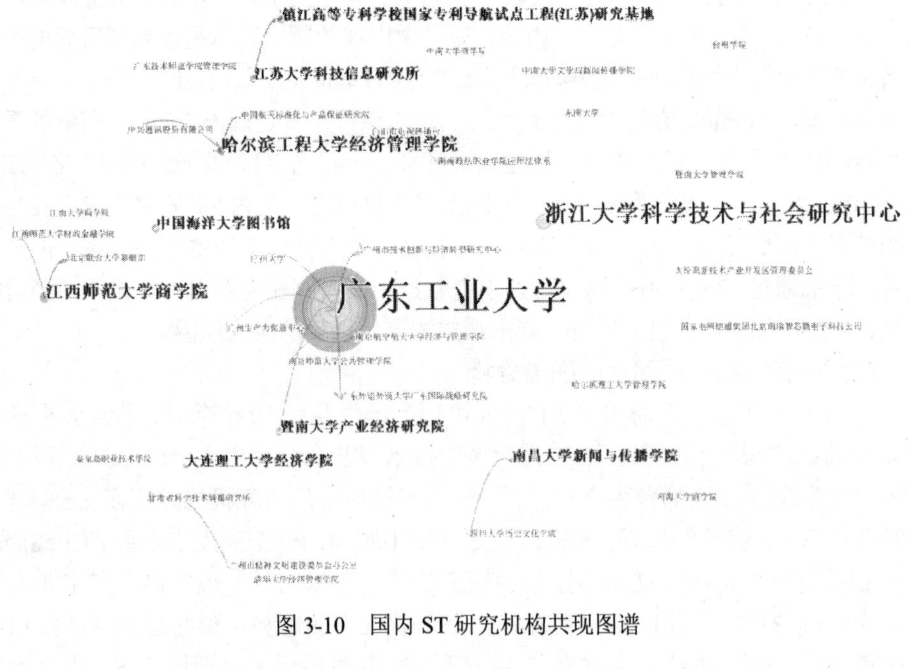

图 3-10　国内 ST 研究机构共现图谱

（3）关键词共现的图谱分析

如图 3-11 所示，国内 ST 研究关键词图谱共有 138 个节点和 212 条连线，其中出现频次较高的关键词在图中显示为较大的节点，带有深色外圈的节点共有 18 个，这些节点在该网络中具有重要的枢纽作用。可见，从图谱中节点和连线的数量分析，国内 ST 研究热点较多，随着时间推移，研究热点融合、分化现象不断增多，而且呈现出明显的热点演化动态特征。

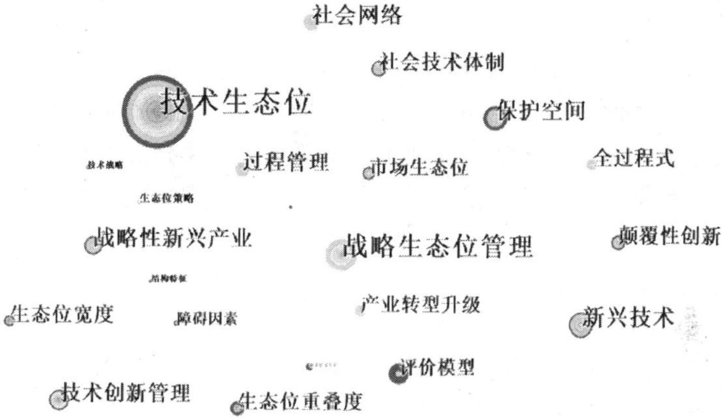

图 3-11　国内 ST 研究关键词共现图谱

为了进一步分析热点的研究路径演化，本书通过对样本文献数据进行挖掘整理，按照出现频次大于或等于 10 次对高频关键词进行了筛选（表 3-5），从而对各个时期的国内 ST 研究主体路径进行辨识。

表 3-5　国内 ST 研究高频关键词（按首次出现年份排序）

序号	关键词	首次出现年份	频次/次	序号	关键词	首次出现年份	频次/次
1	技术生态位	2002	64	9	保护空间	2011	16
2	生态位重叠度	2008	15	10	实现路径	2011	10
3	生态位宽度	2008	16	11	过程管理	2011	18
4	技术创新管理	2009	18	12	实施策略	2011	10
5	新技术	2010	22	13	颠覆性创新	2012	15
6	社会技术体制	2010	16	14	产业转型升级	2013	13
7	市场生态位	2010	14	15	评价模型	2014	11
8	战略生态位管理	2011	34				

根据表 3-5 高频关键词的频次、首次出现年份及融合消亡的趋势，本书认为国内 ST 的研究路径可划分为以下两大分支：

第一个分支，是从 2002 年起，将生态学中的生态位原理引入到技术能力与创新领域研究，沿着"生态位—技术生态位—企业技术能力"这一路径展开。

从后台数据挖掘该路径关键词所在的代表性文献发现，张丽萍（2002）在国内学术界首次提出了运用技术生态位研究技术创新的发展，认为技术也有生态位，且分为资源生态位和需求生态位两种，并提出通过生态位分化原理来分析技术生态位应用的生态机制。朱方长（2005）从系统科学和生态学的双重视角探讨了技术生态位的内涵、构成及系统特性，并提出了技术创新的生态实现机制包括非线性作用机制、多样性产生机制和选择机制三种。刘军（2007）在其博士论文中阐述了高新技术产业化中技术链和技术生态位的关系，并分析了高新企业如何选择技术生态位。许箫迪（2007）根据生态因子类型的分类标准，提出高技术产业生态位包括技术生态位、资源生态位和市场生态位，并指出技术生态位是打破系统旧的平衡而向新的更高结构跃变的"革命"性环境因素。何巨峰和谢卫红（2008）从生态位宽度和重叠度角度分析了企业技术生态位和技术能力演化轨迹及演化机理，并通过实证研究证明企业技术生态位和技术能力之间具有显著的正相关关系。张光宇等（2012）在借助技术生态位理论和技术能力理论研究成果的基础上，依据突变级数法原理构建了技术生态位评价模型。胡仁杰等（2013）针对高新技术企业技术生态位测度与评价问题，从态和势两个方面设计了高新技术企业技术生态位的评价指标体系，采用层次分析法和突变理论，建立了中国情景下高新技术企业技术生态位的态和势评价模型。刘贻新等（2013）分析了技术生态位测度的程序，从宽度和重叠度两个方面综合建立了企业技术生态位评价指标体系，并阐述了具体的计算方法，构建了企业技术生态位的测度模型。刘贻新等（2016）运用双边匹配和多目标规划方法构建基于技术生态位结构特征（宽度和重叠度）的企业技术战略动态匹配模型，并以广州市高新技术企业为例，求解得出企业应采用的技术战略。

通过对上述代表性文献的分析可知，该路径主要引入传统的生态位原理，运用了不同的数学模型和计量模型侧重研究了技术生态位的结构特征（宽度、密度和重叠度等）和态势，用于分析企业技术战略选择和技术进化能力。

第二个分支，是从 2008 年起，通过引入和评述国际 ST 研究，侧重研究保护空间和社会-技术体制在新技术产业化过程中的管理，沿着"技术生态位—战略生态位管理—可持续转型—本土化应用"这一路径展开。

后台数据展示了该路径的代表文献，张光宇等在 2012 年发表的《战略生态位管理（SNM）理论研究现状述评及展望》一文中，首次将国际的 SNM 译为"战略生态位管理"，并从其研究的起源、产生和现状三方面进行回顾和评述。

李华军等在 2012 年构建了战略性新兴产业创新系统及相关模型，提出应在创新系统中通过 SNM 空间的构建、优化和突变，使得技术生态位成功过渡到市场生态位，突破“技术制度锁定”效应，实现产业变革。罗嘉文等（2013）梳理分析了 SNM 的具体过程，指出 SNM 过程主要有以“技术的选择、实验的选择、实验的建立与执行、实验的扩大、保护政策的撤离”为代表的五步骤论和以“建立期望、建立社会网络、学习过程”为代表的三步骤论两大观点。在上述基础上，张光宇等在 2015 年出版了专著《战略生态位管理的理论与实践》，对 SNM 方法在理论、方法和应用三个层面进行了全面、系统的归纳和分析。在国际 SNM 本土化应用方面，叶芬斌（2013）则通过分析典型的数码化图像显示 LCD 和 CCD 技术的不同演化进路，论证了 SNM 理论分析方法的实用性和可行性。刘艳和张光宇（2014）以 SNM 为指导，将知识产权管理拓展至技术发展的全过程，具体包括知识产权愿景管理、学习管理、网络管理、市场培育管理与市场保护管理 5 个方面的内容。张光宇等（2015）应用 SNM 设计了从颠覆性技术创新到产业创新的创新驱动路径，并结合广东省实际情况提出了相应的政策建议。许泽浩等（2016）探讨了基于 SNM 视角的颠覆性技术的成长及实现产业化的过程。

可见，国内 ST 研究的另一路径主要是围绕“ST 是什么（ST 的系统内涵）？为什么要做 ST（ST 的价值所在）？如何用（ST 的应用探索）？”展开阐述，在明确提出了 ST 作为一种新的技术创新管理方法和工具的分析框架基础上，对 ST 在中国的本土化应用方面进行了积极探索，目前该路径更加侧重于保护空间的构建、撤离和效应评价在新技术产业化以及颠覆性创新技术培育过程中的研究。

3.3　框架与主题

3.3.1　分析框架

本书重点介绍 ST 研究领域的四个基本分析框架，具体包括多层次视角(MLP)、技术创新系统（TIS）方法、战略生态位管理（SNM）和转型管理（TM）。这四个分析框架都是从系统角度捕捉协同演进的复杂性和关键现象，如路径依赖、涌现和非线性动力学（Köhler et al.，2020）。Markard 等（2012）曾跟踪该领域的主要概念发展、起源、理论联系以及研究热点，梳理了四个分析框架的关键节点和核心研究链，如图 3-12 所示。

1. *多层次视角*（MLP）

ST 研究中一个突出的分析框架是多层次视角（MLP），该框架结合了演进经济学、创新社会学和制度理论的思想。MLP 分析框架认为，ST 是通过三个分析层

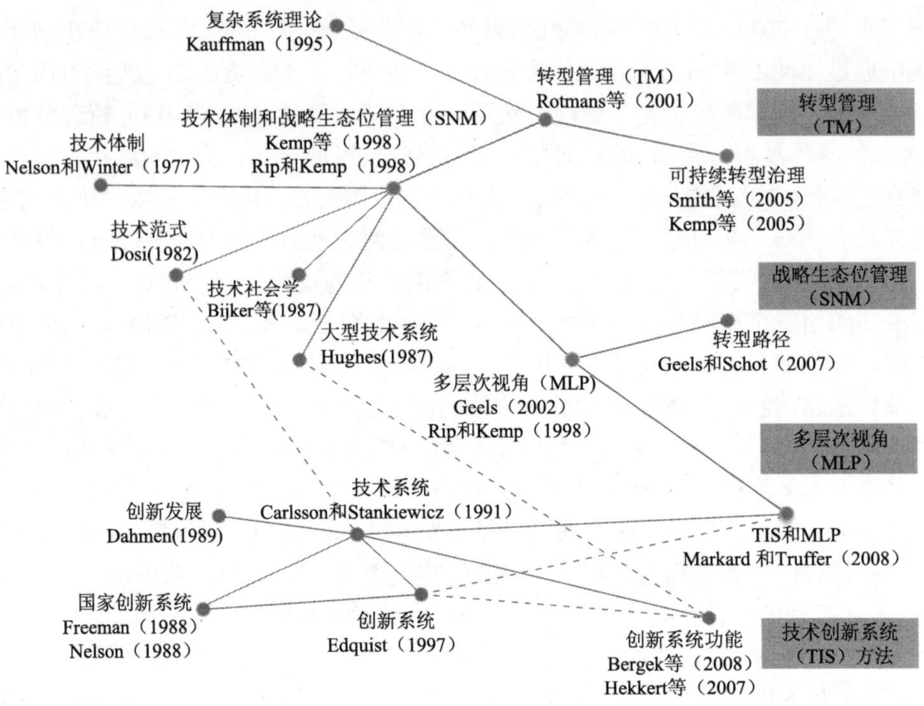

图 3-12　ST 研究四个分析框架的演变

次及其之间的动态过程来实现的。其中，第一层次是创新生态位，即受保护的空间和激进创新的场所。第二层次是社会-技术体制，代表导致路径依赖和渐进变化的现有系统的体制结构，这一层次是由多个主导体制的角色组合而成的，它们不仅彼此共同进化，而且还与景观共同演化。目前，已经确定了体制直接的四种作用关系，即竞争、共生、溢出和一体化。第三层次是外部的社会-技术景观。景观层在体制层和生态位层之外（通常理解为外部的宏观环境），体制层和生态位层对景观层的影响很小，但景观层能给体制层和生态位层带来重大影响，甚至导致整个系统的变革，从而改变生态位和体制在系统中的位置。激进式创新被认为出现在生态位，新进入者培育替代产品的发展。如果社会-技术景观的发展给政府带来压力，导致裂缝、紧张和机会之窗的出现，可能会促使这些生态位创新突破得更广。生态位和制度之间的后续互动发生在多个维度上（如市场、法规、文化、技术），并由在转型过程中博弈、谈判、搜索、学习和建立联盟的解释性行为者实施。社会-技术体制各层面的稳定与变革之间的紧张关系是 MLP 的核心，表现为不同层次分析的不同结构化程度的相互作用。Geels（2002）、Smith 和 Raven（2012）认为，创新生态位的“孕育”，对现有社会-技术体制产生压力，迫使其进行渐进式调整；来自宏观社会-技术景观层面的引导也触动社会-

技术体制的变革，同时也会诱发创新生态位的出现；在创新生态位和社会-技术景观的双重压力下，体制层面进行持续性调整，也促使创新生态位“涌现”和“发展”，最终逐步形成适应新技术发展的新社会-技术体制，这时就考虑保护空间的撤离；当创新生态位和体制都实现了与景观匹配时，就完成了社会-技术体制的转型。

MLP 是一个在普适性和概括性上具有优势的模型，因为它能够覆盖复杂的现实，为转型提供全图景视角，以指导对模式的搜索，以及解释转型期间不同现象的原因和影响。MLP 通常被用在解释过去的转型或者正在进行的转型。尽管取得了一定的成功，MLP 还是受到一些质疑和批评：一个最主要缺点是 MLP 使用了隐喻和不精确的概念，因为概念模糊的界定导致了模棱两可和太容易能够进行分类的危险；另一个缺点是 MLP 的复杂性。乍一看，这似乎是简单的，但进一步观察发现，不同层次之间，同一层次不同因素之间需要区分，导致无数的事件、因素、关系需要被考虑进来，特别是当 MLP 运用在一些相对较大的转型方面。

目前，MLP 分析框架研究的新发展包括：第一，对生态位创新和现有社会-技术体制相互作用的替代动力研究，譬如将创新生态位的要素选择性地转化为体制，创新生态位的行动者与现有体制的行动者之间的政治斗争，创新中介机构和跨界行动者在协调创新生态位和社会-技术体制方面的作用，旨在调整或延伸在现有体制内创新生态位的赋权活动，或者现有企业和新进入者之间的合作。第二，虽然早期 ST 学者经常研究创新生态位，但现在更加关注现有体制的行动者方面，包括其是如何对 ST 进行强烈抵制和通过塑造制度规则来影响体制变革进程，这种研究脱离了早期简单划分的狭窄思维：新进入者只发展激进式创新，而现任者进行渐进式创新。实际上，现任者也可以转向激进式的生态位创新，或来自不同行业领域的现任者从事新行业的生态位创新。第三，拓展了对 MLP 中特定行动者角色的研究，例如用户、社会团体、拥有话语权者和企业。尽管这种拓展研究很重要也很有用，但也存在不足，容易忽略 ST 是一个多主体的协同演进和多重角色的动态协调的过程。

2. 技术创新系统（TIS）方法

ST 另一个重要的分析框架是技术创新系统（TIS）方法，它来源于创新系统理论和工业经济学。TIS 强调在特定体制基础上，企业和系统其他行动者之间的交互作用是技术创新产生、扩散和利用的主要驱动力。Hekkert 等（2007）、Bergek 等（2008）、Markard 和 Truffer（2008）提出，TIS 的一项典型任务就是识别创新的驱动因素和障碍因素，旨在为政策制定提供信息。技术创新系统包括技术、行动者和机构。新技术的发展被认为是积极履行七项职能的结果：知识开发和传播、创新实验、对搜索方向的影响、市场形成、合法化、资源整合与配置、正外部性的发展。就稳定性与变革的紧张关系而言，Bergek 等（2008）认为 TIS 方法更关注新创新生态位的出现，而不是现有系统的稳定性。

TIS 方法也受到相关批评：第一，尽管在本质上强调的是协同进化，但 TIS 方法排斥及忽略文化和需求方面。第二，当新技术试图取代现有主导技术时，TIS 方法并没有起到关键性作用。第三，TIS 方法过于关注系统的功能，即要素的弱点，而不是系统的变革。第四，虽然重点放在识别系统弱点上，但对系统弱点的发展及其原因的关注较少，因此对系统动力学的关注较少。第五，TIS 更关注大的参与者，如机构和公司，而往往忽视较小的参与者，如草根运动和个人。

目前，TIS 研究最新发展包括：第一，加强了与更广泛的技术、行业、地理空间和政治环境系统互动方面的研究，旨在捕捉更复杂的竞争性或互补性的技术动态，及其动态发展对社会-技术环境的依赖。第二，阐述了系统建设中不同行动的战略，旨在理解系统资源的创造与使用。第三，阐述了 TIS 的合法化动力和合法化战略。第四，通过对创新网络空间的分析，加强了对 TIS 的空间区分研究，促进形成市场生态位的本地网络构成以及与跨国技术创新网络或全球技术创新网络的相互作用。第五，提出了 TIS 生命周期模型，旨在加强技术在成熟期和衰退期的两个阶段的研究，以及新技术可持续发展的动态研究。第六，解决转型模式的问题，譬如 TIS 各种功能之间的相互作用是如何成为导致变革出现的“发动机”，并通过建模仿真等方法，探索了多种交互作用的模式。第七，Markard 和 Truffer（2008）还讨论了 TIS 和 MLP 两个分析框架的理论基础，以及两者的比较分析，并提出了一个结合两者优势的综合分析框架，旨在更好地分析激进式创新和社会-技术转型。第八，通过政策组合来解决 TIS 的系统性问题，旨在改进系统的运作方式。

3. 战略生态位管理（SNM）

战略生态位管理（SNM）是一个广泛用于分析激进式创新发展的框架。结合创新社会学和演进经济学的观点，Rip 和 Kemp（1998）、Geels 和 Raven（2006）、Schot 和 Geels（2008）认为，激进式创新出现在“保护空间”里面，譬如享受补贴的新技术示范项目和社会试验项目等，旨在保护新技术不受现有主流市场选择的影响。生态位创新通常是由新进入者开发，他们愿意投入时间和资源来培育和开发一个新创意。生态位创新是通过不同层面上的学习过程、社会网络、愿景和期望之间互动而发展的。一系列的社会试验和示范项目使得这些过程循环往复，从而产生新的创新轨迹。创新轨迹的具体形态和特征受预期的质量、特异性和稳健性，社会网络的深度和广度，以及对一阶和二阶学习重视程度的影响。SNM 的目标主要有以下几个：第一，将技术的变化与有助于新技术获得经济成功的必要制度框架的变化结合起来。第二，可以测试该创新技术在技术上和经济上的可行性，不同的技术选择对环境保护收益性的好坏不同。第三，令该技术进一步发展，并进而发展它的互补技术，以及人们使用技术的能力。第四，培养一批该产品的支持者，促进体制的转变。

目前，SNM分析框架研究的最新情况主要包括：第一，提出了生态位三个不同的关键功能——防护、培育和认可。在此基础上，总结了两种认可形式描述生态位创新与现有体制之间的可能关系——适应与符合、拓展与改变。第二，加强激进式创新的学习过程和实验研究。第三，强调了期望在生态位发展中的作用，及其是如何触发引起“欺骗-失望循环”的。第四，开展了草根创新方面的研究，探讨了行动者和本地社区在草根创新中的作用。第五，拓展了对作为变革种子的创新生态位的实验研究，从具有区域背景的国家驱动、发达国家的单一项目转向跨多个空间维度的分析研究，以及民间形式的网络实验研究等。

4. 转型管理（TM）

转型管理（TM）是一个面向政策的框架，它结合了复杂性科学和治理研究的观点（Rotmans et al.，2001；Loorbach，2010）。TM试图通过一个探索、实验和学习的过程管理变革性的变化，将长期思考与短期行动（从而补充传统政策）相结合，从而影响变化的速度和方向，实现可持续发展。从2001年开始，这个概念就受到极大关注。TM的核心思想是：第一，通过实验和学习引导变异和选择（边做边学，边做边学），而不只是追逐“银弹”[①]，因此考虑所有的选择，保持竞争环境的开放性。第二，通过各种渠道和途径让尽可能多的行动者参与。第三，以可持续发展为目标，以长远发展思维补充传统以短期为重点的政策。第四，在所有层面上进行反射性管理，包括监控、评估、改进等。第五，在系统改进的同时带来系统创新。TM的指导原则源于将现有各组成部分理解为复杂的、适应性的社会系统，并将管理理解为反射性和进化的治理过程，通过行动研究和参与各种国家和区域政策项目，进一步制订了转型管理的战略，在过渡管理中，将问题构建和设想、开发新联盟、在实验中实施议程以及评估和监控过程结合起来进行运作。

TM制定了一个规范性的框架，建议政策制定者可以通过四个连续步骤完成转型：第一步，战略行动，旨在发展愿景和识别潜在的转型途径。第二步，战术行动，旨在为具体路径制订更为细致的计划，并为这些路径建立具体计划和联盟支持，包括投资的承诺。第三步，业务行动，包括实地活动，如创新实验、示范项目和实施活动，旨在边做边学。第四步，反馈行动（项目评估、进度监测），旨在对愿景描绘和最佳实践的调整（Loorbach，2010）。

① 银弹，被用作致命武器的代言词。比喻具有极端有效性的解决方法，作为杀手锏、最强杀招、王牌等的代称。

TM 亦受到一些批评，譬如虽然它在理论上很有希望，但实践证明 TM 很难应用，很难评估 TM 是否真的有效。当前关于 TM 研究更多的关注在于生态位的动态管理，而不是转型本身的管理。Shove 和 Walker（2007）认为转型可以通过适当的管理执行来实现。转型是一项管理任务，但在这样的假设下，TM 学者简化了转型任务的范围，忽略了内外管理领域中存在的一些事实和影响，比如信仰体系、政治利益和文化，这些会根据最佳管理实践和规则阻挠转型的实施。

3.3.2　研究主题

ST 研究在过去十年间迅猛发展，结合其他学科和理论，催生了分析框架的演化，逐步形成了不同主题的研究。本书在 Köhler 等（2019）的研究的基础上，结合前文“研究热点及其趋势探测”的知识图谱分析，对当前 ST 研究中的政治与权力、治理、社会团体和社区运动、企业和行业、用户实践和日常生活、地理空间六大主题进行回顾。

1. 转型的政治与权力博弈

ST 学者指出，从某种意义上来说，转型的本质是一个政治与权力的博弈过程，即不同的行动者和团体对转型的愿景方向以及引导这种转型过程的方式路径会产生分歧，从而导致各方的博弈，这样亦会最终产生“赢家和输家”。由于现有在位行业会受到新技术产业的威胁，它们通常会行使权力来保护自己的既得利益，抵制新技术所带来的变革性创新。与此同时，支持新技术的行动者会游说公众支持。在 ST 研究领域内，这些政治与权力问题正受到越来越多的关注。Meadowcroft（2007）曾批评指出，早期关于转型及其治理的研究忽略了转型中政治与权力博弈这个问题，应该对此主题进行更广泛的拓展。为此，不少 ST 学者作出了回应，逐步形成一系列关于政治与权力变迁与博弈的理论和实证研究。目前，政治与权力的博弈问题已成为 ST 研究领域被广泛认可的重要主题。

Smith 和 Stirling（2018）认为转型的政治与权力博弈问题，意味着关注“谁得到什么，什么时候以及如何得到”的问题，同时也意味着要密切关注当新技术的创新生态位出现并成功产业化时“谁赢谁输”的问题。Kern 和 Rogge（2018）指出，该主题最新的研究开始考虑更系统地思考政策制定过程中的政治博弈问题，以及它们是如何影响政策制定的，同时借鉴了政策科学领域中的政策制定过程理论及其方法，具体包括 Sabatier 的倡导联盟框架、Hajer 的话语联盟框架、Marsh 和 Rhodes 的政策网络、Kingdon 的多源流方法、Baumgartner 的间断均衡理论和 Pierson 的政策反馈理论等，上述这些政策制定方法的主要区别在于将各类行为者联合到一起组建联盟的核心因素的不同（如共同的信仰、共同的话语或共同的兴趣)。最近相关的研究对上述六种政策过程理论的评论认为，它们对于研究转型的政治与权力问题是有效的，提出使用具体哪种政策制定方法取决于研究的重点和问题，需要对它们各自的优缺点进行批判性评价。例如，这些方法中的一些更侧重于解释政策制定的某个过程（如多源流方法、间断均衡理论），而另一些则用于理解政策制定的所有阶段；一些理论更关注政策制定者和参与决策的利益相关者（如倡导联盟框架、多源流方法），而另一些理论则还关注潜在受政策影响的公众（如政策反馈理论）。然而这些理论方法也受到批评，因为它们没有对政策结果（而不是政策产出）给予足够重视，加上它们经常被用于研究单一的政策工具，而不是更广泛的政策组合。此外，转型研究的一个重要观点是，新技术及其发展可能影响甚至促进政策变化。因此，Edmondson 等（2019）指出，需要加强对政策变化与社会-技术变化的协同演进方面的研究。此外，Voß 等（2009）认为重点是设计转型的长期政策，并强调了设计中要考虑的三个关键问题：社会学习的策略、政策设计背景的嵌入和设计过程本身的动态性，并提出了政策设计是一个有争议的社会创新过程这一观点。在关于低碳能源创新空间策略的研究中，Raven 等（2016）综合了一系列相关文献的观点，从进化、关系和制度的角度探讨了转型的政治与权力问题，还为参与创造、维护和扩大保护空间的行动者总结了一些经验教训。Avelino 等（2016）呼吁对转型的政治与权力问题有一个广泛的理解，这不仅涉及研究转型中的（政府主导的）政策制定过程，而且还涉及揭示转型过程的“微观策略”。

政治与权力这两个概念往往是密不可分的。现有 ST 文献包含了不少对权力各个方面的研究，然而对于如何理解权力与转型的关系还存在不同的解释。Geels（2010）从社会-技术转型视角，提出权力主要被理解为社会-技术体制下的规则、认知和规范，以及现任体制与创新生态位之间的“权力斗争”。Geels 和 Schot（2007a）从特定代理这个视角，将权力理解为围绕着具有“冲突的目标和利益”的行为者和社会团体之间的变化，并将变化视为“冲突、权力斗争、争论、游说、联盟建立和谈判”的结果。Geels（2014）借鉴新葛兰西理论[①]中的“抵抗”霸权主义这一概念，扩大了对政治与权力的理解，认为从转型治理视角来看，转型是指代理人以通过其他方式行动的能力和通过巧妙利用各层动态的权力来触发社会-技术体制转型，将 MLP 分析框架与现有多级权力架构（existing multi-leveled power framework）结合起来，并提出了三个不同的权力层级对应转型动力中的三个层面：生态位层面的关系权力、体制层面的处置权力、景观层面的结构权力。

① 新葛兰西主义是近年来在北美、西欧兴起的一个国际政治经济学流派。该派理论以葛兰西的政治思想为基础，对传统的国际关系理论，尤其是新现实主义理论进行了深入的剖析和批判，对一些关键的理论术语，如“霸权”“权力”“国际秩序”等进行了大胆的理论创新，引起理论界的广泛关注。

Avelino（2017）还构建了一种多样化的社会政治与权力理论，将生态位和体制重新定义为不同的功能空间，在这些空间中不同形式的权力得到了行使：体制被视为强化权力的空间（体制被复制的地方），生态位是创新权力的空间（研发新知识和新技术的地方），而范式生态位是变革权力的空间（体制被变革的地方）。基于这种不同类型的权力，Avelino 和 Rotmans（2009）、Avelino 和 Wittmayer（2016）提出生态位可以挑战现有体制的权力基础，因为即使体制比生态位拥有更多的绝对权力，也不一定对生态位行使权力，但生态位可以行使不同类型的权力（即创新的权力），使得它们一定程度上独立于现有社会-技术体制（通过创造新的资源，从而减少对现有社会-技术体制的依赖）。

除了上述有关权力理论如何与转型理论关联的文章外，还有一些案例研究的文章，如 Hoffman（2013）在丹麦的风能项目研究中指出权力是如何与创新生态位相联系的，Ahlborg（2017）在坦桑尼亚的能源转型项目研究中解释了权力是如何相互关联、偶然发生和定位的，以及 Hess（2013）所提出的反补贴的权力在美国分布式太阳能这一竞争性行业中的抗衡力量。总的来说，对该主题的一些研究成果表明这种讨论在转型领域变得活跃，也揭示了学者们所借鉴的各种理论和观点。

2. 转型的治理

现有 ST 研究已经提供了多种方法分析转型的治理，包括转型管理、战略生态位管理和反馈管理。这些方法的主要贡献在于借鉴了更广泛的治理研究领域，以及复杂性理论和系统理论等其他领域的观点。实际上，转型的治理研究，与转型的政治与权力、地理和规模，以及道德和正义等主题研究密切相关。转型治理的研究主要是基于治理和体制变革的更广泛研究，侧重于研究治理手段、战略生态位管理、转型视角下的公共政策分析以及治理的实验方法等方面。

转型治理的研究始于意识到转型不能仅仅从自上而下的角度来治理，因为转型涉及多个行动者，而不仅仅是政府。同时，转型治理必须处理不确定性，适当的政策干预措施可能会在转型过程中因不同阶段而有所差异。关于治理的经典著作将其定义为“公共和私人的行动者旨在解决社会问题或创造机会的互动总和；关注作为治理互动背景的机构，并为所有这些活动建立规范基础”。这一定义适用于 ST 治理的讨论，因为它承认多元行动者的性质和规范性目标。据此，有转型学者研究了体制在制定转型政策中的作用，如 Kern（2011）；有学者研究制度逻辑[①]是如何促进转型过程的，如 Fuenfschilling 和 Truffer（2016）；

① 制度逻辑是指构成一个领域中行为和组织规范的具体实践和符号结构。制度逻辑的概念是针对制度参与者而言的，制度参与者指占有特定角色的个体和像组织或行会那样的集体参与者，他们的作用是创造和维系（体现）制度逻辑。在具体的事件过程中，制度参与行为的制度逻辑往往依据的是可见的制度和政策。

还有研究人员借鉴行动者网络理论，从实践角度研究了其在转型领域的作用，如 Jørgensen（2012）。

ST 分析框架中，尤其是 TM 和 SNM 提出了面向特定转型过程的管理方法，例如，TM 的核心思想是，通过将科学、政策、社会团体和企业等行动者聚集在一起，促进它们之间的合作关系而不是竞争关系，从而加强治理，促进转型。但 Geels（2004）明确指出，由于现有社会-技术体制根深蒂固，上述这种竞争关系非常顽固，这不仅包括既得利益者对变革的抵制，还包括更广泛的社会结构的挑战。目前，不少研究已经提出了相关方法尝试解决上述问题。SNM 从研究学习、愿景和社会网络的过程发展到研究生态位获得权力的方式，Raven 等（2016）提出生态位参与者如何能够改变现有规则，使之转向他们偏好的创新生态位。此外，SNM 分析框架已被更明确地用于分析不同治理行动者，如创新中介机构在转型中的作用。

虽然具体政策分析在早期转型研究中发挥不了什么作用，但近年来从转型角度对政策的研究激增。这包括对政策工具组合的研究，政策一致性，以及政策进程和工具之间的相互作用，等等。许多学者认为，新兴的更广泛的政策组合研究工作，是研究 ST 所必需的，政策目标、工具和过程的组合互动方式对于政策促进（或阻碍）转型的程度至关重要，具体研究包括 Reichardt 等（2016）、Kivimaa 和 Kern（2016）、Rogge 和 Reichardt（2016）等。这方面新的研究越来越关注现有政策作为转型一部分的作用，旨在分析并提出评估政策的新方法，以确定政策及其组合是如何支持或阻碍转型。

此外，Luederitz 等（2017）、Sengers 等（2016）等学者提出实验是一种在实践中治理转型的有效方法。Matschoss 和 Repo（2018）也提出，作为一种治理方法的实验被明显关注，不仅有利于创新生态位发展，也有利于从内部改变体制，这与治理实验中日益增长的政治和学术兴趣有关。Kivimaa 等（2017）也认为，转型过程中的政府管理和政策实验可以促进社会学习，挑战主导价值观和引入新的行为者，并支持新解决方案的加速传播。

3. 转型的社会团体与社区运动

ST 的研究者越来越意识到社会团体和社区运动在能源、交通或食品系统以及更广泛的生产和消费系统转型中的重要性。社会团体和社区运动通过支持相关的转型政策，为创新提供保护空间，进而促进产业转型。“社会团体”“社区运动”等术语的定义差异很大，作为公共和私营部门之外的第三部门，社会团体包括各种各样的协会组织，这些组织在一个国家的法律中通常被授予特殊的非营利地位，并可以参与转型治理。虽然并非所有社会团体都有社会变革的目标，但社区运动是个人和组织的网络，其目标是改变国家、私营部门和社会团体的既定机构。社区运动通常由社会团体组织，但也可以包括私营和公共部门的组织。文化是一个符号系统的集体网络，这个符号系统由认知和规范类别组成，适用于被划分的人群，或者被称为“行为模式”（规范、价值观），它可以是共享的或竞争的，有意识的或无意识的，战略性的或习惯性的。ST 还涉及多种类型文化的变革，包括指导技术生产和使用的法律和规范框架、组织和消费者的日常实践、社会关系和社会结构以及涉及产品和基础设施设计选择的物质文化。社区运动，尤其是当它们涉及工业变革时，可以引起对文化变革的关注。

迄今为止，关于社会团体、社区运动和文化在 ST 中的作用研究可分为三条路径：一是转型的政治与权力，如（Kern and Rogge，2018）；二是草根创新，如（Seyfang and Smith，2007）；三是文化变革，如（Geels and Verhees，2011）。

第一个研究领域关于转型的政治与权力，现有不少研究涉及反对工业运动（如反对转基因食品或化石燃料的草根运动），譬如（Elzen et al.，2011）（Penna and Geels，2012）（Törnberg et al.，2018）等学者发表的文章，但它们对 ST 的影响在转型研究文献中只是个开始。Hess（2013）、Avelino 和 Wittmayer（2016）认为社区运动可能抵制创新，例如反对引入风力发电场或与现有行为者的工业利益相联系以及稳定现有的政权结构，但是 Markard 和 Hoffmann（2016）、Haukkala（2018）的研究证明，社会团体和社区运动也在支持转型政策的广泛宣传中发挥作用，它们会影响公众对政策的支持，从而导致某些技术衰落和其他新技术的普及。社区运动往往是由对整个社会发展的另一种观点所驱动的，因此，它们有助于阐明社会变革的新方向。在此过程中，它们倡议正义、公平，以及可能会影响转型政策的设计和创新的选择的包容性创新。

第二个研究领域是关注社会团体通过为草根创新提供保护空间和通过创造消费者需求对产业创新产生的直接影响，具体研究有（Hossain，2016）（Seyfang and Smith，2007）（Ornetzeder et al.，2013）（Smith et al.，2016）等。这些保护空间通常以社区组织等社会团体为依托，同时相关的研究人员、地方政府和企业家也可以发挥重要作用。大量关于社会团体以转型变革为基础的社区运动文献研究了“能源社区”中的创新活动，包括（Dóci et al.，2015）（Seyfang et al.，2014）（Seyfang and Haxeltine，2012）（Heiskanen et al.，2015a），还有 Stevenson（2012）研究的关于英国的转型城镇运动，等等。草根创新的一个重要动力是与组织机构有关，这些组织可能试图以一种“适应与符合”的模式来限制草根创新，这种模式在将设计创新纳入制度的同时对设计创新进行修改。Hess（2016）认为立足于社会团体的草根创新项目也可能获得来自反补贴行业的政府行为者的支持，但这种支持可能涉及伴随着扩散和规模转移的好处的重大设计变革。

第三个研究领域研究社会团体和社区运动如何带来更广泛的文化变革。通过挑战被认为是理所当然的系统，社会团体和社区运动可以影响公众舆论和政策偏好，以及消费者偏好和日常实践，研究这方面的学者包括 Sine 和 Lee（2009）、Balsiger（2010）、Holzer（2006）等。社区运动创造了新的可能和理想的愿景，它们可以推动政治意识和消费者价值观的转变。Fuenfschilling 和 Truffer（2016）对制度理论的分析也显示了社会团体和社区运动如何激发现有主导的社会-技术制度逻辑争论和新的社会-技术制度的形成。同样，Elzen 等（2011）、Hess（2016）等学者的研究也将分析框架和创新设计与更广泛的政治意识形态的变化联系起来，这些政治意识形态决定了政策的变化。第三种方法涉及研究社区运动和日常实践变化之间的关系。

4. 转型的企业与行业

企业和其他行业的行动者在 ST 中发挥着关键作用。作为创新者，企业和其他行业行动者开发新产品、提供新服务和创造新商业模式，为新技术创造市场，或致力于新产业的形成。企业和行业协会也参与更广泛的转型工作，因为它们塑造社会话语权和问题框架，游说制定具体政策和法规，制定行业标准，采用合法的新技术，或塑造集体期望，这方面的研究学者包括 Geels 和 Verhees（2011）、Konrad 等（2012）、Binz 等（2016）、Rosenbloom 等（2016）等。其结果是，新产业的出现，导致现有产业的转型甚至是衰退。尽管转型学者刚刚开始研究企业和行业的角色作用，但在组织研究领域有关创新、颠覆性变革和行业涌现等方面有着悠久的历史。Wittneben 等（2012）、Lefsrud 和 Meyer（2012）、Etzion 等（2017）等学者也研究了企业社会责任和可持续性问题，对气候变化等重大可持续性挑战产生了兴趣。当转型学者研究企业和行业时，他们通常感兴趣的是企业和其他组织如何促进（或减缓）转型，以及组织和业务层面的变化是如何更广泛地对体制、政治和社会的变革产生作用。ST 学者通常采取整体和系统的视角，这在管理研究领域中是较为少见的。为此，ST 学者加强了这两个领域的交叉研究，其中一个方法是使用管理研究中的概念和框架，将它们应用到与转型相关的研究问题中，例如组织战略和资源，机构企业家精神或制度理论。

到目前为止，ST 这个研究主题涉及三大方面：企业行动者在新技术产业化中的作用、企业行动者在促进制度变革中的作用以及新进者和现任者之间的关系及博弈。

新进者和现任者之间的关系及博弈是转型研究的经典主题。许多研究发现，新进者推动激进式创新，而现任者阻碍激进式的技术创新和体制变革，这些研究学者包括 Rothaermel（2001）、Smink 等（2015）、Wesseling 等（2014）、Lauber 和 Jacobsson（2016）。因此，现任者通常被视为现有体制的维护者，而新进者则与生态位的激进创新相关。然而这一观点现在越来越受到质疑，Berggren 等

(2015)、Dijk 等（2016）指出，现任者也会在交通运输领域开发和推广清洁技术，同时现代通信技术的发展也增加了现任者推动创新的可能性。

另一个密切相关的研究方向是关于企业行动者在新技术的发展、生态位或创新系统的培育与产业化方面的贡献，以及企业行动者在新技术产业化中的作用，相关研究包括（Karltorp and Sandén，2012）（Bakker，2014）（Planko et al.，2016）。这些研究的主要观点是：第一，新技术的发展需要与市场形成、价值链创造、体制变革相辅相成；第二，企业通常需要结成联盟才能完成新技术产业化的复杂任务；第三，来自现有体制结构和利益的阻力往往很大。Karltorp 和 Sandén（2012）、Turnheim 和 Geels（2012）曾指出，虽然许多研究关注新兴产业的形成，但新兴产业的重新定位和传统产业的衰退迄今为止受到的关注比较少。

第三个关键主题是关于在 ST 研究背景下的制度变迁，以及行动者在促进制度变迁中的作用研究。Garud 等（2010）、Konrad 等（2012）、Hess（2014）、Sühlsen 和 Hisschemöller（2014）、Rosenbloom 等（2016）等学者的相关研究表明，企业和其他行动者通过塑造话语权活动、建立政治联盟和进行游说、战略上影响期望等活动来营造外部环境。与此密切相关的问题是企业、商业模式和技术方面创造（或破坏）的合法性研究，这已被视为制定公共政策支持和干预新技术发展的一个重要因素。

5. 转型的用户实践和日常生活

ST 文献研究的一个基本假设是理解整个生产和消费模式转型的重要性。然而，前期 ST 理论对用户实践和日常生活的关注相对较低，这导致现有不少学者加强了对 ST 理论中“关注用户”的研究兴趣，譬如 Schot（2016）、Hyysalo 等（2018a；2018b），并有学者呼吁将可持续消费实践理论方法与 MLP 框架更好地整合起来，如 McMeekin 和 Southerton（2012）、Geels 和 Penna（2015）、Hargreaves 等（2013a）。

早期消费实践理论是从生态现代化理论、消费社会学和科学技术研究中衍生出来的，这一领域的实践理论方法具有家族式特点，但并不构成单一的理论。Welch 和 Warde（2015）提出了可持续消费实践理论方法，该方法在 ST 研究中颇具影响力，但在很大程度上超越了 STRN 领域，并倾向于将用户日常实践与为其服务的社会-技术体制隔离开来。可持续消费实践理论对社会-技术变革的过程和导致日常消费资源密集型模式的复杂因果互动进行了深刻阐释。Welch 和 Warde（2015）还强调要将用户实践（如日常饮食）作为社会科学分析的核心单位，通过“文化习俗、习惯、从业者知识和技术的稳定和变化”提醒关注用户实践的内生动力。Spurling 等（2013）指出，用户日常生活的研究有助于解释可持续性资源密集型的日常消费模式，并有利于找到促进转型的潜在干预点。在另一种方法中，Welch 和 Yates（2018）等学者强调有组织的消费者在环境治理过程中发挥关键作用，这种实践理论思维的应用与最近学者对研究用户在 ST 中作用的兴趣复苏有着某种联系，但尚未得到充分论证。

Oudshoorn 和 Pinch（2003）、Hyysalo 等（2017）、Schot（2016）、von Hippel（2016）等学者认为，用户在创新和转型中是创新研究、消费研究和科学技术研究中的一个特定研究领域。在这些学科中，对用户的理解在过去的 20 年里已经从被动的消费者转变为社会-技术变革中的积极参与者。在转型过程中，用户在技术发展的形成阶段发挥着重要作用，为社会-技术体制的创新发展做出了贡献。同时用户也会产生创业想法，参与试验和逐渐改进新技术，以了解技术系统和用户日常生活的互动中是如何发挥作用的。Judson 等（2015）、Juntunen（2014）提出，用户对转型技术的影响不限于早期启动阶段。除了仅仅采用转型技术之外，用户通常还需要调整他们的实践，以适应其特定环境中的创新。许多用户走得更远，调整、创新和倡导转型技术以适应他们的环境，也是在加速阶段。

上述研究改变了用户作为个体层面加速转型的观点，并平稳扩散到在特定国家、区域和家庭背景下进行各种必要的重新配置，以及动员不同角色的用户支持转型。Schot（2016）、Schot 等（2016）等提出了不同转型阶段用户角色的类型，并建议用户在启动阶段对可用技术的多样性和话语发挥更大贡献，在加速阶段用户作为消费者会做出有利于生态位创新和扩大市场的选择。在这两个阶段中，用户对于建立社会-技术体制和协调生产者、用户和监管者至关重要。作为积极的消费者，用户也可以影响加速和稳定阶段，动员用户反对现有制度，从而削弱其合法性和商业实力。

6. 转型的地理空间

转型的地理空间研究主要关注不同空间的转型是如何以及为什么存在相似或异同，例如在能源转型中，不同的城市、区域或国家实施可再生能源系统转型时，在转型的速度或范围以及首选实施的政策或技术类型方面会有所不同，表现出的转型模式也不同。转型地理学关注的正是这种相似性和差异性，需要深入了解基于地理因素，如机构设置、地方文化、社会网络和特定基础设施或资源禀赋是如何促成或限制 ST 的出现和演变。此外，转型的地理空间研究还关注转型如何在不同地方和不同规模之间“传播”，例如从特定区域的本地实验和技术开发到建立全球生产和创新网络，使创新、知识、技术等能够在最初萌芽的地方之外流动。

借助经济、制度和演进地理学，对转型地理的研究迅速扩展，这使得人们能够更好地理解地理在 ST 中的重要性，该领域的代表学者有 Coenen 等（2012）、Raven 等（2012）、Lawhon 和 Murphy（2011）、Lawhon（2012）、Binz 等（2014）、Truffer 等（2015）。Hansen 和 Coenen（2015）在综述大量广泛的相关文献的基础上，确定了各种特定地理空间的影响因素：第一，城市和区域愿景与相关政策是相关的，因为它们动员了一系列不同的行为者，并提供了共同方向，以促进地方发展和生态位创新的传播以及区域创新系统的形成。Hodson 和 Marvin（2010）、Truffer 和 Coenen（2012）、Rohracher 等（2014）等强调，这种愿景可能是不同规模的争论和斗争的结果，而不仅仅是当地利益相关者达成共识的结果。第二，Maassen（2012）、Bridge 等（2013）、Wirth 等（2013）、Shove 等（2012）等学者的研究表明，除了更正式的愿景和政策之外，地方性的非正式制度，如受地域限制的价值观、规范和做法，对于理解转型的地理位置也很重要。非正式组织，如地方网络内的高度信任或特定区域内对环境价值观的广泛接受，可以促进环境创新的发展和传播，推动制定环境监管的相关政策。非正式制度在地方和城市地区之间可能不同，但在地方和城市地区内部也可能不同，这可能导致冲突和对正式的可持续性愿景和政策进程的质疑。第三，Bridge 等（2013）、Carvalho 等（2012）、Murphy 和 Smith（2013）、Essletzbichler（2012）的研究则表明，当地的自然资源禀赋或稀缺性可以影响环境可持续技术和做法的投资决策。第四，当地技术和工业专业化可以通过劳动力市场中存在的特别相关的技能以及已建立的工业网络的组织和机构能力，为 ST 所需的创新发展创造条件。第五，特定消费者需求的存在，例如因为某个区域的环境价值特别高以及可持续产品和服务当地市场的早期形成，有助于终端用户尽早参与新兴生态位市场，并为更广泛的开发和推广提供早期测试依据。

Hansen 和 Coenen（2015）还发现，除了确定对 ST 的出现至关重要的关键地方和区域因素之外，现有文献也开始强调特定的组织间关系和行动者网络如何受到地理因素的影响。具体而言，在不同程度上突出了价值链内部之间、用户和生产者之间、决策者之间的关系的作用，以及这种关系是如何由不同规模的地理因素形成并与地理因素共同演变的。一系列研究预测了地方和区域规模，强调了行动者网络的邻近性在刺激生态位形成或技术创新系统出现方面的影响。其他一些学者的相关研究，譬如（Angel and Rock，2009）（Berkhout et al.，2009）（Hansen et al.，2018）（Raven et al.，2012），侧重于国际层面及其与地方层面的相互作用，尤其是在讨论发展中国家和发达国家之间的关系、捐助者干预及其对 ST 的影响时。Fuenfschilling 和 Binz（2018）指出，具体而言，关于发展中国家转型的研究探讨了可持续性实验的跨国性质以及创新系统的全球性质和社会-技术制度。

3.4 对新技术产业化研究的适用性

3.4.1 必要性分析

现有不少的研究虽然已从技术与体制的协同演化视角分析了新技术产业化的

内在机理和影响因素，但大多数成果由于新技术产业化的复杂性而只考虑了新技术产业化某阶段的机理和部分因素，缺乏全过程的分析视角。事实上，新技术产业化是一项多主体参与、多要素协同、多阶段衔接的复杂系统工程，新技术最终能否成功产业化，既关系到新技术自身的变革，还涉及社会-技术体制中诸多要素的影响。ST 理论从社会-技术体制转型视角，强调既重视创新生态位的内生成长过程，又关注到创新生态位与现有社会-技术体制和社会-技术景观层面的外部互动过程，由此提出了用创新生态位全过程式的成长理念来研究社会-技术体制的转型机理及路径，现已形成了一套相对成熟的分析模型和方法工具。运用 ST 这一崭新的理论及其方法，从社会-技术体制转型的全过程分析视角，可揭示新技术产业化发展的内在规律，识别其障碍因素。

遵循“通过助力创新生态位的培育跃迁和协同演化，促使社会-技术体制的变革”的分析框架，能为精准把握新技术产业化的发展规律和培育成效提供一种崭新的研究视角和分析模型，既响应当前新技术产业化管理研究的热点问题，又能进一步丰富现有该领域的理论研究。

按照“通过有效构建和管理保护空间，助力创新生态位的培育跃迁和协同演化”的研究思路，剖析保护空间驱动新技术产业化的运作机制及其策略，既可进一步完善现有 ST 理论中保护空间的理论研究，又明确当前“产业政策之争”这一焦点问题的学术态度，为政府实施有效的政策干预来加快新技术产业化发展提供科学的理论支撑。

3.4.2　可行性分析

现有主流文献认为 ST 理论有两个主要的应用目标：掌握和理解新技术发展过程的机理，以及运用合理的方式来影响其发展。正如 Raven（2005）所总结的，ST 理论一方面作为一种研究模型，通过分析事后经验来辨识技术创新扩散成功与失败的因素；另一方面，作为一种政策工具，为制定创新政策起到指引作用。因此，ST 研究者认为，新技术产业化的本质，就是以技术创新（尤其是突破性创新技术或颠覆性创新技术）为驱动力，在保护空间的运行机制下，通过新技术创新生态位的动态演进，进而培育、发展和形成可持续性发展的新产业，最终变革现有社会-技术体制的转型过程。但由于现有社会-技术体制以及由此形成的路径依赖和技术锁定，创新生态位发展需要抗衡巨大的选择压力，因此，提倡主动、有针对性地为创新生态位构建保护空间。具体来说，本书认为运用 ST 研究新技术产业化的优势主要体现在：

（1）提供一种全过程式管理工具和分析模型

新技术产业化是一项多主体参与、多要素协同和多阶段衔接的复杂系统工程，是新技术转变成物质形态的产品、服务或商业模式，继而形成新的产业并渐进实现产业结构的转型过程。ST 理论认为激进式技术创新可理解为一个在现有社会-技术体制背景下，新技术创新生态位的动态演进过程，特别强调新技术变革和新兴产业培育的全过程式理念，即包括了创新生态位内部演化过程（从技术生态位到市场生态位，再由市场生态位到社会-技术体制），又同时考虑了创新生态位外部的演进过程（创新生态位、社会-技术体制和社会-技术景观三者的互动演化）。因此，ST 能为新技术产业化研究提供一个崭新的分析模型和研究工具。同时也阐明了创新生态位演化最终既可能引发现有体制的颠覆、建立新的社会-技术体制，也可能拓展现有体制、与其形成共栖关系。

（2）提倡主动而且有针对性地运用保护空间

ST 认为新技术充满了更多的不确定性、风险性与复杂性，受到系统内外部多重障碍因素的综合影响和交互作用，这些障碍因素构筑了阻碍新技术创新生态位的两道鸿沟——“死亡之谷”和“达尔文海”。ST 视角下新技术产业化需要跨越“死亡之谷”和“达尔文海”两道鸿沟，构成这两道鸿沟的具体障碍因素可划分为环境层面、供给层面和需求层面三大类型，并具有明显的动态性特征，应该针对新技术可持续发展过程中创新生态位所处的不同阶段的不同接口，采取匹配的政策组合来应对。因此，ST 核心理念之一就是要主动且有针对性地为新技术构建一个有效的“保护空间”，即在转型过程中针对某项具有发展前景的新技术（尤其是突破性和颠覆性的创新技术），在其尚未占据主流地位之前，通过采取一定的生态位策略体系构建一个空间。一方面，为其提供必要的资源，使其在现有社会-技术体制下享受成长的额外待遇，以避免受到现有社会-技术体制的选择压力而过早夭折；另一方面，促进创新生态位的内生形成过程（包括建立期望、加强学习和构建社会网络），以解决新技术产业化过程中所遭遇的各种障碍。当前，在 ST 研究框架中，对如何构建保护空间，以及保护空间在创新生态位发展中发挥怎样的作用，已经形成了一套相对成熟的分析模型。

（3）主张评估和预测保护空间的作用效应

ST 理论在强调保护空间的有效构建和及时撤离对新技术创新生态位的形成和发展至关重要的同时，也提出保护空间针对新技术创新生态位发展阶段，运用不同的政策工具发挥着不同的功能。但事实上，新技术产业化的复杂性、动态性和长期性，往往会导致保护空间所运用的政策工具在实际操作上显得难度越来越大；实施政策工具的力度和采取退出机制的时机难于把握，进而导致出现政策工具失灵或运用不当而没有达到应有的效果的问题。因此，ST 研究者主张对保护空间构建进行跟踪评价和预测分析，这为政府制定和优化促进新技术产业化的政策体系提供了定量化的参考。保护空间的有效构建和及时撤离，对创新生态位培育发展至关重要。保护空间本质上是一个综合政策工具系统，充分运用政策组合理论及其分析框架，能为研究保护空间政策效应的跟踪评价和测量分析提供有效的方法，从而进一步完善当前 ST 促进新技术可持续发展的定量化研究。在过去几年中，对 ST 和政策组合两个领域的研究显著增加，对引导和加速新技术产业化以及社会-技术体制可持续转型的作用也越发重要，引起了政府决策者和政策制定者的高度关注。ST 理论和政策组合理论的现有研究在国际学术界的影响力不断增强，具有代表性的核心研究群体和研究学者，发展脉络呈现一定的规律性，有明显的群组作为知识基础。同时，研究热点融合和分化现象不断增多，研究深度和广度不断增强。目前，两个领域的研究已经显著多样化，出现了不少新的主题，同时两者的交叉研究联系越来越紧密，尤其是对如何引导和加速新技术可持续发展，实现社会-技术体制 ST 方面的研究。这些主题实现的交叉研究指出了两个领域的持续扩展，并证明了 ST 理论和政策组合理论在促进新技术产业化、反映社会-技术根本性变革过程中的作用。

第 4 章　政策组合理论

政策组合（policy mixes）在技术变革以及新技术产业化过程中起到关键的作用，这已成为学界的广泛共识。近年来，ST 学者越发关注政策组合在科技与创新政策方面的研究，相关研究呈现增长趋势。政策组合研究领域，早期主要集中在从支持技术创新的工具组合（instrument mix）角度界定政策组合的概念，但最近研究重点拓展到研究政策组合是如何促进新技术可持续发展的，由此出现了从更广泛角度来界定政策组合的概念，包括对政策目标和政策战略的考虑，强调政策组合的特征，以及政策制定和实施的过程。

本章将首先在回顾政策组合研究背景及相关学者对其定义理解的基础上，侧重介绍 Rogge 和 Reichardt（2016）所提出的一个政策组合拓展概念的分析模型（本书将其称为“EPCD”评估模型）；其次，对政策组合及其与促进新技术产业化之间的联系进行文献计量分析；再次，梳理归纳政策组合文献研究的五大关键主题（研究方法、制定和实施过程、参与者与目标群体、评估测量以及政策组合和社会-技术体制的共同演变），总结具体文献对这些主题的贡献；最后，分析政策组合与新技术产业化研究的适用性。

4.1　政策组合研究概述

4.1.1　研究背景

技术创新研究者早已意识到，结合技术推动和需求拉动两种类型的政策更有利于助力技术创新以及新技术产业化。Borrás 和 Edquist（2013）、Wieczorek 和 Hekkert（2012）等学者也提出，应该运用系统性政策工具来完善传统的创新政策制定，从而促进新技术的可持续发展。当前，学者们越发关注政策组合在科技与创新政策，以及其对促进新技术可持续发展方面的研究。早期的创新政策学者关注的政策组合为“政策工具的集合及其相互作用在影响公共部门和私营部门在 R&D 投资的数量和质量”，研究问题通常是关于实现特定政策目标所需的政策工具的理想组合。此外，在任务导向型的政策研究中，Schot 和 Steinmueller（2018）主张运用政策组合，而不是单一的政策工具。在过去几年中，政策组合这一主题越来越受到创新研究的关注，在 *Research Policy* 这个顶级期刊上很多研究者就发表过不少文章，如 Flanagan 等（2011）、Kivimaa 和 Kern（2016）、Rogge 和 Reichardt（2016）。早期的政策组合研究，主要集中从支持创新的工具组合角度将政策组合概念化，譬如结合技术推动和需求拉动两种类型的政策工具更有利于助力技术创新。也有不少学者提出了运用系统性政策工具来完善传统的创新政策制定，但最近的研究重点已扩展到研究政策组合如何促进技术变革和 ST。能源系统脱碳就是 ST 的一个典型例子，Kern 等（2019）认为政策组合不仅需要解决传统的市场失灵问题——譬如研发投资不足或温室气体排放的负面环境外部性，还需要解决结构性和转型性的系统失灵问题——譬如体制方面的失灵或转型过程中方向的迷失。经济合作与发展组织（以下简称"经合组织"）在 2015 年发布的关于系统创新的报告中也承认了政策组合在应对气候危机等社会挑战方面的重要性。Schot 和 Steinmueller（2018）还强调，实现 ST 需要一系列的政策组合，任何新的政策尝试都必须考虑现有政策，并应该找到将现有政策和新政策之间进行有效分层的方法。由于多种原因，旨在推动 ST 的政策组合尤其具有挑战性：它们通常超越单一的政策领域，仅靠创新政策无法解决问题，还需要在市场监管或税收规则等其他政策领域进行改革。同时，由于未来发展存在很大的不确定性（如技术、政治、文化），加上转型过程中还需要基础设施、社会实践和市场安排等超越技术本身的变革，上述这种未来发展的预期方向和变革过程的复杂性是非常重要的，同样需要相关政策领域配套的改革。

与此同时，越来越多的政策制定者也意识到，从政策组合角度来制定科技与创新政策是非常有帮助的，这也反映一种学术方向。第一个例子是欧洲委员会 2009 年委托进行的一项研究，该研究旨在揭示哪种政策组合对增加研发创新的投资总额及其绩效最为有效。第二个例子是在经合组织《2016 科技与创新展望报告》中有一章关于"商业 R&D 和创新的政策组合"，该报告将政策组合理解为由特定政策领域实施的政策依据、政策措施和政策工具组成，并将政策工具之间的互动作为核心。第三个例子是国际能源机构 2017 年关于"能源可持续转型的一揽子政策"的报告，该报告提出，要实现能源的可持续转型，需要各种不同的政策工具结合成连贯的一揽子政策，同时指出，由于各国的目标和制约因素不同，没有一个完全"放之四海而皆准"的一揽子政策。

4.1.2　概念涵义

Kern 和 Howlett（2009）提出，"在大多数情况下，政策组合是多个目标和措施的复杂安排，这种安排是经过多年演变，逐渐发展而来的。随着时间推移，这种政策安排往往是通过可能不连贯的政策目标和不一致的政策策略层层演进的"。Flanagan 等（2011）借鉴了演化经济学在政策研究中的观点，强调对政策组合采取多主体、多层次的分析方法，加强对政策的产生、相互作用和产出效果的动态过程的研究，同时还指出了由于体制环境的差异性，很难形成明确统一的“完美”组合。Borrás 和 Edquist（2013）认为政策组合仅仅包括政策工具，Kern 和 Howlett（2009）认为政策组合包括政策目标和政策工具，而 Rogge 和 Reichardt（2016）主张在研究技术变革背景下，应该要拓展政策组合的概念，指出政策组合应包括政策要素（政策战略和工具组合）、政策组合的特征（如相容性、连贯性、可信度和全面性等）以及政策制定和执行过程。以上关于政策组合内涵的理解，目前学界认为最具有代表性的还是 Kern 和 Howlett（2009）、Rogge 和 Reichard（2016）的界定，因为它们更加明确地指出要关注政策组合的动态变化、政策组合的特征、政策组合形成过程中所涉及的不同主体和策略水平，以及政策过程本身和政策组合的影响。

从上述有关政策组合内涵的界定，可知其定义的特点主要包括：第一，通常包含对政策组合最终目标的表述。第二，强调工具的交互作用。政策工具的交互作用被广泛地应用在气候和能源领域研究中，重点是分析政策工具的有效性以及交互作用的效率分析。第三，指出政策组合具有动态性，并称其为“演化”。这实际上反映了政策工具及其含义可能随着时间推移而改变，导致它们之间的相互作用发生变化。

4.1.3　特征属性

在一些低碳创新研究文献中，譬如（Costantini et al.，2017）（Kern et al.，2017）（Rogge and Schleich，2018）等，不少侧重于分析政策组合的某些特征（如连贯性和相容性），并以此作为政策组合潜在成功的评估指标，本节归纳了政策组合的几个典型的特征属性。

1. 相容性（consistency）

所谓相容性，是反映政策组合各个要素相互之间的一致程度，相容性有助于政策目标的实现。相容性有两个关键的特征：第一，侧重于任何给定时间点上政策组合要素的状态（即其内容），随着时间的推移，政策组合要素的协调发展可以用时间连贯性来反映。第二，从相对角度来理解政策组合，相容性可能是最有用的，即区分相容的程度及其在维度上的差异（如时间、地理或治理水平）。相容的政策组合至少没有矛盾或冲突，不相容的政策组合可能损害目标的实现。

相容性可以区分为政策战略的相容性、工具组合的相容性，以及工具组合与政策战略的相容性三个层面。其中，第一层面是政策战略的相容性，当中包括了政策目标的相容性。Flanagan 等（2011）认为，相互冲突的目标是政策组合中各种手段之间紧张关系的主要根源，譬如气候目标是否符合能源安全目标，或者中期目标是否符合长期目标等。第二层面是工具组合的相容性，这可以通过工具的相互作用分析来评估。Howlett 和 Rayner（2013）提出，在追求政策目标时，如果工具组合中的政策工具是相容的，那么它们之间是相辅相成的，而不是相互削弱的。因此，Sorrell 和 Sijm（2003）指出，强工具组合相容性与正向交互作用相关，而弱工具组合相容性的特点是中性相互作用，而负向交互作用与组合不相容有关。第三层面是指工具组合与政策战略的相容性，主要是解决工具组合和政策战略的相互作用。Howlett 和 Rayner（2013）认为，这种整体政策组合的相容性特征在于政策战略和工具组合以单向或相互支持的方式协同工作，从而有助于实现政策目标。

总的来说，第一层面和第二层面的相容性越高，则第三层面的相容程度也越高，这意味着相容的政策战略是通过相容的工具组合来实现的，包括具有能够达到目标的工具设计特征。Rogge 和 Reichardt（2016）指出，上述三个层面的相容性可能是政策组合执行情况的一个决定因素，特别是其有效性和效率性。

2. 连贯性（coherence）

Rogge 和 Reichardt（2016）认为政策过程的连贯性，是指直接或间接有助于实现政策目标的、协同的、系统的政策制定和执行过程，这种更具协同性和系统性的政策进程可以通过多种结构和程序机制实现。政策过程的连贯性有三个关键的特征：第一，它涉及不同政策领域和治理层面的政策过程的连贯性。这些过程决定了政策组合的所有要素，从而强调了政策战略和工具都不是既定的。第二，它指出政策制定者需要有系统的能力，也就是说，政策制定和执行的连贯性需要较高的组织能力，包括从不同来源收集相关知识，与所有相关行为者建立网络或与多个利益相关者接触的能力。第三，可以区分连贯性的直接影响和间接影响。直接影响是指连贯性如何影响行动者的行为，从而影响政策组合的绩效，这是通过规范的评估标准来衡量的。相反，间接影响涉及连贯性如何有助于形成政策组合要素及其相容性，从而间接影响政策组合的绩效，这意味着更高的连贯性与更高的相容性是相关联的。

Rogge 和 Reichardt（2016）提出，提高政策过程的连贯性有两个主要工具：政策整合和政策协调。其中，政策整合是指在不同的政策部门之间进行更全面的思考，同时涉及更全面的过程，从而提高政策的连贯性。相比之下，政策协调可以通过调整公共部门组织的任务和目标来加强连贯性。同时，Rogge 和 Reichardt（2016）还强调，实际上可能不会实现完全的连贯性和相容性，其原因可能包括社会-技术体制的复杂性和 ST 面临的巨大挑战，包括路径依赖和技术锁定、现有体制行动者的抵制、冲突的利益和紧张局势以及分散的政策制定。因此，政策过程的目标是在有限的可用资源范围内实现最大程度的相容性，从而也努力使政策组合的连贯性最大化。然而，不应将连贯性和相容性本身视为最终目标，而应将其视为改善有关评估标准，特别是政策组合有效性和效率性的手段。

3. 可信度（credibility）

除了相容性和连贯性之外，可信度也可能与描述 ST 政策组合的特征有关。政策可信度指的是短期（政策周期）对政策制定者可信程度的挑战，Rogge 和 Reichardt（2016）将其定义为政策组合在何种程度上是可信和可靠的，既包括整体的政策组合，也包括其要素和过程。

政策组合的可信度受一系列因素的影响，包括政治领导层的承诺、通过相容的工具组合实现目标或向独立机构授权。例如 Rogge 和 Reichardt（2016）在德国太阳能光伏的政策组合研究中指出，与可感知的可信度最相关的决定因素包括政策组合的连贯性和时间连贯性，政治领导层的承诺，然后是工具组合的相容性和政策工具的支持程度。政策组合的可信度可能在实现政策目标方面发挥重要作用，从而决定政策组合的有效性。

4. 全面性（comprehensiveness）

Miller（2008）认为，政策组合的全面性反映了其要素的广泛性和详尽性，以及其以广泛决策为基础的程度。政策组合的全面性意味着政策组合既包括具体目标和基本计划的政策战略，也包括实施政策战略的工具组合中的至少一种工具。这种工具组合的全面性取决于工具组合解决所有市场、系统和体制失灵的程度，也包括障碍和瓶颈，因此，全面的工具组合可以解决技术推动、需求拉动和系统关注这三个工具目的。

相比之下，政策组合的全面性可受其结构、严格性和彻底性的影响。与其他特征一样，政策组合的全面性可能影响其在评估标准方面的绩效。

4.2 文献计量分析

4.2.1 总的计量分析

在过去 20 多年里，政策组合的研究越来越受到关注，为了最广泛地理解政策组合，在参考了该领域经典文献的关键词，以及咨询相关专家的前提下，本章针对政策组合研究的学术文献进行了计量分析，数据来源于 WoS 核心数据库，检索策略设计为 TS = ("policy* mix*" OR "instrument* mix*" OR "instruments* mix*" OR "policy* portfolio*" OR "policy* package*"），检索时间截止到 2019 年 12 月 31 日，结果如图 4-1 所示。

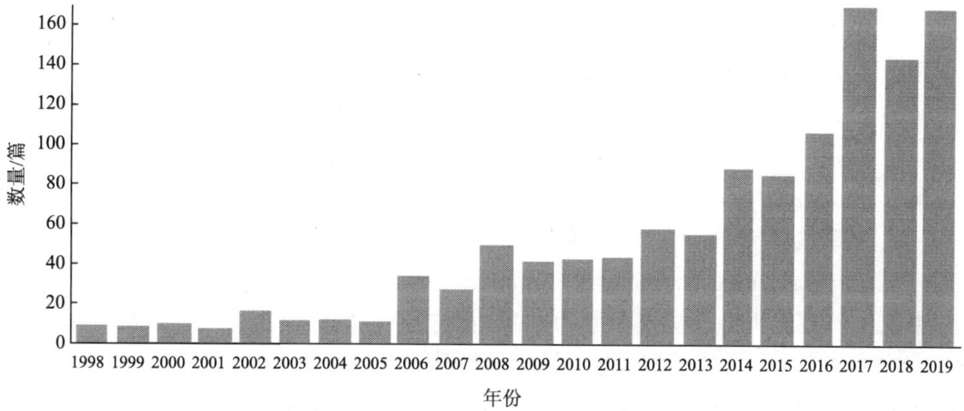

图 4-1　政策组合理论研究文献的发表数量及其趋势

数据来源：WoS 核心数据库

从文献数量变化趋势来看，截至 2019 年底，总共有 1 165 篇文献，政策组合的研究呈现出增长趋势，而且大多数文献都是在过去 20 年内发表的。从 2006 年起，政策组合研究年均发表 30 多篇，到 2016 年突破了 100 篇，2017 年和 2019 年达到了高峰值，分别为 169 篇和 167 篇。早期大多数文献讨论的是经济政策，但从 2006 年起，该领域文献开始逐渐补充环境政策，目前大部分文献讨论旨在解决环境问题的政策组合，尤其是与气候政策目标相关的，以及更多地关注创新研究中的政策组合。文献中大多数政策组合研究使用了术语"policy mix"，其次是"policy package"，而术语"policy portfolio"和"instrument mix"的使用频率要低得多。

从被引频次变化趋势来看，1 165 篇文献的 H 指数达到 60，被引频次总计 17 931 次，每项平均引用次数 15.39 次/年。出版的来源刊物方面，依次主要包括（按记录数从大到小）：*Energy Policy*、*Research Policy*、*Journal of Cleaner Production*、*Energy Research Social Science*、*Ecological Economics*、*Climate Policy*、*Environmental Policy and Governance* 等，主要是集中在环境和能源类的顶级期刊上。在文献来源机构方面，按记录数从大到小依次是英国的伦敦大学、牛津大学、萨塞克斯大学，德国亥姆霍兹联合会和国家应用技术研究院，其中英国的伦敦大学、牛津大学的发表量分别为 39 篇和 30 篇，中国科学院和美国加州大学也占了一定的比例。在资助文献的基金方面，按记录数从大到小依次是欧洲联盟、中国国家自然科学基金委员会、英国经济及社会研究委员会、欧盟联合研究中心和德国联邦教育及研究部等。此外，结果还显示了现有政策组合研究主要集中在商业经济（459 篇，占 39.4%）、环境科学（395 篇，占 33.9%）、能源燃料（159 篇，占 13.6%）、科技创新（119 篇，占 10.2%）和公共管理（111，占 9.5%）等领域。

结果还显示，该领域的高被引文章共有 22 篇，高被引文章的作者按记录数从大到小依次为 Rogge、Kern、Costantini、Crespi、Reichardt 等学者，大部分来自英国（10 位）和德国（7 位），加拿大、荷兰和美国各有 4 位。高被引文章主要发表在期刊 *Research Policy*（8 篇）、*Energy Research Social Science*（3 篇）、*Energy Policy*（2 篇）和 *Journal of Cleaner Production*（2 篇）上。

关于政策组合的开创性文献是由 Gunningham 和 Sinclair（1999）撰写的 *Regulatory pluralism：designing policy mixes for environmental protection*，内容涉及环境保护的政策组合，提出虽然不是盲目地把不同的工具组合在一起就有效，但在特定的环境下主张超越使用。另一篇特别有影响力的文章是 Sorrell 和 Sijm（2003）发表的 *Carbon trading in the policy mix*，这篇关于政策组合中的碳交易文章，讨论了引入政策组合在二氧化碳排放交易计划中所产生的相互作用效应，以及 Flanagan 等（2011）重新提出研究创新政策组合的构想，特别侧重于不同政策的紧密关系和互动作用。

4.2.2 创新领域中的政策组合研究

为了进一步探讨政策组合在创新领域中的研究，本书将检索策略设计为 TS =（“policy* mix*” OR “instrument* mix*” OR “instruments* mix*” OR “policy* portfolio*” OR “policy* package*”）AND TS =（“innovation*” OR “sustainable* transition*” OR “sustainability* transition*” OR “socio-technical* transition*”），其他检索条件同上。

从文献数量变化趋势看（图 4-2），政策组合在创新领域也是呈现出逐年增长趋势，截至 2019 年底，共发表了 224 篇文献，从 2017 年开始，每年发文量超 30 篇，其中 2017 年 47 篇，2019 年 48 篇。从被引频次变化趋势来看，该领域总的 H 指数达到了 31，被引频次总计 4 208 次，每项平均引用次数 18.79 次/年。

总体出版的来源刊物方面，按记录数从大到小依序包括 *Research Policy*（27 篇）、*Energy Research Social Science*（18 篇）、*Energy Policy*（16 篇）、*Technological Forecasting and Social Change*（11 篇）和 *Science and Public Policy*（7 篇）等，基本都是创新领域权威的刊物。在出版文献所在的机构方面，前五名分别是英国伦敦大学、美国加州大学、英国萨塞克斯大学、英国曼彻斯特大学，以及美国的康奈尔大学。资助文献的基金主要来源于英国工程与自然科学研究理事会、欧洲联盟、德国联邦教育及研究部、瑞典研究理事会、英国经济及社会研究委员会和中国国家自然科学基金会等。分析显示，创新领域关于政策组合的出版物主要源自欧洲（尤其是英国和德国），但美国、意大利、荷兰和瑞典也在这一领域做出了重大贡献。

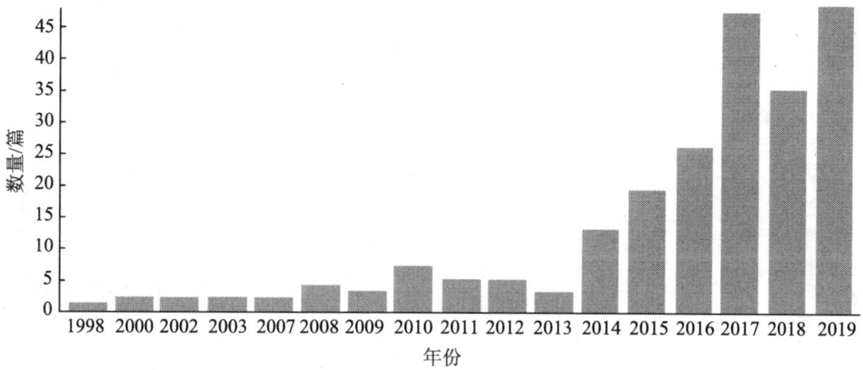

图 4-2　政策组合在创新领域研究文献的发表数量及其趋势

数据来源：WoS 核心数据库

该组合领域的高被引文献共有 15 篇，其 H 指数达到了 22，被引频次总计 4 336 次，每项平均引用次数 289.07 次/年，高被引文献的作者依然还是来自英国、德国、意大利和荷兰等国家的 Rogge、Kern、Costantini、Crespi、Reichardt 等学者。研究领域集中在商业经济、生态环境科学、能源燃料和公共管理四个领域。

Kern 等（2019）曾将政策组合在创新领域的 141 篇文献，通过 CitNetExplorer 生成引用树，发现 141 篇文献中有 79 篇通过引用和被引直接联系在一起，该引用树强调了两个欧盟资助的研究项目对该组合领域的早期影响：一个是创新政策领域项目，另一个是气候政策领域项目。引用树还显示，原本创新政策研究和气候政策研究之间存在鸿沟，但从 2014 年起，两者之间联系越来越紧密，产出大幅增长。

Kern 等（2019）还对政策组合在创新领域的 141 篇文献进行了共词分析，得到了聚类图，其结果显示了基于在同一文献频繁使用关键词的三个主要聚类，第一个聚类主要关注创新经济学，第二个聚类主要关注创新政策和可持续转型，第三个聚类以政策工具和技术为中心，尤其是在可再生能源方面。

4.2.3　政策领域中的政策组合研究

为了进一步探讨政策组合在政策领域中的研究，本书将检索策略设计为 TS = (“policy* mix*” OR “instrument* mix*” OR “instruments* mix*” OR “policy* portfolio*" OR "policy* package*")AND TS = ("policy* design*" OR "policy* science*" OR "policy* study*" OR "public* administration*" OR "political* science*" OR "policy* implementation*" OR "policy* process*")，其他检索条件不变。

从文献数量变化趋势来看（图 4-3），政策组合在政策领域也呈现出逐年增长趋势，截至 2019 年底，共发表了 86 篇文献，从 2016 年开始，每年突破 10 篇，其中 2019 年有 20 篇。从被引频次变化趋势来看，该领域总的 H 指数达到了 18，被引频次总计 1 294 次，每项平均引用次数 15.05 次/年。

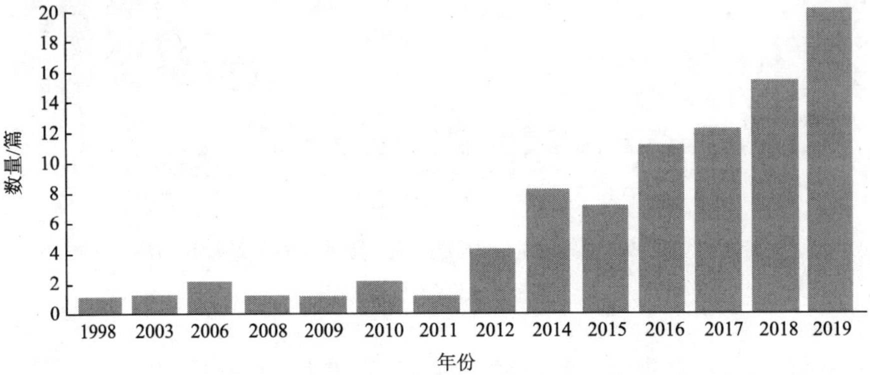

图 4-3 政策组合在政策领域研究文献的发表数量及其趋势

资料来源：WoS 核心数据库

来源刊物方面，按记录数从大到小依序包括 *Energy Policy*（9 篇）、*Energy Research Social Science*（6 篇）、*Policy Sciences*（6 篇）和 *Research Policy*（6 篇）等，上述期刊都是政策研究领域的权威刊物，值得注意的是，在顶级期刊中只有一个专门的政策研究期刊 *Policy Sciences*，总体比较分散。在出版文献所在的机构方面，前五名分别是德国国家应用技术研究院、英国萨塞克斯大学、新加坡国立大学、加拿大西蒙弗雷泽大学和德国亥姆霍兹联合会。资助文献的基金主要来源方面，按记录数从大到小依序为欧洲联盟、德国联邦教育及研究部、英国研究理事会的 EUED 项目、中国国家留学基金管理委员会和瑞士国家科学基金会等。结果同时显示，政策领域关于政策组合的研究主要源自德国、英国、加拿大、荷兰和新加坡（前五个国家），美国和瑞士也在这一领域做出了较大贡献。总的来说，该领域的研究文献来源比政策组合在创新领域的研究文献显得更为国际化一些，呈现分散化特征。

该组合领域的高被引论文共有 10 篇，其 H 指数达到了 7，被引频次总计 442 次，每项平均引用次数 44.20 次/年，主要来源于德国（4 篇）、加拿大（3 篇）和英国（3 篇）等，高被引论文的学者包括 Rogge、Bahn-Walkowiak、Baylis、Borner、

Burke 等。研究领域集中在商业经济、生态环境科学、发展研究和能源燃料四个领域。

Kern 等（2019）将政策组合在政策领域的 72 篇文献通过软件生成了引用树，经分析发现，两篇文章在引用树中具有核心性：一篇是 Doremus（2003）关于多样性政策组合的设计、实施、评估和修订，另一篇是 Flanagan 等（2011）在创新政策组合的背景下关注政策制定和政策协调，他们强调政策组合背景下的政策过程，是该领域被引用最多的一篇文献，这与政策组合在创新领域中的研究出现情况一样。

Kern 等（2019）还对政策组合在政策领域的 72 篇文献进行了共词分析，得到了聚类图，其结果显示了基于在同一文献频繁使用关键词的三个主要聚类，并指出“政策设计”和“政策工具”处于核心地位。其中，第一个聚类主要是涵盖气候环境和可再生能源政策领域的政策工具和创新专题研究；第二个聚类更广泛地将治理、协调、实施和政策研究结合起来；第三个聚类，也是最大的一个聚类，围绕政策组合环境来讨论政策设计，通常从系统角度进行实证研究，研究主要侧重于环境和气候保护政策、生态系统服务和能源效率。

4.3　框架与主题

4.3.1　分析框架

Cairney（2013）、Cairney 和 Heikkila（2014）认为，以具体政策工具的形式解释政策过程及其产出一直是政策研究领域的一个关键性方向，被认为是政治学的一个重要分支。这一领域的学者侧重分析政策制定和政策变化的过程，主要解释为什么某些政策会产生而不是其他政策。为了使复杂的政策过程易于管理，该领域研究的重点往往是在特定政策领域（如创新政策或环境政策）中经常参与政策制定的关键行为者。现有的不同分析框架大部分集中在对政策施加影响的行为者联盟上，这些分析框架在理论上的不同之处在于它们界定这些联盟结合在一起的“黏合剂”会有所不同（如共同的利益、资源依赖、共同的信仰或话语），同时它们对权力的界定也有所不同（如权力是基于行为者拥有的资源，还是基于他们塑造话语权和阐述“最佳故事”的能力）。但是这些分析框架在理论上也有一个共同观点，即行为者能够参与政策制定过程，从而能够影响政策产出。该领域的许多分析框架，如 Sabatier 的倡导联盟框架、Kingdon 的多源流方法、Baumgartner 的间断均衡理论、Hajer 的话语联盟框架和 Pierson 的政策反馈理论等，源于 20 世纪 80 年代或 90 年代，在过去几十年中通过广泛的实证工作得到了应用与完善，该领域的许多研究发表在包括 *Policy Research*、*Public Policy*、*Sciences* 和 *Policy and Politics* 等重要刊物上，当前 ST 领域的不少研究文献已经借鉴了当中的一些分析框架，如（Markard，2016）（Normann，2015）（Smith and Kern，2009）。

为了能在 ST 研究中更多关注政策过程的先决条件，本节将梳理政策研究领域的一些关键分析框架，解释其起源、核心概念、实践应用和所用方法、最近的理论进展和最重要的述评，以及它们在转型领域的适用性，旨在帮助 ST 研究学者在政策研究领域中明确交叉方向，并为选择政策过程分析框架提供参考。

1. 倡导联盟框架（advocacy coalition framework，ACF）

ACF 最初是由 Sabatier 及其同事于 20 世纪 80 年代初提出的。该框架旨在分析十年或更长时间内的政策变化和稳定性。ACF 的核心思想是，在一个特定的政策子系统内，定期参与特定政策领域政策制定过程的所有参与者，包括有几个由公共和私人参与者组成的倡导联盟，他们在竞争中如何对政策制定的实施影响。Sabatier（1988）认为，ACF 的参与者共享一种信仰体系，其中包含价值观以及关于世界如何运转的因果理论。Jenkins-Smith 等（2014）将 ACF 中的信仰体系区分为三个层次：深层核心信念是基本的规范价值和本体论公理，它们不是特定于策略的，可以适用于多个策略子系统；政策核心信念受政策子系统的范围和主题的约束，因此，具有区域性和局部性的特点。政策核心信念可以是规范性的，也可以是经验性的；次要信念是指政策子系统的一个子集或实现政策核心信念预期结果的特定工具手段。主导联盟能够将其信仰转化为政策，因此被视为“信仰体系的转化”。

Sabatier（1999）认为 ACF 中的参与者被假设在核心信念上是表现出高度一致的（次要信念更少），并以此协调他们的活动，联盟随着时间的推移趋于稳定，同时联盟的信念系统可随着政策学习而逐渐改变，如基于正式的政策评估或非正式的试错过程。然而核心信念很难改变，次要信念相对更灵活。ACF 是一种理解政策变化的认知方法，它强调参与者在寻求政策变化方向中起到重要作用，同时这种方法也承认资源（如财政资源、信息、公众舆论和法律权威）的重要性，它们拥有影响着一个联盟实现政策变化的能力。此外，政策变化也可能由政策子系统外部的因素触发。ACF 研究的关键问题包括为什么和如何形成联盟的，以及联盟的结构和稳定性是如何影响政策变化的。

当前，ACF 已广泛应用于各种政策领域研究中，譬如 Boehmer-Christiansen（1997）对气候领域的政策研究、Jenkins-Smith 和 st.Clair（1993）对近海石油和天然气开发领域的政策研究、Smith（2000）对污染领域的政策研究、Henry（2011）对运输领域的政策研究以及 Dela Santa（2013）对旅游领域的政策研究。其中，上述研究的贡献侧重于对现有政策工具的特定变化或新工具引入的分析。

最近，ACF 被应用于分析在 ST 研究背景下瑞士能源政策的变化，Markard 等（2016）认为，ACF 可被用于转型研究以更好地理解政策和政治，因为它关注的是参与者联盟、外部事件的重要性和认知过程，这些都与社会-技术体制方法相吻合，尤其是 ST 中的多层次视角（MLP）分析框架。

2. *多源流方法*（multiple streams approach，MSA）

政策过程的另一个重要分析框架是 Kingdon 提出的 MSA，该方法起源于美国，当时用于分析 20 世纪 80 年代美国卫生和交通政策领域的议程设置过程，并从组织理论中得到启发。Zahariadis（2008）认为，该方法的主要研究问题是针对某个特定问题是如何进入（国家）政治议程的，替代行动方案是如何产生的，以及为什么一些问题或替代方案前期从未受到政府官员和密切相关的行为者的关注等。MSA 近乎一种关注政策制定的动态性、复杂性和混乱性，而非基于理性行为的理论。

MSA 提出了政策系统中的三种流（问题流、政策流和政治流），它们彼此相对独立，遵循各自的时间表和规则，但又相互作用，形成政策变化的“机会之窗”（Kingdon，1995）。问题流包含对政府应该解决的公共问题的看法，这些问题可能是预算赤字、环境污染或医疗费用上涨，而且往往因危机或对吸引公众或媒体关注的现有方案的评估而凸显出来。政策流包括由专业政策领域的分析者和专家开发的解决方案。此类行动者包括政府官员、学者和智库研究人员等，他们在单一政策领域（如卫生或环境政策）有着共同的关注。这些专家缩小了潜在的解决方案范围，提出一小部分方案，这些方案一旦涉及政治利益就会被提出。政治流包括公开讨论、政府或立法机构的变化，以及利益集团的游说。政策战略家可以策略性地利用某些时刻（及机会之窗）将这三种流结合起来，从而促使实现政策的变革。

与 ACF 一样，MSA 也是一种认知方法。Kingdon 最初的研究主要基于对政策制定者和其他涉及卫生和交通政策社区的参与者的采访，以及对政府文件的分析。后来许多研究者通常是基于详细的案例研究，基本使用相同的方法。尽管 MSA 最初是为了研究美国议程环境而制定的，但后来也应用于一系列其他环境，包括比较研究。现在有超过 300 个案例已经用 MSA 进行了分析，例如 Normann（2015）运用 MSA 应用于挪威海上风电政策的研究，以了解“机会窗口”为何打开和关闭，以及它们如何被行为者利用。

3. *间断均衡理论*（punctuated equilibrium theory，PET）

第三个非常成熟的政策过程理论是 Baumgartner 提出的 PET，该理论是在 20 世纪 80 年代末、90 年代初发展起来的，用于解释美国的政策制定。Baumgartner

和 Jones（1993）试图构建一个模型来解释一个非常普遍的观点：政策通常以稳定和渐进变化为特征，但偶尔政治过程会产生剧烈的政策变化。该理论的核心思想是，政策的发展通常遵循类似均衡的路线（均衡），除非有重大外部事件或危机引发重大变化（新事物迅速形成时刻），因此，能够解释均衡和新事物迅速形成是 PET 相对于其他侧重于解释稳定性或变化的方法的主要优势。

PET 强调政策过程中的问题定义和议程设定要素，其中两个因素至关重要：政治制度和有限的决策合理性，例如美国政治体系的特点是三权分立，司法管辖权重叠，以及建有对政策变革支持者相对开放的渠道。根据 Baumgartner 的观点，这些特征结合成子系统政治与国会和总统的宏观政治之间的动态关系，因此，通常不利于变革，但个别情况下会加强变革。与 MSA 一样，PET 假设政策制定者是有限理性的，这意味着他们有不完善的信息和有限的时间来处理信息。考虑到这些制约因素，政策制定者无法在任何时候都考虑所有问题，也无法确定他们对最佳选择的印象。Cairney 和 Jones（2016）建议，在有限理性行为者假设的前提下，应将制度层面的演变作为公共政策制定的驱动力。PET 的一个主要观点是，政策的变化通常由政策子系统所决定（通常会导致微小的、渐进的政策变化），但当有重大争议时（如作为变革倡导者的新兴利益集团提出异议时），一个问题会转移到宏观政治机构（如国家元首或最高权力机构），可能会导致重大的政策变化，甚至间断。

虽然 PET 是在美国发展起来的，但世界各国的许多应用已证实该理论的某些方面适用范围更广。Geels 和 Penna（2015）在发展辩证问题生命周期模型时，就借鉴了 PET，即转向宏观政治体制可能会经历重大的政策变化："更实质性的政策变化……通常需要问题的'升温'（通过戏剧性事件、冲击、丑闻），这将问题推到宏观政治领域，在那里可以实施重大的政策变化。"实际上，PET 也被用于创新扩散的公共政策研究中，这也是 ST 学者所感兴趣的，例如 Busch 和 Jörgens（2011）就运用该方法分析认为太阳能光伏技术的普及与德国上网电价在欧洲政策的推广密切相关。

4. 话语联盟（discourse coalitions）框架

Hajer 在 1995 年的开创性研究是创建话语联盟这一分析框架，该方法的核心思想是行为者共享话语定义问题的方式影响了他们对公共政策问题的认知以及随后的政策回应。Hajer（1995）提出，话语特征是政策领域的基本属性，忽视它们会导致对政策变化的过度乐观和事实上的技术非民主思维，同时认为在任何政策领域都有不同的联盟争夺政策影响力，其中一个通常占主导地位。让联盟团结在一起的是使用共同的共享话语。该框架用于分析话语联盟是如何围绕共同的叙事形成的，它们是如何争取政治影响力的，以及话语是如何为它们"创造"的政策问题构建解决方案的。Hajer和Versteeg（2005）认为，话语分析通过关注特定的情境逻辑来强调话语在政治中的作用，在特定的情境逻辑中问题和解决方案会得到特定的描述。

话语联盟框架的应用多数集中在国家政策制定上，目前在欧盟或国际层面上得到了应用，例如《联合国气候变化公约》的制定。此外，den Besten等（2014）应用该框架分析了减少毁林和森林退化所致排放量的发展，他们的分析显示了相互竞争的话语联盟是如何在降排的定义和范围、市场的使用以及社会和环境保障方面斗争的。不同策略领域和不同策略级别的这些应用案例显示了该框架的通用性，鉴于该框架侧重于论述，大多数研究将某种形式的解释性文本分析应用于具体政策变化的案例研究中。

Smith和Kern（2009）使用Hajer的话语联盟框架来解释将转型管理思想引入荷兰环境政策分析的情况，他们认为由政策制定者、学者和顾问组成的联盟共同开发了一个强大的转型故事情节，具有足够的解释灵活性，对政策制定者和企业来说显得有吸引力，又不构成威胁。此外，Geels（2014）借鉴了Hajer的工作，构想了现任政权如何能够通过与政策制定者形成强有力的话语联盟来抵御社会运动和其他团体的挑战。Rosenbloom等（2016）提出了一种新的关于多维度互动的话语分析方法，该方法明确地将话语和转型联系起来，将MLP描述的行为者群体、创新的社会-技术特征、景观中发生的背景发展以及故事情节的形成结合在一起。

5. *政策反馈理论*（policy feedback theory，PFT）

对政策反馈效应的研究可以追溯到20世纪50年代学者Schattschneider和60年代学者Lowi的研究，他们的研究表明不同类型的政策产生不同的政治动员模式。上述其他政策过程理论的分析框架主要关注公共政策本身的外部因素如何影响政策制定和政策产出，而对于PFT，其核心思想是认为新政策的产生发生在深受现有政策影响的背景下，因此，PFT研究的关键问题是政策一旦被创造出来，将如何重塑政治，这种转变又将如何影响随后的政策制定（Zahariadis，2008）。PFT借鉴了路径依赖理念，增加了制度和公共政策反馈的过程，即自我强化的正反馈过程。

PFT的另一位开创性研究者是Pierson（1993），他认为尽管现有政策会影响政治和随后的政策制定，但重要的是要明确现有政策通过哪些机制影响了后来政策的制定。同时他指出现有关于政策反馈研究过于侧重说明性的案例分析，基于此他对该主题进行了一个综述，以便对政策如何以及何时可能导致政治变化的命题进行更系统的调查。Pierson（1993）在该篇综述文献中指出，政策为政治行为者提供资源并创造激励。他强调政策会影响政府精英、利益集团和大众的政治行为和能力，同时对公众的影响很可能是最重要的但未得到充分研究。

Pierson（1993）区分了两种主要的政策反馈效应：改变行为者能力和利益的资源效应和解释效应。首先，资源效应可以是直接的，也可以是间接的。其次，解释效应是“政策对社会行为者认知过程的影响”，同时他还认为解释效应也能影响公众：“虽然政策学习论认为政策是政策制定者的模型或类比的来源，但对大众来说可能重要的是政策的信息内容。”政策可以作为焦点事件，政策的具体设计可以增加一些社会和政治联系的可见度，同时掩盖其他联系。由于一些政策（如涉及公共支出的政策）比其他政策（如给予富人减税的税法）更为明显，这些政策往往会导致更多的公众意识或动员，从而有可能产生焦点事件。

在 ST 研究中，Edmondson 等（2019）以英国低碳建筑转型为例，实证应用了 PFT 这一方法。他们通过区分一些积极和消极的政策效应和反馈过程，将政策组合和社会-技术体制之间的共同演变概念化，同时作者认为，这些进程之间的相互作用决定了社会-技术体制的发展以及政策组合的进一步发展。

4.3.2 研究主题

1. *政策组合的研究方法*

明确政策组合的概念框架和类型相对容易，但运用适当方法来系统分析政策组合就可能具有挑战性了。这些关键的挑战包括：

第一，有关政策组合边界的界定。对单个政策工具的研究，确定其分析对象很简单，但对于政策组合来说就要复杂得多。例如 Borrás 和 Edquist（2013）认为政策组合不仅仅是一些政策工具的组合，Kern 和 Howlett（2009）认为政策组合还包括政策目标和政策工具。同时 Rogge 和 Reichardt（2016）主张应拓展政策组合的概念，指出政策组合应包括政策要素、政策组合特征以及政策制定和执行过程。即使在狭义的政策组合定义中包括了相互作用的政策工具，也决不能简单地确定哪些工具被包括在组合中，而哪些又不被包括在内。随着更广泛的政策组合概念的界定，这一挑战变得更加明显。

第二，有关政策组合要素的界定。大部分现有研究侧重通过政策工具的分类来描述政策组合的特征，例如 Costantini 等（2017）将政策工具分为技术推动或需求拉动两种类型，Mavrot 等（2019）将其分为胡萝卜型、大棒型和布道型三种，Kivimaa 和 Kern（2016）将其分为“创造新的和破坏旧的”。标记和计算每种类别工具的数量常常被用作评估政策组合的平衡性或全面性。然而这些分类还是相当粗糙的，加上大量研究表明单个工具的具体设计对于其有效性以及如何与组合中的其他工具相互作用是非常重要的，因此这是一种令人相当不满意的方法。

Ossenbrink 等（2019）提出了一种解决政策组合划分的方法，强调为了建立一个一致性的政策组合方案，重要的是要有界定政策组合的共享启发法。该文献提出有两种方法可以界定政策组合的相关要素：自上而下和自下而上，同时也指出现有多数研究没有主动在这两种方式间权衡，也没有提供有关如何确定政策组合的细节。自上而下方法的核心思想是：从一个总体的战略政策意图出发，确定所有用于实施战略的相关政策工具。相比之下，自下而上的方法是从对各自研究问题（例如特定技术或部门）具有核心兴趣的重点影响领域的定义开始，然后搜索影响该领域行为者决策的所有政策工具（和相应的政策策略）。特别是该篇文章提出了一个系统的分析框架，来说明如何运用这两种方法，并以加州能源转型的政策组合为例，分析演示了如何在实践中运用这些方法。研究结果表明，通过这两种方法确定的政策组合之间几乎没有重叠。这支持了他们的观点，即透明度和一致性是增加重复研究的潜力所必需的。总的来说，这篇文章提出了一个透明而系统地划分政策组合的新标准，有望为今后的研究提供有益的指导。

Schmidt 和 Sewerin（2019）对 9 个国家的可再生能源政策组合进行了分析，他们提出了一种更为精致的方法来描述政策组合。作者提出了跨工具类型的政策组合平衡的概念和测量工具，以及两个政策组合设计特征（强度和技术专用性）。虽然评估不同工具类型之间的平衡是表征政策组合常见的一种方法，但该篇文章提出了一种新的测量方法，通过基尼-辛普森指数（Gini-Simpson index）来测量工具的分散程度。此外，通过评估政策组合的设计特征，该文还提供了更丰富的数量分析。这是首次通过系统的定性编码程序来评估每个工具的强度，然后将这些集合成一个整体的组合强度。同时，作者还分析了政策组合的时间动态，这也是政策科学文献中政策组合研究的另一个突出主题。相比之下，创新研究领域的许多研究往往在某个时间点分析政策组合，这在长期 ST 研究背景下是严重不足的。时间分析用于回答政策组合如何因国家间的平衡和设计特征而动态变化的问题。总之，该文丰富了正在进行的关于如何衡量政策组合特征的研究，并希望能激励其他人进一步推进政策组合特征的系统测量。

2. 政策组合的制定和实施过程

许多政策组合研究侧重政策组合的内容，很少关注政策制定和实施过程。事实上，只关注政策的结果是有问题的，因为相关研究表明政策的效应不仅取决于政策设计，还取决于政策是如何实施的，譬如 Borrás 和 Edquist（2013）指出政策的执行对造成政策结果的差异影响非常大；Flanagan 等（2011）认为，政策实施环境对政策实施效果同样至关重要；Reichardt 等（2016，2017）认为政策制定的风格和政策过程的一致性是促进低碳创新转型的重要影响因素。因此，Rogge 和 Reichardt（2016）归纳提出，在分析 ST 的政策组合背景下，应考虑政策制定和实施过程这个重要因素，为此学者们可以借鉴政策过程的各种理论。

Diercks（2019）以经合组织这个丰富案例探究了其是如何通过政策组合促进 ST 的。经合组织的作用比较特别，它在过去显著影响了其成员国的创新政策，这是由于它运用了体制创新的理念，一开始就从政策组合视角去思考创新政策的制定（强调从建立新的社会-技术体制角度制定政策组合）。Diercks 认为，建立新的社会-技术体制这一新思维对创新政策组合的制定产生根本性影响，并分析了经合组织在科技与创新上是如何采纳这种思维的，以及为何这种思维方式没有在经合组织的核心活动中形成制度化。该文阐述了制度、认知和政治这些惯性形式的遗传效应是如何阻止 ST 的（现有的社会-技术体制如何阻碍 ST），并将分析结果作为对制定 ST 政策组合的建议。虽然初衷很好，但 Diercks 发现将这一建议纳入经合组织核心活动的努力基本都失败了。同时 Diercks 明确提出，克服路径依赖（克服现有社会-技术体制的惯性）和提出合适的政策组合的想法是多么困难，即使是在那些已经认识到其重要性并开始从政策组合角度进行思考的机构中。

Mavrot 等（2019）提出政策实施过程是政策实施效果的关键性因素这一观点，强调应该重新审视政策组合的实施环境。他们认为，政策实施环境包括执行政策工具的特定环境以及每种政策工具的特定目标群体。他们还指出，加强政策干预特定环境的关注将有助于更准确地理解政策制定与实施，将目标群体纳入政策组合分析中是至关重要的，"政策的接受方"（目标群体）与"政策的发送方"（政策制定者）具有同等的重要性。该文以 Rogge 和 Reichardt（2016）一文为基础，旨在提出一个用于分析政策组合有效性的概念框架，特别是其引导目标群体行为变化的能力。在实证研究方面，Mavrot 等（2019）从科技与创新角度分析了瑞士烟草控制政策实施这个不寻常的案例。该文认为这个案例可用来分析由公共政策驱动目标群体重大行为的转变，同时也说明试图减缓一种特定产品及其相关行业发展的典型管理案例。同时，该文还对不同的定量和定性的指标集进行了三角分析，以评估案例中 11 个政策组合的执行情况。研究发现，将政策组合的实施环境考虑在内，可提高在个人层面上对遵守政策的理解，这在政策驱动的转型过程中至关重要。同时，该文还提倡应更多关注政策组合的接受方（目标群体），从而实现 ST 的政策组合制定。

3. 政策组合的参与者与目标群体

对现有研究的批评之一，是认为目前政策组合的分析往往停留在相当抽象的层面，例如关于政策分层问题（现有政策和新政策之间进行有效的分层问题）或者技术与政策的演变问题。然而，要真正了解政策实施过程的动态实况，重要的是把握好政策组合驱动的参与者和目标群体。在 ST 研究文献中，有一些研究，譬如 Farla 等（2012）、Fischer 和 Newig（2016）、Wittmayer 等（2017）等学者就侧重于转型过程中的参与者和目标群体研究。

Duygan 等（2019）开发了一种启发式方法来分析转型过程中参与者的决定因素。还有一些研究侧重于特定参与者的作用，如 Smink 等（2015）关于转型中的在位机构的研究，Kivimaa 和 Virkamäki（2014）有关创新中介机构的研究，Seyfang 和 Haxeltine（2012）基于项目的社区研究，以及 Schot 等（2016）有关用户的研究。尤其是 ST 研究文献和政策研究文献，为更具体地思考不同类型的参与者及其在政策过程中的参与提供了许多有用的出发点，这些出发点可用于 ST 的政策组合分析。

Lindberg 等（2019）认为转型是参与者围绕政策目标和政策工具不断斗争的结果，因此关注参与者的政策偏好对 ST 非常重要。该文围绕“参与者和政策是如何影响转型方向的”这个问题，以欧盟的能源政策组合为例，重点评估了主要行业参与者的政策偏好，探究了参与者对转型路径的偏好，这种偏好有两个方面的区别：可持续程度和颠覆程度。Lindberg 等（2019）利用该种方法，通过为两个维度建立一套标准和编码系统，来绘制政策以及关键行业参与者的偏好。研究表明，在国家可再生能源系统的方向上，当前的政策和参与者的偏好之间通常有密切的内在关联，但也发现许多参与者倾向于更分散、更雄心勃勃的可再生能源途径，这也得到一些政策参与者的支持。这篇文章的贡献之一，就是阐明了如何将参与者和政策建议明确纳入政策组合的研究中。

Ingold 等（2019）的文章研究贡献集中在市民身上，他们认为市民是能源转型政策研究不足的目标群体。围绕“在工具组合的情况下，市民对推广可再生能源的新工具偏好是什么，什么因素影响这些工具组合的差异？”这一问题，Ingold 等（2019）在概念上借鉴了社会接受文献以及 ST 研究，构建了一个分析框架，用于区分三种不同的潜在公民对政策工具偏好的驱动因素。指出目前工具组合是通过寻找支持三种主要可再生能源技术的所有政策工具来评估的，将它们分为四类（税收激励、补贴、禁令和信息），并根据其密度（工具数量）和强度（例如使用的资源数量、标准的严格性等）来描述政策组合的特征。结果表明，与背景相关因素相比，主要是个别因素促使消费者接受额外的政策工具，同时受访者承认，实现这些目标需要多种工具。实证研究方面，作者引用了瑞士居民的一项调查，表明现有的各州工具组合与个人工具组合偏好之间没有系统关系。因此，过去引入的工具影响当前工具的假设没有得到支持，尽管作者认为这可能是调查中政策组合操作方式的结果。无论如何，该文开发的方法可用于分析政策制定者或潜在行业参与者的偏好，因为关于政策路径依赖和政策反馈的文献表明，这种关联是可信的。该文为如何分析行为者偏好提供了一种新的分析方法，未来研究可建立在这些方法的基础上，并通过更深入的过程分析对其进行补充，着眼于底层政策制定的过程，通过这些政策组合随着时间的推移而发展，揭示参与者（目标群体）的偏好如何影响政策组合的制定。

4. 政策组合的评估测量

即使是在关注单一的政策工具而不是政策组合的情况下，政策评估也是非常复杂和具有挑战性的。在科技与创新政策领域，基于政策过程理论的评估已被提议利用系统性创新理论来评估创新政策，譬如（Arnold，2004）。然而 Erik 等（2018）、Kivimaa 等（2017）也指出，迄今为止，只有少数几个欧洲国家在评估面向系统的创新政策时全面考虑了政策组合问题。在面向任务导向的创新政策和社会-技术体制变革的政策组合背景下，政策组合评估的挑战变得更加突出。一方面，ST 是复杂、不确定和共同演化的过程，需要有针对性的评估方法；另一方面，政策组合的特征可以通过不同原理来描述，加上不同的治理级别制定的政策以复杂方式相互作用，从而使得合适的评估标准问题更为复杂化（Magro and Wilson，2013）。

Magro 和 Wilson（2019）的文章分析了区域智能专业化战略背景下，政策组合评估与治理过程之间的相互作用，提出评估政策组合的挑战是如何更好地理解政策组合的影响，以及它们如何促进转型的进程和方向。该文的目标是分析如何通过适当管理在政策评估的过程中获得的情报和学习，从而促进区域创新能力建设。该文假设，评估过程对于学习的有用性很大程度上取决于被参与者是否认为评估过程的管理是恰当的。从理论上来说，该文借鉴了政策评估、治理和智能专业化的观点。在实证研究方面，该文通过对西班牙巴斯克地区的案例研究来探讨这些问题。Magro 和 Wilson（2019）研究发现，在先进制造业背景下，由于涉及五个不同的治理层次，因此，有很强的垂直要素。就政策组合的方向性而言，他们发现没有方向的中性工具、支持特定方向的工具以及通过政策修补过程为战略服务的定向工具是共存的。巴斯克地区政府在试验的基础上采用了双管齐下的治理方法：根据地方政府对战略（和政策组合）实施和发展的监督，采用“硬治理”安排和“软治理”安排，即更广泛地与企业、研究和民间社会接触。总的来说，该文对政策组合评估的现实挑战进行了更复杂的思考，以及探讨了何种治理安排可能有助于产生政策组合制定中所需的政策学习。

5. 政策组合与社会-技术体制的共同演变

现有的政策组合研究承认政策制定过程具有路径依赖性质，并关注到政策组合会随着时间推移而不断演变。Howlett 和 Rayner（2013）提出的政策修订与完善，或 Howlett 和 Rayner（2007）、Kern 和 Howlett（2009）提出的政策分层等理念已经被用来研究政策组合的动态演变。在 ST 研究领域，有几项研究结果表明，有必要在社会-技术体制动态背景下更广泛地深入理解这些政策制定过程，譬如（Hoppmann et al.，2014）（Reichardt and Rogge，2016）。ST 研究背景下，政策组合和社会-技术体制随着时间的推移而共同演变，转型学者需要更好地理解这些动态，以便提供更好的政策建议。

Edmondson 等（2019）提出了一个新的概念框架，旨在揭示政策组合和社会-技术体制是如何随时间的相互作用和共同演变，从而促进新技术产业的。该框架建立在 ST 文献以及政策反馈文献的基础上，探讨了政策组合与社会-技术体制共同进化的特定机制，其中政策反馈文献关注的是政策制定对后续政策制定及其政治的影响。该框架沿用这一研究线索提出了三种类型影响和三种反馈机制，通过三种类型影响，政策子系统可以干预社会-技术体制的发展（资源影响、体制影响和解释影响）；通过三种反馈机制，社会-技术体制演变又进一步影响政策发展（社会-政治反馈、治理反馈和财政反馈）。在实证研究方面，该框架通过英国零碳家庭政策组合案例应用加以说明。这一雄心勃勃的政策组合最初为低碳住宅带来了一些动力，但由于一些发展，最初的政策雄心遭到了破坏，目标群体对承诺的严肃性失去了信心，并进行游说反对，最终政府放弃了零碳住宅的雄心。研究说明了转型失败的例子，以及尽管最初有强有力的政策承诺和一些积极的反馈，但面对困难的外部环境，行为者很难保持对雄心勃勃的政策组合的承诺。该文旨在理解政策组合作为一个具有挑战性的政治进程的主要依据，并提出寻求支持的决策者需要尝试设计能够产生积极反馈的政策组合，从而随着时间的推移加强政治支持。

Huang（2019）探讨跨层面的政策制定和政策组合及其与产业转型路径的共同演变。通过关注跨层面的政策互动，Huang（2019）指出目前缺乏跨层面政策互动的研究，现有研究大多数集中在政策组合之间的互动和同一层面的政策制定动态。该文目的是更好地探索跨层面的政策组合之间的相互作用及其与产业转型的共同演变。在理论方面，该文提出现有文献对 ST 政策组合的纵向维度缺乏理论探讨和实证研究，借鉴了政策组合研究的观点和经济地理学的特定概念，提供了政策组合在新技术产业化可持续转型过程中垂直互动的一个多层次和演进式的解释。实证分析方面，该文以中国山东省太阳能热水技术为例，从自下而上和自上而下两个维度分析了太阳能热水技术的发展过程，追踪了山东省太阳能热水技术的产业创新路径及其与政策组合发展的互动关系。案例研究分析表明：一方面，地方层面的政策举措可以为高层决策（国家层面）提供信息；另一方面，国家层面政策可以极大地引导地方政策的制定。该文认为，各级政府之间的动态纵向相互作用表明在政策组合的设计方面要更加微妙；政策制定者需要对政策组合持有更动态的观点，时间维度是关键，政策组合需要随着时间的推移，随着转型阶段而变化，通过政策学习过程认识到它们的时间性和共同演进性。

4.4 与新技术产业化研究的适用性

4.4.1 必要性分析

减缓气候变化、海洋酸化和其他与碳排放相关的环境问题需要在能源、交通和若干相关领域迅速实现实质性的社会-技术转型。在这种背景下，创新和转型学者分析政策干预如何能够引导、加速和改变技术变革的方向，并促成新技术产业化向更可持续的生产和消费模式转型(可持续转型)。这些文献的一个重要观点是，现有研究只关注单个政策是过于狭隘的，应该加强对政策组合的分析，认为在现实中政策工具及其相互作用有助于社会-技术转型。政策组合很重要，因为许多市场或系统的失灵、障碍和风险都涉及技术变革和转型，这是单个政策无法解决的。

现有占主导地位的主流技术，以及其与商业模式、价值链、行业标准、基础设施以及社会-技术制度等交织形成的现有社会-技术体制，已成为新技术可持续发展（即新技术产业化）的重要障碍，这表明了新技术要向更可持续的生产模式转型往往需要更长的周期，这个转型周期中必须要建立起与新技术发展相适应的新的社会-技术体制，包括行动者网络、配套的基础设施、商业网络、价值链、技术制度等等。因此，Borrás 和 Edquist（2013）、Flanagan 等（2011）、Reichardt 和 Rogge（2016）等学者强调，可持续性的技术变革需要经历多重市场、制度和体制的变革，反过来也要求采取多层面的政策干预，即重视政策组合的作用。同时，Markard 等（2012）建议，由于 ST 具有长期、动态和政治争议性的特点，除了关注政策内容之外，还需要关注政策制定与实施的过程。因此，在 ST 这个新兴的研究领域中，面临的一个主要挑战就是要改进和拓展对政策组合的理解，以及加强评估政策组合对促进新技术可持续发展的影响效应。

Rogge 和 Reichardt（2016）指出，在 ST 研究背景下的技术变革以及新技术产业化过程中，政策组合起到关键作用，并提出 ST 研究背景下的新技术产业化研究应该与政策研究相互补充，目前政策研究领域已经开发了多种政策过程及其延伸的分析方法。但到目前为止，ST 学者在转型政策研究中对这些理论和方法的运用还是相对有限。因此，Kern 和 Rogge（2018）提出，应该在分析新技术产业化和社会-技术变革联系之间纳入政策组合，尤其是政策过程的研究，主要有三个原因：第一，政策过程不仅塑造政策战略和工具，而且还可以对技术变革产生直接影响，这在过去的分析中常常被忽视。第二，将政策制定和实施过程纳入政策和社会-技术体制的共同演变研究，有助于更好地理解两者之间的动态性质和因果联系。第三，打开政策过程的黑箱有助于更好地提出促进新技术产业化的政策制定和实施情况的建议。

在 ST 的治理研究主题中也明确提到，虽然具体的政策分析在早期转型研究中发挥不了什么作用，但近年来从转型角度对政策的研究激增。Reichardt 和 Rogge（2016）、Kivimaa 和 Kern（2016）、Rogge 和 Reichardt（2016）等学者认为，更广泛的政策组合研究工作，是研究新技术可持续发展所必需的，政策目标、工具和过程的组合互动方式对于政策促进（或阻碍）转型的程度至关重要。

4.4.2　可行性分析

过去几十年来，关于政策如何促进环境创新和社会转型，有关研究者积累了大量成果，用来推动环境的可持续转型。但 Kern 和 Rogge（2018）认为，ST 研究和政策组合研究有很大潜力可以进行跨学科交叉研究，然而在 ST 研究背景下，目前两者的研究联系存在两个缺点：第一，这些理论通常被应用于研究单个政策工具，而不是政策组合，但政策组合在转型中很重要。第二，现有分析往往停留在政策的产出，而不是政策的结果及其影响。因此，他们提出政策组合理论对在 ST 研究背景下的新技术产业化有很大的价值，能够回答相关研究领域的关键问题，最好在更广泛的跨学科分析框架内拓展其研究范围和应用。总的来说，政策组合理论及其相关分析框架与方法，对提高新技术产业化发展的政策水平具有广泛的应用。

第一，倡导联盟框架（ACF）。在 ST 研究背景下，ACF 可用于转型研究以更好地理解政策和政治，因为它关注的是行动者联盟、外部事件的重要性和认知过程，这些都与社会-技术体制方法相吻合。同时，运用 ACF 可进一步加强 MLP 中有关“政策制度”的理解，可以更好地分析 ST 研究中的制度是如何形成的，尤其是除了政策制定者外，在涉及政策过程的一系列相关行动者类型中，倡导联盟是如何形成的。

第二，多源流方法（MSA）。运用 MSA 更有助于了解 ST 的“机会窗口”为何打开和关闭，以及它们如何被行为者利用。此外，该方法还可以追踪政策随时间变化的动态以及解释过程在其中的作用，可以增加流程流和规划流来加强政策实施。此外，MSA 关注转型中的行动者及其团体，这在 ST 研究背景下非常有用。

第三，间断均衡理论（PET）。从 ST 视角来看，该方法与转型理念非常一致，转型的特征是克服路径依赖现象，这种现象可能会被危机所破坏（景观层面的变革）。PET 也被用来研究公共政策创新的扩散，这也是转型学者感兴趣的。因此，用该方法更系统地研究政策发展和社会-技术变革之间的联系非常值得关注。同时，鉴于人们对制度及其变革和机构变革作为转型的重要组成部分的兴趣，PET 对政治制度的关注也很有希望与转型研究结合起来。PET 提出了关于新行为者可以“闯入”由现任利益主导的政策领域的过程的重要见解，以及现任者如何寻求保持他们的控制。此外，PET 的理论基础在于对复杂系统的研究，这也是转型管理的显著特点，这为跨学科交叉研究提供了进一步的潜力。

第四，话语联盟（discourse coalitions）。该分析框架更关注于解释新技术可持续发展的过程和观念在政策制定中的作用，尤其是在行动者可能发现自己处于奈特氏不确定状态的背景下非常重要。因此，预测竞争性话语联盟之间的话语斗争是一个有用的概念工具，可以聚焦于转型过程中的政治、这些过程中行动者网络的定位，以及不同的行动者如何以不同的方式解释新技术可持续发展和可持续转型的目标。

第五，政策反馈理论（PFT）。PFT 的一些优势在于，它有时能够涵盖多种政策工具，强调政策对目标群体以及公众的政治影响，以及它对政治动态（政策塑造政治，政治塑造进一步的政策）的关注与转型政治的研究相吻合。PFT 的一个关键思想，正如 Campbell（2012）所强调的：“公共政策不是在真空中产生的，而是由早期政策以深刻的方式塑造的。”这与关注路径依赖的转型研究非常契合。同时，运用 PFT 来研究政策在形成政治动员中的作用，包括但不限于公众，以及进一步决策的可能性，似乎非常有希望。

第三篇

机 理 探 究

第 5 章　新技术产业化障碍因素的识别与分类

新技术产业具有先导性、复杂性、融合性和不确定性等特征，新技术产业化过程受到系统内外部多重障碍因素的综合影响和交互作用。因此，科学识别出新技术产业化的障碍因素，明确不同障碍因素对新技术创新生态位的动态影响和作用路径，对有效综合运用政策工具助力创新生态位跨越鸿沟、成功跃迁，进而形成新兴产业，提升新技术产业化成功率和贡献度具有重要意义。本章主要围绕如何系统科学地识别造成这些障碍的影响因素及其动态性这个问题，运用文献分析法、专家调查问卷和访谈等方法展开研究，重新全面识别新技术产业化的障碍因素，按环境层面、供给层面和需求层面进行分类，并探讨了障碍因素的动态性与生态位策略制定的关系。

5.1　障碍因素的识别

“死亡之谷”和“达尔文海”两道鸿沟的存在，导致新技术产业化过程充满坎坷，注定是一条艰辛之路。“鸿沟”的存在的确并非好事，但是清晰认识到鸿沟的存在，以及科学识别造成鸿沟的具体障碍因素，从而寻求科学的解决方法，这对新技术产业化的成功培育发展来说，却又是件好事。

5.1.1　思路与方法

（1）识别的思路

本章将借鉴 Harahap（2014）分析新技术公司如何基于金字塔（pyramid）理论解决新产品扩散的障碍因素的思路，对 ST 视角下新技术产业化障碍因素进行识别：第一，按一定的检索条件和方法挑选代表性的相关文献，归纳和合并现有关于新技术产业化的具体障碍因素，形成障碍因素列表；第二，通过专家问卷打分，以专家集中度和离散度两个指标评价、筛选、确定障碍因素；第三，通过专家访谈，补充、完善、界定新技术产业化的障碍因素。

（2）代表性文献检索及其结果

按照上述思路，本书在已建立的 ST 理论文献库中进行检索并挑选代表性文献。根据研究目的，挑选的原则是：基于 ST 理论的或基于生态位管理策略的，专门全面研究新技术发展、新产品扩散或新产业培育障碍因素的文献。具体检索条件设定为：关键词或主题词为“barriers”或“barrier factors”或“influence factors”。从 352 篇外文文献中检索出 12 篇，经精读原文，确定密切相关的代表性文献 2 篇。同时，为了结合中国实际情境，补充了中文文献，检索条件设定为：关键词或主题词为“转型”，以及“障碍”或“障碍因素”或“影响因素”，检索结果为 8 篇，经精读原文，确定密切相关的代表性文献 1 篇。通过以上两个步骤，共获得三篇代表性的文献，见表 5-1。

表 5-1　关于新技术产业化的代表性文献

编号	作者（年份）/文献名	摘要（节选）
A	Ortt 等（2013）： Ten niche strategies to commercialize new high-tech products	该篇文献在 37 个案例研究基础上，揭示了几个影响突破性新技术在市场生态位涌现（即在市场大规模扩散）的影响因素，侧重于第二道鸿沟的障碍因素
B	Kemp 等（1998）： Regime shifts to sustainability through processes of niche formation：The approach of strategic niche management	该篇文献运用 SNM 方法，全面分析了新技术从技术生态位跃迁到市场生态位的障碍因素，侧重关注影响技术生态位培育发展（期望、网络和学习）的因素，即第一道鸿沟的障碍因素
C	薛奕曦等（2013）： 面向新能源汽车的社会-技术域分析及其转型推动研究	该篇文献以中国 NEV 产业为例，通过 ST 理论的 MLP 方法，全面分析推动和阻碍产业转型的关键因素，侧重于第二道鸿沟的障碍因素

上述三篇代表性文献，由于各自研究背景和研究角度的不同，采用了不同的术语来描述新技术产业化的具体障碍因素。譬如，文献 A 分析的是新产品在市场上不能大规模扩散的原因，侧重于市场生态位不能涌现的障碍；文献 B 总结的障碍因素更侧重于新技术未能被充分利用的原因，关注的是技术生态位培育和发展阶段的障碍；文献 C 注入了中国市场的研究背景，分析了推动和阻碍产业转型的关键因素，侧重于第二道鸿沟的障碍因素。虽然三篇代表性文献侧重和关注的障碍因素有所差别，但都是围绕着如何将新技术成功培育为新兴产业的问题展开研究的，这对全面识别新技术产业化的障碍因素非常有帮助，本书将在此基础上对描述的障碍因素进行归纳与合并。

5.1.2　归纳与合并

（1）归纳

文献 A（Ortt et al.，2013）总结了 12 个可能会阻碍新技术产业化在市场生态位阶段大规模扩散的障碍因素，具体见表 5-2。

表 5-2　文献 A 中的障碍因素

序号	障碍因素	解释
1	新兴产品	● 产品性能缺失，技术原理与主要部件差异阻碍大规模扩散 ● 相对于竞争产品，价格和质量不存在优势
2	生产系统	● 缺乏可以支持大规模生产的良性生产系统
3	辅助性产品和服务	● 缺乏辅助性产品和服务，导致新兴产品难以扩散
4	供应商（组织网络）	● 供应商没有良好的网络或协调能力和足够的资源来提供产品
5	消费者	● 消费者不认同新产品，因此不愿意购买使用
6	制度（法律、规则或标准）	● 存在禁止新产品使用的法律、规则或标准
7	技术知识	● 缺乏知识开发和生产所需的技术
8	自然资源和劳动力	● 缺乏生产新兴产品所需的自然资源和劳动力
9	知识应用	● 缺乏让生产者和消费者都了解新技术的实际应用的知识
10	社会文化	● 社会上关于产品使用所表现的规范、价值观与文化条件的冲突
11	宏观经济	● 经济低迷的环境可能会影响新技术的扩展
12	事故或事件	● 预测以外的意外情况，如战争

文献 B（Kemp et al.，1998）指出，可持续发展的新技术不能最终被主流市场所采用有 7 个主要的障碍因素，具体见表 5-3。

表 5-3　文献 B 中的障碍因素

序号	障碍因素	解释
1	技术因素	● 新技术不适应现有的社会-技术体制 ● 缺乏必需的辅助技术，或辅助技术太过昂贵 ● 新技术尚未成熟和稳定，需要继续开发，导致成本高昂 ● 大规模应用后存在着不可预测的规范性设计变化
2	需求因素	● 与消费者预期的偏好、风险规避和支付意愿相矛盾 ● 新技术无法满足消费者的高期望，比如在性能方面 ● 新产品的价格太高 ● 没有明确的市场需求，导致制造企业不去生产，形成恶性循环
3	生产因素	● 从技术原型到大规模生产的过程很困难 ● 投资新技术风险极高，被认为是沉没成本，可能无法获得回报 ● 现有的公司不愿自己的核心竞争力受到威胁 ● 新企业需要足够的资金和能力来使新产品规模化和市场化
4	基础设施及其维护	● 新的基础设施，如新的分销系统是必要的 ● 还没形成对新技术进行维护服务的知识 ● 投资新基础设施的高沉没成本

续表

序号	障碍因素	解释
5	政府政策与监管框架	● 政府对新技术的规划不明确，尚未产生引导新技术的愿景 ● 现有的政策和监管阻碍新技术发展
6	文化和意识障碍	● 新技术存在与现有主流技术观念相矛盾的文化或意识 ● 矛盾的价值观，如自由和灵活性 ● 对新技术的不熟悉引发质疑
7	对社会环境的不良影响	● 副作用，如环境问题，可能影响新技术的观念和性能

文献 C（薛奕曦等，2013）从规则角度出发，分析中国现行汽车域的稳定性以及向 NEV 转型过程中面临的主要障碍因素有 12 个，具体见表 5-4。

表 5-4 文献 C 中的障碍因素

序号	障碍因素	解释
1	生产体系	● 生产体系内在惰性：沉没成本、路径依赖 ● 利益博弈：生产厂商与政府的利益博弈
2	市场和消费者习惯	● 价格：新技术产品价格过高 ● 感知风险：市场和消费者对新产品价值的感知不够，持观望态度 ● 便利性：新产品的性能、配套设施不足 ● 技术偏好：对主流技术产品熟悉，而对新产品性能不熟悉
3	基础设施	● 基础设施网络不完善影响到消费者的效用满足 ● 供应商在尚未形成规模市场需求的情况下，不愿意投资基础设施
4	政策法规	● 政策法规缺失 ● 激励机制不完善
5	技术水平	● 核心技术缺失
6	文化和符号意义	● 与当前本国消费者对产品的意义理解不符合
7	消费者认知度	● 缺乏新产品的信息，对新产品涉入程度低 ● 政策信号不明确
8	消费者购买意愿	● 消费者对新产品的感知风险和涉入程度
9	标准	● 标准的缺失阻碍了基础设施的发展
10	企业资本	● 厂商缺乏持续、大量的资金投入
11	价格因素	● 新产品价格过高
12	缺乏高科技人才	● 缺乏新技术和新产品生产的人才

（2）合并

为了将上述文献所提及的因素进行合并，本书制成一个组合分析表（表 5-5）。

上述三篇代表性文献所提及的不同障碍因素都列在第二至四列；按“详尽互斥”原则，对具有类似涵义的障碍进行重新合并，如文献 A 中提及的“制度（法律、规则或标准）”分别被文献 B 和文献 C 所提及，因此，将其分为两个因素：制度方面和法规标准，并在最后一列标注出来。

表 5-5　基于各组文献的障碍因素合并表[①]

<table>
<tr><th rowspan="2">序号</th><th colspan="4">文献</th><th rowspan="2">组合</th></tr>
<tr><th>A</th><th colspan="2">B</th><th>C</th></tr>
<tr><td rowspan="2">1</td><td rowspan="2">制度(法律、规则或标准)</td><td rowspan="2" colspan="2">政府政策与监管框架</td><td>政策法规</td><td>制度</td></tr>
<tr><td>标准</td><td>法规或标准</td></tr>
<tr><td>2</td><td>生产系统</td><td rowspan="5">生产因素</td><td rowspan="2">—</td><td>生产体系</td><td>生产系统</td></tr>
<tr><td>3</td><td>自然资源和劳动力</td><td>缺乏高科技人才</td><td>自然资源和劳动力</td></tr>
<tr><td>4</td><td>新兴产品</td><td rowspan="4">技术因素</td><td>市场和消费者习惯</td><td>新兴产品</td></tr>
<tr><td>5</td><td>技术知识</td><td>技术水平</td><td>技术水平</td></tr>
<tr><td>6</td><td>知识应用</td><td rowspan="2">—</td><td>应用知识</td></tr>
<tr><td>7</td><td>辅助性产品和服务</td><td></td><td>辅助性产品和服务</td></tr>
<tr><td rowspan="4">8</td><td rowspan="4">供应商（组织网络）</td><td rowspan="4" colspan="2">基础设施及其维护</td><td>企业资本</td><td>融资渠道</td></tr>
<tr><td>基础设施</td><td>基础设施</td></tr>
<tr><td>—</td><td>社会网络</td></tr>
<tr><td>厂商</td><td>生产/供应商</td></tr>
<tr><td rowspan="3">9</td><td rowspan="3">消费者</td><td rowspan="3" colspan="2">需求因素</td><td>消费者购买意愿</td><td>消费者购买意愿</td></tr>
<tr><td>消费者认知度</td><td>消费者认知度</td></tr>
<tr><td>价格因素</td><td>支付能力</td></tr>
<tr><td>10</td><td>社会文化</td><td colspan="2">文化和意识障碍</td><td>文化和符号意义</td><td>社会文化和教育</td></tr>
<tr><td rowspan="2">11</td><td rowspan="2">事故或事件</td><td rowspan="2" colspan="2">对社会环境的不良影响</td><td>—</td><td>突发事件</td></tr>
<tr><td>—</td><td>对社会环境的不良影响</td></tr>
<tr><td>12</td><td>宏观经济</td><td colspan="2">—</td><td>—</td><td>宏观经济影响</td></tr>
</table>

按照上述方法，三篇代表性文献所提及的障碍因素被分离出来，最终被组合成 19 个障碍因素，具体包括：制度、法规或标准、生产系统、自然资源和劳动力、新兴产品、技术水平、应用知识、辅助性产品和服务、融资渠道、基础设施、社会网络、生产/供应商、消费者购买意愿、消费者认知度、支付能力、社会文化和教育、突发事件、对社会环境的不良影响和宏观经济影响。

① 该表中的“—”，表示该组文献没有提及障碍因素。

5.1.3 问卷与访谈

为了进一步验证上述 19 个障碍因素的合理性和有效性，本书制定专家调查问卷（见附录 1），一方面，请专家按障碍因素的重要影响程度进行评价打分，然后采取集中度和离散度两个指标来测量和筛选上述所列的 19 个障碍因素；另一方面，通过专家访谈，完善和补充相关的障碍因素。本书选取的 5 位专家，全部来自广州市人文社科重点研究基地——广州市技术创新与经济转型研究中心，其研究方向为新兴产业发展和 ST 理论及方法。

（1）专家打分评价

本书通过调查问卷，请 5 位专家对表 5-5 所列的 19 个影响因素的重要影响程度进行评价打分，收集结果后按以下两条公式分别计算专家的意见集中度（$\tilde{M}_i$）和离散度（s_i），以专家意见集中度（$\tilde{M}_i \leqslant 3$）和离散度（$s_i \leqslant 0.5$）作为符合评价指标的标准（任伟宏和黄鲁成，2008；周昊等，2016）。

$$\tilde{M}_i = \frac{1}{Y}\sum_{j=1}^{N} n_{ij} M_j, i = 1,2,\cdots,X \tag{5-1}$$

$$s_i = \sqrt{\frac{1}{Y}\sum_{j=1}^{N} n_{ij}(\tilde{M}_i - M_i)^2},\ i = 1,2,\cdots,X \tag{5-2}$$

式中，X 为需要打分的障碍因素个数；Y 为打分评价的专家人数；M_j 为障碍因素第 j 级重要程度的量值（本书选定 j 的取值范围从 1～5）；n_{ij} 为第 i 个指标评价为第 j 级重要程度的专家人数。计算结果如表 5-6 所示。

表 5-6 专家打分评价计算结果

序号	障碍因素	$\tilde{M}_i$	s_i	序号	障碍因素	$\tilde{M}_i$	s_i
1	制度	1.83	0.23	11	社会网络	1.89	0.22
2	法规或标准	1.24	0.21	12	生产/供应商	2.85	0.42
3	生产系统	2.04	0.29	13	消费者购买意愿	1.26	0.21
4	自然资源和劳动力	2.65	0.34	14	消费者认知度	1.42	0.22
5	新兴产品	1.15	0.18	15	支付能力	1.14	0.16
6	技术水平	1.21	0.18	16	社会文化和教育	2.64	0.35
7	应用知识	2.76	0.38	17	突发事件	2.75	0.40
8	辅助性产品和服务	1.56	0.23	18	对社会环境的不良影响	2.83	0.45
9	融资渠道	2.08	0.29	19	宏观经济影响	2.68	0.38
10	基础设施	1.42	0.20	—	—	—	—

根据表 5-6 的计算结果，可见本书根据三篇代表性文献重新组合成的 19 个障碍因素都同时符合集中度和离散度的标准，得到了专家们的一致认同。

（2）专家调查访谈

除了专家定性打分评价障碍因素，本书同时还采取了专家访谈法来完善和补充障碍因素，这样做的原因在于：第一，可以界定从文献中提炼出来的障碍因素是否属于 ST 视角下的障碍因素，这个过程实际上也是验证每个被识别的障碍因素解释和合并的过程；第二，可以将相对重要的障碍因素分离出来，同时将不突出或不重要的障碍因素剔除；第三，可以补充完善文献中没有提及的一些重要的障碍因素。

根据访谈结果的汇总梳理，形成了以下几条专家访谈意见：第一，为了更清晰反映障碍因素的含义，建议更改个别障碍因素的表述，如："新兴产品"改为"新产品质量"；"支付能力"改为"新产品价格"；"基础设施"改为"基础设施及维护"。第二，考虑到当前中国企业生产成本受税负影响较大，而企业生产成本又影响到新产品的价格，建议增加"企业生产成本"这个障碍因素。

5.2　障碍因素的分类

综上所述，根据三篇代表性文献梳理归纳、专家调查问卷打分和访谈，最终本书确定了 20 个 ST 视角下新技术产业化的障碍因素，见表 5-7。

表 5-7　基于文献分析和专家问卷访谈的障碍因素识别列表

序号	障碍因素	序号	障碍因素	序号	障碍因素
1	制度	8	辅助性产品和服务	15	新产品价格
2	法规或标准	9	融资渠道	16	社会文化和教育
3	生产系统	10	基础设施及维护	17	突发事件
4	自然资源和劳动力	11	社会网络	18	对社会环境的不良影响
5	新产品质量	12	生产/供应商	19	宏观经济影响
6	技术水平	13	消费者购买意愿	20	企业生产成本
7	应用知识	14	消费者认知度	—	—

可以说，这 20 个障碍因素涵盖了新技术产业化过程中不同主体、不同阶段可能遇到的影响。从社会–技术体制角度来看，这 20 个障碍因素可以划分为环境层面、供给层面和需求层面三大类型。

5.2.1 环境层面

环境层面的障碍因素是指宏观经济的不稳定、国家产业政策的不明确，以及原有制度的缺陷，甚至是政治利益集团的动荡性等会降低或减少新技术产业化所需的资源。根据上述因素的具体描述，本书将宏观经济影响、对社会环境的不良影响、突发事件、社会文化和教育、制度、法规或标准 6 个障碍因素列入环境层面障碍因素。

5.2.2 供给层面

供给层面障碍因素是指在新技术产业化过程当中，影响到生产者和销售者在一定时期一定价格水平上愿意提供并且能够提供高质量新兴产品的因素，涉及新技术自身和新兴市场等要素端和生产端方面的有效供给，包括能否提高新技术的稳定性和成熟度，能否提高消费者使用的便利性，生产企业或销售企业能否提供有效的新产品以及相关服务等。因此，本书将生产系统、自然资源和劳动力、新产品质量、技术水平、辅助性产品和服务、基础设施及维护、融资渠道、企业生产成本、生产/供应商 9 个因素划分为供给层面障碍因素。

5.2.3 需求层面

需求层面障碍因素主要是指来自市场需求层面的，影响消费者愿意购买并且能购买到新技术产品，从而形成有效市场需求的因素，包括消费者是否认同新技术产品，是否愿意购买，是否有能力去购买，使用后的感觉等方面。本书将消费者购买意愿、消费者认知度、社会网络、应用知识、新产品价格 5 个障碍因素列入其中。

大部分的障碍因素来自供给层面，因此能否提供有效的供给（包括关键核心技术的突破、新产品的质量等），是当前新技术产业化需要重点消除的障碍。同时，在 ST 视角下新技术创新生态位的形成和成长，受到现有社会-技术体制的选择压力，以及现有主流市场的路径依赖和技术锁定，因此，环境层面的障碍因素也不可轻视。形成有效的需求，反作用供给，才能实现供需协同发展。

5.3 新技术产业化障碍因素的动态性分析

由于新技术产业化过程的复杂性和多阶段性，导致上述三大类型 20 个障碍因素也呈现出动态性特征，主要体现在两个方面：一方面是处于不同发展阶段的新技术产业，其遇到的障碍因素侧重点不同。也就是说，构成新技术创新生态位所要跃迁的“死亡之谷”和“达尔文海”两个鸿沟的障碍因素侧重不一样。因此，要根据新技术创新生态位所处的阶段不同，有针对性地识别其障碍。另一方面，不同类型的障碍因素并不是相对独立的，而是相互关联和交互作用的。需求层面障碍因素影响到有效的供给，而供给层面的障碍因素又反作用于消费者的需求；消除环境层面的障碍因素有利于促成需求与供给的耦合，而消除需求层面和供给层面的障碍因素又有利于共同促成环境层面因素的变革。

认识新技术产业化障碍因素的动态性，是运用匹配的生态位策略构建有效保护空间的重要前提，正如 Harahap（2014）所指出的，不同时期，处于不同阶段的创新生态位应抓住“核心障碍”，从而做出相应的“核心生态位策略”来破解。

第 6 章　ST 视角下新技术产业化的机理与机制

6.1　机　　理

正如前文所述，ST 的一个核心思想就是通过引入创新生态位演进这个关键性的理念来剖析技术创新演化、新兴产业形成和社会-技术体制变革的过程。创新生态位能否成功形成和跃迁，决定了新技术产业化的成功概率和贡献效果。依据生态位理论，生态位具有功能属性和空间属性的表征，因此不同 ST 研究者从创新生态位不同的表征角度来阐述其新技术产业化的内在机理：一种是从创新生态位的形成、培育以及与外部体制因素如何发生作用过程的功能来分析，本书界定该过程为创新生态位的“作用过程”；另一种主要是从创新生态位的积累到扩散、局部到整体的空间集聚角度分析，本书界定其为创新生态位的“空间集聚”。

6.1.1　作用过程角度：SNM-MLP 综合模型

早期的 ST 研究者，如代表性的有 Kemp、Schot、Hoogma 等，侧重分析如何通过为新技术构建保护空间进行社会实验，发挥期望收敛机制、交互学习机制和网络管理机制的作用，促进创新生态位的形成和发展，以及完成从技术生态位到市场生态位的跃迁，有关这类的研究被归纳为 ST 理论中的 SNM 分析框架。随着研究的深入，ST 学者研究发现，创新生态位内生演化过程忽略了外部“社会-技术体制”和“社会-技术景观”因素对创新生态位的影响，以及三者之间的交互作用，并认为没有外部体制环境的互动协助，创新生态位将难以带来体制变革，新技术也难以成功产业化。因此，提出了新技术产业化既要考虑新技术的创新生态位内生演化过程，更要注重与体制环境的外部互动的演进过程，并由此构造了微观创新生态位、中观社会-技术体制和宏观社会-技术景观三个层面的 MLP 分析框架。在比较分析上述两个分析框架的利弊之后，近几年来 ST 研究者综合了上述两种思路，将创新生态位内生演化的 SNM 方法和外部演进的 MLP 方法统一设计成一个系统性的创新生态位作用过程分析模型（Lopolito et al.，2011；Oyake-Ombis et al.，2015），如图 6-1 所示。

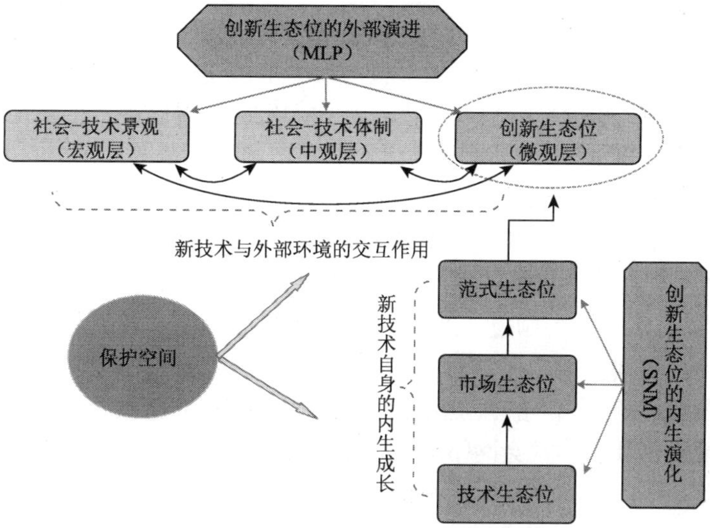

图 6-1　ST 理论视角的 SNM-MLP 综合模型

1. 创新生态位内生演化的培育跃迁机制

创新生态位内生演化的作用过程，主要是围绕新技术从技术生态位跃迁到市场生态位，再从市场生态位到范式生态位的动态演化过程，侧重于研究如何对创新生态位的“选择—形成—培育—繁殖—跃迁”进行有效管理（战略生态位管理），沿着技术生态位的构建、培育、孵化，到成功跃迁到市场生态位，再通过市场生态位的繁殖和固化，最终突破或颠覆现有主流技术的思路展开研究，如图 6-2 所示。

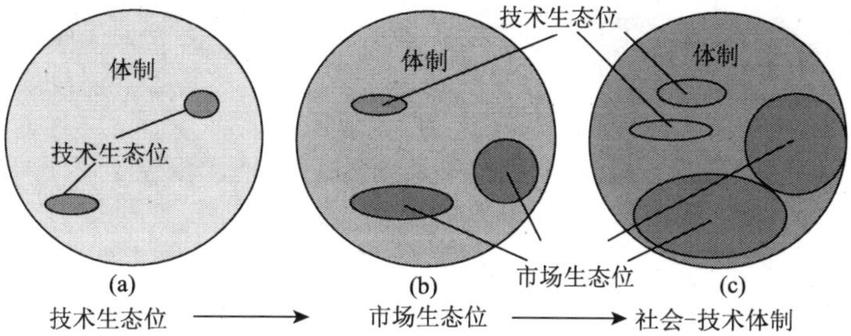

图 6-2　创新生态位内生演化

资料来源：文献（Kemp et al.，1998）

图 6-2（a）表示，伴随着社会经济和技术的发展，个别有潜力的激进式创新技术出现，此时的新技术虽然具有前景，但不具备市场竞争力，不能通过市场机制来推动。新的技术生态位形成，通过社会实验项目提供支持性的网络和资源，

鼓励不同创新主体之间合作，相互交流信息知识和经验，启动互动的学习过程。新技术借助技术生态位保护空间的实验与市场主体建立连接，并得以扩散和应用，但技术依然处于实验室阶段。(b）表示，技术生态位得以进一步培育和成熟，新技术在市场中逐步推广和扩散，该技术产品在市场中逐渐占有一定的市场生态位。(c）表示，通过市场生态位的不断渗透和扩散，固化了其在现有社会-技术体制中的地位，原有的保护空间开始逐步撤离，新技术产品的市场竞争力得以进一步提升，最终替代现有市场传统技术的产品，并建立起新的社会-技术体制，从而完成对现有社会-技术体制的颠覆（刘贻新等，2015）。

SNM 模型提倡主动为创新生态位构建保护空间，在这个空间里面有针对性地开展社会实验，以建立和培育创新生态位，催生并加快向新社会-技术体制的转型。期望的收敛、创新主体社会网络的管理以及对知识创造与扩散的交互学习是保护空间发挥作用的三种内生机制。在保护空间中，通过实验项目的选择、建立、执行和扩大，这三种机制密切互动，相互影响，从而形成一个复杂且自我强化的系统，如图 6-3 所示。

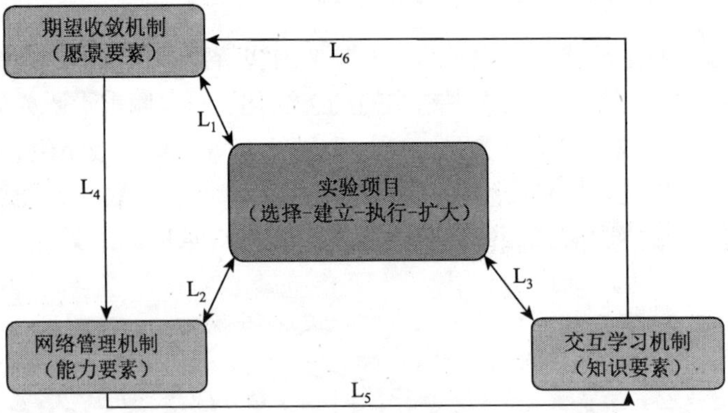

图 6-3　保护空间三种内生机制交互作用模型

资料来源：文献（Lopolito et al.，2013）

图 6-3 中，L_1、L_2、L_3 表示新技术实验项目的选择、建立和执行将分别对期望的收敛、社会网络的形成和学习过程的加强产生影响，同时，高期望的聚合、社会网络的特征及其组成，以及有效的学习过程反过来也增强实验项目的执行效果，并有利于实验项目的扩大。L_4 表示高期望的聚合影响了社会网络的积极性，实际上，参与社会网络的创新主体会根据他们的期望搜寻合作伙伴加入该网络中一起建立创新的实验，从而决定了该网络的特定组成及其潜能。L_5 表示社会网络的特征及其组成对学习过程的有效性产生影响，社会网络中创新主体的节点多少

以及其连接的密度和强度，将影响着新技术的知识库在保护空间的流动和积累，即“互动学”，从而影响一阶学习和二阶学习的效果。L_6 表示学习活动的效果，又会加强期望的聚合（效果好的）或重塑期望（效果差的）。总之，以实验项目为载体，上述保护空间三种内生机制的交互作用促进了创新生态位的培育发展。

如何定量评价保护空间的三种内生机制或定量分析创新生态位发展的水平，是运用 SNM 模型分析的关键。Kamp 和 Vanheule（2015）对保护空间三种内生机制的观测指标和具体分析内容做了详细说明，见表 6-1。

表 6-1　保护空间三种内生机制的观测指标及其分析

保护空间三种内生机制	观测指标	分析内容
期望收敛机制	内部期望	生态位内部行动者的素质、稳定程度、对目标的期望值清晰度
	外部期望	生态位外部相关行动者对该生态位的关注度和信心
	外生性期望	源于生态位之外其他发展进程的期望，例如来源于宏观环境变化、政治因素、其他生态位的发展或崛起
	内生性期望	生态位自身学习经历和网络构建过程中所产生的期望
网络管理机制	网络组成	本生态位所期望的网络结构及其完成度
	子网络的质量	不同的行动者群体作为子网络对生态位整体网络发展的贡献度
	网络互动	行动者之间进行互动的方式和程度
	网络结盟	行动者和生态位发展在愿景、期望和策略上的一致化程度
交互学习机制	技术和基础设施	学习技术设计参数、互补性技术、技术扩散所需的基础配套设施
	产业发展	学习生产知识和维护知识
		拓宽技术传播面所需依托的网络
	社会环境影响	研究学习新技术对安全、能源和环境领域的影响
	用户资料的研究和积累	研究学习终端用户的性格特点、需求、接受新技术存在的障碍、新技术为用户带来的实际意义
	政策与监管框架	研究学习与新技术传播相关的制度结构和立法事项，以及这些领域为促进新技术的采纳和应用可以产生的激励作用
	潜力与分析	发现和研究可利用的资源
	合理的商业模式	学习成功商业模式以促进新技术的市场渗透

资料来源：根据（Kamp and Vanheule，2015）等文献整理所得

在三个内生机制的定量测度方面，Lopolito 等（2011）认为保护空间三个内生机制运作的本质最终分别落实到愿景、能力和知识三个要素上，并通过引入社会网络分析（social network analysis，SNA）来计量这三个要素的状态。

（1）愿景要素的观测指标：网络密度指数（D_{sr}）

Lopolito 等用网络密度指数 D_{sr} 来测量创新生态位的愿景，该指数主要是用来获

取网络成员对新技术期望的共享水平。其中用 SR_l 代表共享关系的强度，公式如下

$$SR_l = \min(X_i; X_k) \forall i,k \subseteq n \text{ and } i \neq k \tag{6-1}$$

公式中的 l 为成员之间存在的连线，z 为可能存在的连线，其中 $l=1,\cdots,z$；X_i 和 X_k 分别为成员 i 和 k 的期望值，n 是成员总数，SR_l 取值[0, 1]。当共享关系强度确定后，网络密度指数 D_{sr} 就可计算出，公式如下

$$D_{sr} = \frac{\sum_{l=1}^{z} SR_l}{n(n-1)} \tag{6-2}$$

（2）能力要素的观测指标：网络集中度指数（$C_{in\text{-}Di}$）

Lopolito 等认为网络管理能力的大小，取决于该网络中成员是否拥有足够水平的能力，而这种能力大小体现了成员在网络的中心位置，因此建议用网络集中度指数 $C_{in\text{-}Di}$ 来测量创新生态位的能力，计算公式为

$$C_{in\text{-}D} = \frac{\sum_{i=1}^{n}\left[C_{in\text{-}D}^{*} - C_{in\text{-}D_i}\right]}{(n-1)^2} \tag{6-3}$$

其中，$C_{in\text{-}D}$ 为成员 i 获得连线的总数；$C_{in\text{-}Di}^{*}$ 为当前网络成员最大连线数。

（3）知识要素的观测指标：知识密度流指数（D_k）

Lopolito 等用知识密度流指数 D_k 来计算创新生态位中的知识流动水平，公式如下：

$$D_k = \frac{L_k}{n(n-1)/2} \tag{6-4}$$

式中，L_k 为在 n 个成员中最大可能存在连线的数量；D_k 为现有的知识内容在任何一对有连接的成员之间的流动关系。

SNM 模型的定量分析，为识别创新生态位的发展的水平（状态）提供了计量工具和方法，也为下文对保护空间发挥其功能的政策效应评价的建模仿真提供了依据。

2. 创新生态位外部交互的协同演进机制

不少 ST 研究者发现创新生态位内生演化过程并不是新技术产业化唯一重要的因素，创新生态位外部的体制环境因素影响同样对新技术产业化起着关键性作用。因此，Geels 在 2002 年正式提出了创新生态位外部演进的 MLP 模型（图 6-4），将社会学纳入到由新技术驱动产生的社会-技术转型机理研究中，提出了由不同要素在一系列的规则中所构成的社会-技术体制的概念，并用其来剖析创新生态位的形成，以及由此产生的产业变革。该模型将社会-技术转型过程描绘成一个由微观层的创新生态位、中观层的社会-技术体制、宏观层的社会-技术景观三个层面相互作用而引起的非线性的过程，每一层次都由多个要素组成，越是高层次的要素越稳定（Geels，2002；2012）。

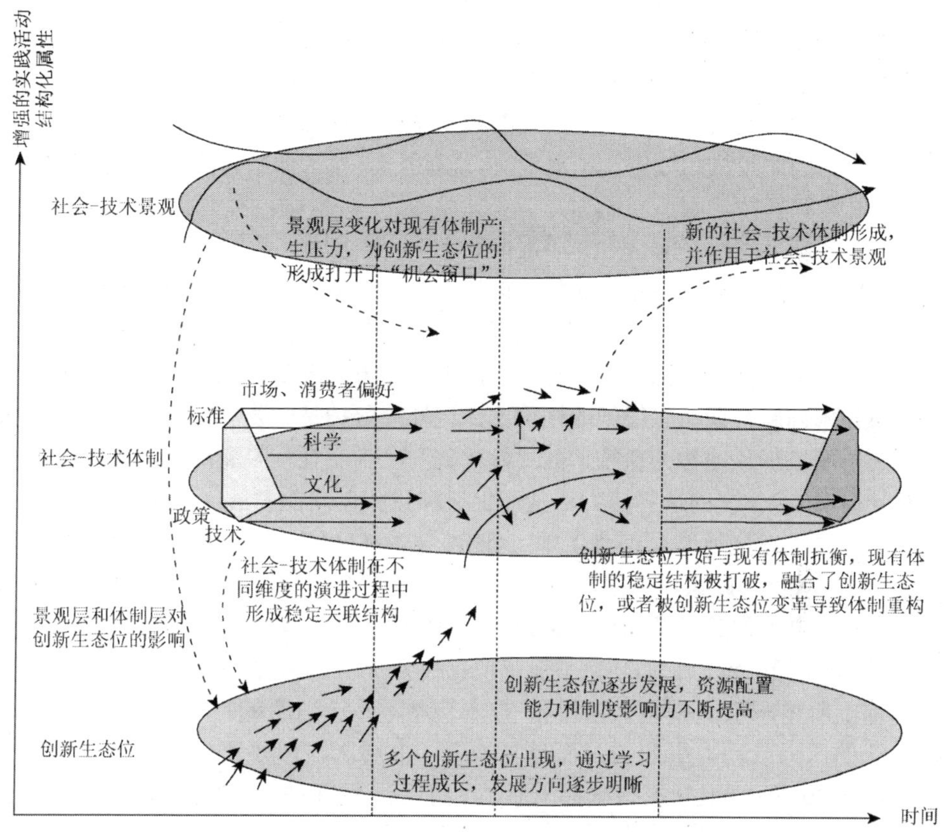

图 6-4　创新生态位外部演进

资料来源：Geels，2002；2005b。有所完善调整

（1）社会-技术景观层（socio-technical landscape）

社会-技术景观是指影响社会-技术体制和创新生态位发展的外部环境，包括政治意识形态、社会价值观、文化、信仰和宏观经济趋势等要素，代表的是最深层次的社会结构关系。社会-技术景观的变化通常都是渐进的和非常缓慢的，但一旦发生变化，会影响社会-技术体制的动态稳定性，对其施加压力，扰乱甚至打破原有体制要素间的锁定效应和路径依赖，从而会弱化、动摇和冲破现有社会-技术体制的稳定性。同时，社会-技术景观的变化往往会为创新生态位的形成、发展和集聚提供“机会窗口”。

（2）社会-技术体制层（socio-technical regime）

社会-技术体制是 Geels（2002）对 Nelson 和 Winter 在 1982 提出的技术体制的一个扩展，是社会-技术景观发展过程中形成的、支撑社会-技术景观运行的，并由用户偏好、知识存量、技术、预期、用户实践、规则、标准等构成的一个连贯的高度相关的稳定结构。社会-技术体制包含三类相互联系的要素：行动者和社会团体网络；指导行动者的规范、意识和规则；技术、基础设施等。现有的社会-技术体制通过依赖其内部构成要素间的相互作用，形成并稳定现有的技术路径，即形成所谓的路径依赖效应及锁定效应，现有社会-技术体制内的渐进式创新是与锁定机制和路径依赖相适应的。

（3）创新生态位（innovation niche）

创新生态位，往往是激进式技术创新（包括突破性技术创新和颠覆性技术创新）出现的场所，创新生态位在微观层面为这类创新提供一个保护空间，如由研究开发实验室、技术示范项目、已经形成的初始市场等所组成的一些政策扶持体系。新技术创新初期具有很低的性价比，这样的保护是必要的，因此创新生态位在这个层面被形象地称为新技术的“孵化室”，为交互学习和网络形成提供远离现有社会-技术体制的选择压力，从而促进激进式创新的发展（Geels，2005b）。创新生态位的发展通常是偏离了现有社会-技术体制的一个或多个维度，比如技术、文化、偏好、政策、基础设施，而锁定效应带来的现有社会-技术体制稳定性成为激进的创新及其扩散的巨大阻力。在 MLP 模型中，创新生态位对成功的社会-技术转型相当关键，它们孕育了变革现有社会-技术体制的“变异种子”。

综上所述，MLP 模型认为社会-技术转型不是一种简单的因果关系，也不是由单一的原因或动力引起的，而是多维度、多层次、多要素相互作用的复杂过程。自从 2002 年 MLP 模型被提出后，一直受到 ST 研究者的热捧，许多研究运用该模型分析诸多新技术和新兴产业的形成和培育过程，表 6-2 列举了具有代表性的案例研究。

表 6-2　运用 MLP 模型的代表性研究案例

序号	领域	代表性案例
1	新型材料和技术	● 荷兰新供水技术（Geels，2005a） ● 芬兰新能源建筑房屋（Coenen et al.，2010） ● 美国新型航空飞机复合材料（Slayton and Spinardi，2016）
2	低碳电力	● 荷兰电力系统转型（Geels，2006） ● 德国新型电力产业（Fuchs and Hinderer，2014） ● 德国和英国的低碳电力产业转型比较分析（Geels et al.，2016）
3	新能源汽车	● 瑞典生物燃料和混合动力汽车技术（Nilsson et al.，2012a） ● 芬兰电动汽车产业（Temmes et al.，2013） ● 美国电动汽车产业（Green et al.，2014；Pinkse et al.，2014）
4	其他新能源产业	● 丹麦和荷兰的沼气能源系统比较分析（Raven and Geels，2010） ● 芬兰客运交通产业（Upham et al.，2015） ● 埃塞俄比亚新兴沼气产业（Kamp and Bermúde，2016） ● 印度太阳能光伏产业（Jolly and Raven，2016）

实证研究中，由于 MLP 模型中的社会-技术景观层面和社会-技术体制层面指标

定量化难度非常大，导致目前运用该模型的分析以定性分析和案例研究居多，为了弥补这方面的不足，个别学者对模型演化的结果提供了两个关键观测点，见表 6-3。

表 6-3　MLP 模型分析的关键观测点

外部演进结果	创新生态位作用	关键观测点
建立新的社会-技术体制	创新生态位逐步削弱直至变革现有社会-技术体制，并建立新的社会-技术体制	创新生态位和现有体制互动是否挑战现有规则制度、认知框架或权力，威胁到现有行业/产业
与现有社会-技术体制形成共栖关系	创新生态位寻求与现有社会-技术体制共存的机会，促使现有体制进行调整	创新生态位和现有体制互动是否促使生态位合并到现有体制中，或者拓展现有体制

创新生态位外部演进的 MLP 模型，给新技术产业化的内在机理研究开辟了另一个视域：一方面，表明了新技术产业化过程中要充分利用社会-技术景观为新技术创新生态位提供的窗口，同时也要充分意识到现有社会-技术体制对创新生态位所产生的选择压力，要及时构建保护空间来防护这种选择压力。另一方面，也阐明了创新生态位对现有社会-技术体制的作用，既可能变革现有体制、建立新的社会-技术体制，亦可能拓展原有体制、与现有体制形成共栖关系，这为下文研究新技术产业化保护空间的功能属性提供了依据。

6.1.2　空间集聚角度：local-global 生态位模型

从空间集聚维度研究 ST 一直被忽略：ST 为什么在特定的地方发生，而不是其他地方？不同的地理空间环境是否会影响 ST 的效益？ST 的空间尺度和相互关系对于 ST 过程的影响和作用是怎样？上述问题，对于深入研究 ST 是不可以避免的，同时也是 ST 实践中非常值得关注的问题。近几年，已有一部分学者开始涉入到 ST 的地理空间研究，针对生态位空间的功能属性和创新生态位的演进特点，从空间集聚角度，深入探讨了如何通过扩大创新生态位实验的规模和范围，加速初始的创新生态位由分散的、局部的状态转向整体的、全球化的状态，由此提出了 local-global 生态位模型（Raven，2005；Coenen et al.，2010，2012；Quitzau et al.，2012）。在实际研究当中，ST 研究者对“local-global”的理解又可以细分为两个方面：一是从创新生态位积累视角出发，将其理解为“分散—整体”；二是引入了经济地理学，从创新生态位的地理空间视角出发，将其理解为“局部-全球”。

1.“分散—整体”生态位模型

同一个技术的创新生态位，会同时存在多个相互影响的实验项目，这些原属于分散层面的实验项目经过一定时间积累演化后，最终会形成整体层面的技术体制，如图 6-5 所示。Raven（2005）认为，研究创新生态位的发展和积累，需要区分和运用分散项目层面（各个零散的、相对独立的实验项目）与整体生态位层面（逐渐形成的新技术体制）的互动作用。在这两个层面互动作用的过程中，整体生态位层的规则和预期由原本宽泛且不稳定逐渐变得具体而稳定。分散项目所形成的一般性的经验和认知规则，并不是自动汇聚的，而是需要一个主动的、有针对性的集聚行为（aggregation），譬如技术标准化和规范等。该模型强调了多个分散实验项目与整体生态位层面之间的互动，强调三个创新生态位内生机制的相互作用，认为不断学习可以促使形成更强预期，进而吸引更多新的参与人和资源，促成创新生态位良性发展，构成一条动态的不断发展的创新生态位发展路径（Geels and Raven，2006）。可见，"分散—整体"生态位模型强调原属于分散层面的各个实验项目经过一定时间积累演化后，需要提供一个主动的、有针对性的集聚行为才能最终形成整体层面的技术体制。

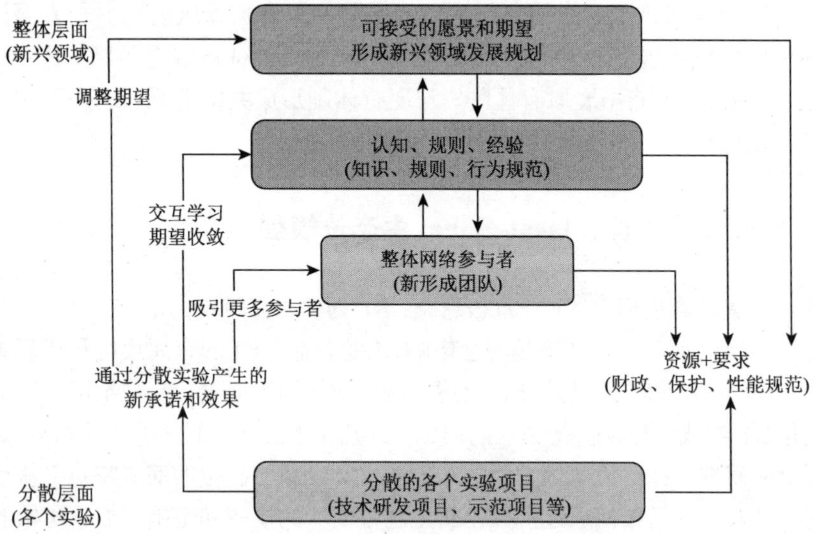

图 6-5　分散层面和整体层面创新生态位发展过程

资料来源：文献（Geels and Raven，2006），有所完善调整

2. "局部—全球"生态位模型

新技术产业化是当前全球产业发展和变革的大趋势，主要发达国家都迫切加快布局新技术产业化来抢占新一轮的经济与科技竞争制高点。但在实践中，却有些新技术创新生态位在不同区域可以成功培育，而在其他地方却失败；同一个新技术创新生态位在不同地域的发展也会有不同的效率。针对这样的问题，

ST研究者借鉴经济地理学的理念，将地理空间概念引入到创新生态位的演化过程研究中，进一步拓宽了对新技术产业化内在机理的认识和把握。Coenen 等（2010，2012）通过能源系统转型的实证分析，得出创新生态位的发展水平、发展状态与特定的地域空间是密切相关的，由此提出在 ST 研究当中要从全球网络的角度关注局部创新生态位所处的节点，防止创新生态位扩散存在的地理不均匀性问题。Smith 和 Raven（2012）认为在创新生态位发展过程中，代理（agency）分为具体每个社会实验的“局部”网络，以及处于不同地理区域且最终会汇聚到一起的“全球”网络。“局部”网络的行动者有权确定具体每个实验项目的设计方案和生产标准并进行谈判，而“全球”网络行动者则确立整个创新生态位的知识标准化，为本地市场、企业、政策领域和研发组织争取最有利的评估体系和评价标准。“全球”网络还有一个额外的重要功能，即支持局部-全球化过程的安全资源的流动，这需要吸引更多行动者参与进来，从而形成更广泛的社会网络。因此，在创新生态位发展过程中，既要重视局部网络行动者的参与，更要重视全球网络行动者的参与，从而支持和促进创新生态位的发展。Xue 等（2016）通过分析比较了中国两轮电动汽车示范项目的实施效果，发现 NEV 创新生态位在不同的城市扩散的效果存在非常大的差异，研究得出主要的原因在于不同区域的社会-技术景观发展不平衡，导致了 NEV 创新生态位发展的水平不一样。

总而言之，local-global 生态位模型对创新生态位在规模上的扩张，有利于其成功跃迁这一问题给出了科学、合理的解释，进一步拓宽和完善了 ST 研究，为创新生态位的治理提供了更为丰富的分析模型。其中“分散—整体”生态位模型，强调创新生态位的成功发展要注意集聚各个分散实验项目的经验，形成整体层面的技术体制，这为下文如何有效构建保护空间起到一定启示作用。“局部—全球”生态位模型，强调在新技术产业化过程中要积极主动参与到全球创新生态位的发展中，把握好主导权才能对本地创新生态位的发展有利。同时也表明局部实验项目地理空间的选择，对创新生态位的发展水平会产生显著影响。

6.2　路　　径

所谓转型路径（transition pathway）指的是通过创新生态位、社会-技术体制和社会-技术景观三个层面的交互作用，最终建立新的社会-技术体制的过程和轨迹。ST 学者形成了更多对转型路径的不同观点，划分了多种不同维度下的转型路径类型，譬如有目的的转型、内生的更新、轨迹的重新定位和突现的转型。de Haan 和 Rotmans（2011）讨论了一系列的动态模式，这些模式以不同的方式组合在一起从而产生多种转型路径。Geels 和 Schot（2007b）认为，创新生态位、社会-技术体制和社会-技术景观三个层面不同的关系会导致形成不同的转型路径，并首次根据时间序列和三个层面的互动本质两个维度划分了替换、转换、重构和重整四种转型路径。McDowall（2014）提出了一种混合型方法来评估英国的氢能源转型，并探索性地提出了三种可能的转型路径。Lindberg 等（2019）以欧盟能源转型为例，在界定分析转型路径的两个关键维度即可持续性程度（可再生能源目标）和颠覆程度（是否采用集中式或分散式能源系统配置）的基础上，提出了一种分析转型路径策略的新方法。Rogge 等（2020）在探讨政策制定者如何通过变革性的政策组合来管理 ST 过程的基础上，以德国可再生能源的电力系统转型为例，阐述了两个转型路径：第一个是捕获技术替换的路径；第二个是更广泛的系统转换路径。

6.2.1　转型路径的分类

Geels 等（2016）通过内生性（endogeneity）视角，从行动者、技术和规则制度三个维度重新界定了 Geels 和 Schot（2007b）所提出的四种转型路径类型，并提出不同的转型路径之间会发生切换，而这取决于技术部署和规则制度之间的博弈。该文还对德国和英国的低碳电力系统转型进行比较分析，其研究结果表明，德国低碳电力系统转型采用的替代路径，是在稳定的支持制度背景下，通过部署各种小规模项目，由新的市场入侵者完成；而英国低碳电力系统转型采用的是改造路径，是在大力支持现有在位大公司的市场策略背景下，通过部署各种大规模项目，由现有在位公司完成。

1. 转型路径Ⅰ：改造路径

所谓改造路径（transformation pathway），是指当前外部的社会-技术景观层面压力较为温和，相应的创新生态位还未发展成熟，无法利用景观层压力所提供的机会，这时现有的社会-技术体制会进行自我修正，进行改造发展路径和创新活动来应对，从而在一定时间内缓和景观层的压力，如图 6-6 所示。

该路径下三个维度的变化为：第一，在行动者方面，在位企业通过路径搜索和程序进行渐进式调整，重新定位；或者，在位企业通过采取新技术、新理念或新商业模式进行大幅度调整，转向全新的技术。第二，在技术方面，在位企业会逐渐提高现有技术的性能，结合创新生态位实现创新生态位的合并共生和相关的附加部分（能力增强，创造性积累）；或者，重新定位技术，其中包括：一是部分重新定位（技术的多样化），即在位企业同时发展现有技术和新技术；二是全面重新定位，促成对现有技术的替代。第三，在规则制度方面，为了适应创新生态位，一是进行有限的制度变革，即实现制度分层；二是进行实质性的制度变革。

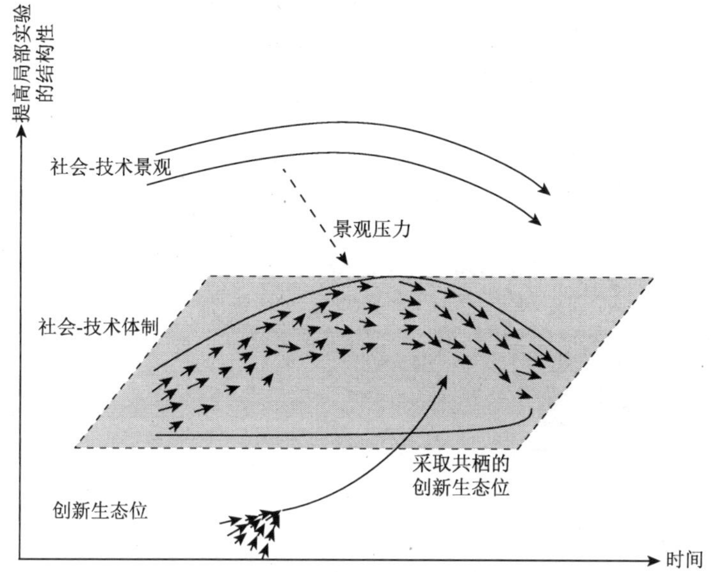

图 6-6　改造路径

资料来源：文献（Geels and Schot，2007b），有所完善调整

2. 转型路径Ⅱ：调整和重置路径

所谓调整和重置路径（de-alignment and re-alignment pathway），是指外部的社会-技术景观层面出现多个巨大的突发性变化，日益增加的社会-技术体制问题导致该体制内部的各行为主体逐步对现有体制失去信心，这时现有社会-技术体制将出现分裂并逐渐削弱（对技术锁定作用）。但此时如果创新生态位尚未得到很好的发展，分裂之初不会出现明显的技术替代。这种情形将会给多个共存却相互竞争的创新生态位提供进一步发展的空间，争相走上舞台成为主角。最后，一个生态位因子变成主导形成重组路径的核心并组成新体制层，如图 6-7 所示。该路径下三个维度的变化为：第一，在行动者方面，由于景观层的压力，使得在位企业失败，创造机会给新的进入者。第二，在技术方面，旧技术的衰落为一些相互竞争的创新创造了空间，产生几个共生的创新生态位，直至其中一个创新生态位成为主导。第三，在规则制度方面，现有制度受到冲击而中断和被替换，可能经历长时间不确定性。

3. 转型路径Ⅲ：技术替代路径

所谓技术替代路径（technological substitution pathway），是指外部社会-技术景观层出现了颠覆性或破坏性的变化，冲击和打破了现有社会-技术体制的稳定，创造了机会窗口，此时如果创新生态位获得了充分的发展。将会与景观层联合突破现有体制的阻力，并形成新的社会-技术体制取而代之，如图 6-8 所示。该路径下三个维度

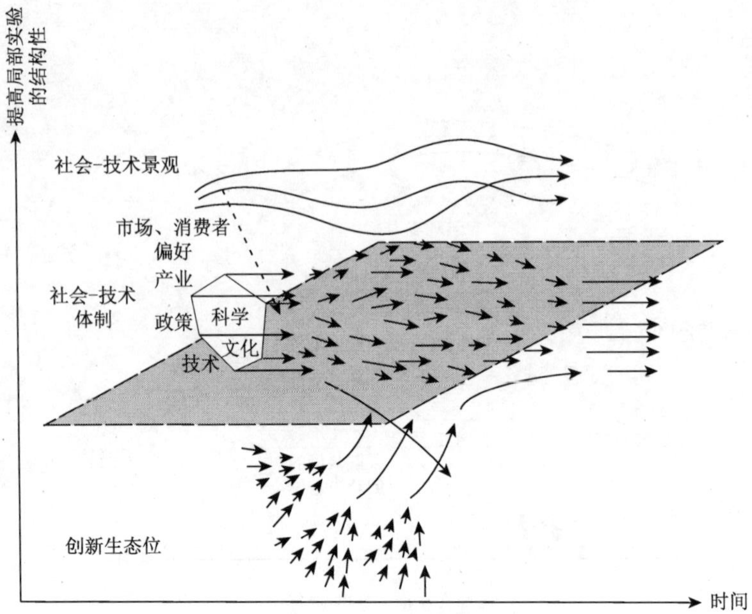

图 6-7　调整和重置路径

资料来源：文献（Geels and Schot，2007b），有所完善调整

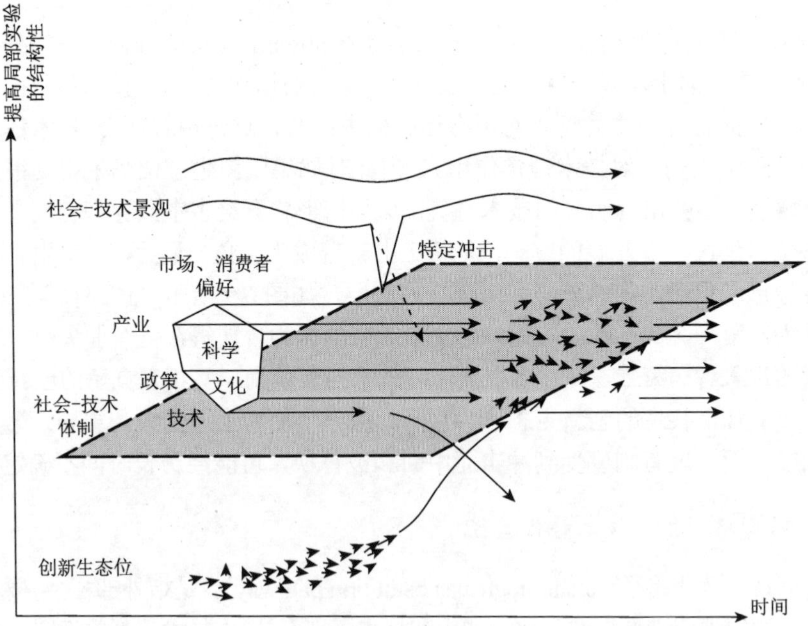

图 6-8　技术替代路径

资料来源：文献（Geels and Schot，2007b），有所完善调整

的变化为：第一，在行动者方面，有不同类型的新进入者，并不断抗争在位企业，导致在位企业被颠覆；不同类型的新进入者替代了现有体制中的各类行动者。第二，在技术方面，突破性（或颠覆性）创新技术替代了现有主流技术。第三，在规则制度方面，进行了有限的制度变革，这也意味创新生态位要在现有选择环境中竞争。

4. 转型路径Ⅳ：重构路径

所谓重构路径（reconfiguration pathway），是指从创新生态位发展起来的一组共生的创新首先在现有社会-技术体制中所采用，替代原有的技术组合来解决局部项目问题，随后引发体制基本结构的进一步调整，如图 6-9 所示。该路径下三个维度的变化为：第一，在行动者方面，在位企业和新进入者形成新的联盟。第二，在技术方面，新技术和现有技术之间增加新组合，形成改变系统结构的连锁反应。第三，在规则制度方面，从有限的制度改变（如制度分层）到更为实质性的变革。

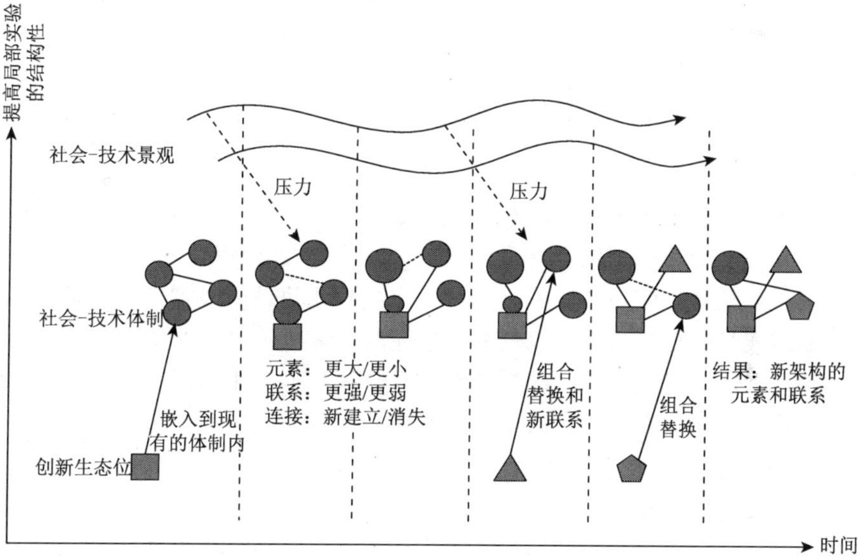

图 6-9 重构路径

资料来源：文献（Geels and Schot，2007b），有所完善调整

6.2.2 转型路径的切换

Geels 等（2016）认为，由于行动者之间的斗争会影响技术部署和制度，因此，转型是一个非线性的过程，这也导致不同的转型路径之间可能会出现切换，并归纳了四种可能出现的切换形式：

第一种，从“改造路径”切换到“重构路径”，即转型可能会通过技术上的附加价值增加，先沿着改造路径开始，然后随着新技术具有更广泛的连锁效应而切换为重构路径，从而触发创新连锁反应和改变行动者的学习过程，导致在位企业也游说制度改革。

第二种，技术替代路径中从“适应-符合”路径切换到“拓展-改变”路径，即转型可能一开始是一种“适应-符合”的替代途径，但随着创新生态位的行动者变得更强大，能够游说新制度创造更有利的条件，转型可能逐渐演变为一种“拓展-改变”的替代途径。

第三种，从“技术替代路径”切换到“重构路径”，即如果在位企业的行动者能够改变现有制度，从而使其支持除创新生态位之外的技术继续存在，则转型有可能从技术替代路径切换到重构路径。

第四种，从“改造路径”切换到“调整和重置路径”，即转型开始可能基于有限的制度压力而进行渐进式改造路径，但如果不断增加的制度压力激励现有在位企业进行多元化或转向新技术，转型随后就会转变为更实质性的调整和重置路径。

6.3 实　　验

实验（experiments），是 ST 研究的关键核心概念之一。在 ST 研究背景下，实验被视为技术变革的催化剂，可以促进对技术、社会和制度的学习，进而通过实验学习和示范效应增强 ST 的动力，促进新技术可持续发展，最终可能导致满足人类需求或社会功能方式的深刻变化，而改变现有不可持续的社会-技术体制。Sengers 等（2016）通过 ST 研究文献系统揭示了“社会-技术实验”的涵义，将其界定为一种包容的、基于实践和问题导向的，旨在通过不确定性和模糊性的社会学习促进社会-技术体制创新的活动，并对生态位实验（niche experiments）、有限的社会-技术实验（bounded socio-technical experiments）、转型实验（transition experiments）、草根实验（grassroots experiments）和可持续性实验（sustainability experiments）的理论背景、关注重点和实践运用等进行了详细的比较分析。

6.3.1 生态位实验

生态位实验是 ST 分析框架之一——SNM 的核心部分，SNM 学者基于对大量新技术发展的观察，发现这些新技术虽然对社会有明显好处，在 R&D 实验室得以培育，但由于相关的社会和技术因素而未能成功推向市场。影响新技术可持续发展的决定性因素体现在所谓社会-技术制度这个选择环境中，这些社会-技术制度是三个相互关联层面的复杂组合：行为者和社会群体网络、指导行为者活动的正式规范和认知规则，以及物质和技术。它们构成了社会经济结构的核心，具有相当强的稳定性和连续性，也构成了新技术可持续发展的障碍。为了促进从现有的社会-技术体制向更可持续的社会-技术体制的转型，SNM 框架提倡通过保护性政策创造新的技术生态位和战略性地开发现有的市场生态位，从而促进新技术可持续发展。创新生态位是激进式创新得以发展的场所，在这里新技术不会受到现有主流体制苛刻的选择压力。从某个角度来说，创新生态位也是激进式创新被允许培养和试验技术、用户实践和监管结构协同演进的保护空间。技术生态位可发展成市场生态位，生态位实验影响社会-技术制度的过程被称为“升级”（Jolly et al., 2012）或“授权”（Smith and Raven, 2012），这包括将实验嵌入（或改造）体制层面结构、获得结构性支持、让关键行动者参与、克服障碍并使实验成为更广泛变革过程的一部分。

生态位实验发展的标准导向是创造市场生态位，并作为向更广泛的制度转型过程的一部分。现有体制外的行为者被认为至关重要，因此 SNM 框架非常强调行动者中的用户在生态位实验中的作用。然而，实证研究表明，早期所进行的实验是相对孤立的事件，而且实验的作用非常有限。只有在偶然的情况下，一项试验才会取得成功。早期 SNM 学者通过研究学习过程、网络形成和期望建立来分析生态位和生态位实验。最近，生态位实验的分析重点已经扩展到保护空间这个概念，该概念强调了三个实验至关重要的过程：防护（以主动或被动方式抵制选择压力的过程）、培育（支持创新突破性发展的过程）和认可（使生态位创新相对现有主流制度具有竞争力的过程）。

Raven（2005）通过研究丹麦沼气实验项目的发展说明了生态位实验是如何应用于实证分析的。最初，20 世纪 70 年代和 80 年代的农民通过在他们自己的农场上修补沼气技术来应对全球石油危机，但收效甚微。20 世纪 80 年代中期，丹麦政府建立了沼气技术的长期政策计划，开始更加积极主动地扮演战略生态位管理者的角色。这一政策举措将注意力转向更加集中的沼气技术。所谓的沼气行动计划启动了一项长期发展计划，该计划建立了 20 多个集中式沼气厂。该项目组织了一个由能源领域的外部人士和内部人士组成的异质网络，包括农民、沼气技术供应商、工厂运营商、市政当局、学术界和政策参与者。通过定期会议促进了社会学习进程，这些会议越来越多地产生了对沼气厂的社会-技术设计的共同期望，以及沼气厂如何应对能源、农业和废物处置方面的环境挑战。

6.3.2　有限的社会-技术实验

早期的“社会实验”强调应建立一个由不同技术和非技术行为者组成的社会

网络进行试验，“有限的社会-技术实验”（bounded socio-technical experiments，BSTE）正是来自早期的“社会实验”，其在借鉴社会学习理论的基础上，提出行动者应该在一定的时空范围内引入新技术或新服务主动进行试验，并通过更清晰详尽的案例研究来推动试验，从而将社会实验的概念又向前推进了一步。BSTE 的特点是涉及少数用户和行动者，并要求有一个固定的地理范围。

Brown 和 Vergragt（2008）以南波士顿一个中产阶级社区建立了一个零化石燃料的住宅建筑项目为例，阐明了 BSTE 的过程及其有效性。该项目的目标是在三个方面实现创新：产品（使用尽可能多的尖端节能技术建造）、过程（集合不同的团队进行设计和建造，包括潜在的居民）和最终用途（实现建筑项目屋顶花园的共享和住户汽车的共享）。参与者被要求以一个全新的观点看待住宅区，并以一种升级换代的方式将这些经历传递给其他人。该项目被认为是 BSTE 的典型案例，因为它局限于特定的领域和社区，并强调高阶学习的重要性，高阶学习发生在个人以及团队的四个层次：问题解决，问题定义，主要的解释框架和世界观。

6.3.3 转型实验

ST 学者通常将转型实验定义为一种特定类型的创新项目，旨在积极探索全新的方法来满足社会需求，如能源、移动性或医疗保健需求。转型实验旨在解决长期存在的社会问题，因此与以往许多生态位实验的工作相反，它们并不局限于技术变革或环境可持续性。转型实验是在转型管理（TM）分析框架下发展起来的，TM 旨在影响和指导可持续转型，其根源在于复杂系统理论和演化理论。虽然 TM 包含一种有意识的尝试，希望逐步促进社会技术结构的改变，但它并非不惜一切代价实现一个特定的转型目标。相反，它利用现有的动力，并将其重新定位于社会选择的转型目标。推进这些目标的政策不是一成不变的，而是在发展过程中不断评估和定期调整。因此，转型实验通常被认为是转型管理的工具。

转型实验的标准导向是刺激向社会目标的转型，其分析重点主要包括深化、拓宽和扩大三个关键过程，其中“深化”是指对实验及其限制条件的了解，促进“深化”的方式包括：一是提供（财政、司法和精神）空间，以便在特定背景下建立和进行转型实验；二是促进社会学习；三是提供支持，克服障碍，促进充分的监测和评估。“拓宽”关注从相关实验或新环境中的类似实验中学习，加强“拓宽”方式包括：一是强化实验中取得的经验，在不同的环境中进行全新的实践；二是促进相似实验之间的相互作用；三是模拟网络建设；四是分享一个领域内的学习经验，并促进与邻近领域的联系。“扩大”涉及了解体制变更和利用更广泛的发展，加强“扩大”的方式包括：一是选择和支持有动力和能力去体验和扩大规模的领先者；二是在提供保护免受监管的行为者和直接涉及有意愿和权力改变现有结构（如金融结构、监管）的行为者之间取得平衡；三是实现与现有体制的协议；四是积极将学习经验反馈给体制。因此，领先的行动者在转型管理和经验方面至关重要。TM 文献非常明确地规定，行动者不能是一般的利益相关者，必须是那些能够参与到社会变革中驱动实验的个体，能够具有新观点并超越组织界限。示范性的行动者应该聚集在一个所谓的转型实验场中，旨在进行包括一系列符合愿景和期望的转型实验。为实现最佳的实验效果，实验场需要具有互补背景的示范性行动者、社会网络者、创新追求者和协调沟通者之间的良好配合。

转型实验的其中一个例子是荷兰卫生、福利和体育部以及荷兰护理部门组织发起的长期护理转型方案（2007～2010 年）。该方案由荷兰转型研究所与卫生保健专家和组织管理人员合作实施。这一方案有资格作为转型实验，因为它是在实践中启动的，转型管理被用作中心指导方法。目的是使护理部门能够以完全不同的方式满足荷兰长期护理的社会需求。它的中心焦点是在以最终用户为中心的现实生活环境中探索和学习医疗保健领域的激进创新。荷兰各地领先的护理机构总共启动了 26 个实验项目，并建立了一个转型场所。参与该领域的领先者制定了长期护理的问题定义、可持续性愿景和转型路径。

6.3.4　草根实验

Seyfang 和 Smith（2007）认为，所谓的草根实验是指积极分子和组织网络产生新的自下而上的可持续发展解决方案，该方案符合当地情况以及相关社区的利益和价值观。与主流商业绿化相反，草根实验在民间社会舞台上运作，并涉及社会创新的积极分子试验和使用绿色技术。与传统创新不同的是，草根创新生态位的制度形式包括合作社、志愿协会、非正式社区团体和社会企业等。Seyfang 和 Smith（2007）还指出，草根层创新可以采取多种形式，包括有机合作社、低影响力住宅和农贸市场。这一概念是基于生态位和 MLP 发展起来的，但它也植根于不可持续性的转型文献。

草根创新的标准导向是一种超越常规正式政策和市场范围的更具包容性的战略性绿色生态位发展形式。在研究草根创新时，没有明显的和广泛使用的分析重点。Seyfang 和 Smith（2007）通过评估内在利益（当一个实验被认为是有价值的，并且不寻求改变制度）和扩散利益（当它被认为有助于更广泛的转型）来研究草根创新潜力。

Seyfang 和 Haxeltine（2012）利用学习、期望和网络这三个生态位的关键过程，分析了草根实验的发展潜力，并以社区转型项目为例进行案例研究。在该案例中，每个加入草根运动并在当地建立倡议的民间社会团体，就可以说是一个草根实验。这些团体旨在提供应对气候变化和石油峰值挑战的地方对策，并创造一个新的基础设施和做法的创新生态位，这涉及增强公众权并能让他们参与低碳经济的转型。社区转型项目涉及各种地方活动，如建立社区拥有的可再生能源公司、推广当地种植的食品、共享花园、鼓励节能、低碳生活等。有一些社区转型项目是由一个转型网络支持的，这是一个正式的协调机构，它也支持满足其官方要求的本地团体。社区转型项目的战略成就包括围绕这些活动建立和维持支持性社区，与其他地方团体和政府建立联系，提高认识和社区参与活动。有学者提出，为了更好地解释草根创新的发展和更广泛的影响，SNM 需要更多地关注身份和群体形成的作用，以及社会实践在草根创新中的变化。

6.3.5 可持续性实验

可持续性实验是一种有计划的行动，体现了一种高度新颖的社会-技术结构，有可能带来实质性的可持续收益。可持续性实验是对新的 ST 理念的实验性测试，实验对象是非常新颖的，这也意味着它们与已知或流行的解决方案及在特定环境下满足人类需求的方式截然不同。它们是有计划的，这意味着它们是有意识的选择，而不是事故或意外事件。可持续性实验本质上是社会-技术的，不是发生在实验室，而是发生在现实社会环境中，也是以目标为导向的。同时，它们预期能带来巨大的可持续收益，不仅包括环境方面，也包括社会和经济发展方面。通过这种可持续性实验，有意识地对可持续转型更广阔的愿景做出贡献，并且与可持续发展的替代路径相关联。最后，可持续性实验可能来自不同社会层面的活动。它们可能是自上而下的政府行为，旨在支持转型过程或基层类型的创新。因此，可持续性实验可以展示系统创新文献中描述的各种类型实验的特征。

可持续性实验最早出现在关于发展中国家替代发展道路的争论中。传统发展范式认为，发展中国家应遵循发达经济体的发展模式，并随着时间的推移，在经济结构、增长、生产率和环境足迹方面趋同。对亚洲发展经济体的研究明确了大量当地可持续性创新项目，这些项目利用了知识、技术、资本、机构或行为者实现了跨国流动。因此，可持续性实验的标准导向是可持续性收益。避免环境趋同是从理论上观察到的。分析的重点放在“跨国联系”上，这被认为是通过激励当地能力的形成来刺激可持续性实验的重要手段，从而有助于打破追赶文献中理论化的传统增长模式的发展道路。

可持续性实验的一个例子是 Wieczorek 等（2015）研究的有关印度 2004 年在 Tamil Nadu 开展的 SHS 太阳能家庭系统项目。这项试验的主要目标是在用太阳能替代柴油的基础上，将社会经济和环境可持续性结合起来。项目中的 SHS 系统提供了更明亮、更安全的照明，取代了不健康的煤油灯和蜡烛，每年减少约 1 300t

二氧化碳的排放。这项实验在许多方面牢牢地嵌入了跨国网络，这反映在大量参与的国际行为者身上，例如，软件供应商 WIPRO、基础设施供应商 SREI、国际非政府组织绿色和平组织、跨国企业巴拉特重型电气有限公司和塔塔英国石油太阳能公司，甚至发起者 Auroville 基金会也雇用了外国专家。该项目获得了 2004 年阿什登奖，并得到了联合国开发计划署的认可。资金由国家可再生能源部提供，该项目在国家一级进行了复制和数量扩展。与许多类似的可持续人类发展倡议一起，它有助于太阳能光伏发电中可持续人类发展轨道的出现，主要服务于农村社区的需求。这个实验是一个本地驱动且跨国行动支持的例子。各种跨国联系有助于提高当地能力，也是补充缺失资源的途径。因此，它们可能产生替代发展道路，这种道路与主流文献设想的发展趋同模式背道而驰。

第 7 章　ST 视角下保护空间的功能与机制

针对新技术产业化过程中所遭遇的两道“鸿沟”，要根据其不同的发展阶段和所遭遇的障碍因素，通过采取一些特定的政策工具和策略，助力其跨越成功。事实上，ST 理论及其方法的核心理念之一，就是要为新技术构建一个有效的“保护空间”，在这个空间里面，新技术的创新生态位得以培育和发展，并能成熟发展和成功跃迁，最终适应或变革现有的社会-技术体制，形成一种新产业且能可持续发展。那么，什么是保护空间，它在新技术产业化中有什么作用？如何有效构建保护空间，以发挥其新技术产业化不同创新生态位阶段的作用？为了回答上述两个问题，本章梳理和吸取最新有关保护空间的研究成果，在提炼和剖析 ST 理论中关于保护空间的本质内涵和特征的基础上，重新审视了保护空间的功能属性。然后，从保护空间所在的外部系统角度，分析保护空间在系统中的运行机制。同时，结合障碍因素的识别和分类，借鉴政策组合理论，从保护空间内部构建角度，建立其三维立体评价模型。

7.1　保护空间的基本概述

7.1.1　ST 理论中保护空间的研究

ST 理论认为，保护空间的有效构建和及时撤离，对新技术创新生态位的形成和发展至关重要。因此，早期的 ST 理论（尤其是 SNM 分析框架），对保护空间的意义、基本功能和作用机制展开了深入的研究。如 Kemp 等（1998）指出，某项新技术要想成功，必须有一个“保护空间”，在这个空间里将为所形成的新的社会网络（该网络通常由生产者、研究者、用户、政府和其他利益相关者组成）提供学习平台，并通过对新技术的试验和学习，使得新技术有机会获得培育，并在这个保护空间中逐步成长，最终促使新技术能获得社会和市场的认可。Weber 等（1999）极力主张为保护新技术的发展成熟构建局部繁殖空间，使新技术发展过程中“所有阶段包含在一个试验项目中，选择一种使操作效能最大化的管理空间”。同时他们还认为，SNM 的本质就是“为有前景的新技术和对新技术的学习创造一个试验温床，并有控制地逐步取消，从而提高技术的扩散概率”。

近年来，随着研究深入和实践反馈，不少学者认为，当前对保护空间的研究只关注新技术在保护空间内部的防护和培育情况，而忽略了构建保护空间的初衷——旨在解决新技术产业化及其可持续发展问题。从 2012 年起，以 Smith、Raven 和 Verhees 为代表的学者针对以往关于保护空间还不够系统深入研究的问题，以荷兰、英国、德国的太阳能光伏产业以及芬兰太阳能绿色产业的发展作为实证研究，重新审视了保护空间在 ST 中的内涵本质及其功能，阐述了具体如何构建有效保护空间，现已成为当前 ST 理论研究的一个热点。Smith 和 Raven（2012）认为，现有 ST 研究特别强调了保护空间对新技术产业化的源泉作用，在有效保护期间，创新生态位中的各参与主体通过社会网络进行实验培育新技术，改进新技术的性能和稳定性，并促使期望一致和加强学习，从而使得新技术创新生态位变得更为稳健和成熟。同时，Smith 等学者针对当前保护空间研究的不足，强调应从更为宽阔的 ST 过程视角进行研究，不仅应关注保护空间在创新生态位内部的作用，还应关注创新生态位与现有社会-技术体制交互作用，并在此框架下详细阐述了保护空间的动力作用，尤其是对现有较少研究的认可功能进行了界定，进一步挖掘和发挥了保护空间的功能属性，明确提出新技术的倡导者和相关利益者应运用政治叙事（political narratives）方式进行游说，以拓展更多支持并获得认可，从而提高创新生态位的竞争力或影响力（Smith and Raven，2012；Smith et al.，2014a；Heiskanen et al.，2015b）。

7.1.2 保护空间的典型特征

根据保护空间的内涵界定，本书认为保护空间具有以下四个方面的典型特征。

（1）多维度性

ST 理论认为社会-技术体制的构成是多维度的，包括产业结构、辅助技术和基础设施、知识基础、消费者偏好和市场行为、公共政策和政治力量，以及文化意蕴等，这些维度作为选择环境对新技术造成多重压力，形成众多的障碍。加上新技术产业化既关系到技术问题的发展，还涉及产品、市场和商业模式，甚至涉及社会-技术体制和社会技术景观变革等深层次问题。因此，构建一个有效的保护空间，应该要综合考量多重选择压力，采取的保护政策和手段具有针对性的多维度特征。同时，从其应具备的功能属性角度来看，一个有效的保护空间，其功能并不只具有防护和培育作用，而且还应发挥认可的作用。

（2）多阶段性

保护空间的多阶段性，主要体现在两个方面：一是根据新技术发展处于的不同创新生态位阶段（技术生态位阶段、市场生态位形成阶段和市场生态位涌现阶段），所采取的保护强度（包括全保护、高保护、低保护）应有所不同（张光宇等，2016）；二是应该根据新技术创新生态位的竞争力和影响力程度，及时主动撤离保护空间。在技术生态位阶段，由于创新生态位受到来自现有社会-技术体制多维度的选择压力，这个阶段更适合采取“全保护”方式。在市场生态位形成阶段，创新生态位已有一定基础的潜在用户和市场，但其竞争力还远远没达到与现有主流技术相抗衡的程度，这时应该构建以保护为主的复合空间，即采取“高保护”方式，以促进创新生态位在现有主流市场的扩散。在市场生态位涌现阶段，创新生态位具有一定的规模，但还没有具备足够的竞争力适应现有体制或者具有足够的影响力变革现有的社会-技术体制，这时应构建一个以市场为主的复合空间，即采取“低保护”方式。而一旦新技术创新生态位具有足够竞争力和影响力时，消费者偏好发生根本转变，新市场占主流，新社会-技术体制逐步主导，这时就应该要主动撤离保护，即“零保护”。否则，过度的保护反而不利于新技术产业化的发展，不利于新的社会-技术体制的变革。

（3）实验性

保护空间的其中一个主要功能，就是要运用独特的社会实验方法，如构筑社会网络、建设孵化器、成立示范工程等，开展对尚未成熟的创新生态位的学习（包括一阶学习和二阶学习），从而反思和提高新技术的设计，提供其在培养发展过程中所需要的各种配套资源和环境，提高和完善其性能的适用性和成熟度，同时也为新技术开辟一个“原始的市场”。这意味着在保护空间中，新技术利用持续渐进的试验和社会网络的利益相关者学习过程，提高其自身的适用性和扩散概率，具有明显的实验性。

（4）动态性

保护空间是一种建立在现有社会-技术体制基础上的多对象、多结构、多功能的社会式网络系统。从保护要素来说，不仅仅包括新技术本身，还包括了与新技术发展息息相关的基础设施、消费者偏好、辅助性技术、产业结构和社会文化等诸多要素，这些要素在保护期间是相互作用的，呈现出动态的协同演进关系。从参与构建保护空间的主体来看，通常涉及众多相关利益者，具有明显的多元化特征，多主体构建的保护空间由于目的和任务不同，相互之间产生复杂的非线性关系，导致保护空间的网络结构、特征和行为也随之产生变化。此外，阶段性特征也导致保护空间在不同的创新生态位阶段所发挥的功能属性也会有所不同。在技术生态位阶段，保护空间更倾向防护功能；在市场生态位形成阶段，保护空间更侧重于培育功能；而在市场生态位涌现阶段，则要侧重于保护空间的认可功能。而一旦创新生态位成熟，保护空间还要撤销。因此，从系统角度来看，保护空间具有明显的动态性特征。

7.1.3 保护空间的功能属性

早期 SNM 研究者认为保护空间的功能主要有两个方面：一是保护，二是培育。随着对 ST 理论研究的深入和实践反馈，个别学者进一步拓宽和深化了对保护空间功能属性的理解。Smith 和 Raven（2012）从建构主义视角，重新阐述了 ST 理论中保护空间的功能属性，认为一个有效的保护空间，不仅具备防护（shield）功能和培育（nurture）功能，而且还具有认可（empower）功能。在此基础上，本书结合 Verhees 等（2013）的案例分析和 Lopolito 等（2013）的仿真分析，对 Smith 等（2014a）所提出的三种功能属性及其作用进行了系统的归纳和分析。

（1）防护功能：让新技术避免多维度的选择压力

根据演化理论，现有主流社会-技术体制的一个关键特征是作为一种选择环境，形成技术演进过程的路径依赖和技术锁定，对创新生态位起着保留和选择作用，给新技术的培育发展造成巨大的选择压力。在现有社会-技术体制下，新技术是难以实现可持续发展的。因此 ST 研究者认为保护空间的基本功能之一，就是在创新生态位处于孕育期时起到防护作用，让新技术避免受到来自因现有主流社会-技术体制所形成的选择压力而夭折。现有主流社会-技术体制形成的选择环境是多维度的，不同的维度会对创新生态位的培育产生不同形式的选择压力，因此，保护空间防护功能的构建也应该是多维度的。通常社会-技术体制分为产业结构、技术和基础设施、知识基础、消费者偏好行为和市场、公共政策和政治力量及文化意蕴 7 个维度，由此整理出保护空间防护功能的 7 个维度及其缘由，如表 7-1 所示。

表 7-1　多维度选择压力下保护空间的防护功能

社会-技术体制维度	构建维度	缘由
产业结构	产业保护	新技术需要与现有产业结构不同的消费者-生产者关系、商业模式，以及资源分配程序
技术和基础设施	技术保护	新技术要求不同的技术标准和配套基础设施，从而提高其在技术和经济上的有效性和经济性
知识基础	社会认知保护	现有知识库发展已形成固定规范的范式，不利于新技术的创新
消费者偏好行为和市场	市场保护	现有体制下的市场运作规则、消费者习惯和偏好不利于新技术创新，需要运用不同的方式重新组织市场交易和引导消费者习惯
公共政策和政治力量	政策保护	现有的政策通过政治力量为主流体制进行了优化；现有的规则不利于新技术创新
文化意蕴	文化保护	现有主流体制中广泛嵌入的文化合法性和象征代表性不利于新技术创新

资料来源：根据文献（Verhees et al.，2013）整理所得

此外，保护空间的防护功能还可以分为被动性和主动性两种类型，两者的定义及其特征比较分析见表 7-2。不管保护空间是被动性防护还是主动性防护，其目

的还是在于提供一种与现有社会-技术体制不同的环境，在这里新技术通过一定方式可以避免现有社会-技术体制的选择压力，并得以培育和进一步发展。

表 7-2　两种防护类型的比较分析

类型	被动性防护	主动性防护
定义	形成于某项创新的倡导者主动构建前，但往往后来又被创新倡导者所利用的通用空间	经某项创新的倡导者有意识地采取的战略性防护，用于避免现有选择压力的空间
特征	非战略性因素考虑而形成的，具有较强的区域性	主动采取 SNM 策略进行干预，尤其是技术政策，来构建保护空间
举例	早期资助 NEV 电池研究项目	为 NEV 电池研究建立孵化器

（2）培育功能：让新技术更稳健和成熟

如果将防护功能理解为创造一个空间的话，培育功能就是确保这个空间能为新技术的成长所运用。新技术刚出现的初期，往往存在着性能不足、尚未形成清晰的市场需求、过高的生产成本或运营成本等缺陷，以及消费者使用偏好等原因，需要一些特定的培育手段来加强其主导设计，完善性能、提高企业对新技术的期望和采用新技术可能带来的收益等。保护空间的培育功能，就是确保在这个空间里，提高新技术的技术性能和经济性能，减少其对防护功能的依赖。具体来说，保护空间的培育功能，指的是在市场生态位形成阶段，结合现实情景建立实验项目，加强学习活动、清晰阐明期望和帮助形成网络，从而提高新技术稳定性和性能，让创新生态位变得更稳健和更成熟的过程。这里所谓的实验，指的是一个独特的社会经济实验，用以学习新技术可能或已经产生的各种问题、缺陷、遇到的障碍及用户需求等，通常包括实验的选择、建立、执行和扩大等关键环节。ST 理论认为，特别强调实验是培育新技术的一个关键环节，通过实验可以刺激“新技术-社会环境”的协同演化。

Schot 和 Geels（2008）指出，构建保护空间的要求包括：第一，积极的期望应该是强健的（能被大部分参与者所认同的）、具体的和可信的（能被多个项目所证实的）；第二，支持的社会网络具有足够的宽度（众多的参与者）和深度（大量的资源承诺）；第三，交互学习过程，不仅关注一阶学习，还要形成二阶学习。

（3）认可功能：让新技术更具有竞争力和影响力

在保护空间中，新技术创新生态位利用防护避免了来自主流环境的压力，成功培育后一旦符合某种特定的细分市场（但规模比较小），就可能进入到市场生态位的涌现阶段。这时 ST 理论认为，构建的保护空间要面临着被撤离的选择。在保护空间撤离前后的临界点，创新生态位如何进一步发展，将面临两个方向的选择：一是适应了现有社会-技术体制，能在当前不变的选择环境中生存并发展；二是努力改变现有社会-技术体制，并重构了适合自身可持续发展的新社会-技术体制。具体往那个方向发展，这就涉及保护空间另一个鲜被提及的属性——认可功能。关于认可功能的起源，主要来自学者们对 ST 的实践方面的研究。Jacobsson 和 Bergek（2004）通过对德国太阳能光伏产业进行案例研究，发现该新技术产业化成功转型的关键，在于启动和运用了政治游说手段来争取政策实现。首先是研究方案，接着是产业政策，再后来是通过能源政策进行市场部署，这个过程当中涉及研究者、企业家、游说家、环保主义者和政治家。最后得出的结论是，保护空间构建过程不仅仅是一个技术经济过程(防护和培育)，还是一个社会政治过程。Jacobsson 和 Lauber（2006）指出，所谓“社会政治过程”是指创新生态位发展到市场生态位涌现阶段时，需要与其所处的外部环境之间进行政治协商（political negotiation）的过程，这包括解释、陈述和谈判等。因此，Smith 和 Raven（2012）强调，保护空间的功能不应仅仅关注其对创新生态位内部自身防护和培育的作用，还应关注其在创新生态位与现有社会-技术体制交互时所发挥的作用，由此提出保护空间还具备第三功能属性——认可功能。后续研究者，譬如 Verhees 等（2013）、Smith 等（2014a）、Heiskanen（2015b）、Valderrama 和 Jørgensen（2016）通过实证研究，验证了这种功能的存在及其意义。

根据上述相关文献的梳理，本书界定保护空间的认可功能，可理解为新技术的倡导者和行动者，运用政治叙事的方式，在创新生态位和外部环境之间进行解释、陈述和谈判等政治协商，为创新生态位的拓展获取更多的支持并得到授权，从而提高其竞争力或影响力。保护空间认可功能存在着两种形式：“适应-符合（fit and conform）”和“拓展-改变（stretch and transform）”，两者在内涵、目标及其作用过程上存在差异。

第一，“适应-符合”认可形式。该形式指的是新技术的倡导者和行动者，通过叙事方式进行政治游说，力图说服利益相关者，只要创新生态位在保护期间具有足够的竞争力，就能在不变革现有社会-技术体制前提下生存，并实现可持续发展，即创新生态位能适应和符合现有的社会-技术体制。“适应-符合”认可形式旨在解决创新生态位如何在保护期间提高竞争力，实现在现有体制下生存并能可持续性发展的问题，它所强调的是不需要对现有的制度、基础设施、技能和知识基础和用户关系等进行根本性变革。典型的例子是当前各国先进制造业的发展，它并不需要完全变革现有传统制造业背景下的社会-技术体制，在提高现有行业标准和结构的同时，能与传统制造业共生发展。

第二，“拓展-改变”认可形式。该形式是指新技术的倡导者和行动者，通过叙事方式进行政治游说，力图说服利益相关者，未来的创新生态位会拥有足够大的影响力，以至于能重构现有的选择环境，以更利于其可持续发展，即创新生态位能变革现有的社会-技术体制。“拓展-改变”认可形式并不仅仅关注创新生态位内部发展的状态，同时还关注现有社会-技术体制以及社会-技术景观的变革，它旨在解决如何通过保护空间来增加其影响力，从而暗中破坏现有的社会-技术体制，引导以新技术创新生态位为主导的体制变革，建立新的社会-技术体制的问题。譬如 NEV 产业对传统汽车产业的颠覆，会破坏旧的体制，建立与传统汽车产业不一样的新社会-技术体制。

可见，上述两种认可类型的目标截然不同。从个体边界而言，“拓展-改变”认可形式侧重于保护空间的外部导向性，倡导者和行动者将在更为广阔的社会技术环境中进行游说，关注提高创新生态位对外部环境产生影响的过程；而“适应-符合”认可形式侧重于内部导向性，关注保护空间内部如何培育新技术，从而提高其竞争力的过程，两者的作用过程见表 7-3。

表 7-3　保护空间认可功能的不同类型及其作用过程比较

认可类型	适应-符合	拓展-改变
行动者政治协商	支持目前已展现出希望的新技术，并承诺完善新技术的性能	主张制度改革，认为以创新生态位为主导形成的新社会-技术体制更为有效
防护措施	临时采用的，将被逐步撤离	展现出广泛预期的新标准，要求制度化
培育措施	培育价值在于提高足够的竞争力，从而能在现有体制中生存	培育价值在于提升足够的影响力，从而能改变现有体制，并建立新的体制
游说对象	主要涉及现有体制中的利益相关者，包括政府部门、现有产业机构、赞助商、中介机构、科研机构等	主要涉及重构新体制能获利的参与者，包括政府部门、社会组织、传媒机构、科研机构、中介机构等
政治力量角逐	主要在于对现有制度进行扩展	形成支持创新生态位的政治联盟，并游说应进行全面的制度改革，通过阐明创新生态位的愿景，增强其吸引力
创新生态位表现	寻求到适合自己发展的标准，相应的资源配置也会随之增加	吸引更多资源流向创新生态位，从而又反过来增强了创新生态位的影响力
运用手段	政治叙事	

资料来源：根据文献（Smith and Raven，2012）整理所得

（4）三个功能属性的关系分析及观测指标

在新技术创新生态位的内生演化和外部演进过程中，保护空间三种功能作用各有侧重，但又不是截然分开的。首先，在创新生态位的孕育期（技术生态位阶段），就要组织构建防护空间，然后动员形成产业保护空间；其次，在创新生态位的发展期（技术生态位跃迁到市场生态位的初始阶段），则更多的是常规市场生态位空间；最后，到了创新生态位的涌现期（市场生态位涌现阶段），则是动员形成与基础设施需求、公共政策、政治力量、文化意义、政权组织等相关的空间。最初保护空间的防护功能，为下一步的培育功能提供基础；创新生态位经过一定的

培育发展后，变得更为稳健和成熟，将面临着与现有社会-技术体制的政治协商问题，这时保护空间的认可功能展现；一旦创新生态位得到相关认可，原有的防护随之发生变化（被撤销或制度化）。可见，保护空间的三种功能属性实际上是一个迭代的过程。Verhees 等（2013）在 Smith 和 Raven（2012）研究基础上，对保护空间的三种功能属性进行了具体描述，并提供了观测指标，如表 7-4 所示。

表 7-4　保护空间功能属性的具体描述和观测指标

功能属性	具体描述	观测指标
防护	● 避免新技术受到来自主流环境的选择压力 ● 为新技术创造保护空间进行实验	● 调动前期现有的通用支持，如研究项目 ● 在特点有利的地点推行该项创新 ● 为创新寻求财政支持，临时的规则豁免 ● 引导社会去接受暂时不显著的经济效益和技术性能
培育	● 提高新技术的社会技术性能和经济效益	● 是否存在广泛性和反思性的学习 ● 是否清晰阐明具体的共享性的期望 ● 是否建立了足够广度和深度的网络
认可	“适应-符合”： ● 防护撤销 创新生态位能在现有社会-技术体制下生存并可持续发展	● 主张在现有体制下提高创新生态位竞争力 ● 认为不需要彻底改变现有体制 ● 构筑的防护是暂时性的 ● 培育强调性能提高
	“拓展-改变”： ● 防护制度化 破坏现有社会-技术体制，引导以创新生态位为主导的制度变革，建立新的社会-技术体制	● 主张和实现体制变革 ● 构筑的防护是未来可持续价值的体现 ● 培育强调面向可持续转型的学习过程

资料来源：根据文献（Verhees et al.，2013）整理所得

7.2　保护空间的运行机制

从保护空间所处的外部系统角度来看，新技术产业化作为一个复杂的动态系统，具有自组织演化的特性。保护空间就是通过发挥其特有的功能，在该系统中扮演着维持与发展系统动态平衡的角色，推动着系统不断演进，促进新技术产业化发展。在外部产生一定的触发情景下（譬如产业转型压力和节能减排压力），保护空间得以逐步构建；形成的保护空间通过政策组合，作用于新技术产业化系统，发挥“防护-培育-认可”的功能，从而提高新技术产业化水平；新技术产业化水平的提升，提高了经济效益和能源效益，反过来又减轻了产业转型压力和节能减排压力，形成一个负反馈回路；当压力减少到某一个阈值时，保护空间将会面临着被撤销的选择。综上所述，保护空间在新技术产业化系统演化过程中的运行机制可分为：触发机制—作用机制—反馈机制—退出机制，如图 7-1 所示。

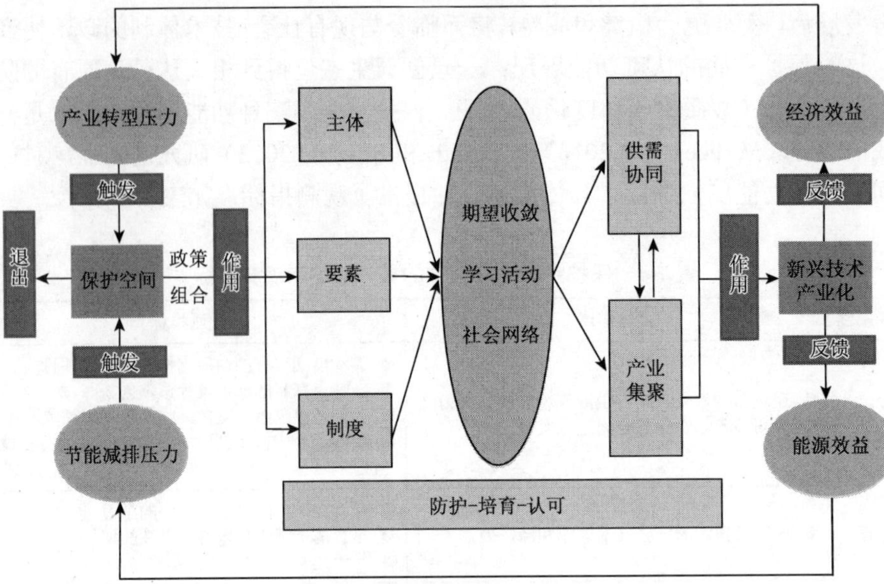

图 7-1　保护空间的运行机制

7.2.1　触发机制——保护空间的构建

保护空间的触发机制是指当构建保护空间的主体受到来自新技术产业化系统外部的压力（包括经济、就业、能源、环保和文化等）达到一定程度时，将启动构建保护空间的运行，反映了保护空间从无到有的过程。由前文关于新技术产业化障碍因素的分析可知，由于新技术产业化系统的演进会受到来自系统内外部诸多因素的阻碍，极其容易走向“恶性循环”发展，因此，在适当压力水平下，构建主体启动保护空间的触发机制，是为了促进新技术产业化系统走向良性发展。可见，触发机制是保护空间在新技术产业化系统运行的开端。一旦启动了保护空间的触发机制，构建主体将通过运用相关的政策工具及组合，指引和引导利益相关者建立新技术产业化的愿景，聚集或直接投入创新资源集中到新技术产业化系统中，协调新技术产业化系统中不同创新主体的沟通和合作。

7.2.2　作用机制——保护空间的功能

保护空间的作用机制是指通过发挥保护空间的防护、培育和认可功能，避免新技术受到现有社会-技术体制的选择压力，同时促进新技术的期望收敛、社会网络的形成和学习过程的加强，逐步提高消费者的认知度和满意度及企业的认知度和参与度，从而实现新兴产业供给侧和需求侧的有效协同发展，以及新兴产业的聚集，最终提升新技术产业化的水平。

7.2.3　反馈机制——保护空间的效果

随着新技术产业化水平的不断提升，新兴产业所带来的经济效益和能源效益得以不断提高，从而减少了经济发展和节能环保对保护空间构建主体的压力，形成了一个负反馈的回路。负反馈回路的作用是促使系统行为趋于稳定，寻求平衡和停滞，从而将系统状态带到目标状态，这也是保护空间在新技术产业化系统中反馈机制的体现。同时由于保护空间作用机制具有复杂性和非线性，导致了创新生态位演化的时滞性，也就是说，保护空间的反馈机制中存在延迟效应。

7.2.4　退出机制——保护空间的撤离

ST 研究者认为，当新技术产业化达到一定水平时，持续的保护是浪费和无效的，并且可能阻碍或拖延新的社会-技术体制成功转型，因此保护空间的及时撤离是必要的。可见，在 ST 理论的研究框架内，保护空间的退出机制，正如保护空间触发机制一样相当重要，也是保证新技术产业化系统成功演进，实现新社会-技术体制成功转型的关键。目前，有关保护空间退出机制的专门研究寥寥无几，但综合若干篇经典文献来看，本书认为保护空间的退出机制应该要考虑“什么时候退出？如何退出？”具体包括三个方面：一是要选择合适的撤离时机，这通常要考虑产业化水平、具体产业环境、现有社会-技术体制的选择压力强度、全球产业竞争环境等关键要素，这意味着保护提升力度减小，同时要打开保护衰减的阀门；二是要设立适当的撤离速度（要逐步撤离，同时考虑保护的衰减力度）；三是当保护空间水平降至为零时，就要完全退出，交由市场机制来管理。

7.3　保护空间的评价模型

本节将从保护空间内部构建机理出发，在阐述构建的基本思路和要点的基础上，引入政策工具理论，从 ST 角度对新技术产业化的政策工具进行分类和选择，以政策工具类型、功能属性类型和创新生态位成长三个维度构建保护空间的评价模型。

7.3.1 构建思路

（1）基本思路

新技术产业化保护空间的构建，是一项涉及多层面障碍因素、多元化功能属性和多阶段创新生态位的动态复杂系统工程。不同学者根据不同国家新技术产业化背景，从不同的研究角度提出构建保护空间的思路和相关策略。其中，Smith 和 Raven（2012）、Verhees（2013）、Smith 等（2014a）认为，保护空间的构建是一个政治性的挑战过程。他们结合西方发达国家（如英国、德国、荷兰、芬兰等）的社会经济背景和政治体制，研究新能源技术产业化（太阳能光伏、太阳能建筑一体化、生物燃料和新能源交通等）转型中保护空间的构建问题，认为新技术的倡导者在保护空间的构建中发挥着关键作用，强调这类的倡导者应该通过叙事形式进行政治游说（包括谈判、协商和妥协），争取政府相关的政策支持来构建保护空间。而有部分学者，则以位于金字塔底层的国家（以非洲国家为主）为研究对象，在识别新技术（太阳能灯、生物燃料炉灶和饮水净化器等）在这些国家推广扩散的障碍因素基础上，从企业、消费者和 BoP 市场三个角度提出了构建保护空间的 15 种生态位策略，认为生产新技术产品的企业是保护空间构建的主体，强调从合作伙伴网络、拓宽融资、教育、演示开发、多元化市场、地理方法、技术互补战略和高收入 BoP 细分市场等公司层面的主要战略来进行构建。

梳理上述研究可发现，构建保护空间是在明确构建目的的基础上，沿着“谁来构建？为谁构建？保护的范围（时间和空间）包括哪些？用何种手段方式进行保护？”的基本思路展开。这样的思路，实际上也为决策者、管理者和其他利益相关者提供了对现有保护空间的一个评价模型，以便能清晰科学地剖析其内在构建机理，同时也为未来保护空间的调整优化和及时撤离提供一种有效的途径和方法。

（2）构建要点

按上述思路，结合前文对保护空间内涵和目的的界定，本书认为新技术产业化保护空间评价模型的构建要点包括以下几点。

第一，新技术产业化保护空间的构建主体是中央或地方各级政府。正如前文所述，新技术产业化的过程必然会遇到诸多障碍，这些阻力单靠市场力量是难以消除的，需要一个强有力的主体来破除。政府掌控着大量稀缺资源，在一定时期内和一定程度上还承担着培育市场主体、配置创新资源等特殊职能（谢青和田志龙，2015）。为了提高新技术产业化的成功率和效率，需要政府力量来弥补市场力量的不足。也因为如此，中国新技术产业化的过程明显具有政府主导型的特征（Xue et al.，2016；樊燕萍，2005），政府在新技术 ST 过程中（构建保护空间）担当着主体角色。

第二，构建保护的手段方式，主要是通过政府的公共政策体系，主要体现在对政策工具组合的综合运用。政府促进新技术产业化，往往是通过一系列公共的支撑政策体系来实现的。赵筱媛和苏竣（2007）提出，这些支撑政策体系实质上就是由各类型的政策工具所组成的多维度、多层面、多视角的政策空间，政府通过对各种政策工具的设计、组织搭配及运用而达到规范、影响、干预和引导科技活动在不同领域的发展方向和进程的目的。从这个角度理解，保护空间实际上就是一个装满政策工具的工具箱。因此，新技术产业化保护空间的评价模型更应该从政策工具的视角来理解政府是如何有目的地通过构建保护空间来影响新技术产业化的过程。

第三，保护空间的范围，包括时间和空间两个角度。从时间角度来看，一方面，相关的保护措施是临时的，一旦创新生态位成功跃迁并发展成熟，保护空间就要撤离；另一方面，创新生态位成长的不同阶段运用的政策工具组合要有所不同。从空间角度来看，一是保护空间应用领域的选择，譬如中国在推广 NEV 时，主要选取了公共服务部门，在燃料汽车、混合动力汽车、插电式混合动力汽车、纯电动汽车等 NVE 类型，重点对纯电动汽车产业进行保护；二是保护空间的地理位置问题，尤其是在选择示范项目时，要考虑所选择的试行城市的地理景观对示范效果的影响。

7.3.2　评价模型

对政策及其工具的综合运用是政府构建保护空间从而促进新技术产业化的关键手段和方式，因此本书引入政策组合理论，以政策工具类型作为一个基本维度（*X* 维度），同时综合考量这些政策工具在保护空间功能属性类型（*Y* 维度）和创新生态位成长阶段（*Z* 维度）的作用，以此构建新技术产业化保护空间的三维立体评价模型，如图 7-2 所示。该模型不仅可以揭示现有保护空间不同类型的政策工具在不同生态位成长阶段产生了何种作用，以及实现了保护空间的何种功能，从而探讨保护空间如何推动新技术产业化的运行机制，而且还可以为保护空间未来的调整优化提供一种有效的途径和方法。

（1）*X* 维度：政策工具类型维度

保护空间是一个以政府为主导，通过运用一系列保护措施组合和独特的社会经济实验方法干预和引导科学研究、公共技术开发和商业化的综合体系。这个综合体系是以一系列复合、系统的政策体系为框架的。其中，政策工具是组成政策体系的基本元素，是由政府所掌握的、可以运用的达成政策目标的手段和措施（赵筱媛和苏竣，2007）。因此，政策工具是保护空间构建的一个最主要和最基础的维度。Kemp 等（1998）、Jacobsson 和 Lauber（2006）、Caniëls 和 Romijn

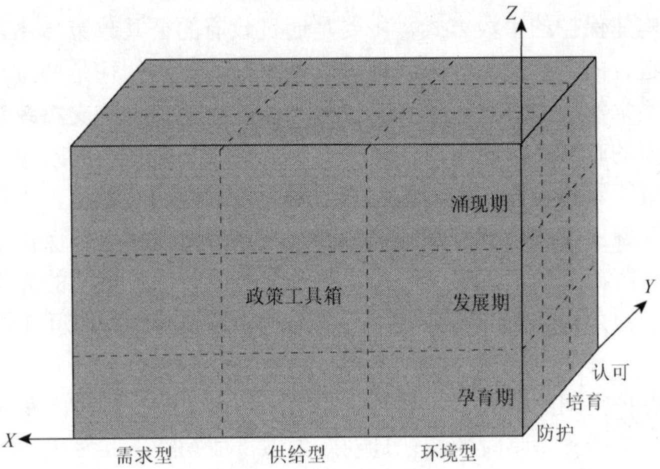

图 7-2　保护空间三维立体评价模型

（2008）就提倡要运用战略生态位管理策略干预新技术发展，尤其是要运用技术政策工具来构建保护空间，同时还需要制定引导企业进入创新价值链各个节点以促使形成新兴产业的市场策略。Smith 和 Raven（2012）认为，构建保护空间的政策既包括降低生产厂商成本或提高产品性能特征方面的传统供给侧措施，如制定规则、减免税收等，同时还包括引导消费选择的需求侧措施，如定配额、政府公共采购、信息宣传和市场细分等。Lopolito 等（2013）指出，构建保护空间需要精心制作的政策工具，以促进新技术的培育发展。

本书结合政策组合理论以及新技术产业化的特征，对 Rothwll 和 Zegveld[①]在 1985 年提出的政策工具分类思想和方法进行了优化改进，得出新技术产业化保护空间常用的 12 种政策工具及其所归属的类型，如表 7-5 所示。

表 7-5　新技术产业化保护空间政策工具的类型、名称及界定

类型	名称	定义
环境型	产业规划	政府对新技术产业化要达成的目标和远景做出总体描述和勾画
	法规管制	政府规范新技术产业化发展的市场秩序，或从景观层面出台宏观综合政策，给社会-技术体制压力
	金融支持	政府直接或间接给予参与新技术产业化的企业或个人各种投融资支援
	税收优惠	政府主动采取措施给予参与新技术产业化的企业或个人各项赋税上的减免

① Rothwll 和 Zegveld（1985）的分类方法应该是政策工具分类思想中最经典与具有操作性的。这种方法将政策工具引入创新政策分析，根据政策工具对技术创新产生影响的层面不同，将技术创新政策工具分为环境型、供给型和需求型三大类。这种分类将复杂的创新政策体系从工具与措施角度进行了降维处理，具有显著的维度内聚合效度与维度间区分效度，同时又具备较强的目标针对性与内容指导性，因而在政策研究中得到了广泛的应用。

续表

类型	名称	定义
供给型	研发支持	政府直接或间接鼓励各项与新技术相关的科技研发
	辅助技术	政府对新技术性能提高所需要的辅助技术进行投入
	基础设施	政府对新技术产业化所需要的基础设施进行投入
	服务平台	各项公共服务性措施，包括科技服务、企业服务、人才培养和管理服务、公共信息服务
需求型	示范项目	通过建立示范项目，向消费者和企业引入新技术，同时完善新技术性能
	贸易管制	政府通过制定与新技术有关的进出口贸易的各项管制或鼓励措施，为国内市场提供保护
	政府采购	政府通过政府购买等方式，对新技术的市场需求起到示范和拉动作用
	消费者补贴	政府直接或间接为消费者提供使用新产品的各种类型补贴，以降低消费者使用总成本

上表中，根据本书研究需要，从ST角度对环境型、供给型和需求型三种类型政策工具的作用方式赋予了新的理解：第一，环境型政策工具。该类型的政策工具主要在于主动构筑新技术产业化的愿景和期望，积极倡导和宣传新技术，引导和改变市场结构以及消费者的认知和偏好，变革现有社会-技术体制中的规则、制度，修订与新技术产业化相关的监管措施和准入规则。侧重于从社会-技术景观层面驱动创新生态位形成，提升其影响力，以及为适应或变革现有体制提供机会窗口。第二，供给型政策工具。该类型的政策工具主要是政府通过相关要素和资源投入的支持，直接扩大对新技术产业化的供给。促进加强新技术学习，提高技术的性能和成熟度，完善优化新技术的服务措施，形成有利于创新生态位发展的正反馈网络效应，侧重于从创新生态位内部推动新技术产业化，提高其竞争力，从而形成有效的供给。第三，需求型政策工具。该类型的政策工具主要是政府主动创造和培育新技术产品的市场需求，逐步形成规模递增效益，为其提供相对稳定的市场，减少创新生态位进入市场初期所面临的不确定性，加快新技术产品的认可，侧重从创新生态位外部拉动新技术的发展，提高产品的吸引力，从而形成有效的需求。

此外，按照上述对各类型政策工具作用方式的理解，本书将Rothwll和Zegveld在1985年所提到的12种政策工具根据需要做了以下调整优化，主要原因在于：一是更符合新技术产业化的ST角度理解；二是更符合对中国这样的发展中国家现实情景进行分析的研究。具体包括：第一，环境型政策工具中，原用的“策略性措施”改为“产业规划”；第二，供给型政策工具中的“教育训练”和“咨询服务”合并为“服务平台”，删去“公营事业”，新增了“辅助技术”和“基础设施”；第三，需求型政策工具中，删去“公共服务”和“海外机构”，新增了“示范项目”和“消费者补贴”。

综上所述，环境型政策工具是从社会-技术景观层对新技术产业化过程形成驱动力，能为新技术创新生态位的形成提供“机会窗口”；供给型政策工具主要表现为政府直接投入相关要素的供给，从供给侧层面推动新技术产业化发展；需求型政策工具更多地表现为促使创新生态位在现有主流市场中的繁殖扩散，从需求侧层面拉动新技术产业化市场需求。

（2）*Y* 维度：功能属性类型维度

正如前文所述，一个有效的保护空间应该具有防护、培育和认可三个功能属性。Smith 等（2014a）在对英国太阳能光伏产业的研究中发现，保护空间的政策工具提供不同防护、培育和认可的功能属性组合，并用一些例子做了很好的注解，说明政策工具如何随着创新生态位的不同阶段在保护空间中发挥防护、培育和认可的功能。可见，不同的政策工具随着时间的推移，在保护空间中发挥防护、培育和认可的功能作用也有所不同，因此本书将保护空间的三种功能属性确定为评价模型中的 *Y* 维度。

（3）*Z* 维度：创新生态位成长维度

创新生态位分为孕育期（技术生态位阶段）、发展期（市场生态位形成阶段）和涌现期（市场生态位涌现阶段）三个成长阶段。德国在推动“国家电动交通工具发展计划”实施时，也非常明确地提出了德国电动汽车发展的三个具体阶段和任务：第一个阶段为“市场准备阶段（2009～2011 年）”，该阶段重点是对电动汽车技术的研发投入，以及开展相关的示范项目；第二阶段为“初始市场推广阶段（2012～2016 年）”，重点是电动汽车及其配套基础设施在现有市场的应用和扩散；第三阶段为“规模化市场形成阶段（2017～2020 年）”，重点在于电动汽车能实现可持续的产业化发展。国家发改委 2007 年颁布的《新能源汽车生产准入管理规则》中也明确指出，根据新能源汽车相关技术的成熟度、国家和行业标准的完善程度以及产业化水平，将其分为孕育期、发展期、涌现期三个阶段，并对处于不同阶段的产品采取不同的管理方式。

不同的创新生态位阶段应考虑运用政策工具组合的侧重点不同，同一个政策工具在不同的创新生态位成长阶段所发挥的功能属性也不同。在考虑保护空间中的政策工具组合如何推动新技术产业化时，需要同时考虑所使用的政策工具所作用的创新生态位阶段。因此，把创新生态位三个阶段作为另一个维度（*Z* 维度），更有利于细致地分析政策工具在保护空间中的作用过程。

第 8 章　ST 视角下保护空间的构建与分析

本章以中国 NEV 产业为例，运用文本计量方法，按照前文构建的新技术产业化保护空间的三维立体评价模型，对中国现有的 NEV 产业化保护空间（包括政策工具存量和政策工具结构）进行量化分析，详细阐述当前中国使用了何种政策工具、这些政策工具实现了哪种保护空间功能、对创新生态位哪个阶段发生了作用，从而剖析当前中国培育和发展 NEV 产业的保护空间构建情况，以及探究保护空间在中国 NEV 产业化过程中的作用。同时，也为未来保护空间的调整优化提供一种有效的途径方法。

8.1　中国 NEV 产业概述

NEV 产业的发展对当前中国引领和刺激经济增长，挖掘和集聚经济发展新动能，实现能源安全、节能减排具有重大意义。中国对 NEV 产业的培育扶持，最早可追溯到“八五”时期（1991～1995 年）国家科技攻关计划中所设立的电动汽车关键技术攻关项目。近 20 年来，政府对该产业的扶持政策已涵盖新技术产业化中的技术研发、导入市场到商业化推广（含商业模式创新）的全过程。尤其是从 2009 年 NEV 产业被列为中国七大战略性新兴产业之一以来，政策扶持力度前所未有，通过设计、组合和运用不同的政策工具所构建的保护空间，发挥的功能作用也日趋完善，产生的保护效益也日益增长。通过政府主导构建的保护空间，中国 NEV 产业近年来取得了重大进展，尤其是 2014 年以来，NEV 年销售量快速增长，私人消费市场升温，市场上的 NEV 质量、性能日趋成熟，基础设施环境不断优化完善，消费者满意度、企业参与度大幅度提高，这彰显了中央和地方各级政府各项扶持政策的协同效应。随着后续政策的持续实施，“十三五”期间中国 NEV 市场继续保持高增长趋势。2015 年 5 月发布的《中国制造 2025》，更详细地描绘了 2020 年、2025 年中国 NEV 产业发展蓝图和战略规划。2016 年 1 月，《关于“十三五”新能源汽车充电基础设施奖励政策及加强新能源汽车推广应用的通知》正式发布，明确 2016 年至 2020 年中央财政继续安排资金对充电基础设施建设、运营给予奖补。2017 年 6 月，由发改委和商务部发布的《外商投资产业指导目录（2017 年修订）》在 NEV 领域明确放开外商在华建立生产纯电动汽车整车产品的合资企业数量的限制，取消汽车电子和动力电池企业的股比限制。同月，由发改委与工信部发布的《关于完善汽车投资项目管理的意见》在严格控制新增传统燃油汽车产能的同时，规范了 NEV 企业投资项目的条件，鼓励企业充分利用国际技术、资本、人才等资源提升国内 NEV 产业化水平。随后 8 月发布的《关于促进外资增长若干措施的通知》则要求进一步扩大包括 NEV 在内的市场准入对外开放范围，明确开放时间表、路线图。2018 年 4 月，由工信部、财政部、商务部、海关总署、质检总局发布的《乘用车企业平均燃料消耗量与新能源汽车积分并行管理办法》正式实施。2018 年是中国“双积分”管理办法实施的开局之年，双积分政策倒逼各类车企加速 NEV 产品投放和战略转型升级，行业里新一轮的合资合作、兼并重组热潮持续延伸。2019 年 1 月起，发改委发布的《汽车产业投资管理规定》（以下简称《规定》）正式开始实施，《规定》涵盖了产业投资方向、投资项目标准、项目备案管理、协同监管要求、产能监测预警等方面内容，旨在改革汽车产业投资管理相关制度，推动汽车产业高质量发展。2019 年 3 月，财政部、工信部、科技部和发改委联合发布《关于进一步完善新能源汽车推广应用财政补贴政策的通知》，旨在支持 NEV 产业高质量发展，做好 NEV 推广应用工作。而 2019 年新的补贴政策除了提高能够获得补贴的车型门槛之外，对于各个类别车型的补贴额度也大幅度降低。在 2020 年，补贴正式取消，面临合资企业的冲击，国内新能源车企，特别是造车新势力，面临着严酷的挑战。2019 年 5 月，交通运输部等 12 部委联合发布了《绿色出行行动计划（2019—2022 年）》（以下简称《行动计划》），到 2022 年，我国初步建成布局合理、生态友好、清洁低碳、集约高效的绿色出行服务体系。随着《行动计划》的发布实施，新能源汽车将迎来另一个发展机遇，而充电设施的建设和运营，也将为绿色出行带来更优良的发展环境。

中国 NEV 产业经过近十年来的市场培育，发展迅猛。据中国汽车协会 2019 年统计，2018 年中国新能源汽车产销量分别达到了 127 万辆和 125.6 万辆，同比分别增长了 59.9%和 61.7%，其中纯电动汽车产销量分别达到 98.6 万辆和 98.4 万辆，同比分别增长 47.9%和 50.8%，产销规模持续扩大，相关技术水平不断提高，基础配套设施也在不断增加①。目前，中国 NEV 产业经过了孕育期，正处于发展期，但仍存在不少问题，主要体现在：第一，关键技术仍存在技术阻碍。中国的电池生产技术在不断取得进步，但在关键零部件的生产上，无法满足产品在流水线上的批量生产，如何切实提高生产效率，降低成本仍是一道难关。第二，消费者认知程度有待提高。消费者在选购汽车时，环保节能意识还不够强，加上 NEV 宣传力度不够，消费者对其缺乏全面的认知，同时又由

① 数据来源：中国汽车协会网站。

于 NEV 步入市场时间短，续航能力弱，电池寿命短，充电不便利等问题，被广大消费者完全接受仍需时日。第三，相对于传统汽车，目前 NEV 购置成本和运行成本仍较高，消费者购买意愿有待进一步提升。第四，企业生产投入大，成本和风险高，盈利能力不足，尚未形成良性的规模递增效应。第五，地方保护主义仍较严重，NEV 社会网络的宽度和深度有待进一步拓展。

8.2　数据采集及编码

8.2.1　数据采集及说明

为了全面分析中国 NEV 产业化保护空间现有的政策工具存量和结构及其运用情况，本书从“北大法宝”数据库、节能与新能源汽车网、政府及其相关部委门户网站收集了相关政策文件，同时通过 CNKI 数据库检索的相关文献和 2013～2019 年的《新能源汽车蓝皮书：中国新能源汽车产业发展报告》进行补充。通过上述途径并且为了保证所选取的政策的代表性和权威性，做了以下筛选：第一，仅选取国家及相关部委层面的政策文件，即发文单位是国务院或相关部委；第二，选取了直接与 NEV 产业化密切相关的政策文件，即所选取的政策文件当中应包含 NEV 产业化过程中所运用的至少一个相关政策工具；第三，所选取的文件类型，主要包括法律法规、规划、意见、办法、通知公告等能直接体现政府对 NEV 产业化发展所持态度的政策，剔除评审监督、技术征集等；第四，为了能充分体现中国扶持 NEV 产业化的最新政策动态，本书所选取的政策文件发文时间截止至 2019 年 12 月 31 日；第五，在对政策文件进行整理和遴选的基础上，通过咨询广州市技术创新与经济转型研究中心和广东工业大学材料能源学院 8 位一直从事研究和关注 NEV 产业以及动力电池、驱动电机等相关领域发展的专家，对政策文件收集结果进行调整和完善。

通过上述五个步骤，本书筛选出相关性最强的有效政策文件共 259 份，并形成中国促进 NEV 产业化出台的支持政策关键节点时序图，如图 8-1 所示。

8.2.2　分析单元及编码

根据文本计量方法，本书将政策文件中涉及政策工具的相关条款作为分析单元，并按照前文构建的保护空间三维立体评价模型进行分析类目设置，如表 8-1 所示。

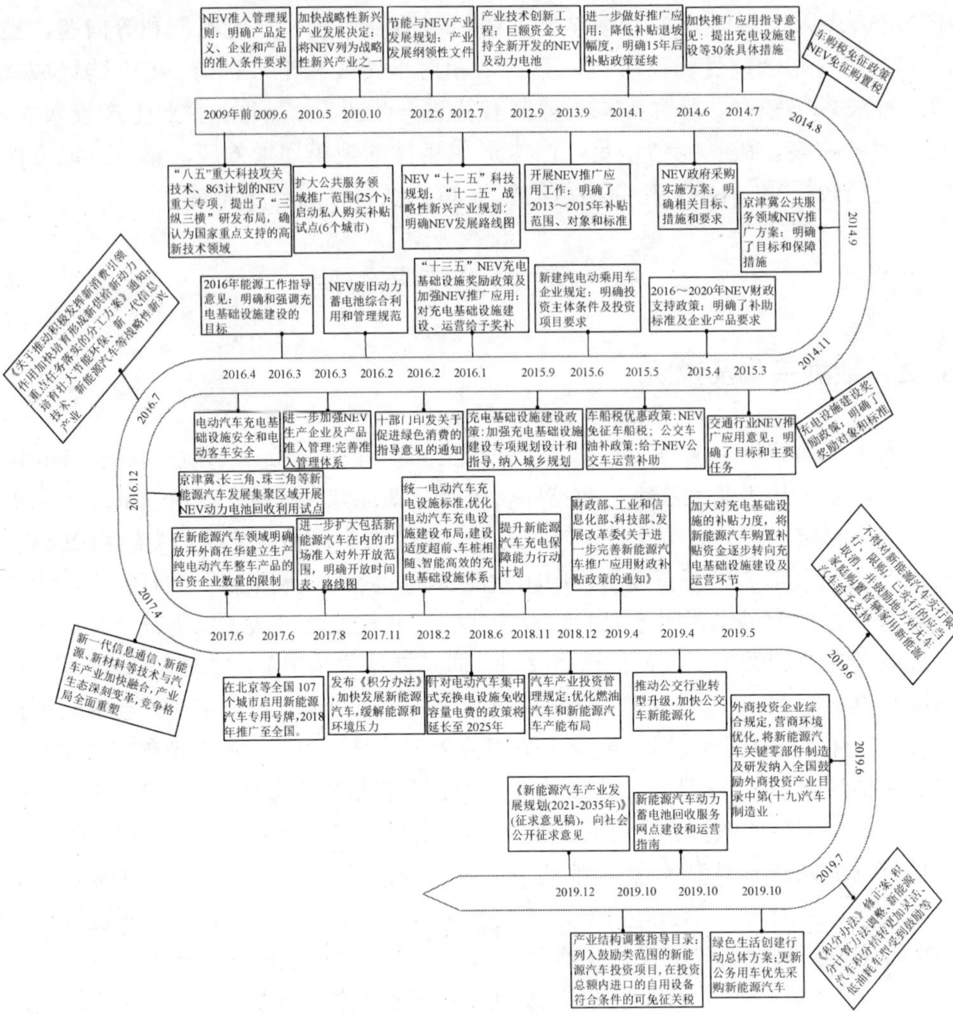

图 8-1　中国 NEV 产业支持政策时序

资料来源：根据本书收集的政策文本以及《2015 年新能源汽车蓝皮书》完善补充所得

表 8-1　中国政府构建 NEV 产业化保护空间运用的政策工具类型、名称及界定

类型	名称	举例
环境型	产业规划	将 NEV 列为战略性新兴产业之一，并制定产业规划和 NEV 发展技术路线图；制定 NEV 与节能产业发展规划；出台《国务院办公厅关于加快新能源汽车推广应用的指导意见》等
	法规管制	出台节能减排低碳发展行动方案、能源发展战略行动计划、大气污染防治行动计划；对传统汽车限行限购、征收拥堵费排污费等；发布 NEV 准入管理、动力蓄电池行业规范、新建纯电动乘用车企业规定、NEV 知识产权管理布局等
	金融支持	发展 NEV 项目直接融资方式，加大对 NEV 种子期、初创期企业投资项目的金融支持力度，提供股权、债权以及信用贷款等融资综合服务；支持 NEV 重点领域投资项目通过债券市场筹措资金；设立 NEV 产业（股权）投资基金，吸引社会资本参加等

续表

类型	名称	举例
环境型	税收优惠	出台车船税减免政策、消费税优惠政策、高新技术企业所得税优惠政策、营业税优惠政策、NEV 购置税免征政策、关税优惠政策等
供给型	研发支持	国家 863 计划、国家科技支撑计划、技改资金支持、国家重点研发计划 NEV 专项、重大创新基地、电动汽车“十二五”科技规划、NEV 产业技术创新工程、NEV 国家级协同创新中心、NEV 孵化器等
	辅助技术	推进动力电池和驱动电机等辅助技术的攻关措施
	基础设施	充电设施发展指南、充电设施建设奖励、充电设施用地政策、明确电动汽车用电价格政策、将充电设施建设纳入城市总体规划等
	服务平台	建立 NEV 新型研发机构和产学研联盟、充电智能服务平台，组建国家电动汽车充电基础设施促进联盟；出台 NEV 高层次人才相关引进和管理政策，搭建高层次人才成果网上展示平台；建立 NEV 论坛，专题培训，大力宣传 NEV 产业发展
需求型	示范项目	执行国家统一推广目录；出台京津冀公共服务领域 NEV 推广方案，加快 NEV 在交通行业推广应用政策，如 NEV 不限购、不限行等
	贸易管制	制定鼓励和限定 NEV 进出口的技术和产品目录，设定外商投资指导目录等
	政府采购	提出 NEV 政府采购实施方案等
	消费者补贴	启动私人购置补贴和新能源公交车运营补贴，或者对专门从事 NEV 运营或提供租赁服务的企业给予补贴等

在精读 259 份政策文件的基础上，从中提取出 NEV 产业化保护空间所运用的含有政策工具的条款，并依据“政策编号-条款号-细则号”规则进行编号，形成中国 NEV 产业化保护空间的政策工具编码信度效度评估表（见附录 2）。经规范化处理，最终统计出 259 个政策文件中总计使用政策工具 1 538 次，基本覆盖了近 20 年在国家层面构建 NEV 产业化保护空间所运用的政策工具，统计分析结果见表 8-2。

表 8-2　政策工具及其在 *Y* 维度和 *Z* 维度使用频次统计表（1999～2019 年）

政策工具类型（X 维度）		功能属性类型（*Y* 维度）			小计	创新生态位成长阶段（*Z* 维度）			小计	总计	比例/%
		防护	培育	认可		孕育期	发展期	涌现期			
环境型（E）	1 产业规划	42	50	73	165	56	58	51	165	630	41
	2 法规管制	59	73	77	209	25	113	71	209		
	3 金融支持	21	29	57	107	14	49	44	107		
	4 税收优惠	16	65	68	149	15	60	74	149		
供给型（S）	1 研发支持	26	120	52	198	114	62	22	198	478	31
	2 辅助技术	25	35	20	80	34	34	12	80		
	3 基础设施	23	72	20	115	12	51	52	115		
	4 服务平台	20	53	12	85	9	38	38	85		

续表

政策工具类型（X 维度）		功能属性类型（*Y* 维度）			小计	创新生态位成长阶段（*Z* 维度）			小计	总计	比例/%
		防护	培育	认可		孕育期	发展期	涌现期			
需求型（D）	1 示范项目	13	115	35	163	18	44	101	163	430	28
	2 贸易管制	12	34	20	66	32	27	7	66		
	3 政府采购	5	49	32	86	6	53	27	86		
	4 消费者补贴	15	69	31	115	12	57	46	115		
	合计	277	764	497	1 538	347	646	545	1 538	1 538	100

8.3 信度和效度评估

运用文本计量法对政策文件进行统计分析的一个关键环节，就是要对内容分析的类目、条款和编码进行信度和效度评估，旨在保证研究过程和结果的科学性和真实性。

8.3.1 信度评估

所谓信度（reliability）评估，就是指评估研究结果的一致性或稳定性程度，是反映被测特征真实程度的指标（范柏乃和蓝志勇，2009）。政策文件分析法的信度评价主要包括两个方面：首先，类目的信度要高，所建立的类目要遵循“详尽互斥”的原则；其次，判断者间的信度要高，即要求编码者或判断者应具有相应胜任力（程啸天，2011）。本书研究团队近年来一直研究战略性新兴产业和 ST 领域，长期跟踪 NEV 产业的政策体系的演变和最新动态，多年的积累形成了较为客观详尽的认识，因此具有一定的编码和判断胜任力。

类目信度方面，本书的内容分析类目均是团队借鉴已有的研究成果，根据“详尽互斥”的原则构建的。其中，政策工具维度类目划分，是在 Rothwll 和 Zegveld（1985）提出的政策工具分类基础上改良完善而成，该种分类最具有经典性与操作性，目前在学术界得到了广泛认可和应用；功能属性类型维度根据 ST 研究最新成果进行划分，在前文有关保护空间的功能属性部分已进行过详细分析；创新生态位阶段维度的划分，是在 ST 理论对创新生态位划分的基础上（技术生态位、市场生态位）进行了扩充（将市场生态位细分为发展阶段和涌现阶段）。在判断者间信度方面，本书通过专家打分方式进行了一致性检验，专家主要来自广州市技术创新与经济转型研究中心的 8 位研究方向为新兴产业发展和 ST 的专家，专家信度效度评估表详见附录 2，信度评估结果统计如表 8-3 所示。

表 8-3　专家信度评估打分统计表

专家	类目信度	政策工具维度检验	功能属性维度检验	创新生态位成长阶段检验
1	1.0	1.0	0.92	0.90
2	1.0	1.0	0.94	0.95
3	1.0	1.0	0.92	0.91
4	1.0	1.0	0.95	0.93
5	1.0	1.0	0.91	0.92
6	1.0	1.0	0.89	0.88
7	1.0	1.0	0.90	0.91
8	1.0	1.0	0.95	0.93
均值	1.0	1.0	0.92	0.92

Viney（1983）的研究结果表明，一致性系数在 0.8 以上可以接受，大于 0.9 就相当不错。表 8-3 表明专家信度评估打分都高于 0.9，判断者间的一致性系数较高，均符合信度要求。

8.3.2　效度评估

效度（validity），即有效性，是指测量工具或手段能够准确测出所需测量事物的程度（范柏乃和蓝志勇，2009）。由于本研究的内容分析单元为政策文件的有关条款，而条款最终表现为若干政策工具的组合，因此，以基本政策工具作为分析类目，能较大程度上反映政策的真实含义（程啸天，2011）。上述 8 位专家对本书的类目效度，以及 NEV 保护空间的评价模型效度进行了打分。结果如表 8-4 所示，专家们对本研究的评价模型是否能反映 NEV 政策的真实含义，打出了均值为 4.375 的分数（专家效度打分表中，设定了效度分值区间为[0, 5]），表明本书提出的评价模型有效地测评了现有中国 NEV 产业化保护空间的构建情况。

表 8-4　专家效度评估打分统计表

专家	类目效度	评价模型效度	专家	类目效度	评价模型效度
1	4.96	4	5	4.91	5
2	4.94	4	6	4.93	4
3	4.92	4	7	4.94	5
4	4.95	5	8	4.95	4
均值	4.94	4.375	均值	4.94	4.375

8.4 计量结果分析

8.4.1 中国 NEV 产业政策文件的时空分析

如图 8-2 所示，从历年政策文件数量的趋势来看，中国政府出台的 NEV 政策文件呈现一定的跳跃性。大体可以分为六个阶段：①2009 年以前的被动式防护期，主要是通过 863 计划设立 NEV 研究专项开展前期的科学研究，以及将 NEV 列为国家重点支持的高新技术领域之一；②2009～2012 年的起步期，是国家出台扶持 NEV 产业发展政策的一个小高潮；③2013 年的停滞期；④2014～2017 年的爆发期；⑤2018 年下降期；⑥2019 年回升期。总体来说，中国政府高度重视对 NEV 产业的培育和扶持，尤其是在市场生态位发展和涌现阶段，加大了相关政策工具综合运用的力度，旨在加强 NEV 产业的供需协同发展。

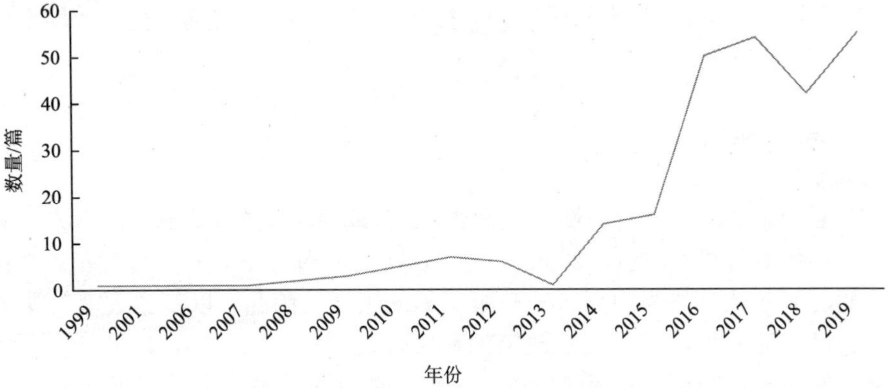

图 8-2　中国 NEV 产业政策文件数量趋势

从政策文件颁布部门的分布来看（表 8-5），参与构建 NEV 保护空间的政府部门及相关部委数量逐年递增，尤其从 2016 年起，涉及的部委颁发文件的频次每年超过了 70 次。工信部、财政部、发改委、科技部 4 个部委颁发得最为频繁，国务院作为中央政府，也颁布了 13 次。此外，其他相关部委（如商务部、环保部、公安部、海关总署、住建部等）近年来也积极响应。这说明，随着 NEV 产业发展，参与构建保护空间的行动者越来越广泛，NEV 社会网络的宽度和深度得以进一步拓展，从而加强了对 NEV 的学习和实验。

表 8-5 中国 NEV 产业政策文件颁布部门分布

发布时间	工信部	财政部	发改委	科技部	国务院	国税局	能源局	交通运输部	其他	合计
2007 年以前	0	0	1	3	0	0	0	0	0	4
2008 年	0	2	0	1	0	2	0	0	0	5
2009 年	1	1	0	1	1	0	0	0	0	4
2010 年	3	2	2	1	1	0	0	0	0	9
2011 年	2	4	3	3	0	1	0	0	3	16
2012 年	3	4	1	3	1	2	0	0	0	14
2013 年	0	0	1	1	0	0	0	0	0	2
2014 年	5	7	6	4	4	1	1	2	2	32
2015 年	10	5	4	3	2	1	1	3	0	29
2016 年	30	9	19	9	1	3	6	1	11	89
2017 年	27	6	19	8	1	8	0	6	8	83
2018 年	31	6	6	4	2	11	2	4	6	72
2019 年	36	7	18	2	0	13	1	5	10	92
汇总	148	53	80	43	13	42	11	21	40	451

8.4.2 X 维度：政策工具分析

根据统计数据，本书整理出历年以来中国构建 NEV 产业化保护空间的三大类型政策工具的演进趋势图（图 8-3）。从该图的曲线变化大体可以判断出：环境型政策工具所占比例在 2017 年以前呈平稳下降的趋势，2017 年以后所占比例逐步上升；供给型政策工具有一定的波动性，在 2011～2012 年达到峰值后逐步下降，

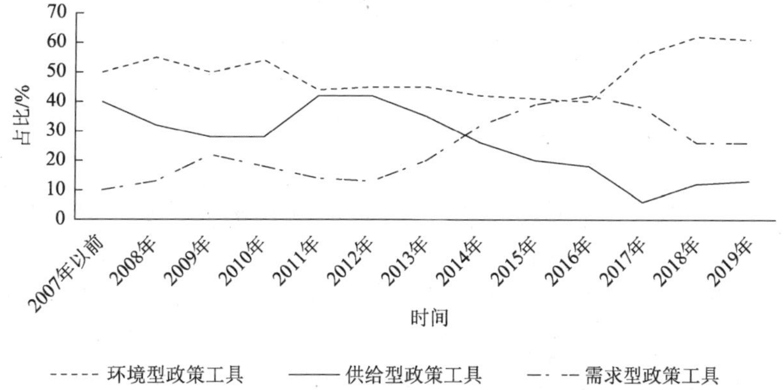

图 8-3 中国历年运用的政策工具类型比例趋势

2017 年以后逐步上升；而需求型政策工具所占比例，在 2012～2013 年以后呈现爆发增长趋势，2016 年达到峰值后逐步下降。可见，三大类型政策工具的使用情况为需求型政策工具的使用量增长最快，而环境型政策工具的使用量增长最慢。随着中国 NEV 产业逐步进入市场生态位涌现阶段，政府运用的政策工具类型变迁趋势为由原来的环境型到供给型再到需求型，转向需求型到环境型再到供给型，进而转向环境型到需求型再到供给型。

图 8-4 是中国现有 NEV 保护空间 *X* 维度三大类型及具体 12 种政策工具的运用情况。其中环境型政策工具占的比例最高（41%），其次是供给型政策工具（31%），最少的是需求型政策工具（28%）。可见，中国政府在构建 NEV 产业化保护空间过程中，环境型政策工具的使用最为频繁，表明政府更倾向于采取产生间接影响的环境型政策工具改善 NEV 市场条件，消除当前主流市场的障碍和减轻现有社会-技术体制的压力，从而促进 NEV 产业的发展。

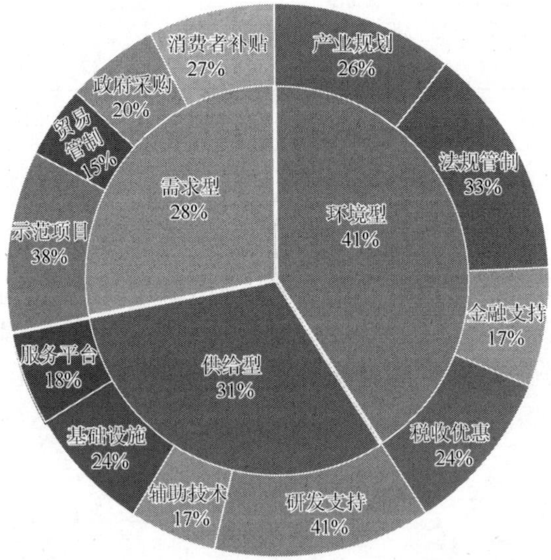

图 8-4　三大政策工具类型及 12 种工具的运用情况

（1）环境型政策各个工具在保护空间构建中的运用情况及分析

在环境型政策中，4 个政策工具的使用频次相对比较平均，其中“法规管制”相对较多（占 33%），“产业规划”和“税收优惠”两者比例大致相同（分别占 26%和 24%），“金融支持”略少（占 17%）。正如前文所述，中国 NEV 产业是政府主导型，“法规管制”和“产业规划”无疑是一种最为简单有效的政策工具，一方面，从宏观层面对 NEV 产业发展要达成的目标和远景做出总体描述和勾画，体现了国家意志，有利于形成共同愿景；另一方面，从社会-技术景观层面主动给现有传统汽车的社会-技术体制造成压力，为 NEV 创新生态位的形成打开机会窗口。

在“法规管制”工具方面，国务院和各相关部委运用的工具更为细致和紧凑，譬如 2014 年 5 月和 6 月，国务院相继印发了《2014—2015 年节能减排低碳发展行动方案》和《能源发展战略行动计划（2014-2020 年）》，提出加大推广 NEV 应用力度和推进 NEV 产业是缓解中国环保和能源问题的重要举措。同年 10 月，发改委等 12 个部委联合印发《加强“车油路”统筹　加快推进机动车污染综合防治方案》，提出要“减少城市公交车燃油补贴和增加对新能源公交车运营补贴”。2015 年 5 月，国务院又印发了《关于加快推进生态文明建设的意见》，提出要将发展节能与 NEV 作为发展绿色产业和培育绿色生活方式的重要手段之一。2018 年 7 月，国务院印发了《打赢蓝天保卫战三年行动计划》，从中央到各部门再到各地方的三年行动计划都将公路运输作为新能源汽车推广的重点区域，并提出了较为明确的配套基础设施建设思路。在标准体系制定方面，全国汽车标准化技术委员会从 2014 年 6 月至 2015 年 5 月的一年中，完成了电动汽车领域一系列重要标准的制修订，截至 2015 年 5 月，正式发布的电动汽车标准有 72 项，正在制修订的标准有 31 项。

在“产业规划”工具方面，颁布的几个关键性政策文件主要出自国务院，包括 2009 年的《汽车产业调整和振兴规划》，提出要“以新能源汽车为突破口，……促进汽车产业持续、健康、稳定发展”；2010 年的《国务院关于加快培育和发展战略性新兴产业的决定》，明确将 NEV 产业确定为战略性新兴产业重要领域之一；2014 年的《关于加快新能源汽车推广应用的指导意见》，从充电设施建设、创新商业模式、加快公共服务领域推广等方面对下一步的重点任务进行了系统部署。2015 年颁布的《中国制造 2025》，也进一步明确了将节能与新能源汽车作为重点发展领域。2016 年颁布的《工业绿色发展规划（2016-2020 年）》中，提出要“面向节能环保、新能源装备、新能源汽车等绿色制造产业的技术需求，加强核心关键技术研发，构建支持绿色制造产业发展的技术体系”。2019 年交通运输部等十二部门和单位颁布的《绿色出行行动计划（2019—2022 年）》，为新能源汽车发展提供了另一个机遇，同时通过加快充电设施的建设和运营，也为绿色出行带来更优良的发展环境。

在“税收优惠”工具方面，2012 年财政部、国税总局、工信部颁布的《关于节约能源　使用新能源车船车船税政策的通知》明确指出，要“对使用新能源的车船，免征车船税”。2014 年财政部、国税总局、工信部《关于免征新能源汽车车辆购置税的公告》指出，“自 2014 年 9 月 1 日至 2017 年 12 月 31 日，对购置的新能源汽车免征车辆购置税”。2016 年起的多项税收优惠政策中列出免征车辆购置税的 NEV 车型目录，旨在促进中国交通能源战略转型、推进生态文明建设、支持 NEV 产业发展。

可见，在环境型政策中，中国政府更侧重使用“产业规划”和“法规管制”这两个具有管制规划性质的工具，目的主要在于通过产业规划，引导和凝聚全社会对 NEV 期望一致性的收敛，促使 NEV 创新生态位的有效形成；通过法规管制工具，给现有传统汽车的社会-技术体制造成压力，为 NEV 技术生态位的形成创造机会，同时规范 NEV 生态环境，为 NEV 发展初期营造了良好的产业环境，保障 NEV 创新生态位能健康顺利成长。但也能看到，“金融支持”这一具有经济激励性质的工具使用相对薄弱，而且存在着宏观指导性政策多，操作性强的具体措施少，扶持力度大的政策更少的情况。NEV 产业是一个高科技、成本风险大的新兴产业，企业在研发、生产和销售过程中需要大量资金支持，加上未形成规模递增效益前，企业投入回报率低，也急需资金支持以度过创业初期的困难。

（2）供给型政策各个工具在保护空间构建中的运用情况及分析

在供给型政策中，“研发支持”占了相当大的比例（41%），这侧面反映了中国政府一直高度重视对 NEV 核心关键技术的研发投入，期望通过 NEV 的技术创新，驱动 NEV 产业的发展。中国政府启动了 863 计划节能与新能源汽车重大项目，组织开展 NEV 产业技术创新工程，建设 NEV 重大创新基地和国家级协同创新中心等，逐步建立了“三纵三横”的技术体系和研发体系。2015 年 2 月，科技部发布了《国家重点研发计划新能源汽车重点专项实施方案（征求意见稿）》，提出“到 2020 年建立起完善的电动汽车动力系统科技体系和产业链，为 2020 年实现新能源汽车保有量达到 500 万辆提供技术支撑”。2016 年 5 月，发改委和工信部下发了《关于实施制造业升级改造重大工程包的通知》，提出将 NEV 整车控制系统、高性能纯电驱动系统先进动力电池及系统集成等列入重大工程包范畴，再一次助推 NEV 的技术创新突破。2019 年发改委办公厅、科技部办公厅、工信部办公厅、能源局综合司在《贯彻落实〈关于促进储能技术与产业发展的指导意见〉2019-2020 年行动计划》中提出“进一步推进我国储能技术与产业健康发展，支撑清洁低碳、安全高效能源体系建设和能源高质量发展”，“推进新能源汽车动力电池储能化应用”。此外，充电桩作为主要的配套基础设施是提高消费者使用便利性、确保 NEV 正常使用和运行的重要保障，因此在供给型政策中，“基础设施”工具占的比例也不小（24%），尤其是 2014 年中国 NEV 产业进入市场生态位形成阶段，运用频率明显提高，如国务院办公厅 2014 年 7 月印发的《关于加快新能源汽车推广应用的指导意见》，从出台充电设施发展规划及技术标准、完善城市规划及相应标准、健全充电设施用地政策、完善充电价格政策、推进充电设施和技术攻关、鼓励公共单位内部停车场建设充电设施、明确充电设施建设责任 7 个方面进行了详细部署。在充电价格优惠方面，2014 年 7 月，发改委发布了《关于电动汽车用电价格政策有关问题的通知》，提出“对电动汽车充换电设施用电实行扶持性电价政策”，以进一步减少使用环节费用，充分利用价格杠杆促进 NEV 推广应用。在建设奖励方面，2014 年 11 月，财政部等四部委联合发布《关于新能源汽车充电设施建设奖励的通知》，提出由中央财政安排资金对推广成效突出且不存在地方保护的推广应用城市（群）给予充电设施建设奖励。2016 年交通运输部、财政部、国家铁路局等六部门联合发布《关于鼓励支持运输企业创新发展的指导意见》，指出“加快新能源汽车配套基础设施建设，促进新能源汽车的推广应用”。2018 年发改委、能源局、工信部、财政部制定了《提升新能源汽车充电保障能力行动计划》，旨在加快推进充电基础设施规划建设，全面提升新能源汽车充电保障能力。2019 年交通运输部等十二部门和单位印发《绿色出行行动计划（2019—2022 年）的通知》，该计划分为 8 个部分，21 条具体措施，其中着重提出要“加快充电基础设施建设。加快构建便利高效、适度超前的充电网络体系建设，重点推进城市公交枢纽、停车场、首末站充电设施设备的规划与建设。鼓励高速公路服务区配合相关部门推进充电服务设施建设。加大对充电基础设施的补贴力度，将新能源汽车购置补贴资金逐步转向充电基础设施建设及运营环节。推广落实各种形式的充电优惠政策”。

当前，政府清晰认识到，中国 NEV 总体的技术水平与国际先进水平相比仍有较大差距，尤其部分核心技术缺乏，关键零部件自主创新能力不强，高性能 NEV 的可靠性和工程化能力相对落后。为了弥补短板和突破瓶颈，现有保护空间所运用的供给型政策工具，研发投入占的比例最大。同时，随着 NEV 市场生态位的形成，政府加大了充电桩的投入力度，以提高消费者使用的便利性，从而保障了有效的需求。但是，在服务平台、辅助技术方面的工具运用存在明显的不足。

（3）需求型政策工具在保护空间构建中的运用情况及分析

在需求型政策工具中，“示范项目”和“消费者补贴”的使用比例各占了 38%和 27%。在“示范项目”工具运用上，政府主要选取示范城市推广和示范应用领域推广两个手段。其中，2009 年，科技部联合财政部率先启动了 NEV 示范推广工作，后续联合工信部和发改委形成了四部委联合的推广机制，实施了两轮共 39 个城市的推广工作。在示范应用领域方面，以推动公交领域 NEV 普及为主，城市公交车成品油价格补助政策调整和 NEV 运营补贴双管齐下。2015 年 5 月，财政部、工信部和交通运输部颁布了《关于完善城市公交车成品油价格补助政策加快新能源汽车推广应用的通知》，明确要充分利用运营补助价格机制的调节作用，补贴额度与新能源公交车推广目标完成情况相挂钩，燃油公交车油补金额逐步退坡，通过燃油车做减法、新能源汽车做加法，“建立鼓励新能源公交车应用、限制燃油公交车增长的新机制”。在交通运输领域，2015 年 3 月，交通运输部印发了《关于加快推进新能源汽车在交通运输行业推广应用的实施意见》，提出截至 2020 年，NEV 在城市交通运输领域（包括公交、出租车和城市物流配送等）的推广总量达到 30 万辆，并提出争取地方政府支持，在交通管理上对 NEV 实行不限行、不限购的鼓励措施。2015 年 4 月，财政部办公厅等四部委联合印发了《关于开展新能源汽车推广应用城市考核工作的通知》，提出通过考核，落实对各推广应用城市（区域）实施方案的完成情况。2016 年，工信部、商务部、科技部发布的《关于加快推进再生资源产业发展的指导意见》提出，“开展新能源汽车动力电池回收利用试点，建立完善废旧动力电池资源化利用标准体系，推进废旧动力电池梯级利用”，重点将围绕京津冀、长三角、珠三角等 NEV 发展集聚区域，选择若干城市开展 NEV 动力蓄电池回收利用试点示范，通过物联网、大数据等信息化手段，建立可追溯管理系统，支持建立普适性强、经济性好的回收利用模式，开展梯级利用和再利用技术研究、产品开发及示范应用。在“消费者补贴”工具中，2014 年 9 月对私人消费者购买 NEV 免征购置税后，补贴政策叠加效应明显。财政部等部门 2015 年 5 月发布《关于节约能源使用新能源车船车船税优惠政策的通知》，提出使用 NEV 免征车船税，并在 2016～2019 年间不定期发布新的车船税减免目录。在沿用 2013～2015 年推广应用支持政策框架基础上，财政部出台了 2016～2020 年 NEV 推广应用财政支持政策。2016 年，财政部、科技部、工信部、发改委发布《关于调整新能源汽车推广应用财政补贴政策的通知》，提出“进一步促进新能源汽车产业健康发展，不断提高产业技术水平，增强核心竞争力，做好新能源汽车推广应用”。

示范项目和消费者补贴两个政策工具在 NEV 推广应用取得良好的政策效应，促使 NEV 产品销售数量大幅增长，显著提高了消费者认知水平和购买意愿，创新了有效需求。截至 2015 年 3 月，中国已成为继美国之后全球第二大 NEV 消费市场。但总体来看，示范项目距离完成申报目标仍存在较大差距，2013 年至 2015 年 3 月底，39 个推广应用城市（群）整体目标完成率只有 29.08%，三分之二的城市（群）完成率不足 20%，超过三分之一的城市（群）完成率不足 10%，推广完成率仍较低。

8.4.3 *X* 维度与 *Y* 维度及 *Z* 维度的关系分析

为了验证 12 个具体政策工具在不同功能属性和不同创新生态位成长阶段的影响作用，本书将政策工具在 *Y* 维度和 *Z* 维度使用的频次统计数据录入 SPSS17.0 软件进行非参数检验，结果见表 8-6。

表 8-6　各类政策工具对功能属性和创新生态位成长阶段的显著作用

类型	政策工具	功能属性			创新生态位成长阶段		
		防护	培育	认可	孕育期	发展期	涌现期
环境型	产业规划	▲（0.000）	▲（0.000）	▲（0.000）	▲（0.000）		▲（0.000）
	法规管制	▲（0.000）				▲（0.000）	
	金融支持		▲（0.000）	▲（0.000）		▲（0.000）	
	税收优惠		▲（0.000）	▲（0.000）		▲（0.000）	
供给型	研发支持	▲（0.000）	▲（0.000）		▲（0.000）	▲（0.000）	
	辅助技术		▲（0.000）			▲（0.000）	
	基础设施		▲（0.000）			▲（0.000）	▲（0.000）
	服务平台		▲（0.000）				▲（0.000）
需求型	示范项目		▲（0.000）	▲（0.000）	▲（0.000）		▲（0.000）
	贸易管制	▲（0.000）					
	政府采购		▲（0.000）			▲（0.000）	
	消费者补贴	▲（0.000）	▲（0.000）		▲（0.000）	▲（0.000）	▲（0.000）

注：括号内数字为 *sig* 值，如果 *sig*.<0.05，认为具有显著影响；▲表示有显著影响

同时，根据三大类型政策在 *Y* 维度和 *Z* 维度使用的频次形成图 8-5，展示三大类型政策所发挥的不同功能属性，以及主要作用于不同创新生态位成长阶段的相对比例关系。

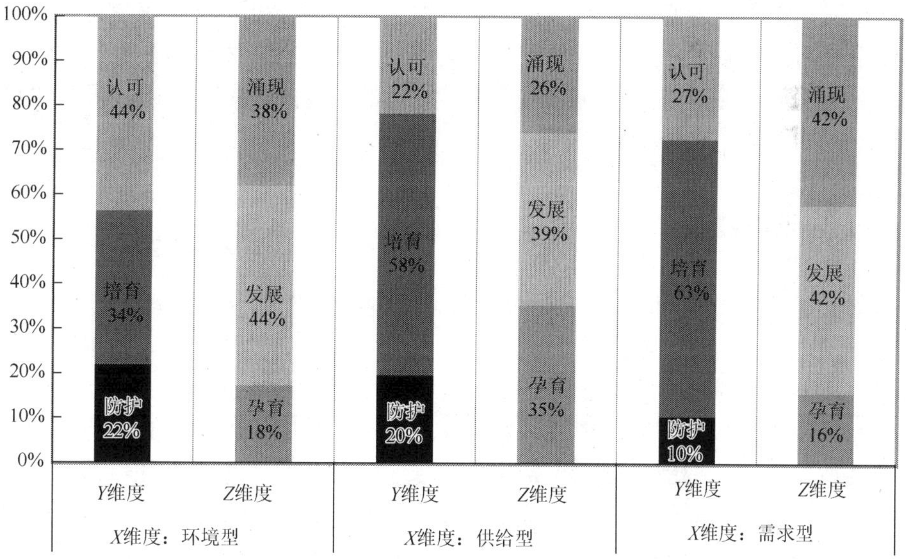

图 8-5　三大类型政策与功能属性及创新生态位成长阶段的统计

同一种政策工具可以被用来实现不同的政策目的，可以被用来推动创新生态

位的不同成长阶段。结合表 8-6 和图 8-5，本书梳理归纳了现有中国 NEV 保护空间所运用的政策工具与其功能属性及作用于创新生态位成长阶段的大体情况：

①环境型政策主要发挥着认可和培育两种功能，在 NEV 创新生态位发展期作用最大（占 44%）。供给型政策和需求性政策主要承担着培育功能，而供给型政策在发展期的作用最为明显，发挥防护功能的效果有限（只占 20%），需求型政策在创新生态位的发展期和涌现期都有较大的影响（占 42%）。

②12 个具体政策工具中，绝大部分政策工具发挥了培育功能（包括产业规划、金融支持、税收优惠、研发支持、辅助技术、基础设施、服务平台、示范项目、政府采购和消费者补贴 10 个工具），其次是防护功能（包括产业规划、法制管规、研发支持、贸易管制和消费者补贴 5 个工具），而发挥认可功能的工具只有 4 个（产业规划、金融支持、税收优惠和示范项目）。

③在创新生态位不同阶段作用影响方面，12 个具体政策工具中有 8 个在发展期具有显著作用，其次是涌现期（包括产业规划、基础设施、服务平台、示范项目和消费者补贴 5 个工具），而在孕育期阶段只有产业规划、研发支持、示范项目和消费者补贴这 4 个工具有影响。可见，政府目前构建的保护空间主要针对 NEV 创新生态位发展期，也表明了中国 NEV 产业化正处于市场生态位的形成阶段。

④产业规划同时展现了防护、培育和认可的功能，并在孕育期和涌现期都有显著作用；研发支持和消费者补贴两个工具同时发挥了防护和培育功能，在孕育期和发展期作用更为明显；示范项目则承担了培育和认可功能，在孕育期和涌现期作用显著；基础设施工具在发展期和涌现期对创新生态位作用显著，主要发挥了培育的功能。这反映了不同的政策工具发挥的功能并不是单一的，同时也可作用于不同的创新生态位阶段。

8.4.4 启示与建议

前文基于 NEV 产业化保护空间的三维立体评价模型，通过文本计量法详细解读了中国现有扶持 NEV 产业的政策工具及其所发挥的功能和作用的不同创新生态位阶段的情况。综合相关分析结果，可得到以下几点启示：

第一，中国政府高度重视通过发挥保护空间的功能来促进 NEV 产业化的进程，并取得了良好效应。虽然个别年份出现了扶持政策“空白”的特殊情况，但总体来说，近年来保护力度逐年提高，整个保护空间水平不断提升，尤其是随着 NEV 进入市场生态位形成的关键时期，更是加大了相关政策工具综合运用的力度。同时，参与构建保护空间的行动者越来越广泛，有利于进一步拓展 NEV 社会网络的宽度和深度。

第二，政府注重运用形式多样的政策工具及组合来发挥保护空间的不同功能。

不同的政策工具为了达到同一个政策目标，可以发挥同一种功能属性，譬如为了增强保护空间的培育功能，政府就采取了 10 个具体的政策工具。

第三，政府针对 NEV 创新生态位所处的不同阶段，会选取若干个相应的政策工具来组合使用。如为了加快 NEV 创新生态位在发展阶段的成长，政府采用 8 个政策工具来破除该阶段的障碍因素，以提升 NEV 产业化水平。

但与此同时，计量分析的结果也揭露了中国现有保护空间的构建存在着个别政策工具运用过溢、政策的连续性和稳定性不够、运用的政策工具与创新生态位阶段不完全匹配，以及政策执行效果不理想等问题。为此，本书认为政府当务之急是要加强对当前中国 NEV 产业化水平所处的创新生态位阶段的研判，根据 NEV 创新生态位的发展情况，合理选取和综合运用相匹配的政策工具，充分发挥不同政策工具及其组合的功能属性，促进 NEV 需求侧和供给侧的有机融合和协同发展。计量结果表明，政府前期构建保护空间主要运用供给型政策，为 NEV 产业化的发展提供研发支持和投入要素资源，以加快研发产品的产业化进程，但目前存在着对需求侧，即消费者激励性质的政策工具安排力度相对不足，以及对激励技术创新和维护公平市场竞争秩序等环境方面的政策工具安排不甚合理的弊端。因此，政府应该结合当前中国 NEV 产业正处于市场生态位形成阶段以及该阶段影响创新生态位进一步扩散的关键障碍因素，政策工具的选择和运用的着力点应该放在不断完善供给面到环境面再到需求面，进一步丰富需求型政策的工具选择，加大需求型政策工具的保护力度，引导和激发消费市场，促进 NEV 有效需求和供给的协同发展。同时，要加强对保护空间所运用政策工具的效应的及时跟踪与科学评价，在保持政策工具使用的稳定性和连续性基础上，动态调整和优化政策工具的选择和使用。结合上述观点，在具体政策工具使用方面，本书提出以下几点建议。

①消费者补贴政策工具方面，首先，要加大消费者补贴的力度；其次，要考虑消费者补贴的宽度：最后，要购置补贴和运行补贴。

②基础设施政策工具方面，一是出台统一基础设施建设规划，推动互联互通。明确各地充换电基础设施建设主体，同时明确城市停车场充电桩配建比例要求。二是健全充换电基础设施标准体系，建立充电桩认证制度，从根本上解决充电桩兼容性问题。三是以满足用户需求为根本，创新商业模式，推动社会资本投资，政府要在用地、用电等方面给予政策和资金支持。鼓励多种方式参与建设多元化的充电设施网络，同时注意公共充电设施布局与充电需求相结合，提高车桩比例，提高公共充电设施的使用效率。

③研发投入政策工具方面，继续实施 NEV 技术创新工程，推动技术提升和产品的市场化。建议在总结前期经验的基础上，继续实施 NEV 技术创新工程，重点支持具备核心技术的企业研发适合市场需求的 NEV 产品，并鼓励企业进行联合开发，加快关键技术突破。

④金融支持和税收优惠政策工具方面，一是要设立 NEV 产业发展基金，优先支持具有核心竞争力的企业发展。二是进一步拓宽 NEV 企业的投融资渠道，鼓励企业通过境内外上市、发行债券、银行贷款等形式拓宽融资渠道，吸纳民间资本，实现投资主体多样化。三是进一步对 NEV 及相关零部件进口给予关税优惠，降低企业研发和生产成本。

⑤服务平台政策工具方面，建立和完善 NEV 产业信息传递机制，加大对 NEV 的宣传力度，提高企业和消费者认知度，进一步激发私人购买 NEV 的意愿和企业参与 NEV 产业的投扩产积极性。鼓励优秀 NEV 企业加快“走出去”，支持企业通过设立研发机构、并购等方式融入国际市场，支持国际技术合作，参与国际规则制定，逐步培养国际竞争力。

第四篇

评 价 分 析

第9章　ST视角下保护空间的建模与仿真

保护空间促进新技术产业化过程中，遵循着“触发—作用—反馈—退出”的运行机制，其针对新技术创新生态位发展阶段运用不同的政策工具发挥着不同的功能。目前，针对NEV产业化保护空间构建后的跟踪评价、预测分析和退出机制研究较少，对如何结合创新生态位不同阶段，综合运用政策工具及组合的效果关注更少。因此，本章将运用SD理论及其方法，构建中国NEV产业化保护空间的SD模型，设计了三种仿真方案并对其进行分析，进行系统的策略实验，旨在进一步验证保护空间的运行机制，跟踪和判断保护空间后期的演化，测量政策工具及其组合的效应，从而为政府构建和优化NEV产业化保护空间提供参考。

9.1　SD及其在NEV产业化中的应用

9.1.1　SD概述及其建模过程

（1）SD概述

系统动力学（system dynamics，SD）是一门控制论与反馈论相结合，专门研究具有交互作用、反馈信息、非线性特征的复杂系统内部动态结构与行为的科学，尤其适合用于非线性、高阶次的复杂系统问题研究。由于在处理“复杂的时变系统”中给出了合理的解释，赢得了政府、企业界、学术界的高度评价（杨学君，2014；梁大鹏等，2012）。SD建模的核心思想，是认为某个复杂系统的内部动态结构和反馈机制决定了该系统的行为模式与特性。任何复杂系统都可分解为由多个子模块形成的子系统，在各个子系统和内外动力的交互作用下，复杂系统将按自组织演化的规律而发展。SD理论、方法和工具不断完善，20世纪七八十年代在全球范围内迅速发展，确立了其在社会经济系统问题研究中的地位。从20世纪90年代起，SD在众多领域得到了更为广泛的应用并取得新发展。近年来，SD研究趋势重点集中在自动确定变量空间、自动进行灵敏度分析和极端条件测试、自动的交互变量估计，以及校准与政策寻优等方面（钟永光等，2013）。

相对于多Agent仿真、Bass扩散和计量经济数学等建模方法，SD理论及其方法具有自身的优势和特征：①是一种因果机制的模型（程善宝，2010），是对系统内部要素之间交互作用的一种描绘。②更适用于处理时间跨度较长或具有周期性规律的社会经济系统问题。③以反馈为基础，尤其适用于处理对数值精确度要求不严格的复杂社会经济问题，弥补系统研究中缺乏数据或者某些参数关系难以量化的不足（程善宝，2010；梁大鹏等，2012；苏懋康，1988）。④SD 通过对现实的社会经济问题进行模块化和流程化，从而获得描述该问题构造的系统模型，由此运用计算机进行仿真分析，从而获得对系统后期演化的跟踪和判断，实现社会经济系统的策略实验。从这个角度而言，SD 通常被看作是一个“仿真实验室”，决策者能利用此实验室试验变更各种系统结构，从而可通过对实验的结果分析制定合适的决策。

（2）SD 建模过程

SD 建模本质上是一个学习、调查和研究的过程，建模的过程要遵循三个基本原则：一是近似性，即所建立的模型与所要模仿的现实复杂系统的相似程度；二是可靠性，即模型对现实系统的数据复制的精度；三是目的适度，即模型和建模目的之间的符合程度，反映建模者对模型分析理解的合理程度。具体建模步骤包括以下几点。

第一，明确研究问题，确定系统边界。具体包括：①研究问题和目的。建模要解决什么具体的社会经济问题？为什么需要用建模方法来处理？②关键变量（或主要因素）的辨识。影响系统的关键变量或主要因素是什么？这些变量或因素是如何遴选出来的，它们之间存在怎样的因果反馈关系？③系统仿真的时限。所要研究的系统从何时开始？将在何时结束？

第二，提出动态假设，建立仿真模型。①现有理论对该问题的解释。如何解释现有存在问题的行为？②提出假设。根据系统内部的反馈结构提出导致动态变化的假设。③绘制因果回路图和存量变量图。根据初始假设、关键变量等建立因果结构图。

第三，明确决策规则，确定初始条件。①写出变量的函数方程，明确决策规则。②确定参数、行为关系和初始化条件。③测试目标和边界的一致性。

第四，测试模型，调整完善。①以历史数据为基准进行模拟，比较分析模型的真实性和相关性。②分析强壮性，在极端条件下测试建立的模型行为结果是否符合现实。

第五，设计政策，评估效应。①设计政策。根据问题，现实中可实施哪些政策，如何表示？②效果分析。实施这些政策会产生怎样的效果？③灵敏度分析。分析不同的政策及其组合方案的效应。④耦合性分析。分析不同的政策组合是否存在交互作用？

9.1.2 SD 与 NEV 产业化保护空间的分析

（1）NEV 产业化保护空间的系统结构及运作过程

从 SD 角度看，NEV 产业化保护空间就是以政府为主导，运用各种政策工具引导和分配资金、知识和人才等创新资源到系统中（保护投入），这些政策工具在系统中交互作用，发挥其特有的功能参与 NEV 产业化过程（保护产出），最终实现 NEV 产业的可持续发展（保护效益）。在保护效益达到一定的目标值时，将逐步撤离保护空间。借鉴投入—产出—收益逻辑模型，本书构建了 NEV 产业化保护空间的运作过程模型，同时将其划分为保护投入、保护产出和保护效益三个子系统，如图 9-1 所示。

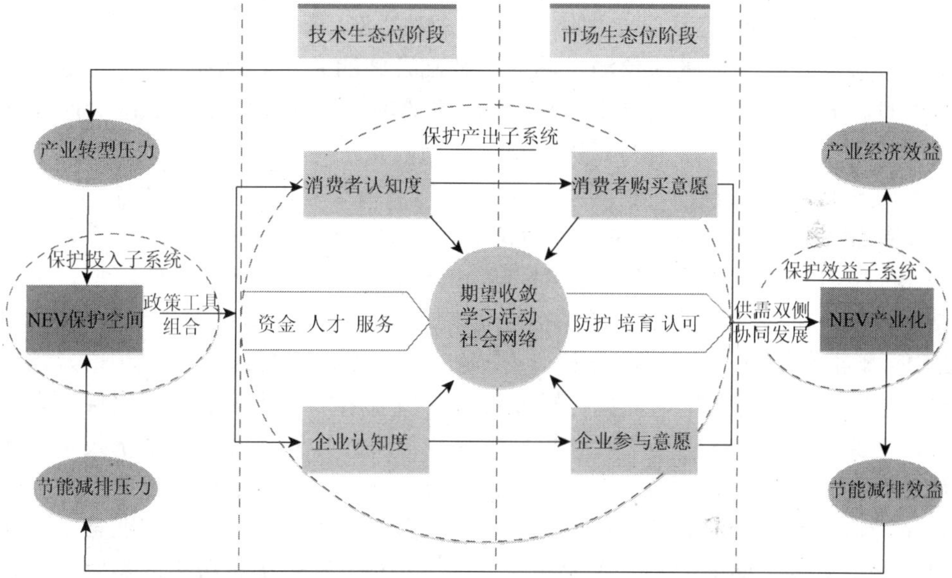

图 9-1　NEV 产业化保护空间的系统构成及运作过程模型

（2）可行性和适用性分析

从图 9-1 分析可知，NEV 产业化保护空间的演进具体表现为保护投入、保护产出和保护效益三个子系统的交互作用。由于受到产业转型和节能减排的压力，政府启动了保护空间的构建，加大了各种类型的政策工具的使用力度，通过各类政策工具及组合运用，引导和调动相关的资源作用系统；通过发挥其“防护-培育-认可”功能，提升消费者的认知度、购买意愿和企业的认知度与参与意愿，从而促进 NEV 供给侧和需求侧的协同发展，最终提升 NEV 产业化的水平（保护产出）；NEV 产业化水平的提高，反过来又促使保护效益（产业经济效益和节能减排效益）减轻了原有的产业转型和节能减排给予政府的压力，由此形成了一个负反馈。从 NEV 产业的保护空间系统内部各种政策工具交互作用分析，其作用过程是一个循环反馈过程，存在因果反馈关系，同时政策工具、企业和消费者相互作用关系具有复杂性和非线性，也正是这种复杂性和非线性，导致了 NEV 产业系统演化的时滞性。可见，NEV 产业化本质是一个具有高阶次、多变量、多回路和强非线性反馈结构的动态复合系统，其系统行为具有反直观性、对内部参数变化的不敏感性等特性，这与 SD 所强调的时间信息、结构关系等对系统行为影响的特征吻合。同时，还具备了因果关系、变量数据和系统逻辑等用 SD 相关理论和方法构建模型必需的基本条件。因此，采用 SD 建模合适，更具有可行性。

（3）SD 在 NEV 产业化的应用研究

当前，国内外不少学者运用了 SD 建模仿真分析了 NEV 产业化过程。Schneider 等（2004）从企业主体角度出发建立 SD 模型，分析研究了 NEV 企业不同发展策略下前景的预测，验证了基础设施的完善对 NEV 产业化影响的重要性。程善宝（2010）建立了混合动力汽车的 SD 仿真模型，对政府产业化投入、购置补贴、直接购买和优惠税率四项政策进行了仿真。曾鸣等（2012）结合汽车市场最大容量、自然增长率以及竞争系数等影响因素，构建了 NEV 与传统燃油汽车的 SD 模型，并对两者的未来市场保有量进行了模拟分析。Kwon（2012）构建了网络效应下 NEV 市场库存与运营成本的 SD 模型，仿真结果表明，如果 NEV 运营成本存在着强网络效应，在没有政策干预的情况下，NEV 在相当长的一段时期内成功转型是非常困难的。任海英等（2013）运用 SD 建模对优惠税率政策进行仿真分析，结果显示单一政策的作用效果有限，无法达到 NEV 产业化各个状态指标的目标值。郭洋洋（2014）基于技术成熟度的视角，从外部支撑力、技术竞争力、市场竞争力和持续成长力四个维度构建了纯电动汽车产业竞争力的 SD 模型，仿真分析了纯电动汽车产业技术成熟度与产业发展之间的关系。卢健和陈学广（2014）基于优惠税率的激励机制建立了相应的 NEV 产业化的 SD 模型，对不同时期的 NEV 产业优惠税率和传统汽车制造业加征所得税率这两个激励工具进行了仿真分析，仿真结果表明该激励机制在拓展新能源汽车消费市场的同时，未减少国家财政的企业所得税收入。相比单一政策作用下的情形，各个状态指标都得以改善，激励效果明显。王中奇和马俊（2014）针对节能与 NEV 市场发展的政府政策、技术水平、居民消费水平、使用费用、环保、消费心理六个方面的影响因素，建立 SD 模型，对 NEV 产量做出了预测。郑士尧（2015）建立了电动汽车购买补贴的 SD 模型，仿真分析了购买补贴政策对电动汽车保有量增长变化的影响，其研究结果表明，合理的价格补贴会对消费者购买电动汽车决策起到良好的引导作用。宋燕飞等（2016）以上海汽车产业创新生态系统为例，建立了汽车产业创新生态的 SD 模型，仿真结果表明在汽车产业创新生态系统形成和发展初期，汽车产业的发展随着政府引导系数的增减变化较为敏感。周昊等（2016）建立电动汽车规模预测的 SD 模型，仿真分析了不同补贴政策、不同场景（油价 + 补贴 + 便利程度）下电动汽车的发展趋势，其仿真分析结果表明，在 NEV 发展初期，规模小、技术水平较低、基础设施建设不够完善都将制约 NEV 的推广，政府补贴将是推动 NEV 产业化的主要力量。

可见，SD 建模理论及其方法近十年来在 NEV 产业化研究中受到学术界的高度重视，积累了不少成果。基于此，本书在前人研究的基础上，基于 ST 视角建立 NEV 产业化保护空间的 SD 模型，探讨保护空间在 NEV 产业系统内的动力演化，跟踪验证和仿真预测保护空间中的政策工具及其组合对 NEV 产业系统的影响效应，以弥补当前对新技术产业化保护空间的运行机制分析和政策效应评价研究的不足。

9.2　模 型 构 建

9.2.1　建模目的和基本假设

（1）建模目的

本书建模的目的一是为了验证上一章中国 NEV 产业化保护空间的运行机制和评价模型，以及具体所运用的三大类型政策工具演化趋势；二是结合当前中国 NEV 产业的现实情景，分析具体政策工具及其组合效应。

（2）基本假设

由于 NEV 产业化保护空间系统的复杂性，加上保护空间系统特有的运行机制，本书将利用若干假设，暂时忽略与本书讨论的主要问题关系不太大的次要因素，抓住系统演化的主要矛盾和规律。根据本书研究需要，提出了以下基本假设：

假设①：模型运行的周期，只限于保护空间对 NEV 产业系统发生作用的时期，不考虑保护空间完成撤离后的情况。基于此，本书以《中国制造 2025》规划和“十三五”规划中节能与 NEV 产业发展的战略目标为依据，设定模型结束时间为 2025 年，即表示 NEV 产业化水平达到一定理想程度时，政府将逐步减弱保护水平，直至 2025 年保护空间水平降为零，政府完全撤离保护空间，NEV 的发展按市场机制运行。

假设②：以政府为主导构建的保护空间（各种政策工具及其组合）在一定时期内对 NEV 产业化水平的提升将产生正反馈作用。建模考虑的影响因素和变量，限于前述三大类型的 12 种政策工具。

假设③：系统主体方面，只考虑保护空间对企业主体和消费者主体的影响，而对研发机构、中介机构和金融机构的影响融入相关的政策工具中，不单独考虑。

假设④：根据保护空间运行机制，设定模型中 NEV 产业化水平达到一定程度时（通过设定一个目标值），政府受到的产业转型压力和节能减排压力减少，将不再增加保护提升力度，同时采取一定衰减力度逐步撤离保护空间，直至保护空间水平降为零。

9.2.2 因果回路图

因果回路图是通过解释和揭示系统内各要素以多条反馈回路进行交互作用而形成的因果关系来了解系统动态特性的主要方法。本书根据保护空间的运行机制、NEV 产业化保护空间系统中三个子系统的交互作用和因果分析，以及上述模型边界、假设条件以及重要变量定义，借助 Vensim 软件形成了总的因果回路图，如图 9-2 所示。

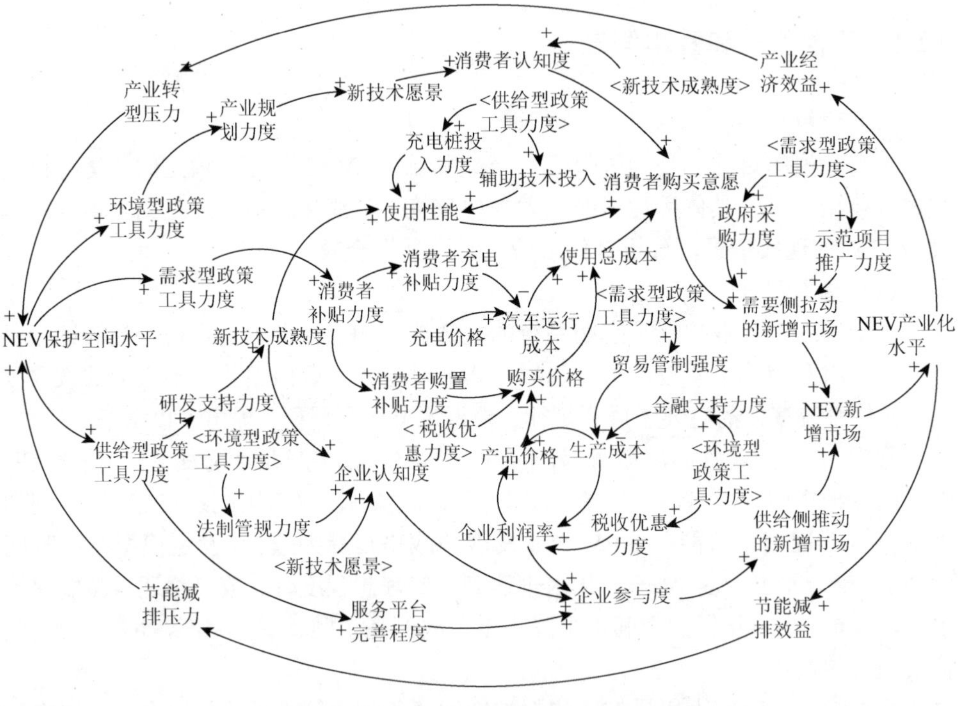

图 9-2 NEV 产业化保护空间系统因果回路图

从图 9-2 中可看出，NEV 产业化保护空间系统的总因果回路“保护投入↑→保护产出↑→保护收益↑→压力↓→保护投入↓”是一个负反馈。负反馈回路的作用是促使系统行为趋于稳定，寻求平衡和停滞，从而将系统状态带到目标状态，这与 ST 理论中所提到的有关保护空间的运行机制——当新技术产业化发展到一定水平时政府应该逐步撤销保护空间——是相符的。图 9-2 中共存在 21 条反馈回路，根据本书研究需要，对以下几条反馈回路做简要说明。

①充电桩投入回路：“NEV 保护空间水平→供给型政策工具力度→充电桩投入力度→使用性能→消费者购买意愿→需求侧拉动的新增市场→NEV 新增市场→NEV 产业化水平→效益→压力→NEV 保护空间水平”（回路长度为 10）。这条回路表明，随着充电桩基础设施的不断完善，NEV 的使用更加便利，性能得到不断提升，消费者对 NEV 的使用需求得到满足，购买 NEV 的意愿提高，从需求侧方面拉动形成新增市场，从而提高 NEV 产业化水平。

②消费者补贴回路，分为两条子回路：“NEV 保护空间水平→需求型政策工具力度→消费者补贴力度→消费者购置补贴力度→购买价格→使用总成本→消费者购买意愿→需求侧拉动的新增市场→NEV 新增市场→NEV 产业化水平→效益→压力→NEV 保护空间水平”（回路长度为 12）和“NEV 保护空间水平→需求型政策工具力度→消费者补贴力度→消费者充电补贴力度→汽车运行成本→使用总成本→消费者购买意愿→需求侧拉动的新增市场→NEV 新增市场→NEV 产业化水平→效益→压力→NEV 保护空间水平”（回路长度为 12）。这两条回路，分别考虑了消费者购置补贴和消费者充电补贴，从消费者购买 NEV 价格和日常使用成本两个方面考虑如何提高消费者的购买意愿，从需求侧方面拉动形成新增市场，从而提高 NEV 产业化水平。

③税收优惠回路，分为两条子回路：“NEV 保护空间水平→环境型政策工具力度→税收优惠力度→企业利润率→企业参与度→供给侧推动的新增市场→NEV 新增市场→NEV 产业化水平→效益→压力→NEV 保护空间水平”（回路长度为 10）和“NEV 保护空间水平→环境型政策工具力度→税收优惠力度→企业利润率→产品价格→购买价格→使用总成本→消费者购买意愿→需求侧拉动的新增市场→NEV 新增市场→NEV 产业化水平→效益→压力→NEV 保护空间水平”（回路长度为 13）。这两条回路表明，税收优惠政策工具会提高企业利润率，从而增加企业参与生产 NEV 的积极性，从供给侧方面拉动形成新增市场；同时，也会降低 NEV 产品价格，从而提高消费者的购买意愿，从需求侧方面拉动形成新增市场。

9.2.3　存量流量图

存量流量图是在因果回路图的基础上用方程式对系统进行更细致和深入的描述，不仅能清楚地反映系统要素之间的逻辑关系，还能进一步明确系统中各种变量的性质，刻画反馈与控制过程。明确存量流量图前，要做好变量的选择。本书建立的 NEV 产业化保护空间模型，共涉及 76 个变量（其中状态变量 10 个，速率变量 10 个，辅助变量 56 个），12 个常量。其中选取了 NEV 保护空间水平作为保护投入子系统的状态变量；NEV 产业化水平、产业转型压力、节能减排压力、产业经济效益和节能减排效益作为保护效益子系统的状态变量；同时，按创新生态位阶段，选取了消费者认知度、消费者购买意愿、企业认知度和企业参与度作为保护产出子系统状态变量，具体见表 9-1。

表 9-1　保护产出子系统的状态变量

创新生态位阶段	状态变量	
	消费者主体	企业主体
技术生态位	消费者认知度	企业认知度
市场生态位	消费者购买意愿	企业参与度

综上所述，本书依据 ST 理论，从 NEV 产业化保护投入、保护产出和保护效益三个子系统，在 SD 的分析框架下定义各变量和变量之间的因果关系，从而得出了 NEV 产业化保护空间的 SD 模型流程图，模型中的主要变量及其定义如表 9-2 所示。

表 9-2　模型中主要变量解释

序号	变量名称	定义
1	保护空间水平	政府为发展 NEV 产业运用的政策工具及组合的投入程度
2	保护提升力度	政府为发展 NEV 产业增加保护投入的力度
3	保护衰减力度	政府逐步撤销保护 NEV 产业发展政策的力度
4	三大类型政策工具力度	供给型、需求型和环境型政策工具在某时点所运用的频率
5	12 种政策工具力度	12 种政策工具在某时点所运用的频率
6	新技术愿景	对 NEV 技术未来发展前景的认识程度
7	新技术成熟度	NEV 新技术性能稳定性和先进性的程度
8	消费者认知度	消费者对 NEV 的技术优势和使用性能的理解程度
9	企业认知度	企业对 NEV 产业未来市场前景的理解程度
10	消费者购买意愿	消费者愿意采取行动购买 NEV 的概率
11	企业参与度	企业愿意参与投入到 NEV 行业的比例
12	汽车使用总成本	消费者使用 NEV 的总成本，包括购买成本和运行成本
13	汽车运行成本	消费者使用 NEV 的充电成本和维修成本
14	购买价格	消费者购买 NEV 的价格
15	需求侧拉动的新增市场	由需求侧层面增加而形成的新增 NEV 市场份额
16	供给侧推动的新增市场	由供给侧层面增加而形成的新增 NEV 市场份额
17	NEV 新增市场	供需双侧协同发展而形成的新增 NEV 市场份额
18	NEV 产业化水平	NEV 在现有汽车市场占有的市场份额

利用 Vensim 软件勾画了基于 ST 理论的 NEV 产业化存量流量图，如图 9-3 所示。

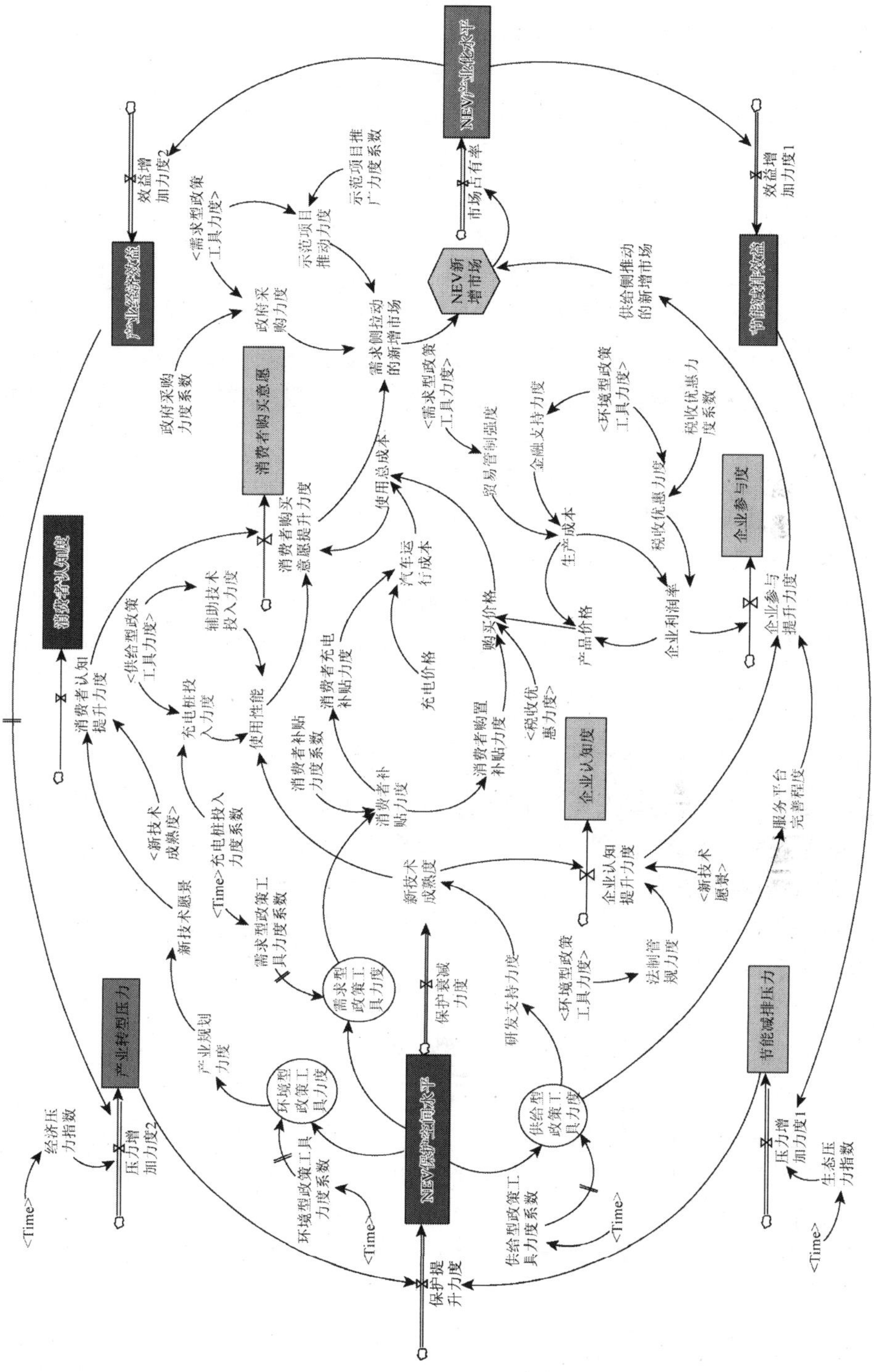

图 9-3 NEV 产业化存量流量图

本书模型仿真时间设置情况如下：①INITIAL TIME = 2007；②FINAL TIME = 2025；③TIME STEP = 1 年。模型中主要变量的选择和计算方程以及初始的赋值（见附录 3）是在参考了大量相关文献，根据政府对 NEV 产业化的政策保护投入、产出及效益分析得到的变量间关系基础上制定的，相关说明如下。

①在模型中为 NEV 产业化水平设定一个目标值。当达到目标值时，政府将不再提高保护力度，同时还将逐步减弱保护，降低保护空间水平。目标值的设定将以《中国制造 2025》行动纲领中提到的，到 2020 年“新能源汽车年销量突破 100 万辆”为依据。同时，当系统仿真 NEV 产业化水平达到目标值时，设定保护提升力度为零（政府不再加码提升保护力度），且保护衰减力度为 40%①（政府按每年 40%的力度降低各类政策工具的保护力度。以消费者购置补贴为例，当 NEV 产业化水平达到目标值时，以后每年采取降低 40%的退坡机制）。

②三大类型政策工具和 12 种政策工具力度的初始值，主要来自第六章收集的政策文本，以基于文本计量方法形成的 2007～2016 年中国现有 NEV 保护空间三大类型的 12 种具体政策工具运用的统计分析数据作为依据。

③每个政策工具在其所属政策类型的重要程度（权重比例），是通过专家调查问卷以及熵值法确定的，具体包括产业转型压力、节能减排压力、新技术成熟度、法制管规力度、新技术成熟度、充电桩投入力度、消费者购置补贴、消费者充电补贴等。

④有些参数的计算和赋值为定性分析，本书考虑参数特点及其因果关系，结合 2007～2015 年节能与新能源汽车网提供的相关数据估值判断，并在模型调试而得，这些参数包括 NEV 保护空间水平、产业转型压力初始值、节能减排压力的初始值、效益增量、新技术愿景的计算公式等。此外，供给型政策工具力度系数、环境型政策工具力度系数、需求型政策工具力度系数、生态压力指数、经济压力指数等通过表函数来运行。

9.3 模型检验

模型检验是构建和运行 SD 模型的关键环节和必要步骤，是保证仿真分析科学性和合理性的前提基础。本书对所构建的 NEV 产业系统保护空间 SD 模型除了进行一般性检验之外，同时还采取了结构性、真实性和相关性等检验手段，多方位构筑模型的检验体系，确保模型构建遵循近似性、可靠性和目的适度的原则。

① 保护衰减力度为 40%，是综合借鉴了当前个别国家（如英国、芬兰、荷兰等）对新兴产业财政补贴采取退坡机制的数据而得。

9.3.1　一般性检验

本书在对 NEV 产业化保护空间系统进行分析与建模时，已参考了大量相关的文献资料、政策文本和 NEV 产业研究报告，向相关领域专家（尤其是广州市技术创新与经济转型研究中心、广东省系统工程学会和广东工业大学技术创新与经济转型研究团队的专家）进行了详细咨询。本书所建立的因果回路图和存量流量图，以及相关参数选取和方程式计算等，获得了专家们一致的验证与认可。同时，本书根据专家反馈的意见和建议，反复调试模型，对模型边界适当性和结构评价进行了测试，基本保证了模型结构与 NEV 产业化保护空间的实际相一致。

此外，本书通过 Vensim 软件中自带的“模型检验”功能进行运行检验。为了在量纲具有现实意义的前提下保证模型中方程的量纲统一，还通过软件自带的“单检验”功能进行了量纲一致性检验。两者检验的结果如图 9-4 所示。

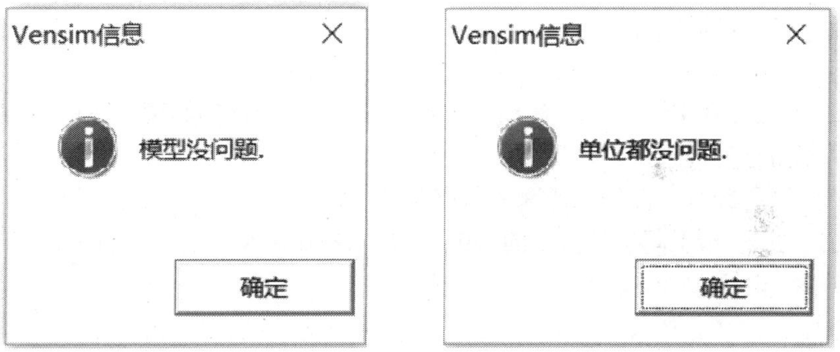

(a) 运行检验结果　　(b) 量纲一致性检验结果

图 9-4　模型运行检验和量纲一致性检验结果

9.3.2　结构性检验

为了进一步检验模型的稳定性，选取了不同的步长进行仿真。本书选取“步长 = 1”和“步长 = 0.5”进行仿真，查看 NEV 产业化水平的仿真比较，结果如图 9-5 所示（曲线 1 表示步长为 1 的 NEV 产业化水平；曲线 2 表示步长为 0.5 的 NEV 产业化水平）。从图中两条曲线的吻合度可以看出，模型中系统的行为是较为稳定的。

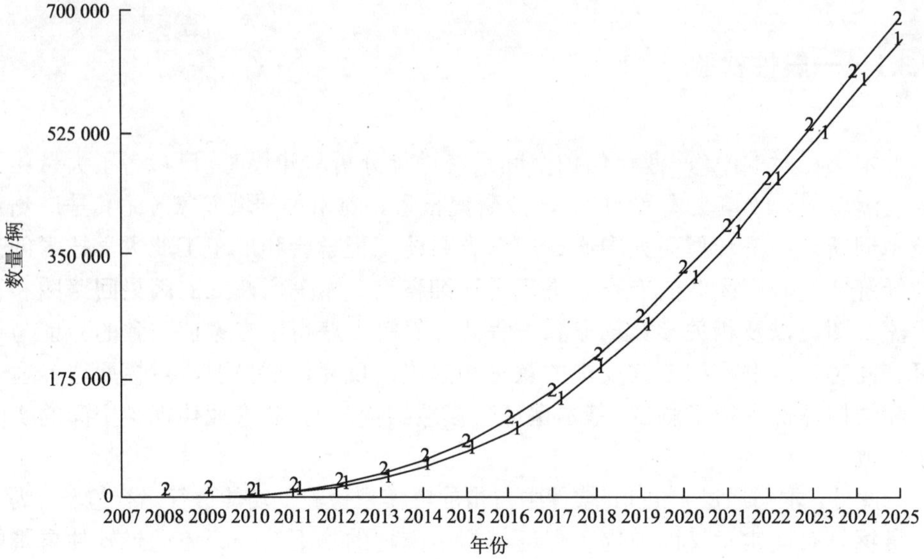

图 9-5 模型结构性检验结果

9.3.3 真实性检验

SD 模型的真实性检验，是在模型建立后通过标准化的约束描述语言，自动地检验系统的行为模式是否违反这些约束。若违反，说明模型尚不完善，则要调整模型的结构和参数，直到符合这些约束条件（韩旷怡，2011；宋涛，2014）。本书对 2009～2025 年不同步长值下的 NEV 市场占有率差异进行真实性检验，设定了约束条件，其方程为：

THE CONDITION：Time＜2026：AND：Time＞2009：IMPLIES：ABS（不同步长的对比值）＜0.1。

运行结果如图 9-6 所示，结果表明：①虽然 2009 年 5 月至 2011 年 5 月，模型的系统行为违背了设定的约束条件，但从 2011 年 6 月以后，模型满足真实性检验；②模型的紧闭值非常高，达到了 94%，符合真实性检验的要求。

9.3.4 相关性检验

本书利用现实数据与模型的模拟数值进行比较，验证模型行为是否与现实系统的变化契合，以保证模型的近似性和有效性。本书使用 2010～2015 年期间工信部公开发布的中国 NEV 实际销售量情况，通过 SPSS 软件来进行拟合程度的相关性分析，结果如图 9-7 所示。结果表明，模拟数值与实际销售量的相对误差较小，而且数据变化趋势基本吻合，相关系数达到 0.955，所构建的 SD 模型可以真实地模拟现实系统。

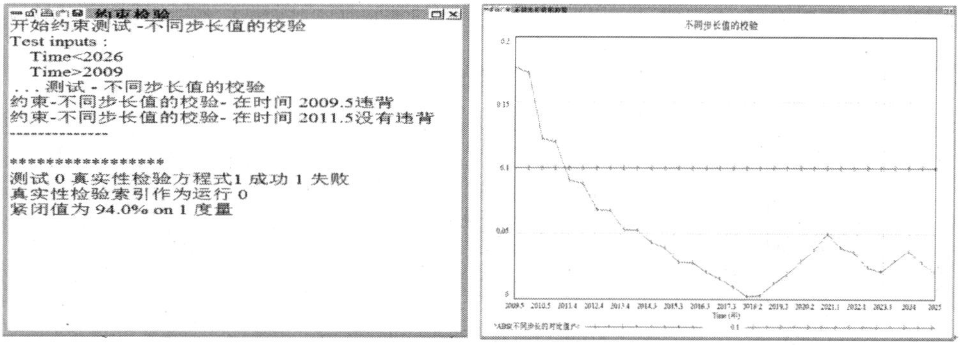

图 9-6　模型真实性检验结果

Correlations

		系统模拟值	实际销量
系统模拟值	Pearson Correlation Sig.(2-tailed) N		
实际销量	Pearson Correlation Sig.(2-tailed) N	0.955** 0.001 7	

图 9-7　模型相关性检验结果

9.4　仿 真 分 析

根据研究目的，为了跟踪和预测 ST 视角下 NEV 产业化保护空间的运行机制，以及三大类型政策和具体各种政策工具及其组合的效应，本书设计了以下三种仿真方案。

9.4.1　仿真Ⅰ：NEV 保护空间水平的演变趋势

根据本书第七章分析，在外部产生一定程度压力的情况下，保护空间逐步构建；形成的保护空间通过发挥其特有功能作用于新技术产业化系统，从而提高新技术产业化水平；产业化水平的提升，反过来减轻了外部压力；当压力减少到某一个阈值时，保护空间将会面临着被逐步撤销的选择。因此，为了验证 NEV 保护空间水平和 NEV 产业化水平的整体演变趋势，本书做了以下仿真①，结果如图 9-8 所示（曲线 1 表示 NEV 保护空间水平；曲线 2 表示 NEV 产业化水平）。

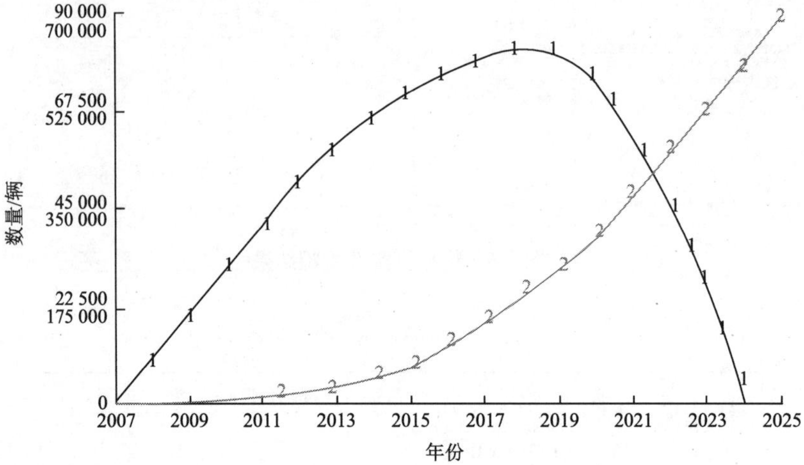

图 9-8　NEV 保护空间水平与产业化水平的演化仿真结果

由图 9-8 可见，中国政府由于受到经济增长、产业转型升级以及节能环保等方面的压力，急需发展 NEV 产业。从 2007 年起，政府对 NEV 产业的培育发展制定了各类扶持政策，近十年来通过运用各种政策工具逐步构建了现有的 NEV 产业化保护空间，而且力度逐年增加。尤其是在 2011 年至 2017 年，政府加大了对 NEV 产业的保护力度，促使 NEV 产业化水平迅猛提升。其中，2014 年、2015 年和 2016 年中国政府分别出台了 14 项、16 和 18 项促进 NEV 产业发展的政策文件，运用不同的政策工具次数达到 110 多次。根据工信部发布的数据，2015 年中国 NEV 产销 340 471 辆和 331 092 辆，同比分别增长 3.3 倍和 3.4 倍。可见，在 NEV 产业化创新生态位成长跃迁过程中，政府有效运用政策工具构建保护空间，综合提高整个保护空间水平，是非常有利于 NEV 创新生态位成长的，从而促进了 NEV 产业化水平的提高。

同时，在模型设定的 NEV 产业化水平目标值和保护衰减力度的假设条件下，

① 其中，以《中国制造 2025》规划中提到的，到 2020 年“新能源汽车年销量突破 100 万辆”为依据，在系统中核查现实数据（年销售量 100 万辆）时，系统对应的模拟数值为 90 000，因此，设定系统的目标值 = 90 000。

模型运行结果显示 NEV 产业化水平将在 2024 年左右才达到目标值，这与《中国制造 2025》行动纲领中提到的到 2020 年“新能源汽车年销量突破 100 万辆”的战略目标存在比较大的差距（比规划目标时间晚了将近 4 年），这表明按模型中当前政府对 NEV 产业的保护力度，尚未能支撑和促进 NEV 产业化水平达到预期目标，保护空间水平有待进一步提升。此外，仿真结果也表明，按设定的保护衰减力度（40%），保护空间水平在 2018～2019 年达到了峰值，然后开始逐步减弱。大约到 2024 年，保护完全撤销，保护空间水平降至为零，这说明按目前模型的模拟数值，撤离保护空间的时间过早，原因在于原假设的保护衰减力度设置可能过大，应进行适当的动态调整。

9.4.2　仿真Ⅱ：三大类型政策工具力度的演进

本书所提出的保护空间三维立体评价模型表明，不同类型的政策工具在新技术产业化不同阶段发挥着不同的功能属性。也就是说，在破除新技术创新生态位所要跃迁的“死亡之谷”和“达尔文海”两个鸿沟的障碍时，所运用的政策工具类型要相匹配，不同类型的政策工具所占的比重，以及具体的政策工具使用频率应有所侧重。本书第八章已基于文本计量法，对中国政府现有构建 NEV 产业化保护空间所运用的政策工具（截至 2016 年 12 月）的存量、结构和变迁趋势进行了分析。现根据构建的 SD 模型，对 2016 年以后三大类型政策工具的保护力度做了演进趋势仿真，结果如图 9-9 所示（曲线 1 表示供给型政策工具力度；曲线 2 表示环境型政策工具力度；曲线 3 表示需求型政策工具力度）。

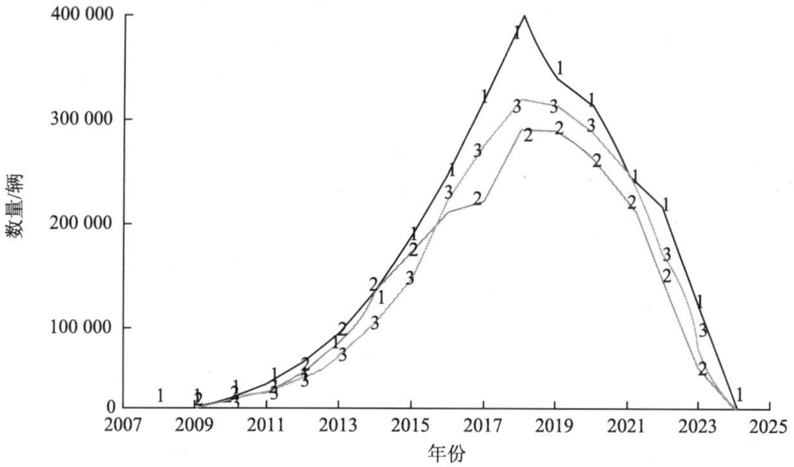

图 9-9　三大类型政策工具力度的演化仿真结果

如图 9-9 所示，在模型设定的 NEV 产业化水平目标值和保护衰减力度的假设条件下，三大类型的政策工具在 2018 年左右开始逐步减弱保护力度，直至 2024 年完全撤离。从 2018 年以前的趋势来看，供给型政策的保护力度提升最大，这反映了政府清晰地认识到，当前中国 NEV 总体的技术水平与国际先进水平仍有不少差距，尤其部分核心技术缺乏，所以近年来一直高度重视对 NEV 技术的研发投入，注重技术创新驱动，弥补和突破 NEV 核心技术的短板和瓶颈，同时加强基础设施投入，从而形成有效的供给。从 2016 年开始，需求型政策工具的保护力度提升超过了环境型政策工具，这表明随着中国 NEV 产业进入市场生态位形成阶段，政府旨在采取保护措施促进 NEV 扩散，加大市场规模，形成有效需求和规模递增效应，从而与供给侧协同发展。环境型政策早期占的比重较大，侧重通过产业规划等引导和促使全社会形成对 NEV 产业的共同愿景，后期保护力度虽然有所减弱，但在市场生态位形成阶段，更侧重于通过法规和标准制定等措施来规范市场秩序，为 NEV 市场生态位涌现提供保障。

9.4.3 仿真Ⅲ：单一政策工具及其组合的效应

当前，中国 NEV 产业正处于市场生态位形成阶段，如何形成有效的需求和供给，并促使供需双侧协同发展，是当前加快 NEV 产业发展的关键环节。根据上一节仿真结果分析，模型中政府对 NEV 产业的保护力度，尚未能支撑和促进 NEV 产业化水平达到《中国制造 2025》行动纲领中提到的战略目标，保护空间水平有待进一步提升。为此，本书根据第八章初步的研究结论，选取了影响需求侧新增市场的关键政策工具——消费者补贴和充电桩投入，以及影响供给侧新增市场的关键政策工具——税收优惠，分别验证三个政策工具单一变动时和组合变动时对 NEV 产业化水平提升的情况，以及市场生态位阶段的两个关键性观测指标（消费购买意愿和企业参与度）的影响效应。

（1）三个政策工具力度单一变化时的仿真

在模型中，分别将消费者补贴、充电桩投入和税收优惠三种政策工具力度在初始值的基础上提高 20%进行模拟，具体仿真结果如图 9-10 所示（其中曲线 1 表示该政策工具力度提高 20%后的效应变化值；曲线 2 表示该政策工具力度的效应基准值）。

第一，消费者购买意愿的变化情况。三个政策工具力度各提高 20%的情况下，对消费者购买意愿都起到不同程度的提升效应，其中提升力度大致排序是“消费者补贴＞充电桩投入＞税收优惠”。当前，由于 NEV 的使用总成本（包括购买成本和运行成本）比传统汽车要高得多，消费者对使用成本较为敏感，加大对消费者补贴更能够刺激和提高消费者购买意愿。充电桩是确保 NEV 正常使用和运行的重

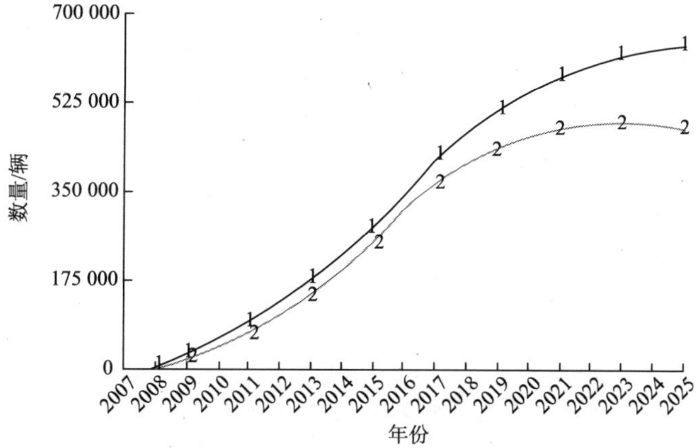

a1. 消费者购买意愿的变化情况

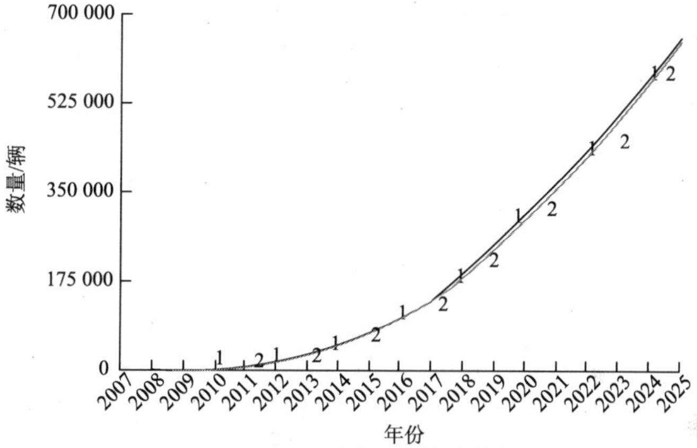

a2. 企业参与度的变化情况

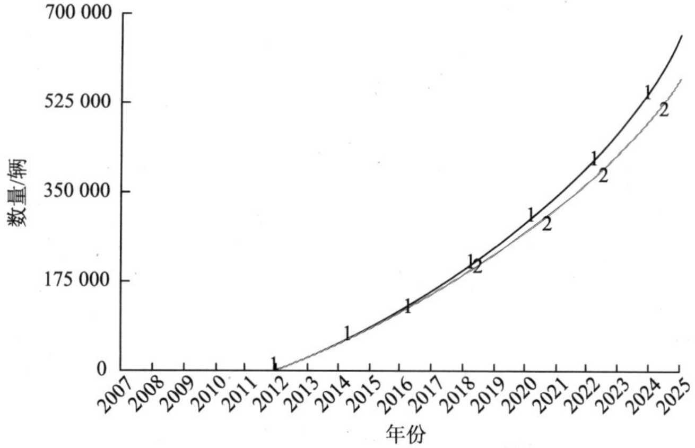

a3. NEV产业化水平的变化情况

(a) 消费者补贴力度提高20%的仿真结果

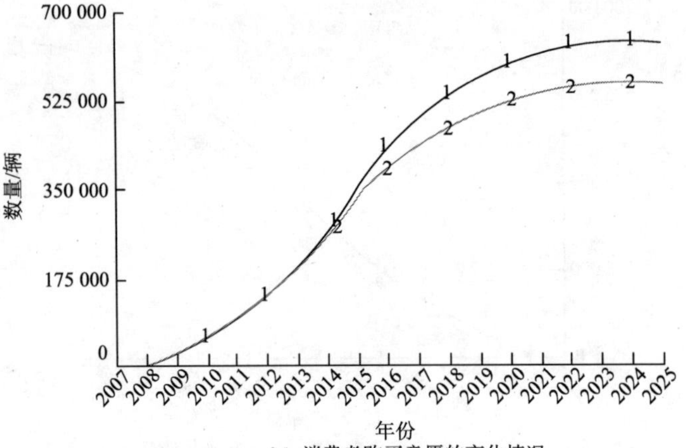

b1. 消费者购买意愿的变化情况

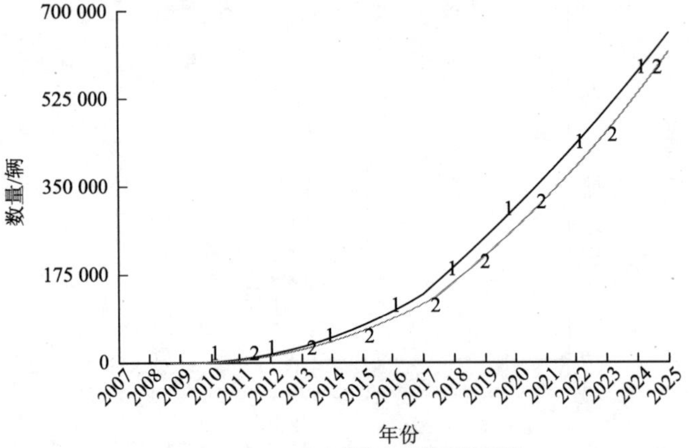

b2. 企业参与度的变化情况

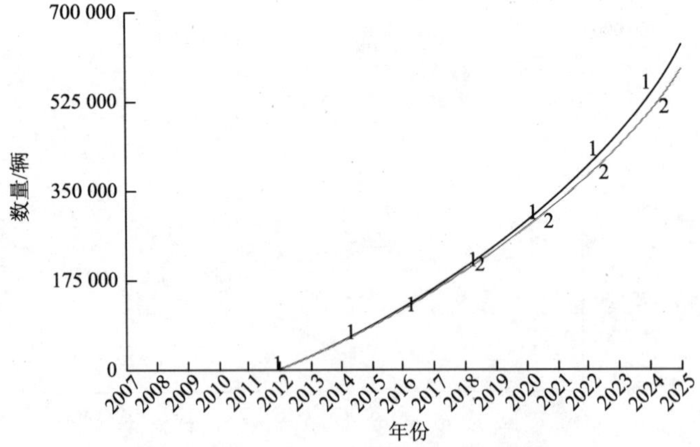

b3. NEV产业化水平的变化情况

(b) 充电桩投入力度提高20%的仿真结果

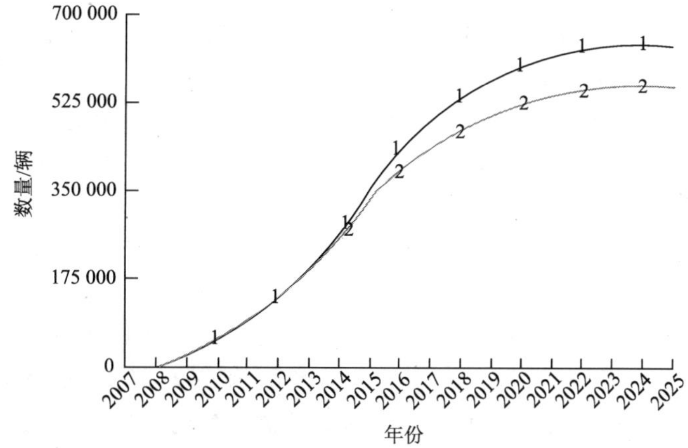

c1. 消费者购买意愿的变化情况

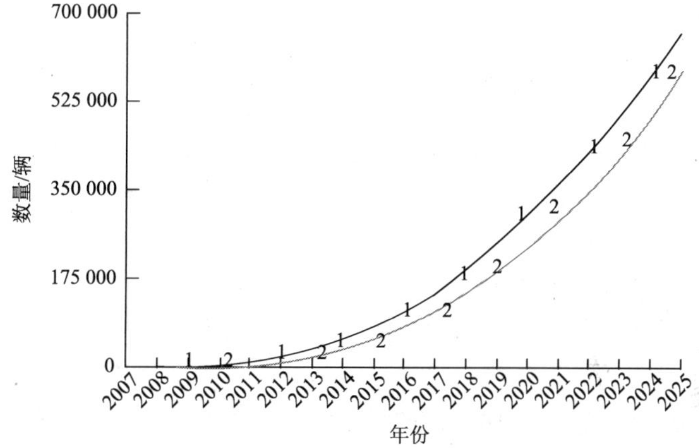

c2. 企业参与度的变化情况

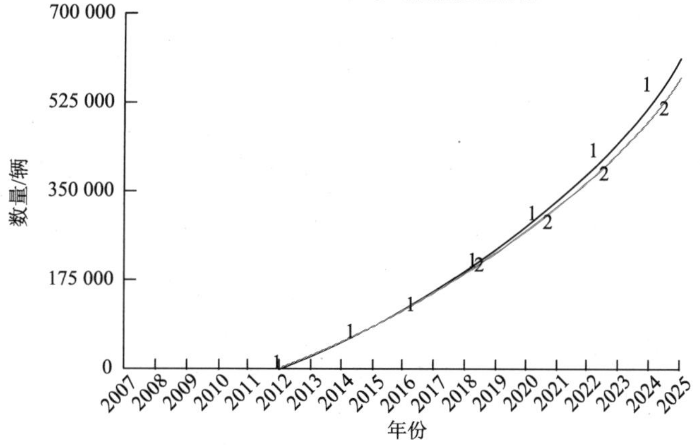

c3. NEV产业化水平的变化情况

(c) 税收优惠力度提高20%的仿真结果

图 9-10　三个政策工具力度单一变化时的仿真结果

要保障，但与 NEV 年销售量迅速增长相比，目前充电桩基础设施建设远远落后。因此，加大充电桩投入的保护力度，优化 NEV 运行环境，提高消费者使用 NEV 的便利性，能对消费者购买意愿起到较大的提升作用。当政府提高对 NEV 生产企业税收优惠力度时，大幅度降低了企业生产成本，由此降低了消费者购置成本，提高了消费购买意愿。但由于税收优惠工具是经过较长的传导链和系统的多轮反馈，才真正作用于消费购买意愿，因此其发挥作用的时间较长，效应没前两个政策工具大。

第二，企业参与度的变化情况。三个政策工具中，税收优惠对企业参与度影响效应最大，消费者补贴和充电桩投入工具的影响效应甚微。在企业参与度方面，税收优惠直接降低了企业的生产成本，提高了企业的利润率，使得 NEV 产业更具有吸引力，企业更愿意对 NEV 投扩产，从而可极大地提升供给侧推动的新增市场，进而影响到市场占有率。

第三，NEV 产业化水平的变化情况。从图 9-10 中的 a3、b3 和 c3 分析可知，三个政策工具力度的提高，对 NEV 产业化水平都产生较大的提升效应，但也存在着同样问题：三者在 2020 年的年销售量，与《中国制造 2025》行动纲领中提到的到 2020 年“新能源汽车年销量突破 100 万辆”的战略目标依然还存在较大的差距。

（2）三个政策工具力度组合变化时的仿真

同时将以上三个政策工具力度提高 20%，仿真其对消费者购买意愿、企业参与度和市场占有率的综合效应，结果见图 9-11（其中曲线 1 表示三个政策工具力度同时提高 20%后的效应变化值；曲线 2 表示三个政策工具力度的效应基准值）。

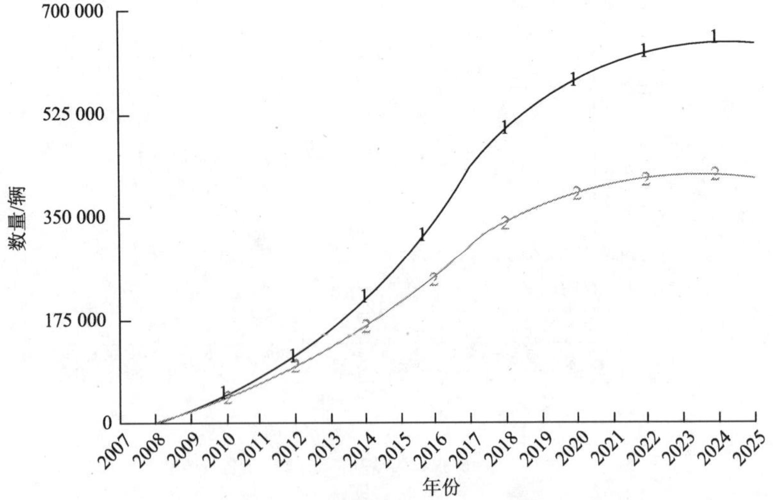

(a) 消费者购买意愿的变化情况

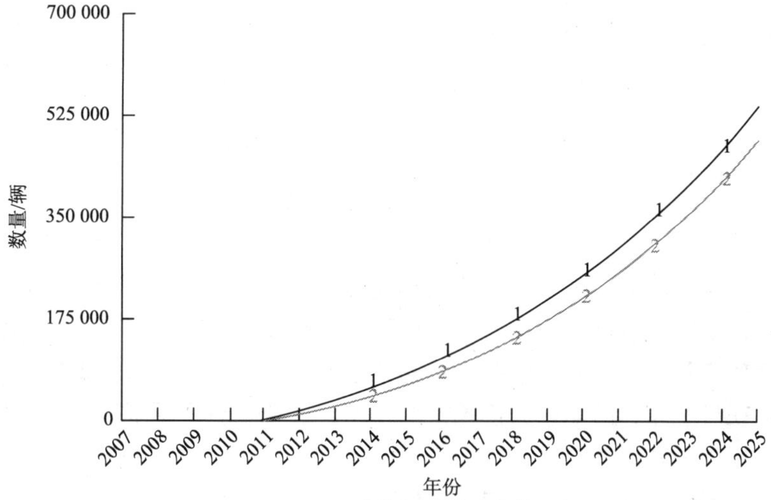

(b) 企业参与度的变化情况

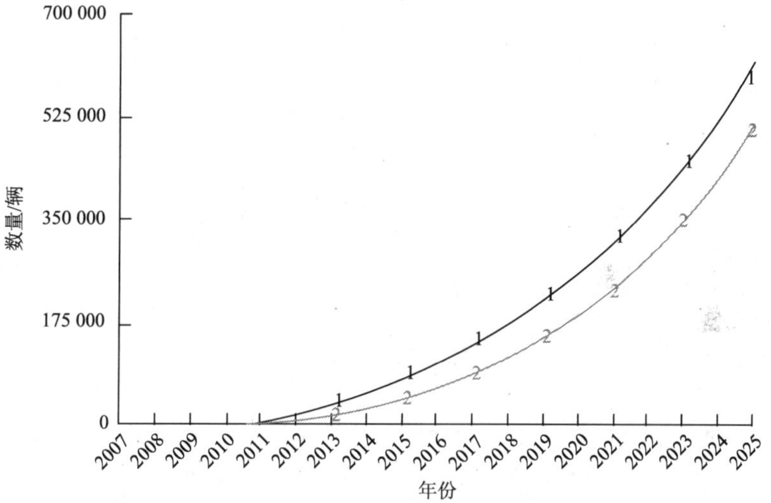

(c) NEV产业化水平的变化情况

图 9-11　三个政策工具力度组合变化时的仿真结果

从图 9-11 可见，三个政策工具力度同时都提高 20%的情况下，消费者购买意愿和企业参与度都得到了提升，其中消费者购买意愿提升的幅度更大，由此也导致了 NEV 产业化水平发生较大幅度提升，促使 2020 年 NEV 年实际销售量达到约 110 万台，达到了《中国制造 2025》行动纲领中提到的到 2020 年“新能源汽车年销量突破 100 万辆”的战略目标。

上述仿真结果表明，三个政策工具组合运用所产生的效应，要比单一的政策工具使用效果好。说明 NEV 产业化水平的提高，需要政策工具组合从需求侧和供给侧同时发力，协同发展，也验证了模型中存在着政策工具组合的交互作用，具有耦合性。

9.5 仿真结果校验

为了进一步验证上述三个政策工具及其组合对观测指标的影响效应，本书采用多配对样本的弗里德曼检验，分别检验三个政策工具单一变化和组合变化影响观测指标效应是否显著。多配对样本的弗里德曼检验是利用秩实现对多个总体分布是否存在显著差异的非参数检验方法，尤其适合于对定距型数据的分析，其基本步骤包括以下几点。

第一，提出原假设和备择假设。H_0：多个配对样本来自的多个总体分布没有显著的差异；H_1：多个配对样本来自的多个总体分布存在显著的差异。

第二，将每个样本中的观察值排序，求得第 i 个区组（$i = 1, 2, \cdots, k$）的 R_i 和秩均值 $\overline{R_i}$：

$$R_i = \frac{nk(k+1)}{2} \tag{9-1}$$

$$\overline{R_i} = \frac{n(k+1)}{2} \tag{9-2}$$

第三，再根据秩和计算统计量 Q 值：

$$Q = \frac{12n}{k(k+1)} \sum_{i-1}^{k} \left(R_i - \frac{k+1}{2} \right)^2 \tag{9-3}$$

第四，通过相关统计分析软件，自动计算统计量 Q 值和对应的概率 P 值。如果 P 值小于给定的显著性水平 0.05，则拒绝原假设，认为各组样本的秩存在显著差异，多个配对样本来自的多个总体的分布有显著差异。反之，则不能拒绝原假设，可以认为各组样本的秩不存在显著性差异。

本书根据上述步骤，将三个政策工具保护力度各提升 20%，以及组合提升 20% 时的模拟数据录入 SPSS17.0 统计分析软件，检验结果如下。

9.5.1 消费者购买意愿

通过图 9-12（a）中秩均值分析得知，三个政策工具组合对消费者购买意愿提升最大（$\overline{R_i} = 5.00$），表明三个政策工具组合有利于进一步提高消费者购买意愿。同时，相对于其他两个政策工具而言，消费者补贴的秩均值（$\overline{R_i} = 3.74$）最高，说明在这三个政策工具中其对消费者购买意愿的影响效应最大。图 9-12（b）显示 sig.＜0.05，说明三个政策工具及其组合都造成了系统性差异，因此可以认为三个政策工具组合的提升对消费者购买意愿产生显著影响。

秩

	秩均值
基准值下的消费者购买意愿	1.00
消费者补贴提高后的消费者购买意愿	3.74
充电桩投入提高后的消费者购买意愿	3.21
税收优惠提高后的消费者购买意愿	2.05
三个工具组合提高后的消费者购买意愿	5.00

(a) 消费者购买意愿的秩均值

检验统计量[a]

N	19
卡方	72.084
df	4
渐近显著性	0.000

a. 弗里德曼检验

(b) 消费者购买意愿的显著性

图 9-12　消费者购买意愿的弗里德曼检验结果

9.5.2　企业参与度

从图 9-13（a）的秩均值分析得出，税收优惠在三个政策工具中的秩均值（$\overline{R}_i = 4.42$）最大，说明税收优惠工具在三个政策工具中对企业参与度的影响效应最大。同时，消费者补贴和充电桩投入的秩均值均与基准值下企业参与度的秩均值相同，说明两者的提高对企业参与度没有产生直接效应。图 9-13（b）显示 sig.＜0.05，说明三个政策工具组合的提升对企业参与度产生显著影响。

秩

	秩均值
基准值下的企业参与度	2.05
消费者补贴提高后的企业参与度	2.05
充电桩投入提高后的企业参与度	2.05
税收优惠提高后的企业参与度	4.42
三个工具组合提高后的企业参与度	4.42

(a) 企业参与度的秩均值

检验统计量[a]

N	19
卡方	72.000
df	4
渐近显著性	0.000

a. 弗里德曼检验

(b) 企业参与度的显著性

图 9-13　企业参与度的弗里德曼检验结果

9.5.3 NEV 产业化水平

通过图 9-14（a）的秩均值比较可以分析得出，三个政策工具组合提高 20%时，NEV 产业化水平秩均值（$\overline{R_i}=4.89$）比任一单一工具中的秩均值都要高，这说明三个政策工具的组合对 NEV 产业化水平的影响效应最大。同时，图 9-14（b）显示 sig.＜0.05，说明三个政策工具组合的提升对 NEV 产业化水平产生显著影响。

秩

	秩均值
基准值下的NEV产业化水平	1.11
消费者补贴提高后的NEV产业化水平	3.11
充电桩投入提高后的NEV产业化水平	2.74
税收优惠提高后的NEV产业化水平	3.16
三个工具组合提高后的NEV产业化水平	4.89

(a) NEV产业化水平的秩均值

检验统计量[a]

N	19
卡方	58.444
df	4
渐近显著性	0.000

a. 弗里德曼检验

(b) NEV产业化水平的显著性

图 9-14　NEV 产业化水平的弗里德曼检验结果

第 10 章　政策组合的评估与测量

政策工具及其相互作用有助于新技术的可持续发展和社会-技术的转型，这一观点已得到学者们的广泛认同。但在 ST 这个复杂背景下，如何评估政策组合的动态演变及其对新技术发展的影响效应，学者们还在积极探索中。就现有研究而言，大部分成果主要针对单个案例或小样本研究，缺乏一个系统科学的评估政策组合的模型或框架，尤其是缺乏大样本的实证研究。基于此，本章挑选了该研究领域具有代表性的两个模型：一个是 Rogge 和 Reichardt（2016）的评估模型（本书将其归纳为“EPCD 评估模型”）；另一个是 Schmidt 和 Sewerin（2019）的测量模型（本书将其归纳为“Bottom-Up 测量模型”），并分别从模型的基础性分析、构建和应用进行了梳理总结。

10.1　政策组合评估的回顾

如何评估政策组合的动态演变及其对新技术发展的影响效果，是目前学者们积极探索的热点主题之一。该领域研究面临的其中一个挑战是归因问题，即如何将特定的政策干预与一个特定的效果联系起来，也就是如何将现有的效果认定为是政策存在的结果。在 ST 研究背景下，转型是一个复杂、不确定和共同演化的过程，加上政策组合特征的多样化，会导致其评估标准难以统一，从而使得政策组合评估的挑战更为突出。Rogge 和 Reichardt（2016）通过回顾相关领域文献指出，现有研究由于缺乏一个全面统一的政策组合概念来分析评价政策组合对技术变革和新技术可持续发展的影响作用，从而导致对如何把握技术变革的方向和加速技术变革的政策建议呈现碎片化和简单化，进而降低了政策建议的实质内容和影响。为此，基于 ST 的政策组合挑战了传统的政策组合评估方法，并对政策评估实践产生了影响。

关于现有政策组合的动态演化研究，Howlett 等（2015）曾指出，前期关于政策组合动态演化的实证研究影响不大，理论滞后。目前对政策组合动态变化的认识尽管有不少重要观点，但在过去几十年中并没有很大提升。因此，相关的研究必须要关注政策工具设计的协同和优化等问题，考虑政策组合是如何以及为什么随着时间的推移而变化的。Schmidt 和 Sewerin（2019）认为政策不会凭空变化，反而是在现有政策基础上分化而来，从而影响了政策组合的动态演变，因此，应该加强对政策组合的分析，尤其是对政策组合动态演变的评估。为此，他们在提出政策组合的工具类型平衡和政策组合的设计特征两个新概念的基础上，通过自下而上的方式构建了相关概念及其衡量方法。

10.2 EPCD 评估模型

10.2.1 模型的基础性分析

Rogge 和 Reichardt（2016）通过对创新、环境经济和政策分析等领域文献进行回顾后发现，早期研究对政策组合概念的界定含糊不清，没有真正反映出其实际的复杂性和动态性及其影响效应，尤其在 ST 研究背景下，狭窄、模糊的政策组合概念会让研究者忽略了政策组合要素或过程的重要性，以及难以综合评估政策组合对新技术产业化发展的影响效应，从而难以把握技术变革方向和加速技术变革政策建议的重点，进而降低了政策建议的有效性和效果性。在此基础上，他们认为 ST 研究背景下的政策组合概念拓展需要满足三个基本要求：第一，要包含政策战略组成部分。这是因为 ST 具有周期长的特性，因此，要重视政策战略性质的重要性。第二，要纳入相关政策过程。这有助于解释政策组合的演变，同时也解释了由此产生的影响。第三，要考虑政策组合的特征。除了继续关注政策组合的动态性外，还应更多考虑现实情境中政策组合的复杂性，从而聚焦到政策工具及其交互作用。

为此，他们提出了一个分析框架（将其称为“EPCD 分析框架”）来拓展政策组合的概念，并将其定义为可以使用不同维度描述的由要素、过程和特征构建组成的组合。其中，要素的内容是过程的结果，要素和过程都可以通过特征来描述，包括要素的相容性、过程的连贯性以及政策组合的可信度和全面性。最后，政策组合还可以用政策领域、治理层级、地理空间、时间变迁等维度来描述，如图 10-1 所示。

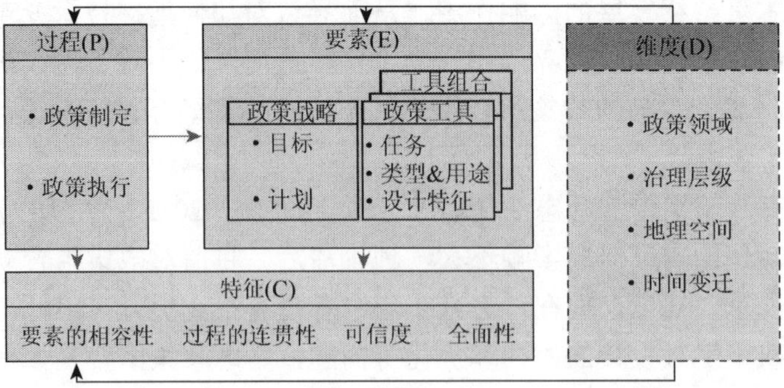

图 10-1　政策组合的 EPCD 分析框架

资料来源：文献（Rogge and Reichardt，2016）

1. 要素（E）

在 EPCD 分析框架中，要素（E）是政策组合概念的核心，是指政策组合的内容，具体包括政策战略和政策工具及其组合。

（1）政策战略（policy strategy）

长期战略导向和战略政策框架的重要性，在 ST 研究和政策引导的技术变革研究中越来越受到重视。EPCD 分析框架中的政策战略，是指政策目标和实现这些目标的主要计划的组合。其中，政策目标是由具有可量化的长期目标或未来愿景组成的，譬如欧盟环境政策组合的政策目标之一是减少温室气体排放，具体计划体现为 2020 年减排 20%，2030 年减排 40%，具体目标是要达到国际商定的 2℃。除了以内容为导向的目标外，在 ST 研究背景下的政策战略，通常还应该包含过程目标和学习目标。政策战略中的特定长期目标在引导行动者参与创新方面发挥着重要作用，发挥着支持技术变革和 ST 的重要功能之一。政策战略还涉及实现政策目标的主要计划，这些计划概述了为实现目标而建议采取的总路线，包括框架公约、准则、战略行动计划和路线图等。政策战略不仅传达目标，而且传达实现这些目标的预期手段，为行动和决策指明方向。

（2）政策工具（policy instrument）

政策工具通常被理解为解决政策问题的工具或治理技术，是由某个管理机构为实现政策目标而提出的行动计划。政策工具有两个与创新密切相关的关键属性：一是工具类型，二是工具设计特征。在环境经济学文献中，许多学者指出，政策工具的设计特征影响着工具的有效性和效率性，是分析工具交互作用的先决条件，比政策工具类型对创新的影响更大（Kemp and Pontoglio，2011）。由一系列不同类型的单一政策工具形成组合并发生交互作用，就产生了所谓的政策工具组合，它是总体政策组合的一部分。政策工具组合的核心是各种单一政策工具之间的交互作用，政策工具之间的相互依赖程度会影响政策工具组合的综合效应，从而影响政策目标的实现（Flanagan et al.，2011）。正因为如此，政策工具的相互作用是所有政策组合概念的核心组成部分。创新研究领域非常关注政策工具组合的交互作用，例如 Flanagan 等（2011）区分了四种类型的交互作用，包括不同维度上相同工具之间的相互作用，不同的工具针对同一过程所涉及的不同行动者，或者针对更广泛系统的不同过程，同时强调需要避免消极的互动，争取积极或互补的互动效应。

2. 过程（P）

政策过程（P）是政策组合概念的另一个基础。EPCD 分析框架中的政策过程是指行动者在寻求解决受限制的社会问题的过程中的政治过程，该过程涵盖政策周期的所有阶段，包括问题识别、议程设置、政策制定、合法化和采纳、实施、评价或评估、政策调整、继承和终止等（Schubert and Bandelow，2009）。政策过程通常被视为一个解决问题尝试的循环反馈，通过对问题的反复分析和对解决方案的实验来产生政策学习。这种持续的反馈性质，既决定了政策战略的制定和调整，也决定了政策组合中工具的设计。政策过程决定了政策组合的要素，从而决定了政策战略和相应政策工具组合如何随时间变化，同时政策过程还可能通过政策组合特征来影响技术变革。

政策过程可划分为政策制定和政策执行。在政策制定方面，Rogge 和 Reichardt（2016）强调，由于技术变革具有动态性、多维度性和不确定性，因此政策反馈和政策学习是政策制定过程的一个关键特征，为了促进政策反馈的这种互动过程，监测和评估政策组合的影响就显得非常重要，同时政策的构想、谈判、学习和试验的参与性过程可以加强政策学习。此外，政策制定是一个高度政治化的过程，容易受到来自既得利益者的抵制（Unruh，2002）。在政策执行方面，Nilsson 等（2012b）认为政策执行是指当局和其他行动者为执行政策工具所做的安排，这意味着政策执行与工具组合特别相关。Rogge 和 Reichardt（2016）强调复杂和不充分的执行结构，加上治理层面的政治阻力可能导致政策执行困难，从而使得政策工具可能无法发挥其全部潜力。这种情况下，可通过制定适当的政策工具来部分克服这些困难，包括提供足够的执行资金和工作人员，这也说明了政策制定和执行之间的密切联系。

3. 特征（C）

Sorrell 和 Sijm（2003）提出，为了描述政策组合的本质和影响，区分政策组合的特征和评估标准是有必要的。政策组合的评估标准是指确定在事前和事后评价单一政策工具应用影响的标准，如有效性（effectiveness）、效率（efficiency）、公平性（equity）或可行性（feasibility）。相比之下，政策组合的特征主要是用于描述政策组合的术语，如相容性（consistency）、连贯性（coherence）、可信度（credibility）或全面性（comprehensiveness），这些描述政策组合特征的术语同样会影响政策组合在统一评估标准方面的绩效，特别是在有效性和效率方面。

在 EPCD 分析框架中，用相容性、连贯性、可信度和全面性作为描述政策组合的总体特征（C），其中相容性是指政策组合要素的相容程度，而连贯性是指政策过程的协同化程度和系统化程度，可信度反映了政策组合的可信和可靠的程度，而全面性则描述了政策组合的广泛性和详尽程度，并强调这些政策组合特征是政策组合在衡量评估标准（如其有效性和效率）方面的重要决定因素。

4. 维度（D）

Rogge 和 Reichardt（2016）认为政策组合的要素、过程和特征可以从多个维度上进行细化，包括政策领域、治理层级、地理空间和时间变迁，这些维度通过指出政策组合不同组成部分的来源，反映出政策工具交互作用可能发生的空间：①政策领域维度，是指政策所属的领域，如能源、环境、气候、创新、技术、科学、工业和转型等。譬如旨在促进可再生发电技术的政策战略不一定来自气候或能源政策领域，而是可以基于产业政策领域，这主要取决于国情。跨政策领域分析政策组合很重要，因为政策领域内部和外部的不相容和不一致会导致这些政策组合无效。②治理层级维度，主要是关注政策的垂直治理和水平治理之间的区别，例如欧盟及其成员国之间以及国际、联邦或地方之间的垂直水平是不同的。又例如在欧盟碳排放交易体系（ETS）第一和第二阶段的交易中，政策的制定是在欧盟和成员国层面进行的，而执行主要是在成员国层面进行的。相反，水平级别允许在相同的垂直治理级别区分不同的政治或行政实体，例如不同政策领域的联邦部门。③地理空间维度，是指构成政策组合产生的空间。关注政策组合地理空间维度符合 ST 研究背景下对地理空间研究的日益重视。④时间变迁维度，反映了政策组合的动态性，强调政策组合的要素、过程和特征会随着时间的推移而演化。

10.2.2　模型的构建与应用

1. 模型构建

在 EPCD 分析框架基础上，Rogge 和 Reichardt（2016）还阐述了如何运用这一框架来评估政策组合对新技术可持续发展的影响效果（即 EPCD 评估模型），如图 10-2 所示。

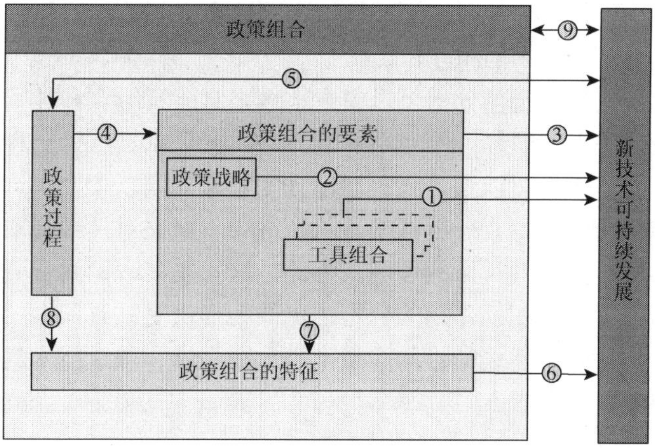

图 10-2　政策组合对技术变革影响效应的 EPCD 评估模型

资料来源：文献（Rogge and Reichardt，2016），图中的数字与箭头表示逻辑关系和实施步骤

为了促进技术变革并加速实现可持续性发展，不仅要考虑具体的政策工具组合及其相互作用（①），还要考虑政策战略（②）。也就是说，由于政策组合要素的综合效应，它们对技术变革的影响可能是共同的（③）。虽然政策战略，如欧盟 2020 年气候和能源目标可能提供了一些长期的方向，但这是如何在潜在的不同治理层级将这些目标转化为具体的工具，这可能最终有助于解释加速技术变革的转型。

此外，政策组合分析不应仅限于分析政策组合的这些要素是如何产生的以及为什么会发生变化（④），还应研究由此产生的战略以及工具是如何影响技术变革的（③ + ④）。这种对政策过程和要素的综合分析不仅能够突出政治和权力对目标和工具的影响，而且能够突出对创新的影响。通过考虑政治现实，这种综合影响分析也可以提出更切合实际的政策建议。

通过仔细研究政策制定和执行的过程，甚至可以揭示这种政策过程和技术变革之间直接的双向联系，图中用一个双向箭头表示技术变革和政策制定之间的双向联系（⑤）。也就是说，政策组合的创新影响会对政策组合的演变产生影响，因为它可能会因技术发展而不得不进行调整。Reichardt 等（2016）认为，这种政策组合和技术变革的共同演变模式只能通过动态分析来揭示，例如关于新兴绿色技术的创新系统与政策组合的联合研究。

最后，政策组合特征对于评估政策组合在改变和加速技术变革方面的有效性至关重要，这时应该要阐明所提出的特征在多大程度上是相关的（⑥）。这种分析需要对政策组合要素（⑦）和政策过程（⑧）有详细的了解，因为它们可能决定政策组合的特征。例如，制定一项通过具有吸引力的需求拉动工具来支持的、稳定且雄心勃勃的政策战略，将意味着具有一种强烈的政治意愿，从而导致较高的可信度。相反，如果存在有争议的公开辩论和政治讨论，将可能会降低这种可信度。在这种情况下，相关的研究还应调查不同特征之间的相互作用，如政策组合的相容性及其可信度之间的相互作用。

综上所述，政策组合的分析可以大大地增强对政策组合和技术变革及其共同演化之间的复杂关系的理解（⑨）。为此，相关研究可以尝试以一种综合方式反映复杂的相互作用，但也可以通过只关注部分联系来降低复杂性。这种研究利用政策组合的拓展概念作为综合分析框架，从而进一步增强对技术变革如何能够重新导向和加速实现可持续性目标的理解。因此，这一系列政策组合研究，包括但也远远超出了对政策工具相互作用的分析，可能为提供更细致入微的政策建议奠定更好的基础，这些政策建议的目的实质上是重新引导和加速技术变革，作为新技术可持续发展的关键要求。

2. 模型应用

Rogge 和 Reichardt（2016）认为德国可再生能源系统的成功转型，是通过制定合适的政策组合来实现能源转型计划的范例，因此作者运用上述 EPCD 评估模型，分别从政策领域、治理层级、地理空间和时间变迁等维度评估了德国可再生能源政策组合的要素、政策过程、特征的演变，从而实证分析了政策组合的演变对技术变革和新技术产业化的影响效应。

10.3　Bottom-Up 测量模型

针对现有研究不足，Schmidt 和 Sewerin（2019）从宏观角度分析政策组合的演变过程，从而加强了对政策组合演变的本质理解，并通过政策工具类型界定政策组合平衡的概念及其测量方法，同时提出了政策组合设计特征（以强度和技术异质性为中心）的概念及其测量方法（即 Bottom-Up 测量模型），进而回答政策组合平衡和政策组合设计特征的动态变化问题，旨在为制定有效的政策设计方案，以及“修补”现有政策组合提供建议。

10.3.1　模型的基础性分析

1. 政策组合工具类型的平衡

（1）组合工具类型平衡的理解

社会-技术转型是一个复杂系统工程，所涉及的目标和行为者非常广泛，通常会涉及不同的政策工具和工具类型，因此政策制定者需要找到一种合适的政策组合，解决实现这些目标的多重障碍和失灵，以及解决不同行动者及其团体的利益冲突，从而最终实现社会-技术转型（Kern and Howlett，2009；Rogge and Reichardt，2016）。社会-技术转型上述这些复杂的特征，对政策制定构成了独特挑战：不是考虑“最佳”的工具类型，而是要在复杂的政策组合中平衡不同的工具类型。

公共政策领域的研究长期关注政策组合的动态变化，发现现有的政策组合并不是一蹴而就的，通常经历了一个渐进式变化的过程，或者是在连贯式重新制定过程中产生的。新的政策并不是政策制定者有意识设计的结果，往往是通过一个称为“分层（layering）”的过程增添到现有的政策组合中，但同时并不完全放弃原有的组合（王玉刚和王云红，2010）。尽管“分层”这个术语在研究文献中很流行，但在现实中并没有明确定义，因此，也不少学者提出这个术语反而阻碍了对政策组合动态变化的理解和测量。

（2）组合工具类型平衡的测量

Schmidt 和 Sewerin（2019）首次提出一个评估政策组合特征的实证方法，其中提出对政策组合的工具类型平衡进行测量。文章假设，与不平衡的政策组合相比，平衡的工具类型的政策组合更有利于引导社会-技术转型。如上所述，需要不同工具类型的组合来克服不同的市场失灵、障碍或转型固有的风险。政策科学理论研究强调，每种工具类型都揭示了治理者和被治理者之间的独特关系，即它们优先考虑某些行动者，同时排斥或限制其他行动者（Howlett et al.，2017；Huang et al.，2018b），同时指出依赖一种或几种工具类型的不平衡政策组合不太可能解决所有问题，也不太可能囊括到所有的相关行动者，因此，不平衡的政策组合对 ST 的作用效率可能会更低。

文章通过政策组合中不同类型工具的分散度来定义了政策组合的平衡，使用了基尼-辛普森指数（即 1-Simpson 指数）来衡量政策组合的工具类型平衡。基尼-辛普森指数是生态学中用来估计不同物种间种群密度的指数，其表达式为

$$1-\lambda=1-\sum_{\substack{instrument\\ type_m=1}}^{M} p_i^2=1-\frac{\sum_{\substack{instrument\\ type_m=1}}^{M}(instrument_m*(instrument_m-1))}{\sum instruments_m*\left(\left(\sum instruments_m\right)-1\right)} \tag{10-1}$$

其中，$instruments_m$ 表示属于政策组合中某一类型的具体政策工具的数量。基尼-辛普森指数范围为 0～1，它适用于政策组合中的所有政策，表示从政策组合中随机抽取的两个政策属于同一工具类型政策的概率。换句话说，如果指数为 1，则政策属于不同工具类型的可能性为 100%，表示是一种跨工具类型非常平衡的政策组合。基尼-辛普森指数越低，这两种政策属于不同工具类型的可能性就越小，这意味着不同工具类型之间的平衡越低（或集中度越高）。虽然平衡是政策组合的一个新特征，但并不测量政策组合的一致性。平衡避免了因变量问题，可以进行直接测量，因此，这是测量政策组合特征的第一步。

2. 政策组合的政策设计特征

（1）政策组合的设计特征

虽然政策组合的工具类型平衡有助于在“宏观层面”描述政策组合的总特征，但它并没有考虑个别政策工具的设计特征，同时不少创新学者认为工具类型本身并不是解释政策结果的决定性因素，反而工具的设计特征是必须考虑的。本书讨论的工具设计特征属于 Howlett 和 Cashore（2009）所提出的政策要素“实证测量”类别，同时工具类型与政策要素相关。

为了描述政策组合的基本特征，学者们提出了一些核心概念，旨在阐述政策组合要素的潜在作用，包括第四章提到的多种政策工具的“相容性（consistency）”，即政策工具之间是相互加强而不是相互削弱的能力；多个政策目标的“连贯性（coherence）”，即目标之间不相互矛盾的能力；多个政策目标和政策工具的“适应性（adaptability）”，即它们以单向方式共同运行的能力。虽然上述这些特征在

理论上已有明确的定义，但是至今为止还没有特定的方法可以在实证中对它们进行评估。Howlett 等（2015）认为由于缺乏上述这种实证研究，导致人们对政策组合这一特征的理解有限，只能通过一些定性方法来评估政策组合特征，虽然现有的相关研究结果提供了不少有趣的观点，但这些结果并没有克服因变量的问题，不存在数据的可比性和规律的普遍性，因此，需要运用大样本数据以更简化的实证方法对政策组合的特征进行比较分析。

Ruan 等（2014）认为政策组合相关设计特征的选择，以及它们的概念和测量是存在争议的。在这些争议中，“政策紧密性（policy stringency）”这一设计特性较早被提及，通常被用来反映总体政策的强度，但在概念上不够明确，也没有与其他设计特性联系起来，而是以独特方式应用于特定类型的政策工具，譬如监管类政策工具。在研究政策组合动态的文献中，往往用一种更全面的替代方式来处理这些设计特征的概念，譬如 Knill 等（2012）引入了“政策强度”这一概念，强调了政策总体设计特征的重要性，包括政府干预的程度和范围。然而，政策强度的初始概念仍与监管类型的政策工具密切相关（Bauer and Knill，2014；Gravey and Jordan，2016），具体的测量方法也是如此，这就留下了一个问题，即“政策强度”这一概念是否可以应用在其他类型的政策工具中。在上述背景下，Schaffrin 等（2014）转而主张建立政策强度的新概念及其测量方法，即任何政策都包含一组基本元素，而与政策工具类型无关。为此，他们提出了用目标、范围、整合、预算、实施和监测六个要素来测量政策强度，并阐明上述六个要素的聚合能很好地反映一项政策的总体强度。就具体测量而言，上述六个要素为基于内容的编码程序提供了参考，并能系统地评估政策的时间和空间，以及政策领域的强度。在此基础上，Schaffrin 等（2014）提出了政策强度综合评估指数，即政策活跃指数（IPA），旨在揭示投入或分配给具体政策的资源、投入和政治活动的数量。政策组合动态研究学者认为，强度越大的政策组合越能有效地实现 ST 的目标。

除了强度这个政策组合设计的总体特征之外，还有针对技术变革和转型的另外一些重要特征。创新文献表明，一种政策工具的技术异质性层次可以决定在转型过程中选择哪些具体的技术，即投资 R&D 还是采用原有的技术（Christensen and Raynor，2002）。由于市场经常要在短期内做出选择，不区分技术异质性的政策工具就会导致对较为成熟技术的锁定。为解决上述问题，Schmidt 和 Huenteler（2016）提出应针对不同的具体技术设计不同的政策工具，即政策在特定的技术逻辑层次上只能是特定的（或中性的）。因此，技术异质性可以说是确定社会-技术转型方向的关键设计特征，即哪些具体的技术会胜出（Azar and Sandén，2011）。

实际上，创新文献还探讨了政策工具设计的其他特征，包括可预测性、时效性或可信度（Kemp and Pontoglio，2011），但这些特征更难直接测量。因此，

Bottom-Up 测量模型首次尝试研究政策组合层面的政策设计特征时，重点放在强度和技术异质性这两个特征上。同时，这两种特征都可以在单个工具层面上分析，这有利于与现有研究相联系。

（2）政策组合设计特征的测量

Schmidt 和 Sewerin（2019）提出，如果单个政策工具的设计特征很重要，那么它们也应该能反映出整体政策组合的重要特征，但由于目前研究缺乏综合的测量方法，无法提供具有可比性的数据来评估整体政策组合的动态变化。他们认为，Bottom-Up 测量模型尝试在政策组合层面通过自下而上的逻辑方式改进对政策设计特征的理解，从而有助于加强对政策组合总体特征的研究。对于政策强度这个总体的设计特征，Bottom-Up 测量模型使用 Schaffrin 等（2014）的方法，测量每个单一政策的强度，并将它们汇总到所有政策组合中，同时还对每项政策的技术异质性进行了识别和编码。然后，将所有政策工具分配到不同的技术异质性等级，从而识别整个政策组合的技术异质性。由于单凭政策组合的技术异质性不可能解释其影响，Bottom-Up 测量模型在每个技术异质性等级计算其强度，这就实现了政策组合强度与技术异质性的交互作用。根据单个工具设计特征的文献，Bottom-Up 测量模型第三个假设是更密集的政策组合可以提高社会-技术转型的成功率。关于技术异质性，Bottom-Up 测量模型假设更成熟的技术（与现有技术相比哪个更具竞争力）可以在政策组合支持下获得成功，技术异质性低（但强度高）而经济上不成熟的技术需要更多的技术异质性（且强度大）政策组合来支持。

10.3.2 模型的构建与应用

1. 模型构建

Schmidt 和 Sewerin（2019）在构建 Bottom-Up 测量模型过程中，将政策组合重新定义为：是对多个目标和手段的一种复杂安排，多数情况下这些目标和手段是经过多年演变而逐渐发展起来的。该模型重点关注的是政策产出时间上的动态变化，而不是政策制定与执行的过程变化。在此基础上，Schmidt 和 Sewerin（2019）系统阐述了政策组合的工具类型平衡和政策组合设计特征的有关概念及其衡量方法，通过自下而上的逻辑方式，从识别单个政策工具的类型和设计特征开始，在政策组合层面进行系统汇总，提出了 Bottom-Up 测量模型（图 10-3）。该模型主要对政策组合的平衡和设计等特征进行系统性评估，旨在实证评估政策组合的动态演变，并检验其有效性，从而强调通过政策组合的差异模式、平衡和设计等特征来帮助制定有效的政策设计方案，改进政策组合。

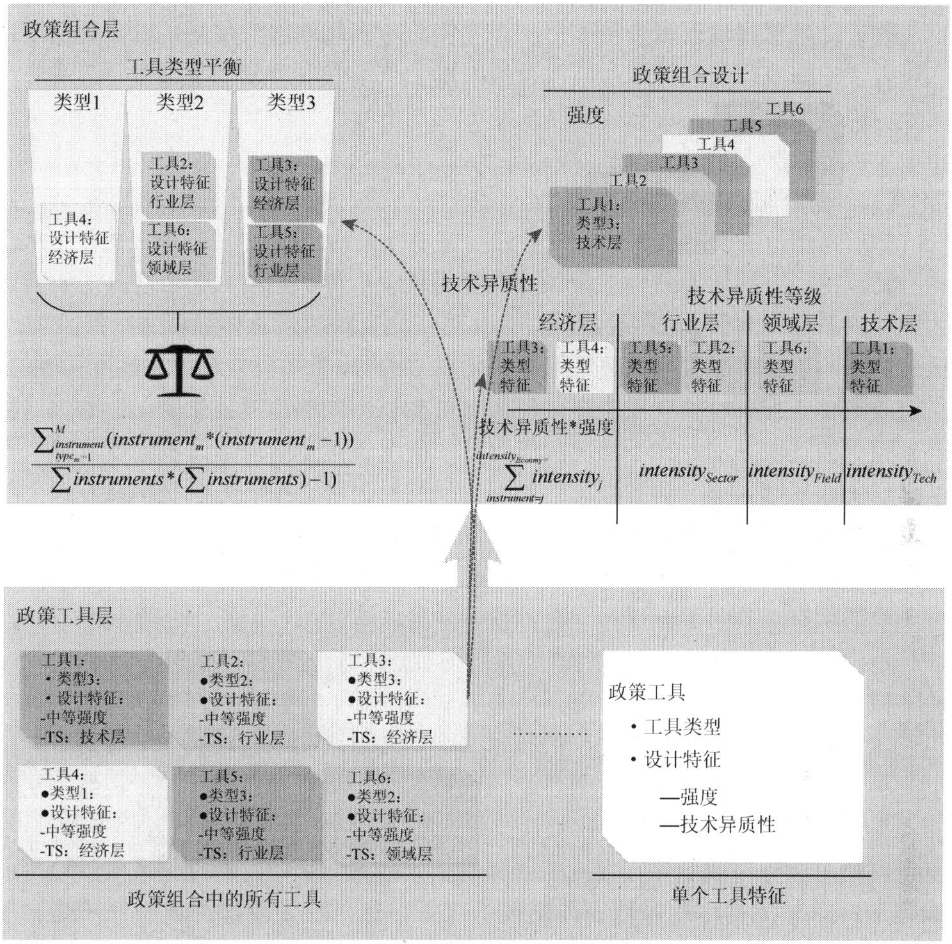

图 10-3　政策组合动态演变的 Bottom-Up 测量模型

资料来源：文献（Schmidt and Sewerin，2019），有所更新

如图 10-3 所示，该模型主要采用了自下而上的逻辑方式，通过对政策组合的工具类型及其设计特征的强度和技术异质性的编码，来测量政策组合中每个单独的工具（见图 10-3 底部）；然后将这些底部的信息通过汇总、分配和加权来计算工具类型平衡和政策组合设计（见图 10-3 的顶部）。这种方法的一个优势就是在研究政策变化时考虑了因变量问题。正如 Howlett 等（2015）所指出的，许多现有的政策组合是通过政策分层过程形成的，而非通过有意识和有计划的政策设计选择发展起来的。在关注最佳政策设计或政策工具选择的正确顺序问题之前，这些过程需要在实证和理论上给予更好的解释。Bottom-Up 测量模型的贡献就是通过关注政策组合的平衡，以及由政策强度和技术异质性为主作为政策组合层面的

设计特征，来观察政策组合是如何动态变化的，因此该模型超越了以往仅仅根据政策组合中的政策工具计数，而没有考虑单个政策强度来分析政策组合的研究。此外，该模型还超越了现有少数系统地考虑技术异质性的分析，这些分析通常集中于少数选定的工具，而不是分析整个政策组合。

（1）政策强度的测量

如前所述，政策工具层面的政策强度使用政策活跃指数（IPA）来测量。从理论上讲，IPA 方法认为任何政策领域的任何政策工具都包括六个可区分的要素，由此可以系统地测量，这些要素反过来又可作为反映政策总体强度的指标。因此，区分基本政策要素对于测量政策强度变化非常关键，正如公共政策文献所强调的，所有政策要素都可以独立发生变化，而且可能以不同的速度发生变化。通过这种自下而上的逻辑方法，在不考虑政策领域的情况下可全面理解政策强度。IPA 方法扩展了以规则为重点的对概念的理解。从逻辑上讲，IPA 方法是围绕着一个基于内容的编码过程，适用于每一个被研究的政策。该方法确定一项政策六个基本要素的强度，同时对每一项政策工具的总体强度进行加权汇总，以及对每个国家和年份的所有工具的得分进行汇总，然后得出总体 IPA，即整个政策组合的得分。与其他测量方法相比，IPA 对政策工具的内容进行了有效和可靠的评估。

（2）技术异质性的测量

政策组合的制定是针对不同的技术水平，通过阐明政策在技术等级的目标，以一种直接方式区分技术的异质性。一般按四个等级进行区分：第一，经济层政策。该层的政策是影响所有行业及其技术的政策，例如为了提高气候保护的意识，制定对所有边际排放变化一视同仁的碳税征收政策。第二，行业层政策。该层的政策是针对与特定行业领域相关的技术政策。这一特定层次的典型例子是一项针对所有形式的发电、输电和配电的政策，但并未延伸到其他部门，如工业排放或建筑能效。第三，领域层政策。该层政策的技术异质性包括针对或适用于某一行业特定类别技术的政策。电力部门领域层政策的一个例子就是专门寻求制定促进可再生能源发电的政策，如可再生能源发电配额制。第四，技术层政策。一旦政策集中在单一技术上，它们就被编码在特定的技术层。许多上网电价属于这一类，因为它们为不同的可再生能源技术（如风能、太阳能或生物质能）支付不同的溢价。

（3）政策组合效应评价的回归分析

为了检验政策组合变量的影响，Bottom-Up 测量模型首先会根据政策组合的平衡和强度对新技术扩散进行回归分析；其次，在四个技术异质性等级（代表强度和技术异质性的相互作用项），对三种独立的可供选择的新技术扩散强度进行回归分析。

2. 模型应用

Schmidt 和 Sewerin（2019）认为可再生能源技术是 ST 的一个重要技术群体，目前大多数国家在国家层面制定可再生能源政策仍然是最重要的，因此他们基于对 9 个国家 522 项政策组合的长期变化（1998～2014 年）的实际数据集，运用上述 Bottom-Up 测量模型分析各国的政策组合动态变化，及其产生的影响效应进行分析，下面将详细介绍该文章的研究成果。

（1）案例与方法的选择

在案例选择方面，该文遵循了多案例分析方法——一种在一个或多个维度上最大化方差的方法。文章选取了可再生能源技术扩散路径不同的 9 个国家进行了比较分析，这 9 个国家包括澳大利亚、奥地利、加拿大、德国、爱尔兰、新西兰、西班牙、瑞士和英国，当中包括了 4 个欧盟成员国和 5 个非欧盟国家。此外，这些国家在政治制度设计方面也有所不同，包括两党制和多党制以及不同类型的民主政体。总的来说，样本包含了跨越不同相关维度的不同案例集合。每项政策都按照国际能源机构对政策工具的分类标准（分为教育、金融、激励、投资、R&D、监管、可交易、自愿、框架 9 种类型）进行分类，文章对每一项政策进行了编码，个别政策跨越了不同的工具类型，为了测量各种工具之间的政策组合平衡，文章使用上述公式（10-1）进行计算。

（2）回归分析

文章使用可再生能源装机容量的百分比作为因变量，在第二步中使用生物能源（基于生物质和沼气的发电能力）、风能（包括岸上和离岸）和太阳能光伏在所有发电容量中的百分比作为因变量。该文强调，选择上述技术是因为它们代表着领先的可再生能源技术，具有长期潜力。此外，在观察期间（1998～2014 年），上述可再生能源技术与不可再生能源技术在经济竞争力方面存在重大差异，生物质和太阳能光伏最具竞争力，因此，当从生物能源通过风力发电转向太阳能光伏发电时，人们会期望政策组合的技术异质性变得越来越重要。文章同时也强调，使用可再生能源装机容量这个指标，是因为它是技术扩散最准确的指标，不受可再生能源供应年度变化的影响。同时，该文用普通最小二乘估计进行面板回归，并将因变量滞后一年，因此回归中的一个观察值代表一个国家的一年。

（3）数据编码

该文关于政策工具的数据来源于国际能源署（International Energy Agency，IEA）的政策和措施数据库和欧洲环境署（European Environment Agency，EEA）的欧洲气候政策和措施数据库。文章还利用《联合国气候变化框架公约》（UNFCCC）国家信息通报和其他国家文件，如政府报告，增加了未列入公共数据集的政策工具，或补充了关于政策工具特点的信息。文章共分析了 522 个政策文本，每个国家每年的数量各不相同。为了计算强度和技术异质性的交互情况，文章总结了每个技术异质性层级上所有政策工具的 IPA。关于可再生能源能力的数据来自经合组织能源数据库。关于控制变量的数据从世界银行的世界发展指标数据库（净能源进口和国内生产总值）以及布伦特原油价格中检索。

（4）结果分析

第一，在政策组合工具类型平衡方面。首先，在所有情况下各国的政策组合平衡值都相当高，分值大多在 0.8 和 0.9 之间。平衡中的主要波动大部分是在政策组合提出的早期，该阶段几乎没有全部政策组合到位的情况。有趣的是，在政策工具数量高或低的情况下，平衡并没有系统性的不同。其次，新政策工具的大量增加似乎并没有对总体平衡产生负面影响，政策组合的大量增加对总体平衡略有积极影响。相反，在政策工具减少的情况下，发现表明组合的平衡也没有受到实质性的负面影响。最后，政策工具类型的使用在不同情况下非常不同，并且随着时间的推移非常稳定。尽管政策工具类型的相对权重在不同情况下会有所变化，例如金融工具或框架工具所占比重最大，就像加拿大和德国那样，但就工具类型而言，组合的总体构成只会随着时间的推移而逐渐变化。

第二，在政策组合的强度和技术异质性方面。分析结果总体上显示了案例之间和各案例内部的巨大差异，即四个技术异质性等级之间的差异。尽管如此，仍然可以确定几个总体趋势：首先，随着时间的推移，德国和英国两个国家的政策组合总体强度呈现长期增长趋势，而其他国家的强度变化则相对渐进（偶尔会出现短期强度峰值）。然而，自 2010 年以来，这两个领先国家似乎已经达到了一个平稳时期，甚至在最近一段时间里英国的组合强度降低了。其次，总体强度要么是由技术异质性等级的强度（如澳大利亚、德国、爱尔兰、西班牙和瑞士）驱动，要么是由所有四个特异性等级的更均匀分布的动态驱动。从 2008 年起，英国是唯一一个经济层强度显著增加总体政策强度的国家。最后，随着时间的推移，各国在技术异质性等级的强度非常一致。但英国除外，在 2006～2008 年期间，该国行业层强度的下降被经济层强度的显著上升所抵消。在某种程度上，澳大利亚在 2012 年后的技术层和领域层也显示出类似的趋势。在技术层，没有哪个国家只专注于一两项技术。除了西班牙和加拿大（没有专门的地热政策）以及新西兰（没有针对风能或太阳能的政策）之外，大多数国家都支持五种主要的可再生能源技术（生物量、风能、太阳能光伏、地热和水力）。因此，大多数国家似乎对技术的目标相当平等，加拿大（地热除外）和瑞士在技术层面上是分布最均匀的，而爱尔兰的技术差异更大。

第三，在政策组合的平衡和设计特征对技术扩散影响方面。结果显示平衡对可再生能源总容量的扩散有显著的负面影响，但对总强度没有显著影响。后一种观察表明，强度本身可能无法解释技术扩散。两者之间存在显著的相关性，这意味着政策组合工具类型的平衡通常是一个值得系统关注的政策组合特征。应该指出，可再生能源的份额只是一个重要的结果变量。进一步的因果分析应该使用更广泛的结果变量（如专利）来证实政策组合平衡的相关性。此外，结果表明，无论是在经济层还是在行业层，政策组合强度对三种技术的传播都没有显著的积极影响。相反，更多的技术层政策对风能产生了负面影响。技术层的政策组合强度对生物能源没有显著影响。相比之下，风力发电和光伏发电仅受到技术层政策组合强度的显著正向影响，这表明如果政策不区分不同的可再生能源技术，那么在观察期内，生物能源作为一种经济上更成熟的技术，将会被市场所选择。为了让风能和光伏发电扩散，政策组合需要更具技术异质性，这也是光伏发电的预期。其他论文侧重于技术层（如上网电价、固定费用）与领域层（如可再生能源组合标准、可再生能源战略）的个别政策，但没有侧重于政策组合，发现有迹象表明，当领域层的基础性政策工具颁布时，市场会选择生物能源。这可能与生物能源在技术上更接近化石燃料技术有关。通常情况下，生物质甚至只是在（现有的）燃煤电厂中混合燃烧。此外，将生物电源集成到现有电力系统中要容易得多，因为它通常是可调度的和非间歇性的。另一方面，风能是一种在许多方面不同于现有发电技术的技术，譬如它特有的间歇性，因此，在技术层面上风能似乎需要更多的额外工具，例如强制电网接入和接入优先级的法规。

第五篇

应 用 探 索

第 11 章　ST 视角下的行动者网络治理

在 ST 研究中，尤其强调了行动者网络在新技术可持续发展中的关键性作用，Söderholm 等（2019）建立了一个揭示网络治理在新技术可持续发展不同阶段接口处作用的分析框架，该框架设计了网络管理策略在新技术可持续发展不同阶段接口处的角色变化，还解决了决策者在实施各种网络管理策略时可能遇到的挑战，并指出如果在制定政策组合中忽略这些工具将会引发的负面后果。本章结合 Söderholm 等（2019）的研究，围绕"如何加强行动者网络的有效管理，从而促进新技术可持续发展"这个问题，根据政策组合和 ST 研究的相关观点，讨论了行动者网络的不同特征是如何影响新技术可持续发展的，以及如何通过实施不同管理策略影响行动者网络的绩效。

11.1　行动者网络治理的重要性

新技术可持续发展必须要建立与之相匹配的新社会-技术体制。从利益相关者视角来看，新社会-技术体制的建立，离不开与该技术有密切利益关系的广泛行动者所组成的网络，这些行动者包括技术提供者、研究机构、终端用户，也包括中央和地方各种政府部门等。ST 研究中强调行动者网络是一个关键性概念，其中 SNM 分析框架就提出"实验"是作为社会-技术发展的关键领域（Schot and Geels，2008），以及通过实验如何能够在共享的网络和学习过程中聚集行动者。de Haan 和 Rotmans（2018）提出了一个理论框架，阐述了 ST 中的行动者网络在促进新技术可持续发展中扮演的角色。但是，Musiolik 等（2020）等批评现有研究还是没有充分考虑到行动者网络在促进新技术产业化中的重要作用，提出应对不同类型的行动者及其形成的网络如何促进可持续转型进行更为详细深入的研究。Newell 等（2017）指出，现有研究虽然明确了不同行动者在推进新技术可持续发展方面做了什么，但未能解决是如何实现的。

然而，要建立一个参与者充分合作、资源共享、利益协调的有效行动者网络，并不是一个简单的过程。除了稀缺资源的共享问题之外，还需要解决有关行动者所做出的策略选择和整个体制中各种不确定的因素。不同的行动者通常代表不同的机构，并根据不同的组织逻辑和程序运作，这导致了他们对未来发展与挑战，以及政策选择和解决方案可能有不同的看法，从而也引发了网络内部的高交易成本，进一步增强了网络管理的复杂性。如果网络中的在位行动者过于集中，还可能会导致整个网络的短视行为、技术锁定和路径依赖等问题。此外，ST 的实践也证明行动者网络是难以组织和管理的，譬如由于低效的参与者而形成了小规模、效率低且相互竞争的网络，就不利于新技术的知识转化，从而导致新社会-技术体制转型失败。因此，如何通过有效的政策组合加强行动者网络治理的绩效，促进新技术可持续发展，从而实现可持续转型是新技术产业化的一个重要现实问题。

11.2 理论基础和逻辑分析

11.2.1 政策组合在新技术可持续发展不同阶段的作用

新技术可持续发展的过程通常可划分为不同阶段，例如可划分为预发展、启动、加速和稳定四个阶段。Bergek 等（2008）认为新技术可持续发展是积极履行了知识开发和传播、创业实验、对搜索方向的影响、市场形成、合法化、资源整合与配置、正外部性的发展七项职能的结果。国际能源署在 2015 年将技术开发过程划分为概念开发、试点示范、市场形成和市场扩散四个阶段。

在上述基础上，Söderholm 等（2019）将新技术可持续发展过程划分为四个阶段（概念开发、试点示范、市场形成和市场扩散），并将各阶段之间的衔接界定为三个接口（interfaces）：①概念开发阶段与试点示范阶段的接口，即接口一；②试点示范阶段与市场形成阶段的接口，即接口二；③市场形成阶段与市场扩散阶段的接口，即接口三。上述划分为分析不同类型（技术推动型、需求拉动型、环境型）政策工具促进新技术可持续发展所发挥的作用提供了一个很好的切入口，如图 11-1 所示。

（1）接口一：概念开发阶段与试点示范阶段

该过程的特点是有必要在研发和试点示范的实践过程中扩大新技术的学习范围，从而推动新技术知识的创造和降低新技术风险，促进新技术基础知识和专有知识的开发，类似“干中学”，因此，应该采取必要的技术推动型和需求拉动型相结合的政策工具组合，譬如加大运用新技术研发的公共支持和试点示范工程的资助，可促进新技术的知识创造，并促使新发明得到验证、优化和扩大。

（2）接口二：试点示范阶段与市场形成阶段

该阶段特点是更加注重各种学习过程来促进新技术的产品化，让新技术产品在拥有真正客户的市场中反馈完善，类似“学中干”。因此，技术推动型工具在这个接口处仍然发挥着关键作用，但更重要的是通过运用特定的需求拉动型工具

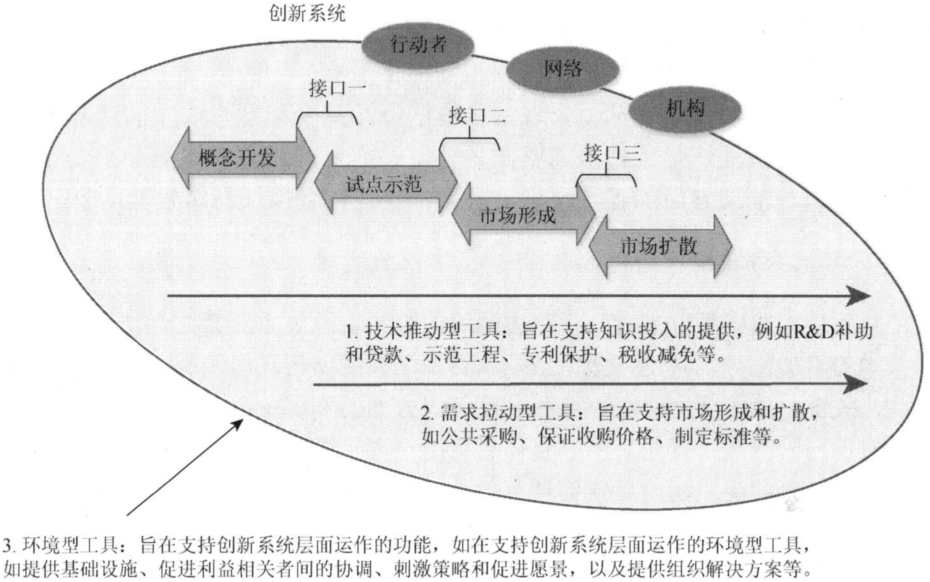

图 11-1　政策组合在新技术可持续发展不同阶段的作用

资料来源：文献（Söderholm et al.，2019）

（如配额、保证收购价格、公共采购等）建立“原始的市场生态位”，同时在现有金融机构尚未愿意提供足够资金给企业时，政府还需要为企业创造条件提供长期贷款筹集。

（3）接口三：市场形成阶段与市场扩散阶段

该阶段的特点是侧重进一步从客户和更广泛的市场反馈中学习，从而在巩固市场生态位的同时实现市场扩散。这个接口处，更多的是环境型政策工具的组合使用，包括制定技术和产品标准、修订现有法规获得合法性、确保技术中立的需求拉动（如碳税），以将现有新技术的外部成本内部化。在这个接口，公众支持新技术的知识研发仍然至关重要，但现阶段可能更倾向于支持永久性测试中心，这些中心可以以多种方式支持企业，从最初的研发经验到产品认证。

11.2.2　行动者网络理论及其治理

网络的概念越来越被认为是一个分析视角，是相互依赖的行动者之间进行资源交换和谈判的结构。所谓的行动者网络是指一种组织结构，其成员清晰可辨，企业和其他组织聚集在一起以实现共同目标，包括为了特定新技术的发展。新技术发展需要企业、资助者、研究机构、顾问、消费者和公共机构进行协调，其中每一方都拥有各种能力、资源和利益。网络方法强调网络结构和网络中介，其中网络结构涉及行动者关系的模式和质量，会对参与者的行为和合作产生重要影响。因此，参与者的兴趣、资源和互动将影响合作的结果。如上所述，要建立有效的行动者网络，从而实现网络内的资源共享和富有成效的谈判，并不是一个简单的过程，除了稀缺的资源之外，还需要解决有关行动者所做策略选择和整个体制框架方面的各种不确定因素，这往往会增加网络管理的复杂性。

1. 有效行动者网络的特征

从新技术发展角度来看，行动者网络的绩效表现关系到其在合作过程中增加新技术的附加值，尤其是在塑造新技术转型时系统结构和资源整合的能力方面。因此，关键是要了解网络在市场和制度等级方面的利弊关系，以及行动者网络如何应对不同的挑战，譬如对网络整体目标的不同承诺、制度和文化冲突以及区域之争。虽然目前尚未明确界定何谓有效的行动者网络，但有理论研究和实证经验表明，某些特征往往对整体行动者网络功能很重要，包括：

（1）行动者多样性

由扮演不同角色的异质行动者组成的网络结构往往更有弹性，而且在获得必要的资源（例如能力、资金等）方面也更成功。行动者多样性（actor diversity）需要不同类型和一定数量的行动者参与，这个特征与网络规模有关，但大型网络不一定是多样化的，这就要关注怎样的行动者多样性更合适。同时，行动者多样性往往还体现在作为该网络与其他重要集群或组织连接的桥梁纽带，因此要围绕新技术建立新的社会-技术体制，除了纯粹的技术和工程工作外，还需要建立新的市场和联合机构，这就需要由具有不同能力和资源的参与者组成的网络。

（2）网络整合能力

网络的整合能力（integration），可根据网络的密集连接和集中程度来识别。拥有密集联系和明确协调机构的网络更有能力应对共同的挑战并制定必要的优先事项。

（3）网络稳定性

网络稳定性（stability）是指先前的关系、持久性和正规化的程度，其中可预测性、信任和参与者共享资源的意愿是网络稳定性的函数。然而，值得注意的是在新技术发展过程中，稳定性可能是一把“双刃剑”，一方面，最初的行动者网络通常是有限的和不发达的，需要激活新行动者的参与；另一方面，网络中参与者如果既不退出也不进入，那么过于稳定的网络会产生惰性，反而起到阻碍效应。因此，稳定性必须与行动者网络结构的实质性变化齐头并进。

2. 行动者网络管理的形式

研究表明，试图影响和改善行动者网络的演变往往不简单，需要一种平衡能力（如在稳定性和灵活性之间）。这些挑战的表现和管理方式将取决于参与者网络所处的阶段，从而明确了网络动态的作用。此外，它还取决于网络管理的形式，以及所采用的网络管理策略。通常行动者网络的管理划分为以下三种形式。

（1）共享式管理

共享式管理（shared management），是指没有明确指定的管理实体的管理。网络共享式管理不一定意味着行动者之间的高度协调或对最关键问题的一致理解。通常，技术发展的早期阶段行动者网络大部分与共享式管理一致。

（2）领导式管理

在领导式管理（actor management）网络中，一个牵头组织正式承担网络管理者的角色，即积极寻求影响政策网络的进程和结果的策略行动者。由于协调能力增强，这种管理形式可能是有效和合法的，但是领导组织的中心作用可能导致其他参与者的低承诺和对网络管理者动机的质疑。

（3）协助式管理

协助式管理（collaboration management），是指以实体形式存在的网络管理者，其唯一目的就是管理协作。这种形式的一个重要优势是能够克服效率低下问题，同时还能缓解与领导组织模式的潜在冲突。政府行动者（国家层面或区域层面）在网络管理中就往往扮演了管理协助的角色。新技术的网络管理可能存在不同的组织形式，但公共行动者通常履行“调解人”的职能，促进利益相关者之间的结盟。然而，在某些情况下，一些规模较小、高度关注技术的组织也可能会承担网络管理或调解的角色。

3. 行动者网络管理的策略

一个网络管理者，可以通过几种策略来影响协作过程并解决不同参与者之间的紧张关系。这些策略可以针对网络结构、网络内容和网络流程等。Klijn（2005）指出，网络管理者可以通过制度设计和流程设计两种主要方式影响这些策略。制度设计是指用来影响合作基本规则的策略，例如影响专利活动、合同、利润分享等的立法。然而，一个关键的出发点是：制度设计的前提不一定会产生类似的行动者网络结果，因此，必须承认各种流程设计策略的作用。Klijn（2005）还提出，网络管理者可以通过制度设计和流程设计两种主要方式影响网络结构、网络主题和网络流程。在既定制度框架下，网络流程策略可用来影响行动者网络中的协作流程。在 Klijn（2005）研究的基础上，Söderholm 等（2019）概述了与新技术可持续发展直接相关的三种不同的流程设计策略，以及其对行动者网络不同组成部分的影响，如图 11-2 所示。

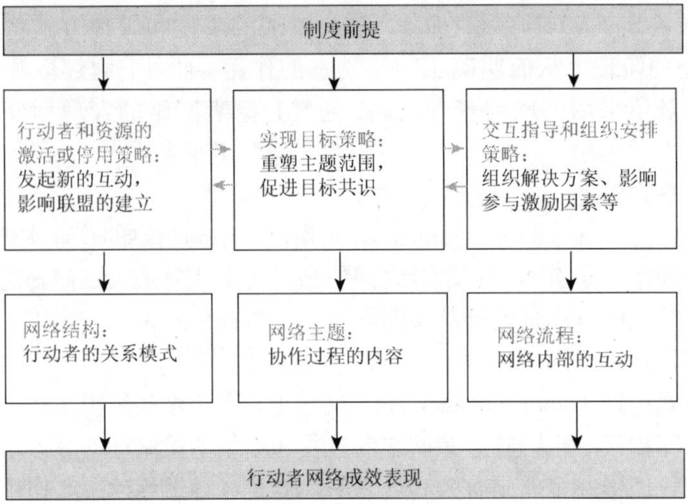

图 11-2　流程设计策略对行动者网络不同组成部分的影响

（1）行动者和资源的激活或停用策略

该策略旨在影响网络结构，譬如通过引入具有互补资源的新参与者和建立新的联盟等。通过这种策略，网络管理员可确保必要资源（如知识和资金）的提供。此外，鉴于行动者网络的多样性对新技术可持续发展至关重要，当现有某一行动者掌控了新兴网络中关键性的补充资源和基础设施时，就应该作为政策组合重点尝试激活的行动者。

（2）实现目标策略

该策略旨在影响网络主题，虽然网络的多样性对获得必要的资源和促进不同类型的学习过程至关重要，但它也增加了不同行动者对发展目标（新技术的选择方向、新产品的市场定位等）的不同看法。虽然这种异质性行动者是一种优势（譬如有利于防止行动者网络过早闭合，并迫使行动者阐明其立场的理由），但如果相互冲突的观点无法求同存异，也可能会减缓甚至阻碍新技术可持续发展。

（3）交互指导和组织安排策略

该策略旨在影响网络流程，激活行动者网络管理策略旨在动员新技术可持续发展所需的知识和技能，目标导向策略确保正式网络中行动者集中在一个或几个共同的目标上。然而，这必须通过交互指导和组织安排来实现，包括如何努力影响组织开发过程，以及如何使新的协作和妥协成为可能。从政策角度来看，政府行动者可以充当行动者之间的经纪人和协调员的角色，或者承担发起委员会、咨询小组或项目组织的角色。

11.3　新技术可持续发展过程的网络治理

11.3.1　分析框架的构建

Söderholm 等（2019）提出了一个行动者网络治理在整个新技术发展过程中作用的分析框架（表 11-1）。该框架显示了典型的网络管理形式和网络管理策略在新技术发展过程各阶段之间三个接口的作用。同时，Söderholm 等（2019）还认为该框架可以作为一个潜在的行动者网络管理活动的重要清单，并指出在整个新技术发展过程中，行动者网络很可能以各种类型的管理形式为特征。在第一个接口中，这种形式可能是非正式的和“共享的”，即没有正式的管理实体。尽管如此，只有一部分相关行动者可能得到很好的协调。在第二个接口中，试点示范阶段与市场形成阶段之间的衔接，其特点可能是由于领导组织的存在而增加了协调能力。在第三个接口中，更有可能形成以管理参与者之间协作为主要目的的领导组织。

表 11-1　行动者网络治理在整个新技术发展过程中作用的分析框架

	接口一 概念开发阶段与试点示范阶段	接口二 试点示范阶段与市场形成阶段	接口三 市场形成阶段与市场扩散阶段
新技术可持续发展的关键性挑战	将学习过程的范围从推进科学知识和降低技术风险扩大到促进基础和专有知识开发（干中学），以及新技术的验证和优化	学习有助于降低生产成本和市场相关风险的专有知识。更加注重通过学习和互动过程，促进企业开发新产品和塑造价值链	进一步注重从中等规模生产、消费者反馈和更广泛的市场实践中学习，例如制定标准和获得合法性。这意味着提高成本和性能比，识别关键基础设施和监管障碍
网络管理形式	没有正式管理实体的共享式管理（不一定是紧密协作）	具有一个强协调能力的牵头组织，承担了网络管理员的角色	具有一个网络管理的实体组织，以管理协作为主要目的
网络管理的关键策略	行动者和资源的激活或停用策略： ●从最初与利益密切相关的小行动者网络扩展到更复杂的网络 ●关键是让新的参与者或联盟加入，帮助共同资助商业规模的试点企业。实验的公共资助仍很重要	行动者和资源的激活或停用策略： ●利用现有的基础设施来刺激现任者和新行动者之间的互动，重点是未来形成几个完整的价值链 ●通过为客户创造激励来刺激供应商和客户之间的互动。鼓励最终用户和政策领域的反馈	行动者和资源的激活或停用策略： ●建立行动者网络，确保支持性体制结构和政治的安全并使其合法化 ●通过增加价值链上的竞争，消除低效解决方案和参与者 ●让能开发互补技术和解决更广泛系统问题的 R&D 行动者参与进来
	实现目标策略： ●根据技术实验的目标，协调关键行动者的利益，同时允许并行开发各种替代解决方案 ●深思熟虑地探索可能的长期目标、愿景和未来蓝图，讨论其他行动者的政策或目标如何诱导或阻碍这些目标	实现目标策略： ●鼓励企业家、私营企业、政府机构、学术界等参与联合决策过程 ●就系统的优势和劣势以及如何解决这些问题建立共同的观点 ●从探索到开发新知识，并设定具体的长期目标（如产量、市场份额）	实现目标策略： ●重新审视目标并在必要时进行修订，确定新的长期目标，并就如何解决阻碍进一步增长的政策和机构问题制定联合议程 ●建立联盟，为基础设施提供资金，这些基础设施为广泛的行动者服务，并不断改进和测试新的选择

续表

	接口一 概念开发阶段与试点示范阶段	接口二 试点示范阶段与市场形成阶段	接口三 市场形成阶段与市场扩散阶段
网络管理的关键策略	交互指导和组织安排策略： ●启动组织结构和项目管理，鼓励在概念开发和试点示范之间的互动来回切换 ●增强调解人的作用，协助管理以下平衡：(a) 核实特定价值链上新技术的商业利益；(b) 公共资金	交互指导和组织安排策略： ●启动侧重于开发新知识的组织结构，例如，通过研究基础设施，允许技术供应商获得客户反馈 ●为潜在价值链的互动创造舞台，确保单独开发的人力资本融入旨在扩大规模的商业项目	交互指导和组织安排策略： ●重新关注现有的测试基础设施，以支持产品的部署和增量改进 ●通过让平衡不同商业和科学利益的中立行动者参与进来，进一步推动技术发展的努力 ●知识产权管理至关重要

（1）行动者和资源的激活或停用策略

在技术发展的早期阶段，重点是通过支持更广泛的科学家和工程师来验证和优化技术的解决方案。从网络管理角度来看，促进这一阶段发展的关键策略是让新的参与者积极参与到网络中来，同时根据面临的技术发展的关键挑战采取不同的形式。在概念开发与试点示范阶段之间的接口上，关键是扩大网络，促使更多的行业专家参与进来。激活能够帮助资助试点企业规模的行动者同样重要。相比之下，进入市场形成阶段需要进一步关注现有行业和最终用户的参与。以试点企业等形式建立的研究基础设施，通常代表网络参与者的核心协作领域。因此，这些可以为新的参与者提供一个重要的体验场所，包括终端用户、现任者、技术提供商等。最后，在市场形成与市场扩散阶段之间的接口上，激活行动者策略的范围需要进一步扩大，例如鼓励能够开发、测试和评估互补技术并解决更广泛的系统问题的各类研发行动者和技术顾问参与进来。总之，在整个技术发展过程中，影响网络结构和培养行动者多样性的激活策略就显得非常重要。在这个过程中，还要关注不同阶段关键角色的激活。

（2）实现目标策略

随着技术开发过程从一个阶段跨越到另一个阶段，目标导向也需要动态调整。在概念开发与试点示范阶段接口上，重点是在技术实验的性质，主要是在对这些实验目标形成共同理解与允许开发各种替代解决方案之间取得平衡。在早期阶段，对愿景和目标的深思熟虑也是重要的，这些将指导新技术实验和中试的范围，但也不排除对现行愿景和目标进行持续的重新评估，包括从效率、成本等方面评估技术未来发展的挑战和愿景。政府也应该通过设定与该领域相关的长期目标对新技术发展发挥重要作用。在试点示范与市场形成阶段接口上，必须从探索知识转向利用知识。从实现目标策略的角度来看，不仅需要更加注重应实现的目标，还需要更加注重存在剩余的体制障碍、政策不确定性等情况下如何实现这一目标。也就是说，需要建立关于系统优势和弱点的共享观点，包括关于行动者网络如何集体工作以解决现有弱点的观点。

（3）交互指导和组织安排策略

在市场形成阶段与市场扩散阶段的接口上，创新中介机构的作用在从概念发展阶段走向试验和示范阶段的步骤中也是非常重要的，例如以政府组织的形式在行动者之间工作。这对于管理研发公共资助目标（如广泛传播知识）与私人行动者的商业利益之间的平衡至关重要，以验证特定价值链上的新技术并保护获得的知识。随着新技术的可持续发展，启动新的组织安排也变得至关重要，以确保已经单独开发的新知识和人力资本融入旨在扩大规模和商业化的项目。此外，知识产权的管理，以及由此带来的各种商业和科学利益的平衡也非常重要，需要测试基础设施的行动者参与等。

11.3.2　网络治理的实施

Söderholm 等（2019）认为政策在支持行动者网络治理当中承担着关键作用，但政策的作用可能高度依赖于环境，同时在某些情况下，政府要承担管理调解角色，甚至要充当正式的网络管理者，积极选择和支持某些主要的行动者。政策制定者在选择网络治理活动实施时，需要考虑面临的不同挑战与风险，为此要重视对政策组合在网络治理实施中面临挑战和潜在风险的分析，见表 11-2。

表 11-2　政策组合在网络治理实施中面临挑战和潜在风险的分析

	接口一 概念开发阶段与试点示范阶段	接口二 试点示范阶段与市场形成阶段	接口三 市场形成阶段与市场扩散阶段
网络治理策略设计和实施中的关键政策挑战	在寻求行动者激活战略时，与吸引正确的行动者和发展项目相关的挑战，包括项目筹资条件等不稳定的政治和经济环境，因此很难引入实现目标的战略 防止现任者的统治和对“过时的”制度逻辑的依赖	使网络管理策略适应当前的政府级别，即国家、地方等。适用于所有三种策略 一些新技术（如生物精炼）可能有几个有前途的价值链，因此，很难实施优先排序和实现目标的战略 正式的网络管理员可能很难识别和激活，这反过来又使组织结构的采用变得困难	很难决定哪些流程需要主动（策略诱导的）网络管理策略。适用于所有三种策略 确保以合法和有效的方式实施停用参与者活动的过程，包括测试基础设施议程的变更 各种类型的需求拉动工具可能意味着对网络管理策略的不同需求。可以适用于所有三种策略
政策组合中忽视网络管理重要性的潜在负面影响	如果新的行动者（包括现任者）没有被激活，将会缺乏资源和解释知识，从而导致产生更多相同的行为者 占主导地位的现有行动者可能会导致路径依赖和技术锁定 现有的行动者必须在网络中扮演他们不太适合的角色	难以实现国家、区域和地方目标之间的有效协调 需求拉动型工具对受影响的行动者可能有不同的含义。如果没有实现目标的战略，不同解释和优先事项的问题就会持续存在 在缺乏目标导向和行动者激活战略的情况下，重要的技术领域可能仅仅建立在大量相互竞争的小型行动者网络的基础上	资源的分配可能会过于分散地分布在相互竞争的网络中，所有这些都限制了进一步开发该技术的能力 在缺乏行为者激活战略的情况下，一些行为者在成长阶段可能面临巨大的进入壁垒，尤其是如果一些需求拉动型工具或法律规则倾向于支持现有行为者

资料来源：文献（Söderholm et al.，2019）

（1）面临的挑战

第一，接口一处。该处一个关键挑战是选择正确的行动者和研发项目，虽然这种选择通常是基于同行的审查评价，但由此所产生的过程往往不排除政策方面的考量，其中包括需要具体规定传播新知识的适当资助条件，从而避免出现只有现任行动者才能控制发展活动范围的情况。但是，指定资助条件也可能意味着偏爱某些技术选项，这本身也是一个挑战。

第二，接口二处。该处通常会关注新技术发展形成哪些值得追求的价值链。具体来说，一些新技术，包括生物精炼技术，可能存在几个有前途的价值链，但很难确定优先次序，这是试点示范阶段与市场形成阶段之间的一个令人关注的问题，并使得实现目标策略的设计变得复杂（例如，确定能够将具有不同目标、动机等的行动者聚集在一起的愿景）。在这一接口上，政策挑战还可能涉及确定与不同层面政府高度一致的网络管理活动，例如在国家和地方治理层面之间提供联系，又譬如一个国家政策执行机构可能很难在强有力的地方行动者充当网络管理者的网络中扮演协调者的角色。

第三，接口三处。该处面临的挑战可能涉及在从有针对性的技术开发活动到引入更通用和永久测试的基础设施的转移过程中，为网络管理找到适当角色。这个过程甚至可能需要取消网络中的参与者。此外，决策者还需要意识到，不同的需求拉动型工具可能需要不同类型的网络管理措施，例如一些政策工具将主要用于鼓励大型的老牌企业加入，而其他类型的需求拉动型政策也可以为创新性中小型企业的进入提供激励。因此，在前一种情况下，以主动激活行动者的策略来加强网络管理可能更为迫切。

（2）潜在风险

第一，在概念开发与试点示范阶段接口上，关键行动者需要采取积极的行动来扩大行动者网络。如果不能做到这一点，可能会导致进一步研发新技术必需的解释性知识普遍缺乏，从而牺牲了价值链上的效率和获得潜在用户的知识和经验。同时，该接口处另一个风险是，网络中的现有参与者可能不得不承担他们不太适合的网络中的角色，譬如拥有较大试点示范基地的大学等。

第二，回应行动者对未来潜在技术途径的不同解释是一项挑战。通过需求拉动政策工具等手段可提高风险投资的回报率，在一定程度上可解决这个问题。但是，如果政策制定者只是以这种方式帮助降低投资风险，将会增加对机构风险和市场相关风险的把握。这些措施在试点示范阶段与市场形成阶段之间的接口上尤其重要。然而，随着技术、经济和社会问题变得更加错综复杂，需求拉动工具的引入也可能导致增加未来挑战和优先事项的不确定性和模糊性，尤其是如果这些工具的目标是非常广泛的技术和产品组合。

第三，让现有行动者参与到新技术发展项目中很重要，但确保他们在新行动者网络中不会获得太强的地位同样重要。在这一平衡中，行动者激活策略将发挥特别的作用。尽管技术推动型和需求拉动型工具的传统政策组合会促使现有产业对新技术的投资更感兴趣，但政策制定者还需要明确关注企业内部以及企业之间的潜在冲突，以便从这种政策支持中获得最大回报。因此，政策制定应该建立合作氛围，例如在创新者和在位者之间积极促进网络的形成。同时，政策制定者应该注意不要给现任者提供太强的主导地位。

11.4 经验启示

新技术可持续发展离不开有效的行动者网络，从前文分析可得出以下几点启示：

第一，新技术可持续发展受到政策长期的目标、愿景等的引导，并会被各种类型的行动者有目的地追求，这些行动者将会相互协调和建立联盟，从而形成行动者网络，并在促进知识交流和扩大资源的基础结构方面发挥着特定的功能作用。

第二，在新技术可持续发展过程中，政策的分析、设计和执行必须要多关注行动者网络治理，包括网络的主题、表现和结果等，要深入分析不同参与者是如何协作的，尤其是如何通过政策组合制定实施不同类型的网络管理策略，进而影响网络的协作。因此，加强对行动者网络的支持是制定政策组合的一个重要组成部分。

第三，行动者网络治理在新技术发展的不同阶段起着不同的作用，决策者要全面分析实施各种网络管理策略时可能遇到的挑战与风险，包括要清晰地判断出在制定政策组合中忽略某些工具将会引发的负面后果。后者包括低效的行动者角色扮演，在类似技术领域出现小型、竞争性和相当无效的行动者网络，以及缺乏解释性知识，这反过来导致决策不佳或延迟。因此，决策者应该将不同网络管理策略的关键活动结合起来。

第四，在技术开发过程的不同阶段之间的接口处通常需要不同的网络管理策略，其中一些策略以激活参与者为基础，其他策略以目标导向策略为主，还有一些策略以交互指导和组织工具为基础。换句话说，各种网络管理策略并不代表分散的活动，它们将通过合并所有三个领域的活动来实现。

第 12 章　ST 视角下的颠覆性创新管理

建立有效的颠覆性创新（disruptive innovation）管理机制，促进颠覆性技术的可持续发展，是中国摆脱“低端锁定”困境、争取战略主动的关键路径和重要手段。美国、日本等科技强国在培育发展颠覆性技术的过程中，积累了许多有益的经验和做法，有着重要的参考价值。由于缺乏顶层设计和制度机制，目前中国颠覆性创新的理论和实践还处于模仿与跟随阶段，尚未形成适应本国国情的管理机制及其实施路径。本文以 ST 理论视角为基础，探讨了国家颠覆性技术管理机制的运行形式和实施路径。在此基础上，构建了基于颠覆性创新技术演化过程的管理机制模型，并结合具有代表性的发达经济体的颠覆性创新管理典型案例，剖析了外部演进过程，深入分析了颠覆性创新技术培育、实验项目构建与扩大、市场确立和商业模式形成等内生演化过程。本章将运用 ST 理论分析具有代表性的发达国家和地区颠覆性创新技术管理机制的构建和实践经验，从理论上为探讨颠覆性创新技术的外部演进过程和内生演化过程提供分析框架，并初步探讨了颠覆性创新技术管理机制的形成条件。在实践中可以加深对颠覆性创新价值及其演进特征的认识，为构建符合中国国情的颠覆性技术管理机制提供理论支持，为政府加快颠覆性技术的可持续发展提供决策参考。

12.1　颠覆性创新管理的重要性

随着新一轮科技革命与技术创新的推进，以量子计算、虚拟现实、3D 打印为代表的颠覆性技术不断涌现，对现有生产消费模式与社会-技术体制产生了巨大冲击。颠覆性创新是以具有改写竞争规则和催化新商业模式等特征的新技术为核心，对现有生产消费模式产生广泛而深刻的颠覆性影响，驱动现有主流技术或产业关键技术跃迁，继而对国家产业体系产生重大影响的社会-技术体制变革过程。从国家视角来看，颠覆性创新能为产生技术突袭和建立新的社会-技术体制创造可能，从而实现国家自主创新优势的整体提升以及在国际科技竞争中的“变轨超车”。正是在此背景下，发达经济体纷纷从国家层面对颠覆性技术进行超前部署，着力加强其培育发展，譬如 2013 年日本围绕颠覆性创新部署 ImPACT 科技计划，进一步强化产业技术创新能力；以色列自 2013 年以来不断颁布科技发展计划，逐步完善国家创新体系以实现颠覆性创新的快速发展；美国

2015 年就出台国家层面的创新战略计划，将颠覆性创新纳入国家战略体系及国家发展路径；2018 年欧盟颁布第九轮框架计划持续推进颠覆性技术的研发，着力发挥创新人物的引领作用以及提升区域创新能力。可见，颠覆性创新已成为国家非对称战略对抗取胜的关键。但无论是政府还是企业，对于当前如何推进颠覆性创新，仍存在着颠覆性技术的识别与选择、颠覆性创新管理机制构建等亟待解决的关键问题，尤其是从国家层面对颠覆性创新管理机制的特征及其实施路径还缺乏系统的阐述。

为此，本文将运用 ST 理论及其分析框架，基于国家视角构建颠覆性技术成长全过程的概念模型，深入分析国外政府培育发展颠覆性创新的实施路径，凝练其成功做法，由此得出有效构建颠覆性创新管理机制的经验启示。

12.2　基于 ST 理论的颠覆性创新管理机制模型构建

12.2.1　颠覆性创新

Govindarajan 和 Kopalle（2006）提出，国家层面的颠覆性创新包括低端颠覆和高端颠覆，第一层次的颠覆主要体现于市场或行业内的局部变化；第二层次的颠覆则具有更大的影响，不仅对许多行业造成影响，同时在一定程度上改变了社会规范或制度。颠覆性技术在其成长过程中受到诸多要素的影响，Schuelke-Leech（2018）提出，高端颠覆性创新的发展不受区域差异及技术壁垒限制，通过对多技术的融合呈现多种技术特性，同时扰乱并促使现行的社会制度及生产规范标准进行重组，但颠覆性创新在形成技术创新能力之前仍需要对新产品和服务的变化积累关键的生产基础。对于其关键因素的探讨还有：用户利益、核心战略、战略资源和价值网络；创新研发活动、创新资源分配和创新生产流程；社会资本与服务性政策；国家支持创新研发活动力度，包括支持方式、立法变化、国家发达与否、网络效应等。

有关颠覆性创新的特征，主要包括：一是变革性，即颠覆性创新在市场原先需求的主流属性方面一开始无法与市场的主流技术相媲美，但与现有主流技术相比却拥有独特的创新性质，包括成本低、体积小、携带方便、易操作或安全等；二是初始低端性，即颠覆性创新一开始发端于低端市场或新市场，其进入市场时在技术的主流属性及使用客户群上均体现出低端性；三是加速成长性，即颠覆性创新进入市场后，在市场和技术的驱动下，呈现出更快的成长与扩散特性；四是侵蚀性，即颠覆性创新立足低端市场或新市场后，不断由低端市场向主流市场进行拓展，呈现蚕食方式的侵蚀性；五是破坏性，即随着颠覆性创新的侵蚀，不可避免地将与现有主流技术和产品产生正面竞争，此时颠覆性创新将呈现明显的破坏特质，抢占主流市场并将现有主流产品逼退，最终成为市场的领导者，建立新的社会-技术体制。

国家视角下颠覆性创新不只限于技术和市场范畴，而是立足于产业体系和社会范式的变革、引领国家科技创新的核心力量。国内外学者也从不同视角出发对颠覆性创新的内涵进行深化和拓展：从颠覆过程来看，Reinhardt 和 Gurtner（2015）认为，相较于维持性创新而言，颠覆性创新具有更高的技术优势以及市场生存能力，逐渐逼退乃至取代已有的维持性创新以凸显自身的颠覆性，最终领导市场并扩大产业规模，因此，其发展过程也可以理解为新技术进入市场乃至占领市场的过程。从颠覆结果来看，Nagy 等（2016）根据颠覆效用的不同将颠覆性创新分为三种不同类型，即技术颠覆、商业模式颠覆和激进的产品颠覆；苏秦和杨阳（2016）提出颠覆性创新是基于主流市场和产品主流性能而言的，对于现有的市场规则与竞争格局能够产生较大的颠覆，并以 3D 打印机颠覆性创新应用为例进行分析。

12.2.2 ST 理论与颠覆创新管理的逻辑关系

ST 理论主张为新技术构建一个研发支持且免受现有主流市场和社会-技术体制压力的保护空间，促使新技术在进入市场形成创新效应前充分成长、试错与调整，通过创新生态位的管理运作，进而促进新技术产业化并形成可持续性发展的新兴产业，最终实现社会-技术体制的变革（Geels，2002）。ST 理论系统地阐释了颠覆性技术的成长过程中内外部各要素的互动关系及影响机制。作为一种管理工具，ST 强调新技术产业化的关键在于创新生态位内生演化以及外部体制环境的综合影响，其实施过程与颠覆性技术的演化发展具有高度契合性。

虽然国内外学者对颠覆性创新发展问题已积累诸多研究成果，但 Millar 等（2018）认为，一方面颠覆性创新的传播比通常想象的更为复杂，其未来的发展是高度不确定的，特别是在早期阶段，颠覆性技术极易面临成长“夭折”的大问题；另一方面，颠覆性创新通常涉及许多颠覆性技术，同时也伴随着大量的产品、服务流程或商业模式的创新，这些因素共同挑战了现有社会-技术体制而容易受到抵制。从颠覆性创新的演化特质来看，颠覆性技术所具有的超越性能与技术革命性对于国家安全以及非对称军事对抗有着极其重要的意义，所以从国家这一宏观视角审视颠覆性创新的演化模式，既需要考虑颠覆性技术的多重特点，也需要兼顾颠覆性创新的动态扩散过程（Laurell and Sandström，2018）。ST 理论的实施过程与颠覆性创新具有高度契合性，能够为研究颠覆性创新演化过程提供一个客观的分析框架。因此，引入 ST 理论分析颠覆性创新管理机制，有利于对颠覆性技术的成长演化及生态位跃迁问题进行系统分析，为构建有效的颠覆性创新管理机制提供参考。

12.2.3　管理机制模型构建

结合颠覆性技术的演化特征，本书基于 ST 理论构建了颠覆性创新管理机制的理论模型（图 12-1），并将颠覆性技术演进全过程划分为以下三个层面：①社会-技术景观层，指社会-技术体制层与创新生态位层的外部环境，主要包括政治体制、社会价值、经济趋势等方面；②社会-技术体制层，指包含用户偏好、知识存量等与技术发展高度相关的因素的集合，是对技术体制的拓展；③创新生态位层，指包含基础设施、技术、文化等因素的颠覆性技术出现的主要场所和保护空间，是孕育颠覆性创新技术这一“变异种子”的土壤。同时，将创新生态位层面中颠覆性技术的内生演化过程划分为以下四个阶段：①愿景构筑与路径创造，根据颠覆性技术特征制定科学规范的技术选择标准，选择具有较好应用前景、符合用户需求、适合 SNM 管理的技术，充分整合创新资源、形成良好愿景与路径创造；②技术生态位选择培育，通过建立期望和渠道、选择规范的保护空间和团队对新技术进行实验与试错，并为其构建保护空间并形成常态化机制；③实验项目构建与扩大，通过完善学习过程和进行网络管理建立有效的非常规项目管理方式，通过协调保护空间内的创新主体和制定保护政策，进行渐进式的学习与实验推进技术研发；④市场确立和商业模式形成，为避免技术产生政策依赖而在其进入市

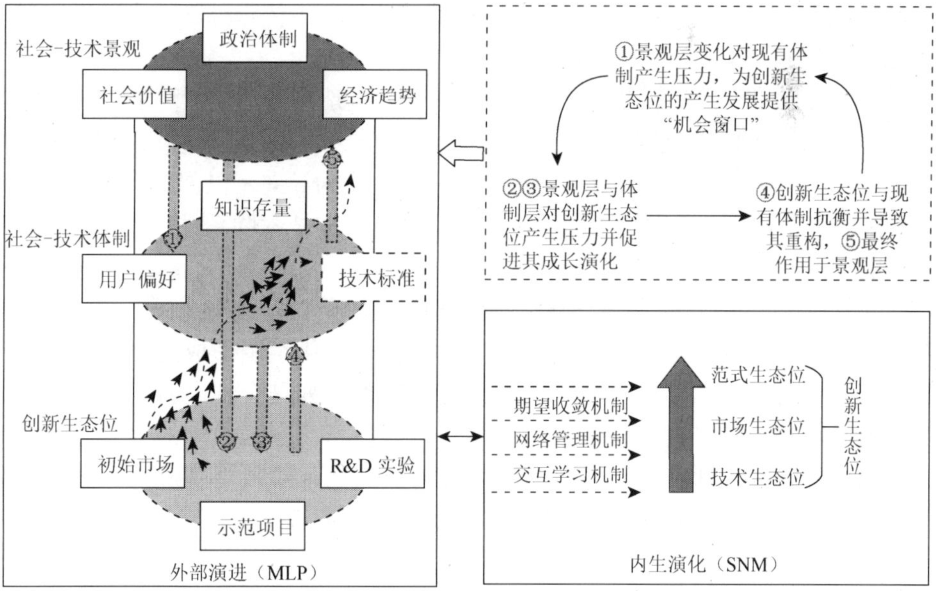

图 12-1　颠覆性创新管理机制模型

资料来源：作者整理绘制

场后逐步撤离政策保护，通过引入社会支持保障技术快速发展，促进新技术的市场转化和商业模式形成。

12.3 代表性发达经济体的案例分析

12.3.1 颠覆性创新外部演进过程

（1）社会-技术景观层

社会-技术景观层是指影响体制层与创新生态位发展的外部环境，其变化通常非常缓慢，但一旦需求发生变化，就会对体制层施加压力甚至扰乱其稳定性，同时加快促进创新生态位的形成，为新技术的培育与发展提供“机会窗口”。

美国在二战结束后为了保持自身在世界科技领域的领先地位，防备对手的技术突袭，就不断提升对系统培育具有高风险与高收益的颠覆性技术的重视程度，逐渐形成了颠覆性技术的培养体系——主要是根据国家军事需求以及对于未来技术的预测，通过制定相应的创新政策及科技计划等方式直接干预技术研发活动，以此来促进颠覆性创新的发展。

日本为了解决 20 世纪末日益激烈的国际竞争与严峻的社会经济发展问题，提出以促进颠覆性技术研发，加快实现产业发展与社会变革为导向，全面推进开放与创新。日本政府部门充分发挥其行政主体的地位，由依靠外部技术引进再消化吸收的方式逐步向依靠中小企业自主创新转变。

欧盟在 20 世纪 90 年代为了刺激经济增长和创造良好的就业环境，从 1996 年开始就制定了一系列创新框架计划，促进了突破性技术的研发进展。欧盟主要是以提升科研投入、培育技术市场、促进区域一体化为导向，以创新文化、企业和人才作为颠覆性技术研发的推动力，与相关产业建立技术联系并形成集群化发展后，逐步拓展技术市场、发展新兴产业。

以色列由于受到自然资源制约以及长期战乱影响，自政府至民众对于改变与创新都有着深刻的认识，这也是其良好创新创业文化氛围形成的主要原因。作为全球知名的“创新国度”与“中东硅谷”，以色列是全球高新科技发展最为兴盛的国家之一，以其颠覆性技术闻名于全球市场，在其长期的探索过程中形成了完善的国家创新体系——政府基金与外资共建风险投资基金，大力促进高校科技成果转化，政府牵头打造全球最强的创新创业孵化器，实现军民融合技术的快速发展。

（2）社会-技术体制层

社会-技术体制层是对原有技术体制的拓展，是包含与支撑景观层运行、促进技术发展高度相关的因素的集合，主要有影响技术发展的行动者及团体网络、指导规范或规则、技术和基础设施等方面。

美国对颠覆性创新支持主要以《美国国家创新战略》为主导，提出着重采取以“激进式创新”为特征的政策行为，以此制定了多部鼓励中小企业进行创新研发活动的支持政策，如小企业创新研究计划（SBIR）、小企业技术转移计划（STTR）等，并通过 DARPA、CSIS、MIT 等重要机构对未来颠覆性技术发展方向进行预判并探索颠覆性技术识别方法，提升对基础科学、高新科技研究与开发的重视程度。

日本在 2014 年完善了国内科技创新的综合战略，正式发布《科学技术创新综合战略 2014——为了创造未来的创新之桥》，主张对其国家技术政策进行调整，将产业政策与技术政策结合起来，以政府专项计划的方式进行扶持。该战略提出“科学、技术与创新”的口号，这不仅是复兴并持续推进日本经济发展的重要动力，也是促使日本成功迈向未来的关键。日本政府以 ImPACT 计划为着力点，重点改变国内技术研发的固有模式，由技术引进转变为自主创新，将封闭创新转变为开放创新，计划重点推进信息通信、纳米和环境三大跨领域技术发展，并将其作为日本未来产业发展的主要方向。

欧盟由于各成员国创新能力的差异，更强调区域科技协同性以及创新要素扩散度，所以提倡在颠覆性技术研发上施行使命导向型研发创新政策。2014 年初欧盟启动新一轮研发创新框架计划——“地平线 2020”（Horizon 2020），该计划旨在整合各成员国的科研资源，包括之前单独设立的欧盟研发框架计划（FP）、欧盟竞争与创新计划（CIP）、欧洲创新与技术研究院（EIT）等科技计划，同时聚焦三大目标：一是打造卓越科学，着重提升全欧基础学科研究支持力度，通过一系列颠覆性技术研究保持持久竞争力；二是成为全球工业领袖，通过推进已有商业规划的创新活动、提升创新能力解决全世界共同关注的问题；三是成功应对社会挑战，通过整合不同技术领域及学科的资源与知识，对研究初期到市场化的所有研发活动制定相关政策支持。

以色列充分利用其国内浓厚的创业文化以及风投资金促进技术突破，例如于 2011 年颁布的《天使法》规定，凡是投资以色列高科技企业的法定纳税人可豁免部分赋税额度，有效地促进了本国风投行业与创业公司的快速发展，并通过加强政府的主体地位，颁布《专利法》《产权法》等法律对知识产权进行有效的管理与保护，极大地鼓励了以色列各行业领域的创新活动。

（3）创新生态位

创新生态位是颠覆性创新技术出现的主要场所，能够在微观层面为新技术的演化发展提供一个保护空间，以使其达到技术要求前远离现有体制层选择的压力。

美国为保障颠覆性技术研发的高效性与颠覆性技术创新研发机制的良好运

转，成立了国防部高级研究计划局（DARPA），并设置了国防情报局技术预测和审查委员会（CDIATFR）、颠覆性技术办公室（DTO）、未来颠覆性技术预测委员会（CFFDT）、美国空军研究委员会（AFSB）等多个与颠覆性创新相关的机构，依托强大的科研力量与市场体系形成了庞大的颠覆性技术创新常态化研究机制，先后对全球卫星定位系统、互联网、高音速飞行器、无人机等重大颠覆性技术进行研发和转化，实现了全行业的整体变革，确立了美国在国际技术创新和产业升级领域长期的领先地位。

日本科技政策委员会（CSTP）是日本科技政策的主导部门，为了推进对社会和产业具有巨大影响力的颠覆性创新研发工作，日本政府提出了颠覆性技术创新计划（ImPACT），首次将颠覆性技术纳入国家科技战略，以构建新型创新体系，谋求产业和社会范围内颠覆性创新的重大计划。该计划重点支持对社会经济与产业发展造成重大变革、同时也会带来较大风险的颠覆性技术，旨在以科技创新促进社会经济的转型升级，并希望以技术创新管理模式带来根本性变革。

欧盟也在第九轮框架计划中对未来创新管理模式进行了探索，提出通过两大机构对各类创新主体的颠覆性技术研发活动给予支持：一是“欧洲创新理事会探路者”（EIC Pathfinder），接受高校等机构科研项目申请，着重解决中小企业成立初期的商业模式问题；二是欧洲创新理事会加速器（EIC Accelerator），重点关注创新型企业关键技术由实验室向市场转化的问题，针对性地根据企业发展及技术特性，以银行、风投公司和社会创新机构为核心构建完善的创新支持体系，支持企业的市场推广工作。同时也确立了中小企业在颠覆性技术研发中的重要地位，设立了欧洲颠覆性创新执行局，旨在支持和推进中小企业的技术创新研发活动。

以色列主要通过加强政府的主体地位，充分利用其国内浓厚的创业文化以及风投资金促进技术突破，在国家、区域和高校多个层面建立技术研发机构，并在科研管理中施行首席科学家制度，同时提供有力的资金支持及增值服务。作为以色列科技创新体系的特色建制，以色列首席科学家办公室（OCS）有效地推进了以色列颠覆性技术研发工作，在数十年的发展过程中，OCS 根据职能需要逐渐确立了研发基金、磁石计划、趋势项目、技术孵化器计划和国际交流合作五大工作板块。

12.3.2 颠覆性技术内生演化过程

（1）愿景构筑与路径创造

颠覆性技术的识别和研发需要极其敏锐的洞察能力和创新意识，由于颠覆性技术存在前瞻性与潜在性的特点，并且前期应用往往十分粗糙，难以受到重视，所以为颠覆性技术构筑愿景并建立选择标准与规范、选择适合 SNM 管理的颠覆性技术并为其创造发展路径，也就成为世界各国的普遍难题。

美国DARPA是最早关注颠覆性技术应用于国防建设与未来战争的专门机构，以避免技术突袭并谋求对敌方的技术突袭为宗旨，逐步开展颠覆性技术在国家安全和区域战争上的应用，完善创新战略部署。经过长期的探索与发展，DARPA 利用精简的组织结构及反馈机制，极大地提高了颠覆性技术的研发效能，逐步形成了从技术研发到项目管理一整套完整的管理流程，现已成功研发了如无人作战系统、导弹防御系统和全球快速打击等军用颠覆性技术。为了提升自身对于未来技术发展方向以及市场需求预测的准确率，DARPA 不仅多次召开颠覆性技术年会进行高端交流，还专门建立跨部门机制进行信息共享，对军事技术需求进行充分调研，制订了合理的颠覆性技术研究计划。

日本颠覆性创新技术管理机制的特征主要是“政府主导、计划引领”，即以政府部门为核心，在科技计划中突出其颠覆性创新的特征及价值，同时实行项目经理制度，加强科技计划整体监管和评估，例如 ImPACT 是一个由政府主导的综合性科技创新政策体系，旨在推进高风险、高冲击性的研发活动，促进对社会具有巨大影响力的颠覆性技术的研发转化，以实现创新管理体系的根本性变革，为日本经济带来强大的创新驱动力。该计划在设立之初即针对 12 个领域进行了大规模的科技资助活动，其最终目的是将日本建设成为世界上最具创新友好型以及富有创业精神的国家，日本希望以 ImPACT 计划为模板，对其他领域产生辐射作用与经验借鉴。

欧盟由于受到金融危机的影响，更注重于依靠科技创新来实现经济的复苏与增长。2014 年，欧盟委员会将创新作为支撑欧盟十大任务的重要基石，进一步理清未来技术发展方向，确立了以支持颠覆性技术研发转化为主导的科技政策。“地平线 2020”对欧盟现有各类创新计划进行系统性整合，为培育颠覆性创新构建了良好的创新生态，将欧盟所有的科研资金与创新资源整合于一个灵活的框架，在各成员国中有着广泛的认同基础，并将整个欧盟视作一体，为未来科技发展的各个层面提供了具体的构想，得到了欧盟各界的广泛支持。

以色列以创新驱动本国经济发展、提升科技创新世界地位为导向，在政府创新政策及科研资助的基础上，由国家科技委员会确定发展方针与导向，OCS 对科研项目进行筛选，经首席科学家论坛审核后由各自的主管部门对科研项目进行分类管理，确立市场需求为技术转化应用方向，以孵化合作或风投项目等支持形式促进颠覆性技术研发活动。以色列还通过每年发布的科技计划来对国内技术发展趋势进行引导，加强产学研合作提升社会整体的研发水平，较为知名的科技计划有种子基金计划、生物技术计划、磁石计划和技术孵化器计划等。

（2）技术生态位选择培育

构建符合颠覆性技术演化特质的实验空间与管理机制是推进颠覆性创新

活动的基础。由于颠覆性技术的动态演化性，前期开发困难较大，所以在国家层面为颠覆性技术选择和建立实验空间、构建研发机制与选择研发团队就显得十分必要。

美国 DARPA 将管理机构及审理流程进行精简，简单的审理流程不仅有效避免了官僚体制的侵蚀，还提升了组织对于科研问题的反应灵敏度，极大地缩短了科研项目的批报周期，大幅节省了颠覆性创新研发过程的时间周期。同时 DARPA 采取的是项目经理管理方式，项目经理主要负责科研项目的计划、实施和控制，对项目的整体运行负责，不仅需要在职责范畴内进行程序性决策，还需要根据项目所需进行协调沟通。

日本 ImPACT 计划在项目执行的过程中还具有以下几点特征：①在项目论证过程中，项目经理需要向审查小组提交研发计划，由执行委员会来评估是否属于颠覆性创新。重点支持高风险与较高挑战性、成功研发后可能对经济社会产生重大影响甚至对现有的市场产生重大变革的创新研发活动。②ImPACT 施行过程严格按照项目经理制度实行，以项目经理（program managers，PMs）牵头开展项目研究，PMs 通常是由在该领域有一定建树，同时具有超前创新思维的专家担任，PMs 在项目选题、团队管理、项目决策、经费使用和知识产权归属等方面具有高度的自主权。为了保证反馈的及时性，还建立了专员联络制度，联络员作为项目与项目经理及评审专家的纽带，通过及时反馈项目的实际情况、资金流向和维持政府联系，最大幅度地降低项目经理的沟通成本，提升颠覆性技术研发机制的运作效率。

欧盟“地平线 2020”计划实施了一系列创新举措，有效地稳固了技术生态位以提升其颠覆性技术研发转化效率和促进技术创新和经济发展。其关键创新点包括：①精简规划项目的申请手续，并统一报批规则、降低审批门槛，大幅降低平均申报时间；②支持欧盟以外的申请人及非主流的创意项目，确保来自世界各地的优秀申请人能够参与项目研发；③为具有较好发展前景的青年科学家或首次申请人员提供更多的机会与支持，为优秀的申请人员提供技术转移和产业化的一条龙服务；④在科研项目筛选中重视贴近市场，能促进经济增长的科研设想，注重创造商业机会。

OCS 是以色列培育颠覆性技术的核心机构。该办公室下设的各种行业委员会由各个领域的杰出人物组成，他们一般是科技创新领域的专家学者或成功企业家等知名人士，其主要任务就是把握未来技术的发展方向，帮助社会及企业开展技术研发工作，同时为研究人员实现技术转化提供风险资助，还负责管理协调技术研发领域的国际科研合作项目。首席科学家属于聘任制，是以色列执行科技决策、进行项目管理与评估的重要人才支柱，目的在于避免各部门各自为政造成对科技项目的重复投入或遗漏，能够有效地促进各部门参与制定科技规划、规范项目管理流程。

（3）实验项目构建与扩大

在实验初步完成后则进入实验扩大阶段，对颠覆性技术的创新效应进行初步检验，主要采用完善学习过程和管理社会网络等方式，在保护空间内进行渐进式的学习与试错。新技术在技术生态位培育完成，推向下一步实验后，即可通过引入社会力量促进技术创新的加快形成，开始探寻新技术的市场转化和推广。

美国为了提高颠覆性技术的研发效能与技术转化率，除了依托 DARPA 等机构进行军事技术的研发外，也面向国家安全、国家情报、国土安全威胁、能源技术等方面需求设立如 SCO、DIUx、DIAB 等特殊机构。在实验选择和扩大方面，这些机构又存在一定差异，以 DARPA 和 DIUx 为例，DARPA 更为重视远期和内部的技术创新，主要是作为基础发现和应用研究间的纽带，并坚持以项目经理全权管理，不采用同行评议，对某一个研究主题采用多团队多技术路线的竞争性分阶段资助；DIUx 则更为重视外部技术创新的获取，着重于国防部和硅谷之间开展军民两用技术开发与合作，所采取的实验构建方式是不直接资助，通过与国防实验室建立联系，梳理有价值的技术信息，同时组织由国防部、军方、中小技术企业和风投机构参与的技术展示会，经过需求沟通、技术展示后，筛选目标公司，借助硅谷风险投资模式应用于国防科技研发。

在日本 ImPACT 计划的项目实施过程中，如果一项技术理念被认为是能够带来颠覆性创新和变革性影响的，先由项目经理提请专家组审查，获得专家组批准后，项目经理挑选一个或多个研发机构开展研发，其研发过程中产生的研发费用、运营成本和基金管理都由 ImPACT 计划资助。对于项目的组织实施，项目经理能够灵活调整研发进程，但需要每半年向专家组提交计划进度报告以供其进行多角度的审查评估，如果被认为是“研发进程或计划管理存在问题”和“对社会和产业预期影响力难以达到”，委员会则有权取消项目经理的职位。

欧盟为了鼓励颠覆性技术研发并促进新技术由实验室向市场转移，实施了持续提升科研投入、施行使命导向型研发创新政策等重要举措。由于在世界范围内广泛存在的创新结构性缺陷，欧盟成员国一致提倡建立科技基金，不断增加创新投入，通过税收补贴的方式来刺激商业创新投入。“地平线 2020”中计划投入 770 亿欧元用于促进新技术由实验室到市场的转化，其中包括基础科学领域投资 244.41 亿欧元，工业领域总投资 170.16 亿欧元，社会挑战领域总预算为 296.79 亿欧元。

以色列政府为了加强新技术的市场转化，通过在国家、区域、企业和高校等不同层面组建研发中心，协调和管理国内新产品研发及技术应用研究。在国家层面，研发中心是参与国际科研计划的重要桥梁，例如与欧洲多个国家组成的“尤里卡”计划，目的在于集中优势科研能力，以市场为导向优化产品研发技术，提升产品的核心竞争力；在区域层面，研发中心对技术研发也提供必要的支持，比如针对该国 11 个地区农业、教育、旅游等问题开展专项研究；在企业层面，研发中心通过与国内众多创新主体合作进行技术商业化，重点实现如生命科学、科技金融、人工智能与机器人、AR 与 VR（虚拟现实与增强现实）、自动化、清洁能源等领域的新技术从实验室到市场全过程的培育转化。

（4）市场确立和商业模式形成

在新技术达到市场生态位的培育预期后，需要及时撤离政策保护措施以避免技术产生政策依赖，同时对新技术进行评估，以促进新技术范式的形成，实现技术向市场的成功跨越。

在美国国家创新体系逐步形成、持续进行颠覆性创新探索的过程中，政府部门不仅着眼于战略制定与路径创造，也发挥着扶持中小企业创新、加快技术研发进程的关键作用，是国家基础研究商业化的动力来源与主要的风险承担者。在颠覆性技术完成前期转化准备后，DARPA 等机构就会开展技术项目模拟与论证，并通过与产业链的互动交流，选择符合技术特性的转化流程，当技术成果得到价值认可，或者子单元与企业达成匹配并正式开展合作后，DARPA 等机构便会自行撤离和退出。

日本主要采取以科技计划引导社会科技资源的高效配置、指导科技政策落实与推进非政府组织建设等措施巩固创新效应、促进技术范式形成，重点聚焦以颠覆性技术提升产业创新能力及产品竞争优势，以政府集中协调的创新项目管理模式促进颠覆性技术的产业化发展，中小企业和科研机构所重点发展的技术领域与项目实施，始终围绕政府所颁布的科技发展计划框架来执行，有效地提升了创新资源的整合利用以及新技术研发转化成功率。

欧盟创新理事会（EIC）培育创新文化，推进颠覆性技术创新，《欧洲归来：加速突破性创新》报告提出，在提高科研投资的基础上，建立一个新的突破性技术旗舰计划，加快培育颠覆性创新。2018 年 5 月，欧盟政府领导就欧盟科技创新未来发展进行磋商，在《研究创新的新议程——欧洲未来的机会》报告中，提出三条促进新技术转化、加快创新型经济增长的重要举措，主要包括：一是完善有利于科研创新的法律法规和金融政策体系；二是培育引导新市场的创新发展能力；三是在科研创新领域推行任务导向的科研管理模式，比如设立攻克癌症、绿色交通、无污染海洋等专项任务。

以色列风险投资行业及孵化器的良好运作也为颠覆性技术的市场化确立发挥了良好的保障作用。在 20 世纪 90 年代，以色列不少创新企业由于资金短缺而大量倒闭，以色列政府专门拨款 1 亿美元成立了 YOZMA 基金，以此来引导民间资金，鼓励商业性创业投资。YOZMA 基金通过杠杆效应为国内创业企业提供了良好的资本支持，同时吸引大量国外投资、刺激了投资产业的发展，形成了如耶路撒冷风投合伙企业（Jerusalem Venture Partners，JVP）等重要风投企业，有效地促进了颠覆性技术的转化。

国外颠覆性创新技术管理机制内生演化过程见表 12-1。

表 12-1　国外颠覆性创新技术管理机制内生演化过程

	愿景构筑与路径创造	技术生态位选择培育	实验项目构建与扩大	市场确立和商业模式形成
美国	避免技术突袭并谋求对敌方技术突袭，开展颠覆性技术在国家安全和战争上的应用研究，完善创新部署	依托 DARPA、DIUx 等机构全面掌握国家军事技术需求，搭建专门研发机构及项目管理体系	面向国家安全、能源技术等方面需求设立如 SCO、DIUx、DIAB 等特殊机构	由政府扶持中小企业开展创新活动、加快技术研发进程，发挥特殊机构的关键作用
日本	实现创新管理体系根本性变革，为日本经济带来强大的创新驱动力，为社会发展带来根本性的转变	施行颠覆性技术创新计划，实施政府集中协调的创新项目管理模式，实行项目经理制度，加强科技计划整体监管和评估	通过 ImPACT 计划资助科研项目实施，由项目经理对研发进程进行灵活的调整并定期审查评估	引导社会科技资源的高效配置，指导科技政策落实与科研活动组织，面向多层面颁布科技计划
欧盟	注重依靠科技创新来实现经济的复苏与增长，共同应对全球社会挑战和支持欧盟统一对外政策	以科技框架计划为主导构建颠覆性创新管理机制，强调区域科技协同性以及创新要素的扩散，通过机构对各类创新主体的颠覆性技术研发活动给予支持	鼓励颠覆性技术研发并促进新技术由实验室向市场转移，实施持续提升科研投入、施行使命导向型研发创新政策等重要举措	注重提升社会公众创新意识，引入公民参与，鼓励中小科研型企业与社会机构的合作，促进创新企业的集群化发展
以色列	加强产学研合作提升社会整体的研发水平，以创新驱动本国经济发展、提升科技创新国家地位	充分利用首席科学家办公室以及国内浓厚的创业文化促进技术突破，促进各部门参与制定科技规划、规范项目管理流程	在国家、区域、企业和高校等不同层面组建研发中心，协调管理国内新产品研发及技术应用研究	颁布一系列科技计划，加大创新研发的支持力度，促进风投产业及孵化器发展以保障新技术成果转化

资料来源：作者整理形成

12.4　经验启示

从前文分析得出，国外政府在其颠覆性创新技术管理机制构建过程中起主导作用，同时通过计划支持、设立专门机构、聘用项目经理等方式搭建非常规项目的管理模式，由此得出以下几点关键性的启示。

（1）加强宏观计划支持，推进技术战略生态空间构建

重视科技创新顶层设计与路径创造，不断探索对颠覆性技术的评估方法与过程管理，探索技术转化过程中关键问题的解决路径。在颠覆性技术研发的初始阶段，中小企业或新技术研发机构是创新活动的主要执行者，其研发部门同样也是颠覆性技术的主要产生场所，但由于颠覆性技术的前沿性与不可预知性，颠覆性技术的研发初期往往需要投入大量的研发成本，同时由于社会容错机制的缺失，使得多数研发机构难以承担其技术投入成本及技术失败风险，因此，以市场为主导的颠覆性技术创新就显得尤为困难。为了保障颠覆性创新的持续推进，政府应根据社会—技术情景及时完善创新政策体系，增加颠覆性技术研发的财政支持以构建保护空间，提供一个相对稳定且隔绝的环境开展颠覆性技术的研发转换，并根据技术特性搭建非常规的项目管理方式，实现高效且快速的技术研发、突破与转化工作，以提升颠覆性技术的研发与转化效率，促进持续性颠覆性创新效应的形成。

（2）设立专门负责机构，建立非常规项目运作模式

针对颠覆性技术的成长过程设立专门的研究机构，是提升颠覆性创新研究效率、增加颠覆性技术创新成功率的重要方式。在当前时代背景下，各国对于颠覆性创新的认识不断深化，不少国家已设立专门的颠覆性技术管理机构，作为探索未来科技走向与形势、寻找符合国情的自主创新之路的重要抓手。例如始终重视国防科技创新顶层设计的美国和日本，为了确保颠覆性创新研究方向的准确性以及为其提供研究动力，专门设立了诸如 DARPA 和 ImPACT 等重要机构，不仅能有效地为增强军事能力提供技术解决方案，还是保持本国军事技术领先地位的重要引擎。通过建立独立部门来管理和推进颠覆性创新研究这一重要举措引起了世界各国的重视，俄罗斯也仿照 DARPA 的科技项目管理模式成立了俄罗斯光期研究基金会，对颠覆性技术未来发展方向进行预测与捕捉，大力促进颠覆性创新的衍生和发展。中国亦可借鉴 DARPA 等机构的管理模式，围绕重大颠覆性技术的技术预警、需求论证、组织研发、应用推荐等成长过程，设立与当前体制分割限制的颠覆性技术专职部门或机构，主动开展颠覆性技术研发动向追踪，加强关键共性核心技术布局与储备，形成新的竞争优势。

（3）强调创新人物地位，探索推行项目经理制度

从颠覆性创新的历史进程上来分析，许多领域所发生的颠覆性变革以及颠覆性技术的产生发展都来源于创新人物及其对重大需求的感知，颠覆性创新的研发管理既需要以国家安全的现实需求为导向，设置专门机构进行管理，也需要充分发挥创新体系运作优势、建立柔性多层次协调机制，同时利用创新人物对于技术成长的预判不断地调整未来技术发展方向以及未来战略对抗设计。因此，美国、日本等国家都在科研机构中设立项目经理这一特殊职位，并选拔出一批具有高度敏锐洞察能力与创新意识的专业人才，以此建立颠覆性创新人才管理机制。科技是国家战斗力及创新综合实力的重要体现，在重大军事需求的导引下，建立颠覆性创新人才管理机制能够有效地提升研发机构对于颠覆性技术识别的灵敏度及反应速度，同时为颠覆性技术从实验室原理突破到产业应用的特有成长过程提供综合性的支持，包括完善的技术成果转化应用机制和颠覆性技术的基础环境管理机制，推动新技术快速释放颠覆性创新潜能。

第 13 章　ST 视角下的创新中介机构

创新中介机构作为吸引创新人才、推动产学研结合、解决产业关键共性技术、加快成果产业化的重要平台，是 ST 政策的重要组成部分，也是促进跨层次互动、加快向更可持续的社会-技术体制转型的催化剂。现有研究表明，创新中介机构能够在多个层面上促进新技术可持续发展。但现有对创新中介机构在 ST 研究背景下的内涵、功能作用，以及如何与 ST 相联系等方面的研究，仍有较大空间，因此，本章着重探讨在 ST 视角下创新中介机构的内涵特征和功能作用，并以荷兰皇家旅游俱乐部为例，介绍典型创新中介机构的发展模式。

13.1　ST 视角下的创新中介机构

13.1.1　创新中介机构的发展演变

社会-技术体制的变化依赖于行动者在不同阶段的创新行为，同时，社会-技术体制结构的变化也会促使形成新的中介，以及改变中介的作用，还会导致部分现有中介的终止。行动者之间的位置和相互联系的变化增加了对中介者行动的需求，并促使中介有不同的表现。

近 20 年来，ST 研究学者一直尝试以 MLP 分析框架来分析创新中介机构的运作机制：中介机构通过将参与者（包括新进入者和现有者）以及与这些参与者相关的研发活动、技能和资源联系起来，逐渐形成促进可持续转型的动力，围绕技术生态位和市场生态位创建新的合作，破坏当前的社会-技术体制（Fagerberg，2018）。创新中介机构一直被认为是创新系统的重要基础，并在动态演变的社会-技术体制中发挥不同的效用，主要包括明确各种选择和需求、协调参与者和可能性以及支持学习过程（Kivimaa，2014；Parag and Janda，2014）。在 MLP 分析框架下，新技术的出现促使社会-技术体制发生变化，主要体现于行动者群体之间、基础设施之间以及技术和应用环境之间的关系变化，如图 13-1 所示。

自 2009 年以来，ST 研究文献中有关创新中介机构的研究逐渐增多，最开始是将“系统中介”作为复杂转型的典型推动者案例（van Lente et al.，2003），但由于 ST 研究背景的不一致以及创新中介机构本身的界定和关注范围的多样性，使得涉及领域十分复杂。近年来，随着中介机构对于转型的重要性不断地被认识，

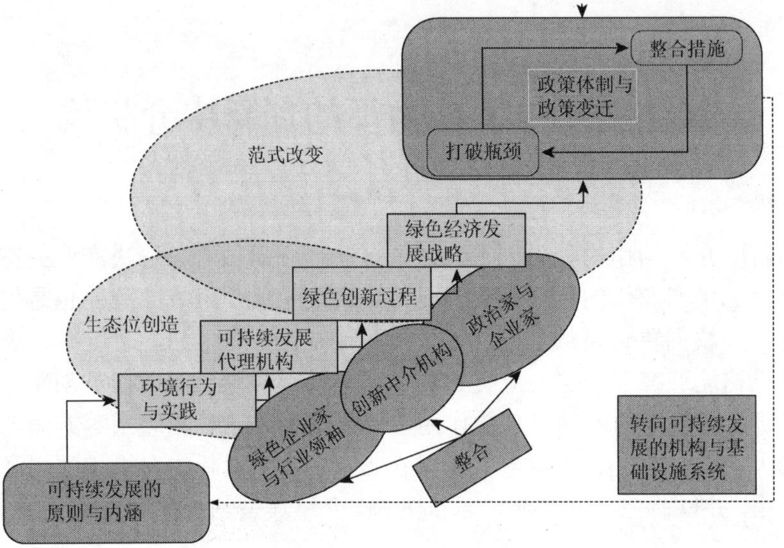

图 13-1　MLP 分析框架下的创新中介机构与社会-技术体制

人们对于创新中介机构的关注程度不断提升，并且越来越多的实践证据表明，创新中介在连接其他创新参与者、促进多层面的可持续转型方面发挥着难以取代的作用（Smith et al.，2016）。

国外学者提出，中介机构能围绕技术生态位和市场生态位创造新的合作，可将与参与者（包括新进入者和现有者）有关的创新活动、创新技能和创新资源整合起来，从而在转型过程中为变革创造动力，并破坏当前的社会-技术结构；强调了创新中介机构（例如研发机构、战略联盟、创新型企业、创新中心、孵化器和科学园区）在可持续转型中可以发挥的巨大作用，中介机构的数量和种类也在增长。但随着中小型企业、知识密集型商业服务需求的上涨，创新中介机构的服务对象及行动范围也在不断扩大，可定义为中介的组织或行动者呈现出多样化复杂化的特征，也就为准确界定创新中介机构带来了较大的困难。到目前为止，现有研究仍缺乏对于创新中介机构的明确定义，但大部分学者认为中介机构是“创新的促进者”，从事创新网络和系统建设活动（Klerkx and Leeuwis，2009）。Kivimaa 和 Martiskainen（2018）将可持续转型过程中的创新中介机构定义为：积极影响 ST 进程的行动者和平台，其主要的作用是将行动者和活动及其相关技能和资源联系起来，或将转型愿景与可持续发展联系起来，构筑现有制度的行动者网络，以便为社会-技术体制的变革创造动力。

对于创新中介机构的功能作用，创新中介机构被认为是可持续转型的关键推动者，是加速向更可持续的社会-技术体制转变的重要催化剂（Wieczorek and Hekkert，2012），即重点支持清晰的价值观和愿景、建立社交网络和交流知识并完善学习过程，通过知识创新和转移的方式来构筑创新合作与加强技术交流。然而，也存在一些缺乏明确的发展定位的中介机构，通过提供技术咨询和技术服务来进行发展。Kivimaa（2014）提出创新中介机构采用三种方式来促进生态位发展：一是帮助表达期望和愿景，包括技术的应用和商业应用以及可持续发展目标的推进。二是帮助建立社会创新网络，扩大创新效益。三是灌输学习过程，包括知识的收集、加工、生成、组合。学习过程还与新兴企业的技术评估、试点和原型制作以及投资决策相关。其他过程侧重于交流、教育、培训、建议、支持和自我学习。在一个特定的新技术领域，可能会存在具有不同定位的中介机构，具有不同的能力、优势和运营模式，所以中介机构与企业往往不单单是“一对多”的关系。中介机构的主要功能与运作方式见表 13-1。

表 13-1　中介机构的主要功能与运作方式

中介机构主要功能	清晰的价值观和愿景	建立社交网络	交流知识和优化学习过程
中介机构运作方式	战略发展 技术优势的证明 加速应用和新技术的商业化	协调利益 为学习和项目交付创建和促进新网络 寻找资金来源以支持活动	知识收集 处理和组合 知识的传播 建议和支持

资料来源：文献（Kivimaa，2014）

作为 ST 的重要因素，有学者提出在转型过程中系统中介和生态位中介是最关键的中介形式，但它们还需要一个完整的中介生态系统来补充，包括基于制度的转型中介、过程中介和用户中介等。对于创新中介类型的划分，有学者认为可以通过他们履行的职能、独立的组织特征或服务对象来进行划分，包括硬中介（例如研究和技术组织，从事技术知识转让和技术转让），软中介（例如商会或创新中心，面向中介技能、人力资源或从业务创新的角度），以及系统中介（更具战略性的行动者，介入多个参与者，组织话语和创造学习条件）。不同类型创新中介机构的一个共同特点是：创新中介机构可以在高昂的交易成本或由于各类差异而导致的沟通困难等问题下为参与者搭建桥梁，构筑吸收或交流信息及资源的能力。

13.1.2　创新中介机构的发展定位

作为 ST 的重要组成部分，创新中介机构是加快向更可持续的社会–技术体制转型的关键催化剂，旨在促进跨层次互动的可持续转型。创新中介机构作为推进 ST 的行动者和平台，其主要作用是将行动者和活动及其相关技能和资源联系起来，或将转型愿景与可持续发展联系起来，建立符合现有社会–技术体制的创新网络，从而产生社会-技术体制的变革动力，在技术生态位和市场生态位之间建立新的合作关系，破坏占主导地位的不可持续的现有社会-技术体制。一些创新中介机构是专门为促进 ST 而设立的，而另一些则是在社会-技术体制变革过程中逐步成长的。

ST 学者研究发现，在一个特定的新技术领域，一个动态的创新生态系统会存在不同位置的创新中介机构，这些机构在系统的不同领域具有不同的能力和不同的运营模式。创新中介机构在 ST 过程中履行特定功能，包括阐明期望、要求和愿景；建立和促成网络；交流知识支持学习进程；创新进程管理（如资源配置与调度）；不同行动者、利益和背景之间的联系；能力建设，包括创造必要的知识；项目资助（例如宣传和引介）；当地技术组合制度等（Klerkx and Leeuwis，2009）。中介角色通常可通过它们所执行的功能来识别，有时构成具有独立身份的特定角色类别。每种功能都需要不同类型的中介活动，例如创建网络需要确定合适的参与者以激励他们加入行动者网络，又如在行动者网络治理中充当仲裁者或调解人的角色，还包括对学习过程的支持并向不同的利益相关者进行沟通和翻译的角色。

13.1.3 创新中介机构的分类

根据创新中介机构的概念定义以及服务范围，我们将创新中介机构划分为五种类型，由上至下分别是系统中介机构、转型中介机构、生态位中介机构、过程中介机构和用户中介机构，分别介绍如下。

（1）系统中介机构

所谓系统中介（systemic intermediaries）机构，是指通过制定转型计划和明晰转型过程，率先在整个系统层面上进行整体变革的一种中介机构形态。该类中介机构可以在多个层面（创新生态位、社会-技术体制、社会-技术景观）运作。系统中介机构主要在开放空间中进行多样化的创新活动，而不是局限于单一的技术研发或战略制定，比如荷兰基于农业区域生态系统搭建了一个以系统中介机构为核心的社会创新网，极大地促进了有助于可持续发展的多项绿色创新，也为农业的生态转型发挥了重要作用。系统中介机构与其他中介机构的最主要区别在于，系统中介机构在制度、技术上始终保持自身的独立性，虽然从政府资金中获取资金，但同样也将大部分资金用于资助其他项目以推动系统性变革，扰乱不可持续的社会技术结构，从而可能导致系统中介机构在不稳定的社会-技术体制中采取更激进的行动，也是孕育“潜在颠覆性创新”的摇篮。

（2）转型中介机构

所谓的转型中介（regime-based transition intermediaries）机构，是指基于制度和创新效益，围绕现有社会-技术体制而执行特定的任务或目标，以促进转型的中介机构。转型中介机构的建立主要依赖于现行的社会-技术体制，但其会将大部分精力投入于探索转型的路径，并且在现行的社会-技术体制下不断完善，或者在地方层面帮助建立新的创新中介机构，以促进 ST。与系统中介机构不同的是，转型中介机构不会采取颠覆现有社会-技术体制的行动方式，而是通过支持巩固现有政策体系的方式来加快创新的进程，例如曼彻斯特气候变化机构（Manchester Climate Change Agency），就是由曼彻斯特行业组织和英国政府授权建立的，以推进城市的低碳转型为宗旨，属于国家利益和地方利益的一种转型中介机构。该中介机构利用多个资金流以及战略优先事项的调整，不断提升其自身对于低碳转型事业的工作能力，扩大业务范围，包括指导行业低碳标准、发展关键技术及其设施（热电联供和可再生能源装置）。该中介机构具有系统中介机构的部分特征，但其能有效地协调国家和地区之间的利益，并以地区的城市经济利益作为主导，可以视为以制度为中介的创新机构。

（3）生态位中介机构

所谓的生态位中介（niche intermediaries）机构，是指以实验方式推进特定创新技术或产品发展的一种中介机构形式。该类型中介机构通过不断地研发试验尝试影响现有的社会-技术体制，实现创新效益。生态位中介机构往往在一个相对独立的领域内开展创新研究，同时尝试建立更为广泛的行业联系，但并不是所有的生态位中介机构都能够扩大市场生态位，大多数都是采取“自下而上”的方式开发新技术以及进行相关的实验。目前生态位中介类型的机构以连接本地实验项目和为转型而构建“全球”生态位为主。在一个生态位项目中往往涉及多个学科，横跨多个类型技术基础设施或政策体系，例如英国社区能源（UK Community Energy）的中介机构为不同技术背景的机构提供共享资助模式和指导方案，极大地促进了创新活动产生，同时也及时协调与主流技术不同的地方项目。生态位中介机构大多包括专业协会、行业协会和标准化组织等新的中介机构，其特征是在转型中获取利益，同时也通过集聚知识创新指导地方发展，例如 2006 年成立的欧洲海洋能源协会（European Ocean Energy Association），极大地推动了潮汐能源行业在地方的发展，促进了生态位的培育。

（4）过程中介机构

过程中介（process intermediaries）机构，是指没有明确的个人机构或执行目标，重点变革实验过程及项目流程，提高交互效率的一种中介机构形态。过程中介机构主要负责促进和支持项目研发进程，包括制定行业技术标准和规范研发行为，其关键作用是在特殊的或者需要更为广泛交流的国际项目中，围绕着不同的行为群体建立可靠联系，从而推动研发进程以及信息交流。例如在布鲁塞尔城市改造进程中，过程中介机构针对环境问题采取更为有效的合作方式，重点解决创新行动者比普通雇员更容易脱离组织的问题，因此，有力地支持了城市转型进程。

过程中介机构很少主动参与战略制定和愿景设计，它们将愿景和期望转化为实际行动，包括负责项目的运营管理、多层面的合作交流以及处理对外关系，以更为具体的方式推进转型。

（5）用户中介机构

用户中介（user intermediaries）机构，主要是根据用户需求及其偏好，推动新的技术生态位开发与培育，或为具有研发价值的新技术提供技术方案的一种中介机构形态。用户参与被认为有利于创新过程，一些学者特别强调在新技术可持续发展的早期阶段，将用户纳入创新环境和过程的重要性。用户中介机构有助于阐明社会对创新的需求，用户的创造潜力和经验知识可能有利于培育和发展新技术，并将其需求列入企业或政府的议程，这也符合以需求为导向的创新政策。用户中介机构会形成特色的学习机制，例如关于期望管理或积极构建案例的学习机制。如果用户中介机构克服了定位、代表性和主动性水平方面的挑战，它们就可以在新技术背景下的需求表达中发挥重要的影响作用，以此形成新的转型中介机构。

创新中介机构的主要类型、划分及其功能目标，如表 13-2 所示。

表 13-2　创新中介机构的主要类型及划分

类型	中介形成	活动范围	中介目标	中介职能		案例
				针对生态位的位置	立场	
系统中介机构	社会-技术体制层面	全社会范围	在系统层面追求（可持续性）目标；对现有系统的破坏	为多个潜在生态位创造市场空间	尽管有兴趣刺激转型，但通常被视为中立、无偏见的促进者和经纪人	荷兰创新网络农村和农业系统；芬兰独立基金；苏格兰工业生物技术创新中心（IBioIC）
转型中介机构	在制度认可并支持的范围内	为主导政策行动者建立中介关系	支持巩固现有政策体系的形式来加快创新进程	为多个潜在生态位创造发展空间	被视为主导系统中的参与者，但不对现有系统造成破坏	瑞典森林工业水与空气污染研究基金会；曼彻斯特气候变化机构
生态位中介机构	本地项目之间的中介或更高层面的聚合	通常会出现在生态位发展中间阶段	从给定生态位的角度追求可持续性目标和解决方案	特定的生态位	被视为推进特定生态位的行动者	英格兰社区能源协会；新技术标准化委员会
过程中介机构	在实验项目或促成转型的特定过程中	通常出现在建立、雇用转型项目或流程中的中间日常行动	通过更广泛的转型轨迹实施具体措施	特定生态位的旁观者	被视为一个中立、无偏见的“网络”，没有具体的制度安排	可持续发展顾问；项目经理人
用户中介机构	技术提供和使用、生态位技术和主导配置之间的中介	从用户和消费者中脱颖而出	充当最终用户或最终用户的推动者	内部人或外人对特定的生态位	倾向于用户利益	互联网组织；荷兰汽车俱乐部；宣传团体

资料来源：文献（Kivimaa et al.，2019）

13.2　ST 视角下创新中介机构的功能作用

创新中介机构的功能作用及其活动范围，可以根据其作用对象或层面进行区分。例如推进技术研发或技术体系发展；在生态位市场中开展活动，加快技术转移；直接推动社会-技术景观层的变化；等等，从这些层面考虑创新中介机构在转型中所发挥的功能作用，对于分析创新中介机构的属性差异十分必要。在 ST 研究背景下，Kivimaa 等（2019）认为，由于各国社会-技术体制及社会-技术景观层存在较大差异，可将创新中介机构的作用过程简化为前期开发与路径探索、创新加速与技术嵌入、网络构筑与市场稳定三大发展阶段，并由此提出了五大类型的创新中介机构在不同发展阶段及不同运作层面所进行的具体功能与活动，如表 13-3 所示。

表 13-3　创新中介机构的功能性特征

类型	稳定前阶段		稳定后阶段
	前期开发与路径探索阶段	创新加速与技术嵌入阶段	网络构筑与市场稳定阶段
系统中介机构	系统中介机构旨在破坏现有社会-技术体制的稳定（建立新的愿景和新行政网络；能力建设和机构支持的功能相结合）		参与市场创造和识别评估有前途的生态位，寻找变革的需要
转型中介机构	转型中介机构阐明了社会对变革的需求；使各种技术选择更加明显；创造政策和制度空间	转型中介机构通过实际行动与过程中介机构建立网络，支持生态位建立；参与市场创造	应对新的治理模式或市场重组，填补现有体制空白
生态位中介机构	生态位中介机构表达了早期的期望，组成网络，分享最佳方案并为新技术创造可靠性	支持生态位嵌入（旨在增加规模和稳定性）和发展基础设施。指导本地实验，复制项目和汇集资源。促进将技术嵌入到特定应用环境中的过程中介	生态位中介机构转变为新的转型中介机构
过程中介机构	连接特定情境的制度优先事项和当地项目	转型中介维持或加强政策和体制空间；提高公众意识并为新技术创造合法性；生态位中介机构积极游说，争取政策战略资源，提高知名度	促进新中介机构产生
用户中介机构	用户中介机构构成初始知识共享网络；配置系统和用途，提出技术要求；阐明对研发人员的需求	用户中介机构填补了新兴市场以及技术使用和维护中缺失的信息，促进用户采用和重新配置技术	促进实验和协调项目

资料来源：文献（Kivimaa et al.，2019）

13.2.1　前期开发与路径探索阶段

在前期开发与路径探索阶段，对于技术系统的实验和探索十分重要，使得系统中介机构在前期的作用至关重要，既可以在技术开发的底层发挥作用，也可以在技术开发、聚合学习以及启动试点、路线图绘制等方面发挥重要作用，在更广泛的生态位市场层面建立实验与技术标准，从而推进新的技术愿景发展以及行动者网络的建立。转型中介机构在发展前只发挥很小作用，其通过支持行动者网络建设和创新流程管理，来帮助研发机构及创新项目寻找新的支持和应用方向。

在前期发展过程中，生态位中介机构的出现以及实验场所的正规化有利于创新资源的汇聚，并且随着对知识流动要求的降低，阐明愿景、建立网络和学习的必要性得以提升。生态位中介机构在发展前期得到了较好的能力建设和机构支持，但其发展缺乏方向性，仍需要较为稳定的社会-技术体制。生态位中介机构的存在主要得益于草根组织（grassroots organisation），他们自下而上地开发新的想法，并从事一系列特定的生态位实验。这种中介机构可以在显式生态位形成之前发生，或者最多在局部范围内存在，这一点在英国社区能源倡议中得到了体现（Hargreaves et al.，2013a；Martiskainen and Kivimaa，2018）。在前期发展中，新技术即使暂时没有明确的转型目标，也可以在过程中介机构的帮助下，在本地环境中形成初始的知识共享网络，并参与促进知识更新和共享。

本地的实验项目也受益于过程中介机构和用户中介机构，这些中介在促进本地项目以及传播项目的学习和愿景方面发挥着重要作用。在社会-技术体制层面，过程中介机构可将特定环境的制度安排事项转化为本地项目的建立和执行。

13.2.2 创新加速和技术嵌入阶段

在创新加速和技术嵌入阶段中，随着新技术的积累和传播，愿景规划和网络活动变得更加明确，社会-技术体制层面之上的决策者或行动者开始设定转型目标。这时，系统中介机构有助于阐明、谈判和调整各种观点，使之更加兼容，推进标准化，防止战略竞争。然而，在某些情况下，系统中介机构可能已经停止了有关转型的工作，转而寻找和面对新的挑战。系统中介机构重点为潜在生态位创造市场（例如构建更广泛的未来愿景和机构支持），并对具有市场潜力的市场生态位进行评价。他们还可能试图从内部改变体制，明确社会对变革的需求，并创造新的政策和体制空间（Kivimaa，2014）。

转型中介机构，如中央政府或地方政府的中介机构，可以提高公众的认识，并为新技术发展路径创造合法性。这时，建立新的制度和谈判成为一种普遍性活动，而在适当和一致的加速下，创新中介机构的目标就是提高公众的认识，而不是让用户积极影响转型。此外，这时的过程中介机构所发挥的作用，已从支持实验项目转为通过转译将新技术嵌入到特定的应用环境中。在这个阶段特别强调的是，新技术的解决方案需要与特定的环境相匹配才能得以更好地扩散。

在创新加速开始时，本地实验和所产生的学习变得更加集中，在区域、国家或全球各层面逐渐形成市场生态位（Hargreaves et al.，2013b；Seyfang et al.，2014）。在这些聚合过程中，生态位中介机构显得至关重要，无论是在生态位范围内还是在生态位-制度界面中。生态位中介机构改善了本地实验和生态位之间的知识流动，增强了面向整个领域的知识创造、交流和转化。此外，它们还可以为发展共同基础设施（如制定新的标准和规则）提供支撑。

在这一阶段，新技术发展仍需要进行大量的试验，过程中介机构的作用大体类似于开发前的情况。不同的是，特定环境的制度优先事项可能会随着新解决方案的扩散而发生变化。因此，过程中介机构需要通过创新过程管理和沟通等功能来适应它们，支持这一重新谈判进程。基于制度的过程中介机构在创新加速中发挥更为明显的作用，开始了支持生态位发展的实际行动（促进愿景形成、知识交流和学习支持、创新过程管理以及在制度利益和替代生态位之间的转换）。政府甚至会直接建立以促进转型为导向的过程中介机构，通过实行新解决方案以落实相关政策。

在这个阶段，用户中介机构往往没有能力成为创新加速的核心行动者。由于并不是所有的草根创新都能够成长和传播，所以用户中介机构更多的是将目光投至创新网络的建立与完善。用户中介机构还积极参与市场及其相关机构的建设，包括市场细分和形成实际交易。用户中介机构还有助于促进早期用户实践和技术系统配置，进一步将用户的需求和解决方案信息反馈给零售商和制造商，从而促进了对新技术系统配置及其新用途的需求表达（Heiskanen et al.，2015a；Hyysalo et al.，2018a）。在创新加速阶段，生态位中介机构试图在政策战略中争取资源和获得认可，从而加速市场生态位扩散。如果创新加速取得成功，一些生态位中介机构将逐渐转为新的转型中介机构，而另一些则可能自然消亡（Orstavik，2014）。

随着新技术的逐步成熟，中介机构逐渐淡出人们的视野。在新技术扩散和产业化过程中，转型中介机构和过程中介机构开始为新技术的扩散搭建沟通的桥梁，重点消除企业或研究机构与潜在资助者之间对新技术产业化不确定性和风险担忧的认知，这可以通过有效的创新过程管理、利益相关者之间的衔接和机构支持来解决。用户中介机构继续参与支持生态位规模扩大以及维持生态位的稳定性，并可能充当不断扩大的市场和新市场进入者的监督者，提供相对的咨询服务，以便用户更为客观地了解到新技术的核心内容与公允评价。

13.2.3　网络构筑与市场稳定阶段

新的社会-技术体制如果实现了稳定，一方面意味着部分创新中介机构完成了使命，另一方面也代表着不少创新中介机构又回到了最初阶段。在新的挑战下，新兴市场的发展周而复始，一些面向转型的生态位中介机构由于完成使命也就随之消失，而其他类型的中介机构可以继续在一个稳定的新体制下抓住新的商业机会，同时基于新的转型方向探索新的目标。此外，新的转型中介机构可能会出现，以填补机构空白，并作为对重组市场或新治理模式的反应。

在新的社会-技术体制进入稳定阶段之前，现有的社会-技术体制肯定经历过不稳定时期，这个不稳定时期作为一个过程，可以先于或并行地运行在前期开发阶段。无论是受到社会-技术体制影响还是系统中的社会-技术景观层面的影响，不稳定的社会-技术体制仍在影响着即将出现的中介机构的类型。系统中介机构常常被视为破坏稳定的重要行为者，它们的目的可能是破坏现有社会-技术体制的框架或现有市场，也可能破坏现有的行动者网络，并建立新的行动者网络来干扰现有的社会-技术体制（van Lente et al.，2003；Klerkx and Leeuwis，2009）。因此，系统中介机构有可能加速促进从内部创新的一个更广泛的生态位形成，同时破坏现有体制的稳定。此外，系统中介机构孕育着潜在的“颠覆性创新”以改变现有社会-技术体制，从而创造了大量空白的生态位，为其他类型的中介机构创造生存空间。

13.3 荷兰皇家旅游俱乐部在创新中的作用

13.3.1 前期开发阶段（1898～1909年）

荷兰的汽车发展历史不是一个简单的汽车产业发展过程，而是一个逐步开发新的用户实践、形成制度法规、完善生产流程、促进产品扩散的过程。创新中介机构是这一进程的中心支柱，主要集中于一个行动者：荷兰皇家旅游俱乐部（Koninklijke Nederlandse Toeristenbond ANWB，简称ANWB）。

早期荷兰的汽车使用主要与赛车有关，并吸引了当时社会的广泛关注。第一次赛车比赛于1898年由新成立的荷兰汽车俱乐部（Nederlandse Automobilel Club，NAC，即后来的皇家KNAC）组织，该组织在成立初期主要由汽车用户和进口商组成。这个俱乐部作为一个小众的中介，其主要功能在于形成网络，通过比赛促进实验和创造早期的汽车消费期望，把汽车宣传为一个刺激的彰显地位的工具，重点宣扬一种速度的体验以及激动人心的大众文化，同时也是私人旅游和外出游览的绝佳乘坐工具，舒适度比火车和电车更高。在这一阶段其他支持性中介机构的作用则相对缺失。

13.3.2 创新加速阶段（1910～1940年）

当汽车生态位的培育从前期发展过渡到创新加速阶段时，新的参与者ANWB

进入了汽车领域，并成为一个重要的生态位中介机构。最初该机构是将自行车作为推广对象，在汽车市场逐步发展后，ANWB 明确提出了一种基于新型汽车的实用型愿景，主要面向医生、销售员及商店店主，针对其外出需求而设计。ANWB 还通过杂志、报纸等渠道不断发布对于汽车及其应用方向的讨论。

后来，ANWB 成为创新生态位和用户之间的重要中介联系，帮助汽车厂商制定标准和反馈用户需求。在第一次世界大战后，随着福特 T 型车的问世，ANWB 所提倡的实用、实惠、可靠的汽车消费期望也就更加有的放矢。ANWB 主导了一场与公共交通体系的竞争，向大众宣传了汽车的未来：一种有着多种用途的实用型多功能机器。

1927 年，ANWB 成为世界上最早预测汽车未来传播的组织之一。在其会员杂志 *De Kampioen*（1927 年 3 月 4 日）上，ANWB 公布了一项对于汽车用户的调查，指出虽然当时使用的自行车有 250 万辆，但汽车的增长也十分快速，并预计到 1950 年将有相当数量的汽车投入使用。比预料中更广泛的传播则意味着交通风险及其他事故产生的可能性大大提升，所以 ANWB 建议：汽车司机必须接受交通教育才能行驶，比如在进行转弯和刹车等行为时必须向其他汽车示意。ANWB 不仅是汽车用户的代表，也对用户进行了一定程度上的教育与约束，提升了司机的驾驶能力。

ANWB 还通过政策游说逐步建立了支持私人汽车和公共汽车共同使用的国家基础设施。在 1920 年前，荷兰的大多数道路都是区域性的，连接着不同的城市。到了 20 世纪 20 年代，一个强大的道路游说团体出现了，他们提倡建立新的道路类型，即高速公路，只限于机动车通行。这个道路游说团的成员包括英国皇家工程学会、ANWB、KNAC 和建筑公司。他们提出国家基础设施建设必须及时跟进以适应汽车预期的增长。ANWB 还提出了一个新的观点，汽车将成为一种经济和社会必需品。这些预测和舆论持续提升了对道路建设的需求。荷兰交通运输部工程和建筑司支持了这一提议，制定了第一个国家道路规划（1927 年），并最终促使政府接受了该规划。该规划设想在全国建立 2 800 公里的主要公路网络，包括新建公路和升级现有公路。该规划还包括设立道路基金，通过设立道路税法来收集和协调资金。

新建公路作为一项基础设施，需要巨额投资，这导致公众质疑其与现有铁路这一基础设施的关系，实际上，这也与一个国家在不同类型基础设施的权衡和投资决策有关。20 世纪 30 年代，荷兰因此还出现了一场“协调危机”。ANWB 和其他汽车支持者，旨在进一步动摇过去的交通体制，把铁路描绘成技术过时且经常需要补贴的交通工具，而汽车是未来交通技术发展的方向，ANWB 更侧重阐述了汽车用户的新愿景。这次危机的最终结果，荷兰政府还是重新开始了对汽车及其基础设施建设的支持。

13.3.3 市场稳定阶段（1941～1970 年）

第二次世界大战后，面向大众的汽车问世了，汽车失去了独有的中产阶级烙印。ANWB 变成了一个提倡便捷性汽车使用的以制度为基础的过程中介机构。为了提高汽车的销售量，ANWB 提倡买车的自主性，倡导了一种新的 DIY（do it yourself）文化，尤其是在工薪阶层的用户中。但它也意识到并不是每个人都想自己修理汽车，随身携带所需的工具。因此，ANWB 创建了一个维护技术的新基础设施。1946 年，ANWB 成立了全国性的道路服务机构，专门针对汽车的道路故障提供服务，解决了用户的后顾之忧，更加方便了汽车用户的使用。1970 年，汽车已在荷兰得到了消费者的认可和接受，汽车在荷兰的交通体制中逐步稳定下来。

13.3.4 新体制形成阶段（1971 年至今）

1971～1993 年，荷兰家庭用车的需求量大幅增加，成为 20 世纪末最重要的消费品之一。汽车越来越多地用于探亲访友、周末出游和假日旅行，甚至取代了原有火车出行的方式。基于汽车这项新技术所建立的社会-技术体制，改变了荷兰原有的交通系统，与火车共存于现有的社会-技术体制中。ANWB 最初的设想是，汽车作为一种多功能的交通工具，可用于所有人的运输需要，这一设想已经实现。可以说，ANWB 是荷兰汽车产业的引路人。

13.4 经验启示

第一，社会-技术体制的前期发展需要创新中介机构的积极参与和推动，如果没有及时地为参与者和行动者建立稳定关系的中介，所谓的知识创新与技术转型也就难以形成。如果有强大的系统中介机构以及生态位中介机构，便能够建立高效的社会创新网络，从而促进早期生态位的发展，培育新的技术生态位和市场生态位，最终破坏现有主导的不可持续的社会-技术配置。

第二，创新中介机构具有不同的服务对象与行动范围，同时作为 ST 的早期推动者，有效地发挥着愿景构建、网络构筑、项目支持等功能作用，直接或间接地参与到社会-技术体制转型过程中。在不同的转型阶段，创新中介机构所发挥的作用也是不同的，并且由于行业领域及职能范围的细化，创新中介机构所承担的职能也有较大区别。总的来说，创新中介机构的关键影响在于构建创新行动者、政府机构和用户之间的创新生态，缺乏创新中介机构的活动可能会难以转型。因此，从 ST 视角来看，需要制定一定的策略来保证创新中介机构能执行其必要的中介职能。

第三，从整个系统角度来看，系统中介机构对于指导转型是至关重要的，它有可能破坏现有主导的社会-技术配置，并评估跨多个生态位、体制和空间尺度的一系列可行的替代解决方案。而其他类型的中介机构，特别是过程中介机构和用户中介机构，在范围和作用上则有着较大限制。转型中介机构在制度和新的市场生态位之间活动，基于现行制度进行知识服务以及分配扶持资金，协调政府利益与用户利益。生态位中介机构重点开发潜在的市场生态位，通过自下而上的方式推进或分享创新。过程中介机构重点变革实验过程及项目流程，提高交互效率，将愿景和期望转化为实际行动，包括负责项目的运营管理、多层面的合作交流以及处理外部环境关系，以更为具体的方式推进转型。用户中介机构主要根据用户需求及其偏好推动新的技术生态位开发与发展，或为具有研发价值的新技术提供技术解决方案，促进新的学习机制形成。

第 14 章 案例介绍

准确把握新技术产业化的发展规律，提高政府实施政策干预的有效性，从而破解当前新技术产业化发展成功率和贡献度不高、政策扶持效果不大的困境，是当前新技术产业化管理所面临的重要问题。本章在准确把握新技术产业化培育规律的基础上，选取了国内外若干个新技术产业化的案例，并运用 ST 理论及其分析框架详细梳理、总结其做法与经验，旨在为探索符合中国情景的新技术产业化培育路径提供参考借鉴。

14.1 新加坡新生水产业

本节主要介绍了欧春尧等（2020）运用 ST 理论研究新加坡新生水（NEWater）产业化的案例。新加坡 NEWater 产业可持续、高质量的发展，是政府通过设计有效的政策组合构建保护空间，成功实现新技术产业化的范例，其独特的培育策略对把握新技术产业化培育规律，提高政府施策效力具有重要借鉴意义。该项研究依据 ST 理论，在优化 ST 视角下新技术演化基本模型的基础上，设计了 NEWater 产业化的 ST 分析框架，从社会-技术体制外部演进及创新生态位内生演化两大过程揭示了 NEWater 产业化的培育机理，阐述了新加坡政府如何通过科学的政策组合构建保护空间、助力 NEWater 创新生态位的培育跃迁和协同演化的过程。

14.1.1 研究背景

新加坡位于马来半岛南部，国土面积狭小且自然湖泊缺少，缺乏雨水收集与过滤系统，蓄水能力较弱，缺水现象较为严重，人民日常生活和工业发展所需淡水资源极度匮乏，如何保证淡水的持续供应逐步上升为威胁新加坡国家安全和限制经济发展的核心问题。因此，新加坡将“一切为水让路”定为基本国策，致力于推动水科学技术创新体系的建设。经过近半个世纪的发展，新加坡已经建立起了规模庞大、技术领先的环境与水务产业，形成了多元化的可持续性供水系统，从而逐步摆脱极端缺水的局面。作为世界性水务“新概念”品牌，NEWater 工艺将污水处理与用水相结合，实现水资源的循环利用，不仅解决了社会现实问题，其产业发展与科技创新的交互联动还有效地促进了新加坡水科技及产业创新体系的形成，引起了世界各国的广泛关注。

14.1.2　研究方法

由于新技术产业化过程的长期性与复杂性，目前学界尚未完全掌握对新技术转移转化的动态过程进行定量化预判和测度的方法。探索性单案例研究方法是基于对复杂现象系统的描述与分析，回答“为什么”和“怎么办”问题的有效方法，同时通过对过程深入细致的分析，能有效保证研究的信度与效度。因此，该研究采用探索性单案例研究方法分析新加坡 NEWater 的产业化过程，以此检验 ST 模型的有效性。

该研究以一二手资料结合的方式进行资料获取。一手资料主要通过半结构化访谈和实地调研获取，通过走访新加坡公用事业局（Public Utilities Board，PUB）、NEWater 公众接待中心、南洋理工大学相关研究团队等组织机构，收集了大量的一手数据；二手资料主要通过相关政府机构报告、企业报告、重要媒体相关资讯报道以及相关学术文献等方式，围绕政策、市场、技术三大方面进行收集。为保证资料数据的准确性从而提升研究效度，该研究将所得资料进行比对分析，对相关问题进行交叉验证。

14.1.3　研究过程

1. *新加坡 NEWater 外部演进过程分析*

（1）社会-技术景观层

社会-技术景观层是指社会-技术体制层和创新生态位发展的外部影响因素，主要包括政治体制、社会文化和社会经济发展等。随着技术创新对产业发展的影响日益加深，社会经济与市场格局正发生着巨大变革，新加坡根据国家的实际需求和未来的社会发展趋势，聚焦颠覆性创新，探索新的经济增长点，不断发展环境技术和清洁能源等技术密集且高增值的新兴产业。社会-技术景观层主要是渐进式变化并且十分缓慢，但其一旦发生变化，则会对体制层及创新生态位的动态稳定性产生重大影响并为其提供“机会窗口”。为了解决国内水资源问题，新加坡政府一直致力于培育知识经济、建设国家创新体系，由政府主导投入完善研究设施，积极培育和引进专业人才，旨在进一步推动国内水务产业的创新发展，将新加坡水务产业发展成为国家支柱产业。

（2）社会-技术体制层

社会-技术体制层是在景观层变化中形成的，由用户偏好、知识存量、技术范式等构成一个联系紧密的网络，逐渐形成技术锁定和路径依赖效应，从而实现稳定的技术创新路径。新加坡的技术创新体系具有“自上而下”的政府主导特征：最高决策层是一个由总理担任主席的特设机构；贸工部、教育部、卫生部等部门参与相关的预算编制和科技研发资金监督；经济发展局和标新局，以及贸工部下属新科研、学术研究理事会及医学研究理事会等进行项目评选，形成了以政府部门为主导力量，以私人企业（跨国企业为主，本土企业其次）、高校、医院、下属研究所为执行主体的研发框架体系。之后政府又相继成立了国家研究基金会，研究、创新和企业理事会，为科技创新发展提供宏观层面的战略引领。2016 年新加坡政府专门成立未来经济委员会（Committee on the Future Economy，CFE）、未来经济署（The Future Economy Council，FEC）两大机构来负责最新的产业转型蓝图的制定与执行，该计划主要以强化国家科技能力为目标进行长期的产业规划，持续提升对新兴产业的资金支持，为战略技术领域研发提供支撑保障以及专门设置“超前部署的产业联合基金”与“空白基金”，目的在于培育颠覆性创新，为未来新技术的发展做准备。

（3）创新生态位

创新生态位是颠覆性创新的培育场所，通常是以研发实验室、技术示范项目和初始市场等形式来为新技术提供一个受保护的空间，使其能够避免来自体制层的选择压力，孕育颠覆性创新的“变异种子”。创新生态位通过技术扩散对体制层产生巨大影响，最终实现对其的变革作用。新加坡推进新技术研发主要依赖“双轨制”研发保障体系，一轨是由新加坡贸工部所统筹运作的应用型技术研发；另一轨则是由教育部主导的基础性研究。两轨各自进行并交会于“创新与企业理事会”，由其统一负责两大部门的发展方向制定与战略实施，同时进行研发进度监督与资金配置。

该创新生态位中还有着众多的创新支持主体，新加坡政府通过投资建立风投机构、引入创新风险投资来大力推进技术转移和产业化，20 世纪 90 年代政府下拨 10 亿美元设立科技创业风险投资基金，并实行配额投资计划，对企业技术研发进行大额度跟投。例如新加坡商业局面向创业公司实行商业天使项目，收到天使投资即可按照 1∶2 的比例适用于政府种子基金的资助，该项目有力地促进了新技术的研发进程，也使得知识产权的保护增值工作得以推进。同时新加坡知识产权局也被纳入金融科技生态建设体系，2014 年该机构提出“知识产权融资计划”，以帮助企业以政府银行分担资本风险的方式获取知识产权和工业价值。

2. 新加坡 NEWater 内生演化过程分析

基于 ST 分析框架，新加坡 NEWater 的发展历程大致可分为愿景构筑期、技术保护期、项目试验期、创新扩散期、产业培育期五个阶段，具体发展历程如图 14-1 所示。

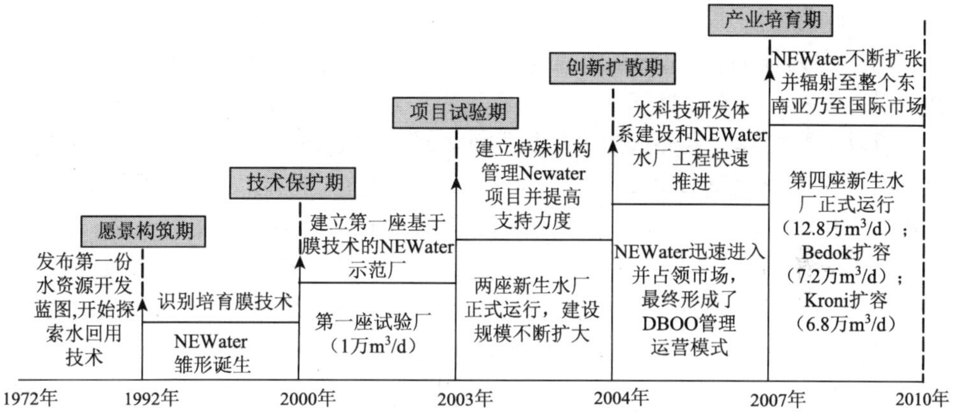

图 14-1　新加坡 NEWater 发展历程

资料来源：PUB 演讲资料；文献（许国栋等，2018）

（1）愿景构筑期

为缓解用水困境，新加坡将淡水资源纳入国民经济发展规划的刚性约束指标，制定了最为严格的水资源保护法规，专门设立新加坡公用事业局（PUB）作为水务管理的专门机构，同时不断完善城市污水排放系统，倡导全民培养节水意识。PUB 于 1972 年颁布了第一份水务发展总蓝图（1972—1992 年），提出减少对进口水的依赖、引入非常规水源以及将污水回用作为解决水资源问题的主要理念和愿景。在构筑愿景后，PUB 对污水回用技术路径进行探索，受到 1998 年海水淡化项目的影响，PUB 对二级污水处理后水回收利用的可行性进行评估，并于 2000 年建立了以 NEWater 出水为主的勿洛污水回用示范厂，其后依据世界卫生组织饮用水标准进行水质安全性和稳定性测试后得出，该厂生产的 NEWater 水质安全性优于常规饮用水，引起社会各界的广泛关注。可见，发展 NEWater 以及环境与水务行业，是基于新加坡对于解决淡水资源匮乏的强烈需求及广泛形成的共同愿景。ST 理论强调以现实需求为牵引构筑愿景，选择具有较好发展前景的新技术进行培育和转化，为实现共同愿景积极探索创新路径。PUB 将污水部门并入环境部，打造环境与水务行业发展委员会以全面制订并执行一个新的水资源发展计划，并提出"收集每一滴雨水，收集每一滴污水和多次回用每滴水"，至此，新加坡的水资源政策终于从依赖出口全面坚决地转向NEWater 的开发利用，新加坡全国对于 NEWater 以及环境与水务行业的认知逐步形成，构筑了清晰明确的共同愿景，使随后 NEWater 产业的技术研发与产业化产生了积极效应。

（2）技术保护期

NEWater 对于膜技术的选择与研发过程长达 30 年，相关研发人员不断探索优化污水处理的创新方法，突破性膜技术创新对于 NEWater 的发展起到了关键作用。最初，由于膜技术前期应用较为粗糙且成本颇高，甚至存在膜污染的问题，所以一开始膜技术并未成为新加坡水处理的主导技术。进入 20 世纪 90 年代后，膜技术的材料选择与处理工艺得到突破性发展，工艺成本不断降低，新加坡政府立即派遣相关人员赴美学习膜技术在污水再生利用领域的最新应用，如今 NEWater 已形成完备的工艺流程：①对城市污水进行常规处理，通过微滤或者超滤膜技术单元，把污水中的胶质微粒和细菌等杂质过滤掉，降低水的浑浊度；②初级过滤污水通过高压反渗透膜挤出，过滤掉溶解的盐类、化学物质和病毒，过滤 95%以上的可溶性杂质；③对从膜中渗透出的二次过滤水进行紫外线消毒，消除剩余的杂质，调整酸碱平衡并获得可循环利用的"新生水"，见图 14-2。

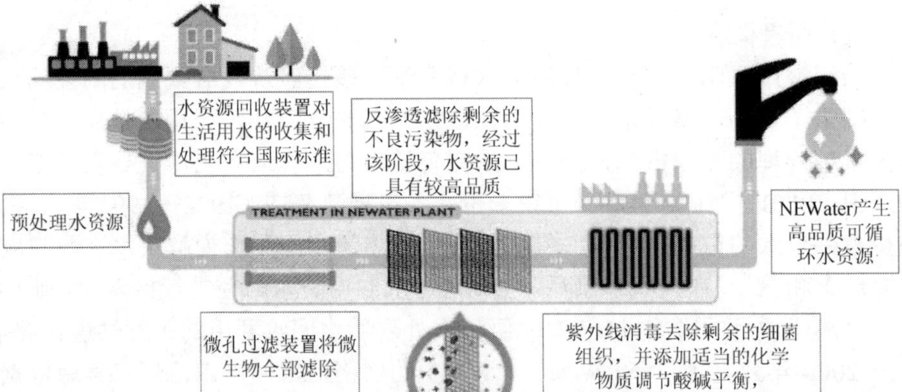

图 14-2　新加坡 NEWater 工艺流程

资料来源：PUB 演讲资料

新加坡通过该技术路线图、创新政策和研发机制打造了完善的水科技及产业创新体系。在初步选定膜技术后，新加坡通过建立大学、研究机构和企业之间的产学研合作，持续优化膜技术的污水净化技术，绘制了水处理解决方案的技术路线。新加坡国立大学的 Neal Chung Tai-Shung 的团队与 MICRODYN-NADIR 公司进行合作，成功制备纳滤中空纤维膜以及平板式和中空纤维膜结构的 ABM 膜，大大地提高了透水率，并深化与本土企业如 Hyflux、Suntar、Salcon、Keppel 和 Sembcorp 等公司的合作，促进科学、创新与工程的完美结合。在此基础上，政府通过向全球发布技术指南来征集先进技术，极大地丰富了 NEWater 的技术采购目录，该项目由政府提供资金支持、现场服务与咨询监督，筛选出的优秀成果可在水厂进行实验，并由相关专家、企业家和风投机构进行过程指导，通过验收的项目即可获得投资，极大地鼓励了创新型水务企业的兴起，见图 14-3。

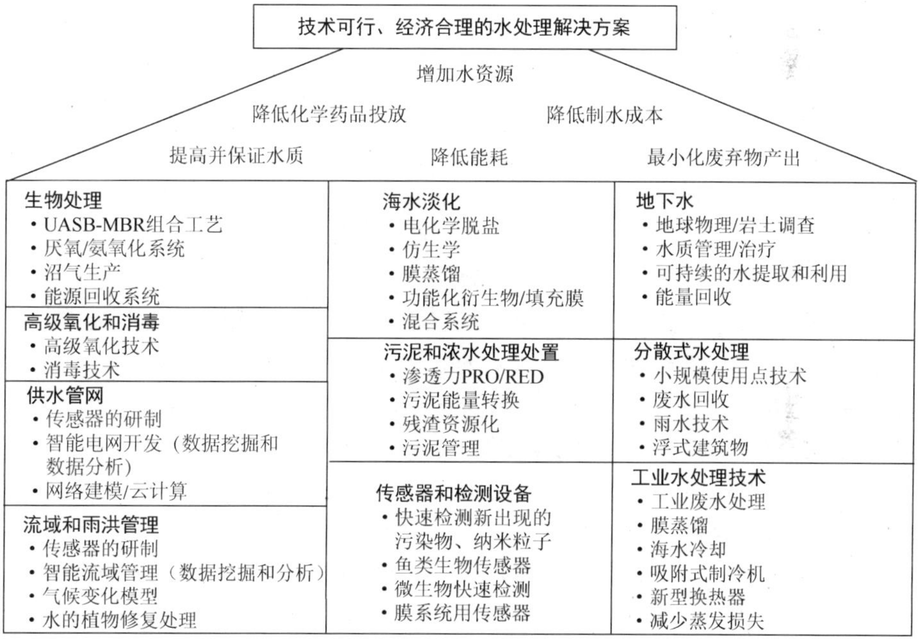

图 14-3 新加坡 NEWater 技术路线

资料来源：PUB 演讲资料

由此可见，在技术生态位选择培育的过程中，新技术主要通过技术生态位（保护空间）的实验来构建与市场主体的连接以加快生态位跃迁。对于新加坡来说，其技术生态位的选择培育首先是在不断试错中识别培育关键技术并制定技术规范，再以此为依据绘制科学清晰的水处理技术路线图来指导实践。NEWater 最初作为以膜技术进行水处理为核心的污水回用示范项目，通过结合物理化学过程分析污水回收的可能性，示范项目的成功促使新加坡正式确立了污水回用战略并将膜技术作为关键技术进行重点研发，其技术培育成功的关键还在于在 20 世纪末即制订了科学清晰的水处理技术路线图，这些在当时的社会背景下具有相当超前的意识与冒险精神。新加坡由此精准且有效地构建了 NEWater 的技术生态位，虽然膜技术最早应用于美国加利福尼亚州的“21 世纪水厂”，但只有在新加坡，有赖于国家和人民的现实需求、先进的膜渗透技术和卓越的技术生态位培育体系的完美结合，膜技术才实现了真正的颠覆性发展应用。

（3）项目试验期

对于新加坡而言，如何以膜技术和膜法水处理作为主导技术和工艺实现 NEWater 的规模化生产，满足人民用水需求，仍是一个较为复杂的问题。膜生物反应器（MBR）基于膜技术形成一个集成化程度更高的水资源可持续再生系统，是 NEWater 系统研发的重要基础。实验发现 MBR 反应系统的出水水质等同于甚至优于 NEWater 项目中的原定超滤工序（UF），在有机物的去除方面表现得更加稳定和优秀，反渗透膜的通量更高，所以该技术得到政府的大力支持并快速进行了市场推广与应用。在经过技术调整和示范项目的测试后，PUB 决定在 Jurong 和 Changi 两个 NEWater 水厂进行全尺寸的 MBR 工程应用与示范推广。Jurong NEWater 水厂主要处理新加坡工业和市政污水，处理能力约 205 000m^3/d，自政府对前端技术进行工艺升级后，处理能力提升至 680 000m^3/d，满足工业回用水标准且成本能耗与占地面积大大减少；同时还建成了最大的 NEWater 水厂——Changi 水厂，该厂在进行 MBR 升级后水处理能力由原来的 800 000m^3/d 提升到 920 000m^3/d，从而有效地缓解了生活污水处理的压力并从此确立了 NEWater 的地位。

为了确保水处理方向的基础研究最终能够投入实际应用，使得有前景的水处理技术成功商业化，新加坡现建立了一大批研发与技术转化机构。其中最著名的是分离技术应用开发和转换中心（START）。START 位于新加坡清洁技术工业园区，该园区是新加坡第一个为水处理和绿色技术企业打造的技术工业园区。作为一家国立机构，START 的功能主要包括两个方面：促进技术转移转化和为本国研究机构及水处理公司提供对接。START 中心还汇集了多位行业专家，通过在材料、化学品和电气工程领域探寻潜在的颠覆性创新，帮助筛选有前途的突破性技术。PUB 与新加坡经济发展局（EDB）还通过邀请全球水行业的技术供应商和研究机构，为新加坡的水处理工艺（技术）和运营发展提供了有效的解决方案，努力使新加坡成为蓬勃发展的全球水处理中心。2016 年，PUB 通过水资源竞争研究计划收集了水处理技术创新项目，拨款 2 500 万美元资助两类项目：新技术的开发以及现有实验室规模技术的转化应用，技术供应商还可通过申请资金进一步对新技术进行开发和商业化，其中成功案例包括压力延迟膜技术、仿生膜技术、水处理技术和监测下水道污染物的微生物电化学传感器系统等。

可见，新加坡在实验项目构建与扩大阶段，针对技术研发及其转化施行了大量的鼓励措施。因为一项新技术从 R&D 走向市场，也就是 ST 理论中新技术从技术生态位跃迁到市场生态位阶段，极容易陷入“死亡之谷”而夭折，因此 ST 强调要通过社会实验项目来助力新技术的跃迁。新加坡通过 NEWater 实验项目构建与推广来确定核心技术，同时建立新型研发机构加强与市场的对接，并以政府为牵引推广新技术产业化应用，有力促进了 NEWater 产业化发展，提升了新加坡在水技术商业化领域的全球地位。

（4）创新扩散期

为了使民众对其质量安全树立信心，2002 年，时任新加坡总理的吴作栋在 37 周年国庆活动序幕上率先饮用了 NEWater，宣布了 NEWater 将正式成为新加坡人的饮用水，此举有效地提升了普通民众对 NEWater 质量安全的信心，这也宣告了 NEWater 在新加坡市场的正式确立。新加坡政府在 1997～2008 年通过媒体发布了 223 篇相关报道，推出了“ABC 水资源学习通道计划”等公共教育计划，还启动了 NEWater 的社会沟通计划，包括 NEWater 工艺流程介绍、设立 NEWater 接待和体验中心等方式。同时配套设施建设不断完善，集中输送和统一处理的运作方式降低了 NEWater 的工艺要求和技术成本，让 NEWater 的价格始终稳定在大众可接受的范围内，这也是 NEWater 迅速进入并占领市场的原因。

新加坡在促进 NEWater 商业模式形成的过程中，在吸收当时国际流行的 PPP（public-private partnership）模式的基础上，结合本国实际拓展形成了 DBOO（design-build-own-operate，即设计-建设-拥有-经营）模式：采取 PPP 模式进行水处理工程建设，在水处理主导技术和工艺流程形成范式的前提下，再以 DBOO 模式积极引导本地相关企业参与推广，见图 14-4。通过前期项目试验和后续水厂的技术集成，新加坡本土企业在工程设计和管理运行上积累了宝贵的运行经验。在 NEWater 工艺的基础上，吸收和整合了国外先进技术，培育了良好的产业基础，NEWater 的供水量继续增加，2006 年达到新加坡总供水量的 10%。随后，政府按照同一模型建造了两个更大的新生水厂，使得新城达到了城市用水量的 30%。

由此可见，随着不断的培育与成熟，新技术在市场中得以扩散并占有一定的市场生态位，原有保护空间则开始撤离，如何让新技术通过自身的发展取代现有产品并建立可持续的技术创新体系，则是市场确立和商业模式形成阶段需要解决的问题。新加坡通过创造各种体验教育引导公众认知、积极扶持和推广环保新技术，以政府为主导积极促进新技术商业化，很大程度上改变了新加坡公众对 NEWater 乃至是整个水行业的认知，从而为 NEWater 后续商业化运作起到了强有力的支撑作用。同时新加坡政府通过施行 PPP + DBOO 的商业模式加速技术转化，

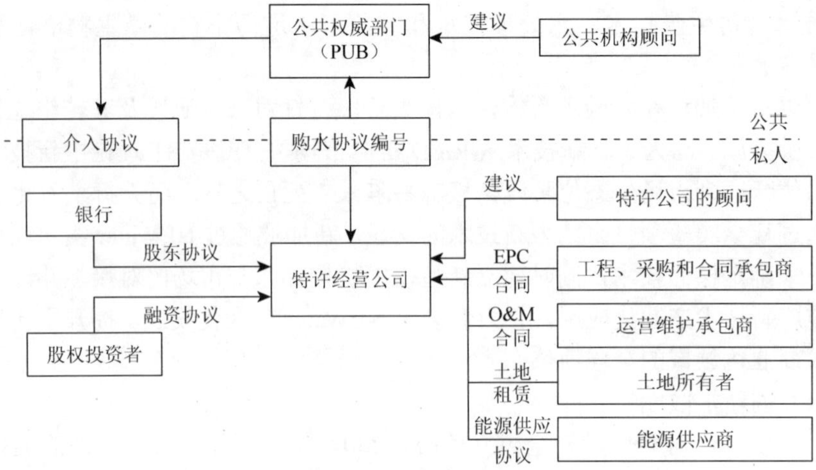

图 14-4　DBOO 模式

资料来源：PUB 演讲资料

将本地企业的使用限制为投资的主体，然后引入并整合了国际先进技术，从而保证了技术的标准化和成本质量，也促进了本地企业的快速发展。这种具有新加坡特色的商业模式运作，为 NEWater 技术转化和市场推广提供了强大的支撑，该模式也成为国际水处理行业商业模式的一个典范。

（5）产业培育期

为了保证其产业规划的顺利实施，新加坡政府通过建立环境及水务业发展理事会（EWI）来制定中长期发展战略和监督实施，并先后投入 4.6 亿新加坡元（约等于 22.1 亿元）用于资助环境与水务产业创新能力建设以及新技术（尤其是颠覆性创新技术）产业化发展，形成了具有国家特色的技术研发和产业化模式，有效地保障了环境与水务产业的快速发展与产业集群建设的不断壮大。2015 年新加坡成功引进了近 180 家国际水行业知名企业及 26 家水研究机构，包括美国的通用电气（GE）公司、日本的日东电工（Nitto Denke）公司、德国的西门子（Siemens）公司及法国的威立雅（Veolia）公司等，为国民生产总值贡献了近 17 亿新加坡元，创造了 1.1 万个就业岗位。得益于水科技研发体系建设以及 NEWater 工程的快速实施，新加坡的环境与水务产业快速发展，再加上政府坚持不懈地推进 NEWater 的品牌国际化，成功吸引全球知名企业在新加坡设立运营公司或者研发中心，使得 NEWater 产业得以不断扩张并辐射至整个东南亚地区。

可见，随着市场生态位的地位逐渐稳固以及市场竞争力的进一步提升，主导产业及相关支持性行业得以快速发展，NEWater 已经成功脱离了保护空间而进入了新的发展阶段，即进入主流市场参与竞争，以促进新的技术范式变迁。

14.1.4 经验启示

欧春尧等（2020）研究发现，新加坡通过政府与市场共同发力，优势互补，打造了国际一流的创新生态环境，同时充分整合全球创新资源，构建了完善的新技术产业化体系，让新加坡实现了从极端缺水国家到世界水务行业领导者、国际水务科技创新中心的跨越，更将 NEWater 建设成为新加坡的国家品牌和再生水工程领域内的亚洲典范。借鉴新加坡 NEWater 产业化的成功经验，主要启示如下：

第一，政府部门对技术创新实施政策引导与环境打造，才能更为高效地进行新技术研发、突破与转化工作。从 NEWater 案例可以看出，为了保证技术创新行为的持续性，需要政府根据技术研发实际情况完善顶层设计，加大对于新技术的政策支持力度，为其构建技术保护空间，使得技术的研发转化在一个相对稳定且隔绝的生态位中进行，提升颠覆性创新孕育及发展的可能。地方政府应立足于现实需求，成立类似 PUB、环境及水务业发展理事会等的技术创新管理机构，定位于前瞻性的颠覆性技术研发管理和超前部署，依托创新政策为新技术打造政策保护空间，使其在技术领域选择和新概念征集渠道上拥有更多的路径参考与试错机会，有效提升技术研发及产业化的成功率。

第二，创新生态系统内部各成员的合作共同促进了新技术的产业化运作。NEWater 的成功同样离不开新加坡政府在打造创新生态系统、构建战略保护空间上做出的努力。新加坡以政府部门为核心，连接企业、高校、研究所、银行和风投机构等主体形成开放型科技创新体系，为 NEWater 的发展提供了全方位的战略指导与创新支持。中国可以借鉴其做法，充分联系政产学研各创新主体以整合创新资源，搭建多层次协同创新平台，以持续优化创新生态系统，促进科研成果转化。同时丰富科研成果评价体系，提升对于技术转化实际效果的重视程度，给予科研人员创业咨询、企业兼职等方面更大的自主权，形成良好的创新氛围。

第三，核心企业对于新技术的创新演化有着决定性的作用。新技术产业化是一个动态的过程，所涉及的资源、要素等更加复杂多样，创新的预判和微调又是孕育技术创新的关键所在。要改变创新研发效能低下的窘境，就必须形成以核心企业为关键的常态化项目运作机制，为其提供包容失败的宽松环境以及长期稳定的经费支持，鼓励研发人员大胆创新、敢于试错。新加坡十分重视科技项目资助体系优化以及提升本土企业的自主创新能力，不仅将 NEWater 招标对象限定为本土企业，通过引进外来企业的方式进行良性竞争，还不断地整合全球创新资源以加快推进关键技术研发。对于中国来说，特殊科技项目的管理和经费分配方面应当适当简化流程，提升核心企业在遴选识别关键技术及决策方面的自主权，在项目中实施竞争性筛选和过程性评估；提升对于初创企业发展的重视程度，灵活运用多种产业政策，充分调动全社会创新力量，鼓励中小微企业进行技术研发，同时进一步加强对知识产权的保护，对初创型企业给予税收优惠、创新补贴等政策支持。

14.2 瑞士可再生能源产业

本节主要介绍 Markard 等（2016）的研究中运用政策组合理论中的 ACF 分析框架[①]在瑞士能源转型政策制定中的联盟及其作用。Markard 等（2016）认为，政策变化是社会-技术转型的重要组成部分，在能源供应、运输或农业等转型领域都经历了政策方面的根本性变化，譬如德国能源转型就与各种政策密切相关，包括对可再生能源的补贴政策或逐步淘汰核能的规制政策，因此把握政策的变化是研究社会-技术转型的关键因素。其中，探讨倡导联盟的变化，以及作为关键的行动者（如政府、协会、非政府组织、企业）和联盟在政策过程中的作用，是把握重大政策变化的前提。

2011 年 3 月，日本福岛核事故发生后，瑞士政府提出了在本国要逐步淘汰核能，对能源行业进行根本性变革的转型战略，该战略必须要得到广泛行动者的支持。为此，Markard 等（2016）围绕瑞士能源政策的关键行动者在多大程度上支持这种根本性政策变化这一问题，基于对三个不同时间（2001 年、2007 年和 2013 年）的能源政策征求意见书进行文本分析，在明确关键的行动者及系统地分析他们的政策信念的基础上，提出了政策体系和社会-技术体制相互作用的观点，并通过实证设计，研究了各倡导联盟是如何描述瑞士能源政策子系统的特征，以及这些政策是如何随着时间发生变化的。

14.2.1 研究背景

（1）政策变化与社会-技术转型

社会-技术转型通常被理解为社会-技术体制的根本性变革，这种转型是多方面的，包括了技术以及组织、体制和社会-文化等领域的变革。在转型过程中，新的产品、服务、商业模式、组织、法规、规范和用户实践出现，在一定程度上替代了现有的产品、服务、业务模式，甚至是取代了现有的产品、服务、业务模式。其中，能源转型是指一个特定国家或地区能源领域的社会-技术体制和组织进行根本性的变革。在许多工业化国家，能源领域在过去 200 年经历了转型，这些转型的特点是能源需求的大量增长和能源载体使用的重大变化：从木材到煤炭，从煤

① 倡导联盟框架（ACF）介绍详见本书 4.3.1 节。

炭到石油，从石油到核能和天然气。这些转型包括开发新的能源和发展新的能源转换技术，如蒸汽机、内燃机、汽轮机、核反应堆等。此外，它们还涉及工业生产、运输、供暖和电力等相关行业。目前，全球正在进行的能源转型是：化石燃料和核燃料将被风能、太阳能或生物质能等新的可再生能源技术所取代。这个能源转型的一个重要特征是它与可持续发展的社会目标相关，例如减少温室气体排放或核风险、能源独立、区域价值创造，同时公共政策对这类转型发展的速度和方向有很大的影响。Strunz（2014）指出，德国的能源转型（能源革命）就是通过各种公共政策来加强可再生能源和提高能源效率，并决定在2022年之前逐步淘汰核能，是能源转型领域中的一个典型案例。

政策变迁是社会-技术变迁的一个关键过程，是关于公共政策的执行、调整和终止的过程。所谓政策，是指政策制定的内容，包括目标、计划、法规、法律和资金优先事项。政策是运用政治制度解决社会问题的答案。政策通常是形式化的，可理解为社会-技术体制结构的关键要素，仅次于社会规范、期望、技术标准等。政策以各种方式影响社会-技术体制，譬如技术创新政策涉及知识的产生和传播，这对新技术的出现至关重要，而制定政策则有助于形成和拓展新市场，以及新的社会-技术体制产生，例如在德国能源转型中，一系列政策就促进了风能和太阳能等可再生能源技术的发展。相反，政策变化（如取消早期的补贴或技术禁令等）也可能导致社会-技术体制的衰落。此外，政策还会限制社会-技术的变革，例如减少新技术发展的多样性并有助于创造新技术。政治是社会-技术转型的另一个重要过程，是指政策制定过程中各种行动者进行的谈判和互动，通常政策及其变化可以看作是政治的结果。能源转型领域的政治例子包括不同团体的行动者努力使核能合法化和去合法化，从而影响核政策的制定。事实上，可再生能源政策也面临着类似的困境，现有的行动者试图阻止政策变化，而可再生能源的支持者则游说以支持制定政策，譬如荷兰能源转型就是一个典型案例，其在任行动者的强大影响力阻止了相关政策的重大变化，从而破坏了最初转型意图。

总的来说，政治和政策的变化是社会-技术转型的核心，尤其是在ST情况下，对政治的接触可能会更加突出。在公共政策的指引下，ST被界定为一种有意识的社会-技术转型，这样的过程不仅具有内在的价值需求，而且还会影响广泛的利益相关者，这些利益相关者的成败取决于转型如何展开。

（2）政策变化与ACF

在政策分析中，更具体地说是在政策过程理论中，已经形成了不同的框架来研究和解释政策变化，其中ACF就是其中一个典型代表，该框架已被广泛应用于各种政策问题和政策制定体系。ACF关注的是行动者及其信念，与ST研究有着很好的契合性。在ST研究中，相互竞争的价值观、对问题和因果关系的不同看法以及对科学发现的解释是核心。ACF非常关注行动者，并通过其信念的变化来解释政策变化。这是政策研究中"认知转变"的一部分，它将感知、想法和认知过程置于纯粹的利益或权力的解释之上。

政策子系统是一组政策行动者，他们在很长一段时间内试图影响特定政策领域的公共政策，政策子系统通常存在数十年。政策行动者被假定持有难以改变的规范性和因果性信念，并作为信息如何被理解的过滤器。ACF 将行动者信念分为三个层次：深层核心信念指的是基本假设和世界观，很难改变。政策核心信念是关于政策子系统的基本立场，例如关于国家的角色或政策问题的重要性和理解。在第三层是关于要实现的具体策略或在特定子系统中采取的措施的次要信念（也称为次要方面）。

倡导联盟是政策行动者的群体，他们拥有相似的信念体系，并参与协作和协调行动，以提高他们的信念体系转化为政策产出和目标的机会。假设一个政策子系统由 2～4 个倡导联盟组成，其中一个联盟占主导地位，那么该联盟对政策产出的影响最大。

（3）瑞士的能源转型政策

与其他许多欧洲国家相比，瑞士在 2011 年之前的能源市场相对较小，年能源平均消耗大概为 245TWh（其中电力、交通和供暖占了绝大比重），主要来自水力发电和核能，新可再生能源在发电中占次要地位。在 1979～2012 年期间，该国的能源需求持续增长，平均每年增长 0.85%。为此，瑞士政府出台了一系列的能源政策，从市场自由化规则到节能项目、可再生能源补贴和二氧化碳减排法规等，以满足本国的能源需求。但在 2011 年日本福岛核事故之后，瑞士政府决定逐步淘汰核能，鼓励提高能源效率和使用可再生能源，为此瑞士政府在 2012 年 9 月制定了"能源战略 2050"。该提案设定了长期目标，即通过扩大可再生能源发电，到 2050 年将减少 54%的能源消耗。该提案包含了各种具体的政策措施和工具，譬如电网接入和上网管理、空间规划、可再生能源的补贴和拍卖等。在 2020 年的第一阶段，该提案重点是采取了可再生能源补贴这一政策工具，以刺激效率更高的新能源发电技术；但在 2020 年以后的第二阶段，这些补贴政策被能源税所取代。

为了增加新可再生能源份额，以及减少温室气体排放，政府做了各种尝试，但可再生能源份额和二氧化碳税依然没发生大变化。从 2009 年开始，瑞士政府对电力行业的监管发生了重大变化，鼓励市场逐步自由化，允许大客户选择他们的供应商，原本计划 2014 年实现供应商全面的市场准入，但由于新能源转型政策而推迟。

根据 ACF，日本福岛核事故可以被解释为一种外部冲击，而瑞士政府做出逐步淘汰核能的决定则是对其能源政策系统的内部冲击。这些事件可能导致核心信念的改变和主要政策的变化，尽管预计 10 年或更久的时间将介于冲击和可观察到的政策产出之间。发生这种变化的一个重要前提条件是，瑞士公民在受到冲击后立即形成的新信念和新联盟，这对瑞士的能源政策制定产生了重大影响。

（4）瑞士能源政策的前期研究

早期有不少研究已经分析了瑞士能源和气候政策中的倡导联盟，随后对三个能源子系统（核能、能效和电力市场自由化）政策过程的研究表明，在1987年至2000年期间，瑞士能源政策中存在两个稳定的倡导联盟：一个是支持增长的联盟，另一个是支持生态的联盟。这两个联盟在核能政策子系统中分化最为明显，但对电力市场自由化子系统的政策，两个联盟之间的政策信仰差异不大，反而出现了一定程度的合作。

随后，Ingold（2011）探讨了瑞士1995年至2010年的气候政策，也发现该政策领域中存在两个主要的倡导联盟：一个是支持经济的联盟，另一个是支持生态的联盟，同时研究表明这两个联盟内部非常稳定，两个联盟之间交流很少。但是研究也指出，两个联盟对类似能源效率或适应气候变化等问题，在政策信念上还是有可能达成共识的。一些行动者（如州代表、温和派政党或联邦机构）充当了政策掮客角色，促进了政策的妥协甚至政策的改变。总而言之，现有的研究指出瑞士能源政策子系统中存在相当稳定且又分化严重的联盟，但也强调根据实际的政策问题，一些行动者跨越联盟边界开展工作，有助于达成政策协议。

14.2.2 研究方法

在前人研究的基础上，Markard等学者在2016年运用ACF，对瑞士的“能源战略2050”提案的460份意见书进行专项研究。为了确定联盟的变化，该项目比较了“能源战略2050”提案和两个较早前关于市场自由化的能源政策建议（其中一个是2001年的电力市场政策，另一个是2007年的电力供应和能源政策）。三个不同时间的政策，由于都涉及对可再生能源的支持问题，因此在具体的政策文本内容上出现了一些重叠。

该研究的实施步骤包括：第一，界定范围和选择关键的行动者；第二，制定一个政策信念的编码方案；第三，编码三个咨询程序和行动者的分类；第四，根据行动者的信念系统确定联盟。具体操作如下：

（1）界定政策子系统的范围和选择关键的行动者

界定政策子系统的范围并选择关键行动者是ACF应用中的一个关键步骤。从广义来看：瑞士能源政策子系统包括瑞士能源政策决策的所有参与者；但从狭义来看，这个范围重点改为那些参加会前阶段（协商过程）的行动者。

为了缩小行动者的数量，该项目首先编制了一份包含70个组织的名单，这些组织是对“能源战略 2050”提案有高度兴趣的。为了保证这份名单的信度和效度，该项目咨询了瑞士能源和气候政策方面的专家，并参考了该领域的早期研究中所涉及的不同类型组织，包括政党、工业协会、能源协会、环境非政府组织、公用事业公司、委员会和大学。接着，按照声誉方法中的 Fama-French 声誉模型确定了一份最终入选的组织名单。同时联系了该领域的 7 位专家（包括科学家、政府官员、顾问等），请他们对这 70 家组织在瑞士能源政策制定方面的相关性进行排名，并允许专家们加入名单外的更多组织。然后，运用社会网络角色的定位方法，确定行动者在能源政策问题上拥有的正式决策权或能力。按上述步骤，该项目最终得出了 41 个瑞士能源政策子系统中最相关的行动者，把他们分为 7 个不同的组，这些组织被列为与政策子系统高度相关的行动者（表 14-1）。

表 14-1　与瑞士能源政策子系统高度相关的行动者

组别	种类	行动者名称	数量
第一组	政党	公民民主党（BDP）；基督教民主人民党（CVP）；自由民主党（FDP）；绿色自由党（GLP）；绿党（GPS）；社会民主党（SP）；瑞士人民党（SVP）	7
第二组	行业协会	瑞士汽车进口商协会（Auto Schweiz）；瑞士水泥工业协会（Cemsuisse）；瑞士商业联合会（Economiesuisse）；石油协会（EV）；业主联盟（HEV）；用户协会（MV）；科协（Scienceindustries）；瑞士总工会（SGB）；瑞士中小企业联合会（SGV）；瑞士清洁技术协会（Swiss Cleantech）；瑞士机械、电子和金属工业协会（Swissmem）；瑞士旅游俱乐部（TCS）	12
第三组	环境保护和消费者组织	善待自然组织（Pro Natura）；保护消费者自然基金会（SKS）；瑞士交通俱乐部（VCS）；瑞士世界自然基金会（WWF）	4
第四组	电力公用事业公司	Alpiq 控股股份有限公司（Alpiq）；Axpo 控股股份有限公司（Axpo）；BKW 能源股份有限公司（BKW）；苏黎世市政公用事业公司（EWZ）；瑞士电网（Swissgrid）；瑞士电力（Swisspower）	6
第五组	能源协会	可再生能源和能源效率协会（AEE）；能源论坛（Energyforum）；能源论坛能源密集型产业联盟（IGEB）；瑞士能源基金会（SES）；主要发电商协会（Swisselectric）；瑞士太阳能协会（Swissolar）；瑞士电力公用事业联合会（VSE）；瑞士燃气工业联合会（VSG）	8
第六组	科学机构	瑞士科学院（AkadWiss）；瑞士联邦理工学院（ETH）	2
第七组	其他	瑞士电力委员会（ElCom）；各州政府委员会（RKGK）	2

资料来源：根据文献（Markard et al.，2016）整理

（2）提出编码方案

对利益集团公开资料的内容进行定性分析，是一种非常适合对政策核心信念进行实证检验的方法。为了确保对政策核心信念的有效性分析，该项目提出了一个新的分类：除了系统维度和制度维度外，新增加了三个与 ST 有关的维度，即环境保护维度、社会公正维度和经济效率维度。最终构建了一个包含 5 大维度和 18 个子维度的编码方案（表 14-2），以确定政策核心信念。次要信念

来自调查问卷中的四个问题，这些问题涉及具体的政策目标和手段。

表 14-2 政策核心信念的编码方案

分类	政策的核心信念	子维度
1. 系统维度	问题的严重性 能源转型的相关性	(1) 增加可再生能源和提高能源效率 (2) 采取行动的重要性 (3) 核能风险
2. 制度维度	市场与政府之间的责任	(4) 对市场力量的依赖 (5) 对政策工具的基本立场
	各级政府之间的责任	(6) 联邦制的限制 (7) 倾向于辅助性原则
3. 环境保护维度	保护气候、环境和资源	(8) 对气候目标的理解 (9) 景观层面的保护与可再生能源的发展 (10) 交通部门的更多参与
4. 社会公正维度	参与决策过程	(11) 民主正当化与异议权
	能源价格	(12) 负担得起的能源供应
	供应安全	(13) 法律确定性和明确的框架条件 (14) 供应安全的优先次序
5. 经济效率维度	能源成本	(15) 对就业的影响 (16) 能源价格对经济的重要性
	竞争力	(17) 技术选择标准 (18) 竞争力的重要性

资料来源：根据 Markard 等（2016）的研究文献整理

（3）信念的编码和行动者的分类

为了便于编码，该项目为政策核心信念的每个子维度定义了示例性语句，并使用四阶段顺序量表对“能源战略 2050”提案的问卷调查文本短语进行赋值（表 14-3），同时运用 MAXQDA 软件①来处理文本。

表 14-3 代码赋值的举例

分类	政策的核心信念	子维度	顺序量表
2. 制度维度	市场与政府之间的责任	(5) 对政策工具的基本立场	行动者是否反对进一步管制或政策干预 1 = 是 2 = 可能是 3 = 可能不 4 = 否，即认为政府干预有助于实现预先设定的目标

资料来源：文献（Markard et al.，2016）

① MAXQDA 是一个用于质性、量化和混合方法数据分析的专业软件。

（4）倡导联盟的识别

为了识别倡导联盟，该项目首先创建一个矩阵，每个参与者一行，所有 18 个核心信念和 4 个次要信念一列。然后每个单元填入 1～4 的数字赋值，表示与各自信念维度的不同程度的一致性。接着进行曼哈顿距离分析（Manhattan distance analysis），将“行动者与信念”矩阵转换为“行动者与行动者”矩阵，其中每个单元表示行动者之间信念归因的距离。然后，采用禁忌搜索聚类方法对行动者进行聚类。为了评估最优的聚类数量，禁忌搜索聚类提供了一个相对的拟合优度。在上述例子中，最稳健的结果是由子系统分成两个集群产生的，即两个联盟。通过使用多维标度，所有行动者的距离最终可以在二维地图中通过图形形象化地描绘出来。

14.2.3 研究过程

1. 能源战略 2050

（1）政策核心信念分析

如图 14-5 所示，2013 年瑞士能源政策子系统主要行动者的政策核心信念呈非均匀分布，聚类分析表明出现了两个倡导联盟：一组较大的行动者被包围在图 14-5 的右下角，另一组较小的行动者被包围在图 14-5 的左上角。

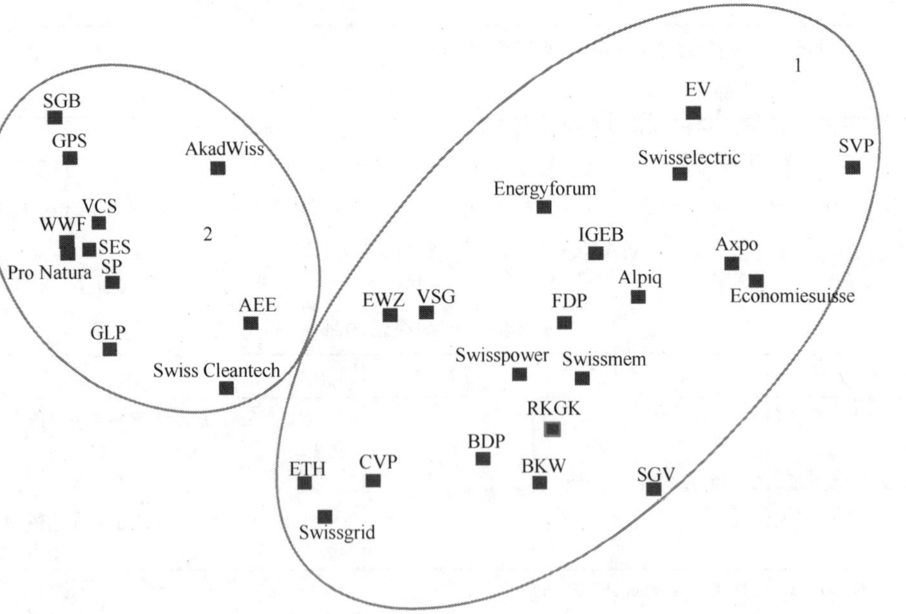

图 14-5　2013 年瑞士能源政策子系统主要行动者的政策核心信念距离

资料来源：文献（Markard et al.，2016）

第 1 个联盟中包括了右翼政党、传统行业协会（如 Economiesuisse、EV）和大型瑞士能源供应公司。第 2 个联盟由三个绿色政党、瑞士总工会、瑞士清洁技术协会和主要的非政府环保组织等组成。该项目把第 1 个联盟称为亲经济联盟，把第 2 个联盟称为亲生态联盟（表 14-4）。

表 14-4　2013 年瑞士能源政策子系统中两个倡导联盟的关键角色

	亲经济联盟	亲生态联盟
政党	公民民主党（BDP）；基督教民主人民党（CVP）；自由民主党（FDP）；瑞士人民党（SVP）	绿色自由党（GLP）；绿党（GPS）；社会民主党（SP）
行业协会	瑞士商业联合会（Economiesuisse）；石油协会（EV）；瑞士中小企业联合会（SGV）；瑞士机械、电子和金属工业协会（Swissmem）	瑞士总工会（SGB）；瑞士清洁技术协会（Swiss Cleantech）
环境保护和消费者组织	—	善待自然组织（Pro Natura）；瑞士交通俱乐部（VCS）；瑞士世界自然基金会（WWF）
电力公用事业公司	Alpiq 控股股份有限公司（Alpiq）；Axpo 控股股份有限公司（Axpo）；BKW 能源股份有限公司（BKW）；苏黎世市政公用事业公司（EWZ）；瑞士电网（Swissgrid）；瑞士电力（Swisspower）	—
能源协会	能源论坛（Energyforum）；能源论坛能源密集型产业联盟（IGEB）；主要发电商协会（Swisselectric）；瑞士燃气工业联合会（VSG）	可再生能源和能源效率协会（AEE）；瑞士能源基金会（SES）
科学机构	瑞士联邦理工学院（ETH）	瑞士科学院（AkadWiss）
其他	各州政府委员会（RKGK）	—

资料来源：文献（Markard et al.，2016）

虽然每个联盟内部存在信念差异，但在五个维度的分类中可以找到一些共同的线索，见表 14-5。亲生态的行动者将能源转型视为机遇，高度重视发展可再生能源；而亲经济的行动者则认为没有必要改变现有的能源体系。此外，支持生态的人士呼吁进行政策干预和监管改革，以启动能源转型。相比之下，支持经济的行动者则反对监管干预，有个别行动者甚至对政府表现出普遍的不信任。

表 14-5　两个联盟中典型的政策核心信念

政策核心信念	亲经济联盟	亲生态联盟
问题严重性	不需要改变现有的能源供应系统	扩大可再生能源很重要，能源转型是一个机会
政府职能	政府干预主义总体上对经济有负面影响	能源政策需要公共政策
环境	动员度低	气候变化和环境保护是能源领域的重要问题

续表

政策核心信念	亲经济联盟	亲生态联盟
经济	低能源价格对保持行业竞争力很重要	可再生能源的发展创造了就业机会，降低了对进口能源的依赖
社会	能源转型最终必须由公众投票批准	能源必须是每个人都负担得起的，包括家庭

资料来源：文献（Markard et al.，2016）

虽然这两类联盟的行动者都提到环境、经济和社会方面的关切，但彼此所确定的优先次序却大不相同。亲生态的行动者对环境保护和气候变化给予高度重视，他们比亲经济的行动者更频繁地动员支持环境。恰好相反，亲经济的行动者反复强调经济优先事项的利害关系，瑞士工业的低能源价格和竞争力非常重要。亲生态联盟的行动者也强调经济发展的必要性，但同时也强调能源转型创造了就业机会，减少了对能源进口的依赖。

在社会影响方面，支持生态的行动者声称，能源必须是每个人（或家庭）都能负担得起的，而支持经济的行动者则更关心能源政策的广泛公共合法性。虽然总体上的差异是显著的，但在某些情况下，特定的亲生态行动者和亲经济行动者之间的信念距离要小得多，譬如，如图 14-5 所示，苏黎世市政公用事业公司（EWZ）和瑞士燃气工业联合会（VSG），与可再生能源和能源效率协会（AEE）和瑞士清洁技术协会（Swiss Cleantech）的信念位置比较接近。这些行动者位于两个联盟的共同边界，这意味着它们与其他联盟行动者之间的距离甚至比它们与自己联盟的一些成员之间的距离还要小。瑞士联邦理工学院（ETH）、基督教民主人民党（CVP）和瑞士电网（Swissgrid）也是如此。这些行动者持有相对温和的政策核心信念，这使他们更容易进行潜在的跨联盟合作，例如基督教民主人民党（CVP）被归类为亲经济的行动者，但他们在提案中的反馈意见提及：“逐步淘汰核能和扩大利用国内相关的可再生能源，对瑞士来说是一个机会。有了可再生能源发电，地区经济可以得到加强，就业机会可以创造出来”，实际上，这也强调了能源转型的好处。

（2）次要信念分析

在次要信念方面，该研究比较了行动者是否赞成逐步淘汰核能和支持可再生能源、能源效率和能源需求的目标等，与政策核心信念相比，行动者的政策次要信念展示的情况有很大不同，如图 14-6 所示。

从图 14-6 可以发现，大多数行动者支持新的政策目标，即使是支持经济的行动者也表现出了不同程度的认同，包括现有大型的能源供应公司，如苏黎世市政公用事业公司（EWZ）、瑞士电力（Swisspower）和 BKW 能源股份有限公司（BKW）等，以及其他亲经济的行动者，如基督教民主人民党（CVP）、瑞士中小企业联合

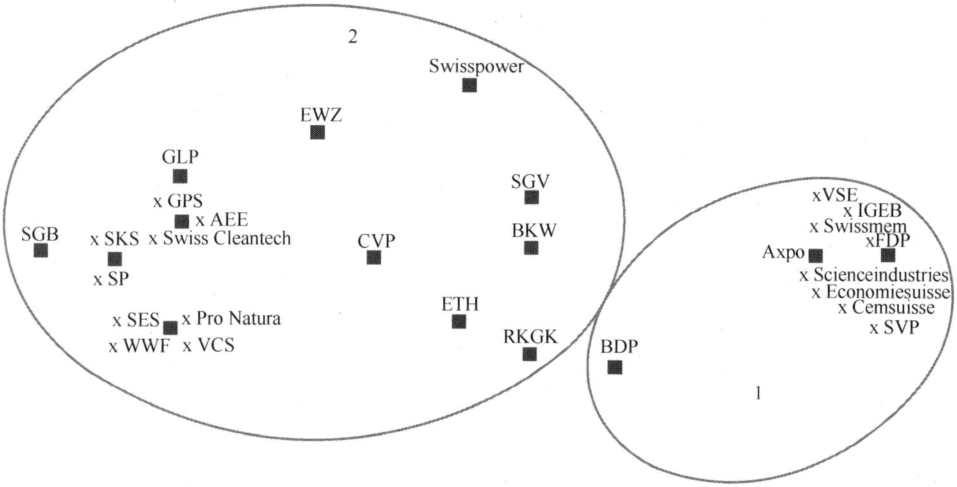

图 14-6 2013 年瑞士能源政策子系统主要行动者的次要信念距离

资料来源：文献（Markard et al.，2016）

会（SGV）、瑞士联邦理工学院（ETH）和各州政府委员会（RKGK）。但分析也表明，支持经济的行动者对政策目标支持观点是非常谨慎的，而且这种立场比较广泛，这说明大多数反对者表达了相同的次要信念，这可能使支持经济的行动者更容易联合起来反对“能源战略 2050”这个提案。

2. 倡导联盟的变化

（1）行动者基础的变化

实际上，在两个联盟中部分关键行动者也在发生变化，例如在政党方面，出现了两个新的政党，其中一个是绿色自由党（GLP），于 2004 年在苏黎世州成立，是绿党的一个分支，自 2007 年起该政党在瑞士国内非常活跃。另一个是公民民主党（BDP），2008 年从右翼的瑞士人民党（SVP）中分离出来。这两个新政党都只出现在 2013 年的咨询程序中。在大型的能源供应公司方面，2009 年有两家大型电力生产商合并，成立了一家名为 Alpiq 的新公司。此外，瑞士电力公司由瑞士四家最大的公用事业公司于 2002 年成立，旨在加强技术和政治上的合作。瑞士清洁技术协会成立于 2009 年，旨在支持“清洁技术”公司的利益，其中许多是提供“绿色”产品或服务的中小企业。2013 年，瑞士清洁技术公司有近 300 个成员。

也有不少行动者的变化是直接与能源行业相关的，譬如市场自由化导致了电力部门的合并、新联盟的成立。对于注重利益的公用事业公司来说，能源转型带来的威胁似乎比发电企业（尤其是那些投资于核能的企业）要小。瑞士清洁技术公司的成立，主要是为了更广泛地应对日益增长的对绿色生态产品和服务的需求，这通常与能源行业有关，但也超出能源行业范围。

（2）政策核心信念和倡导联盟的变化

在三次能源转型政策的磋商中，亲经济联盟一直占主导地位。在 2001 年，该联盟拥有的行动者几乎是亲生态联盟的三倍。而在 2007 年，该联盟拥有的行动者仍然是亲生态联盟的两倍，与 2013 年的情况类似。

这三次能源转型政策的磋商中，两个联盟在政策信念距离方面也有所不同。在 2001 年，两个联盟之间的距离非常明显，2007 年后，行动者信念更加异质化，两个联盟之间的距离变小。事实上，2001～2013 年，支持经济的行动者之间的政策信念异质性越来越大，而支持生态的联盟的平均政策信念距离基本保持不变。

该项目研究还发现，在 2001～2007 年期间，瑞士科学院（AkadWiss）、苏黎世市政公用事业公司（EWZ）和基督教民主人民党（CVP）这三个亲经济的行动者与另一个联盟的关系相对较近。这也适用于 2013 年，瑞士科学院（AkadWiss）当时甚至是亲生态联盟的一部分。同样，支持生态的行动者也有这样的“跨界行动者”，譬如可再生能源和能源效率协会（AEE）、瑞士清洁技术协会（Swiss Cleantech）和瑞士太阳能协会（Swissolar）。最后，比较显示，绿色自由党（GLP）和瑞士清洁技术协会（Swiss Cleantech）加入了亲生态联盟，而另外两个新成员，瑞士电力公司（Swisspower）和公民民主党（BDP），则加入了亲经济联盟。

14.2.4 经验启示

经上述研究发现，瑞士能源政策子系统包括两个倡导联盟：一个主要联盟的行动者倾向于优先考虑低能源价格而反对监管干预，而另一个小众的联盟行动者强调环境的重要性、气候保护和公共政策以及实现这些目标的必要性。在过去十几年里，这两个联盟保持了相对的稳定性，关键行动者的政策核心信念没有发生很大变化。

但随着时间的推移，关键行动者政策核心信念的范围出现了逐步扩大的趋势：与 2013 年相比，2001 年的立场更加两极分化。特别是亲经济联盟的行动者如今表现出比早些年更大的信念多样性。同时，在两个联盟中都有一些行动者表现出与对立联盟相近的信念，这些表现出温和信念并参与跨联盟合作和协调的行动者，在能源转型政策中将发挥关键作用，由于瑞士的决策通常以寻求妥协为特征，因此这类行动者与瑞士能源转型政策的决策特别相关，该项研究指出的类似苏黎世市政公用事业公司（EWZ）、瑞士燃气工业联合会（VSG）、基督教民主人民党（CVP）、瑞士清洁技术协会（Swiss Cleantech）、可再生能源和能源效率协会（AEE）和瑞士太阳能协会（Swissolar）就是这种潜在的行动者。此外，该项研究还发现，相当多的行动者在政策次要信念层面上是支持能源转型政策提案的。一些支持经济的行动者同意该提议的基本方面，比如更多地支持可再生能源和逐步淘汰核能，尽管他们在其他方面表现出保守的政策核心信念。最后，该项研究显示，在能源转型中存在着较高的政治利益。目前的政策提案收到了创纪录的 460 份意见书，比之前两个政策收到的意见书要多 2～3 倍。该提案涉及广泛的组织和行业的利益，包括交通运输、建筑、水泥、机械等行业。

社会-技术转型，例如目前能源部门的转型，具有根本的社会、经济和环境重要性，并具有内在的政治意义。因此，创新和转型研究领域的学者们一再呼吁，要更加关注潜在的政策过程。该项研究展示了如何运用 ACF 来分析能源转型情况下政策变化的条件，解释了政策变化和社会技术变化与认知过程（信念的变化）、技术发展和行动者基础的变化之间的相互作用。在瑞士能源政策方面，该项研究发现，在过去的 12 年里，政策核心信念和倡导联盟基本上保持稳定。因此，福岛核危机和随后的政府逐步淘汰核电的决定，似乎并没有引发重大的政策变化，这种变化首先是通过政策核心信念的调整或改变而显现出来的。尽管如此，仍有迹象表明重大政策变化的倾向：占主导地位的保守派联盟的政策核心信念变得更加多样化，大多数关键行动者都表达了他们对能源转型的支持。转型的支持者包括新兴行业的新参与者，如清洁技术和太阳能，也包括一些期望从转型中受益的现有公用事业公司。此外，政策问题的变化似乎也有助于政策的变化，可再生能源同时提供经济机会，更容易与创造就业和能源独立等保守价值观联系起来。与此同时，核能已经失去了以前的一些合法性，变得越来越昂贵，这也为重新估值提供了依据。

从理论上说，上述研究结论可以解释为三个相互关联的过程：政策核心信念的变化、行动者基础的变化和政策问题的变化，其中政策问题的变化包括两个方面，一是实质性的变化（如技术性能、市场规模、扩散率），二是话语的变化（如期望、技术框架）。在社会-技术转型情况下，政策变化似乎不仅仅是政策核心信念和资源流动的变化。政策问题的变化（实质性和非实质性）和行动者基础的变化也在起作用，这也基本验证了政策变化与社会技术变化之间的相互依存关系。

总的来说，Markard 等（2016）认为，ACF 对现有研究社会-技术转型的理论是有益的补充，它更加重视系统的理念，以关键行动者的信念为研究重点，侧重于解释协作和政策变化的认知过程，似乎非常适合研究具有高度不确定性的可持续转型，以及强调外部冲击是重大变化的关键机制，这与转型研究中的社会-技术体制方法能很好地匹配。

14.3 中国山东太阳能热水产业

本节主要介绍了 Huang（2019）运用政策组合在面向产业发展 ST 过程中垂直

互动的一个多层次和演进式的解释，从"自下而上"和"自上而下"两方面分析了中国山东太阳能热水（solar water heating，SWH）技术发展过程这一案例。探索政策进程在 ST 中发挥的作用，是转型学者面临的一个关键研究挑战。诸多 ST 案例表明，单一政策工具的转型政策是不够的，相反，多层次、多方面政策的协调需要系统安排，因此政策组合成为设计转型政策更为全面的方法（Reichardt et al.，2016；Reichardt and Rogge，2016）。为此，本节围绕中国山东太阳能热水产业，基于在多种空间尺度（国家、区域和城市层面）上政策组合的差异的实证分析，揭示了多层次政策组合的纵向互动，对政策组合的纵向复杂性提供了一个实证说明。

14.3.1 研究背景

（1）理论背景

ST 要求从根本上改变现有的社会-技术体制，使之更具可持续性和环保性（Markard et al.，2012）。"政策组合"方法为转型政策提供了更全面的视角。近年来，ST 的政策组合在概念上有了实质性发展，Rogge 和 Reichardt（2016）提出了多维政策组合由要素、过程和特征组成，其中政策要素指的是政策策略和工具组合，政策策略通常设计有长期目标和主要计划，其中通常为目标部门设定量化的长期目标。工具组合由核心工具和周围的辅助工具组成，例如在德国的能源发展战略中，核心工具是"可再生能源法案"，该法案得到了一系列其他工具的补充。

政策组合要素是在政策制定和政策执行的过程中产生和形成的，在 ST 研究背景下，政策制定和政策执行都是高度政治化的，一方面涉及适应和学习，另一方面涉及对变革的抵制（Flanagan et al.，2011）。同时，政策组合包括纵向和横向两个维度（Magro and Wilson，2019）。在现有研究中，分析的重点主要集中在政策组合的横向维度上，如同一治理层面的政策工具之间的相互作用。近年来，不少学者对 ST 政策组合的纵向维度越来越感兴趣，以应对不断变化的形势。在这种形势下，一方面，国家层面以下各级地方政府在政策制定和转型实施方面表现出越来越大的自主权；另一方面，城市和区域政策网络对国家层面优先安排事项和目标分配及其传递的影响越来越大（Flanagan et al.，2011）。然而，对于 ST 政策组合的纵向维度，仍然缺乏明确的概念界定及实证研究，尤其是目前尚不清楚多层次的政策组合在实践中是如何操作的，以及通过哪些互动机制来实现。更重要的是，前期研究对政策组合的纵向性很少从演进角度来解释，实际上政策与社会-技术体制是共同演进的，诸多研究表明政策组合和 ST 之间在时间上存在着相关性（Reichardt et al.，2016；Edmondson et al.，2019）。也就是说，政策组合的纵向性也应该考虑从演进角度来分析其与 ST 的动态变化及其影响。

Flanagan 等（2011）将政策组合互动可能发生的维度进行了概念化表述，其中“治理层面”维度表示不同治理级别之间的互动，这一层面的提出对认识政策组合固有的多层次特征非常重要。正如 Bressers 和 O’Toole（2005）所观察到的那样，多层次治理是政策组合“网络化和多元化”的一个关键特征，特别是对于旨在促进区域内创新和 ST 的政策组合而言，因为区域一级的政策战略和工具不是孤立的，而是与国家政府的优先事项密切互动的。多层次政策的互动测量对于创新政策制定非常重要，因为不同级别政府制定的政策工具的融合度可能会加强或削弱政策实施的效果，从而使政策组合的效应复杂化。近年来，学者们越来越多地认识到政策组合纵向维度的重要性（Flanagan et al.，2011；Lanahan and Feldman，2015）。实践表明，多级政策组合之间经常存在重叠和不一致的问题，地方倡议和中央政府之间缺乏协调最终会危及政策的执行效果。然而，现有研究仍然缺乏对多级治理系统中的政策交互机制的充分理解。

更重要的是，政策组合纵向维度很少与创新系统的演进过程一并考虑。有种倾向是采取静态观点，只关注政策决策系统内部的互动，审查不同级别政府的立场和反应，而该系统外更广泛的社会-技术体制的动态影响往往被忽视。实际上，创新政策与受其影响的社会-技术体制是共同演进的，政策组合通常需要随着创新和转型阶段的变化而调整。Edmondson 等（2019）研究了政策组合如何影响社会技术变革，反过来社会-技术体制的发展如何通过一系列反馈机制进一步促使政策组合的调整。因此，Huang（2019）认为，运用演进的观点来分析多层次的政策相互作用既重要又必要，多层次政策组合之间的相互作用应该在政策制定和创新系统的共同演进中揭示。同时，为了弥合上述研究差距，Huang（2019）通过在多个治理层面（国家、区域和城市层面）对政策要素和过程进行区分，将重点放在政策组合的多层次和演进性质上，并考察它们在政策组合和区域创新系统的共同演进过程中的互动动态。

（2）案例背景

近年来，中国在全球 SWH 市场中一直处于领先地位。2015 年，中国占世界总装机容量的 71%。山东省是我国 SWH 产业的主要生产基地之一。山东省位于华北平原的东部边缘，辖 16 个城市，省会城市为济南。按太阳能集热器表面积计算，2008～2016 年，山东省 SWH 的产量占全国总产量的 30%以上。根据 2017 年中国品牌力指数，在 SWH 系统的十大品牌中，有五个位于山东。

选择山东 SWH 产业有两个原因：第一，在 ST 研究文献中，山东一直被认为并已经被证明是 SWH 技术的部署和传播引发了根本性变革的一个地区（Goess et al.，2015）。同时围绕该项新技术，山东省个别城市在 SWH 的社会-技术体制转型中已初具规模，部分学者实证研究了 SWH 技术在山东省德州、日照等城市的经济、基础设施和社会实践中的嵌入程度（Li et al.，2011；Yu and Gibbs，2018；

Huang et al.，2018a)。第二，SWH 产业在山东省的崛起是一个丰富的实证案例，其中政策干预发挥了积极作用，该省的多层次政策组合之间存在明显的动态互动特征。自 2004 年以来，省政府和市政府两级的政策举措都显示了对 SWH 技术及其产业化的大力支持。例如，山东省是中国第一批为发展 SWH 技术制定优惠政策的省份之一。特别是，山东省几个城市的强制安装政策推动了 SWH 技术在各城市地区的大规模市场扩张。这些特征的结合使得山东省 SWH 产业成为研究多级政府在塑造区域新技术产业化路径向 ST 纵向互动的理想案例。

14.3.2 研究方法

技术创新在一个地区形成更可持续发展的产业，可为 ST 研究提供有意义的参考。山东省 SWH 的产业路径发展过程是通过资源流动视角来观察的，资源流动被认为是创新系统发生根本变革所必需的(Bergek et al.，2008)。遵循这一思路，“锚定”概念的提出就显得尤其重要了。在经济地理学中，Feldman（2003）首先使用“区域锚”这一术语来解释一个区域内集群产业的形成和区域专业化的发展，区域专业化被定义为创造思想流动和实现知识外部性的催化剂。在 Feldman（2003）的定义中，锚定过程意味着吸引、隐藏或锁定某种资源，这种资源可以以其他方式转移到其他地方。在全球化背景下，资源（知识、劳动力、资本等）越来越自由地穿越空间。资源不会再停留在一个地点，而是必须与该地点以外的要素相互作用，以达到主要的创新水平。超越一个部门在一个相当孤立的区域创新系统中的聚集，各区域越来越多地参与知识和资源专业化的多地点网络。为了应对资源快速流动的挑战，Crevoisier 和 Jeannerat（2009）进一步发展了“锚定”的概念，在 Feldman（2003）的界定中增加了“移动性”这个维度，即锚定不再是吸引外部锚定的一维过程，而是一个调动资源并在一个区域内对其进行再本土化的二维互动过程。

在锚定的资源研究方面，早期文献中将“锚定”概念的应用主要局限于知识资源，知识被认为是创新和产业路径创造的关键因素，在经济地理学和创新研究中受到特别关注。后来 Binz 等（2016）基于技术创新系统框架，将锚定的应用扩展到其他类型的资源，认为新技术产业化发展过程涉及四个关键资源：知识（技术）、金融投资、合法性和市场生态位，其中知识（技术）和金融投资两种资源被广泛认为是新技术产业化发展的一般资源，而合法性应被视为一种无形资源，包括基于地方出台的围绕新技术及其产业化相关的法规、制度以及社会和文化规范等，有助于在区域范围对新技术及其产业化的认可。此外，市场生态位也被视为一种资源，早期新技术发展中，能进入的新的细分市场构成了转型参与者拥有的无形资产。

在上述分析基础上，Huang（2019）提出了一个综合多层次和演进性的政策组合分析框架（图 14-7），该框架把一个中心焦点放在政策组合的垂直性上，并描述了政策组合和产业路径发展向 ST 的共同演进过程，而且只关注知识（技术）、金融投资和合法性这三个关键资源，在该分析框架中市场生态位不被视为一种资源。

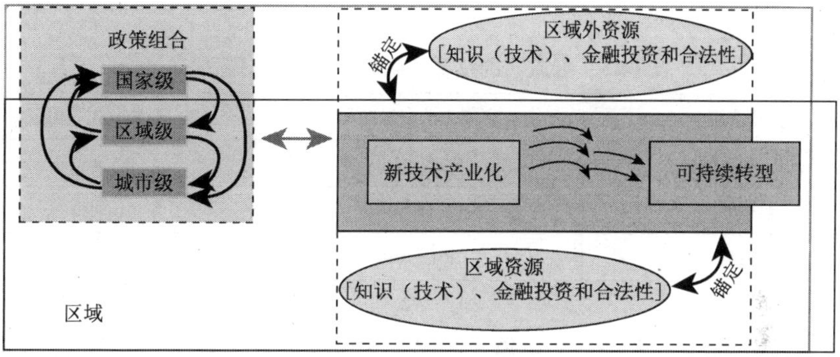

图 14-7　综合多层次和演进性的政策组合分析框架

在这一框架中，多层次政策组合发挥着核心作用，将不同政策组合之间的动态关系纳入更广泛的政策框架中。该框架强调了国家、区域和城市各级政策组合的要素（政策战略和政策工具）和过程（政策制定和政策执行）之间的纵向互动，关键是将一个区域促进新技术产业化发展的垂直性政策组合彰显出来，并通过锚定关键资源来支持新技术可持续发展。该框架中的“锚定”一词是指在区域内的某个特定技术领域中，对区域和区域外资源的动员和重新配置。经过一个漫长的充满活力的且往往艰巨的过程，一个新绿色产业的发展可能最终导致更广泛和根本性的社会-技术变革，从而实现该区域的可持续转型。

14.3.3　研究过程

1. 山东省 SWH 产业多层次政策组合概述

本书对多级政府网站上与 SWH 产业相关的 255 份政策文件进行总体梳理，按 12 个类别进行编码后建立了一个数据库，形成了山东省 SWH 产业的多层次政策组合，并从数据库中提取了多级政策组合的关键要素和流程，展示了 SWH 产业的多级政策组合和产业路径发展的共同演进。为了考察多层次政策组合在产业路径发展过程中的作用，该项研究结合了专家访谈和事件历史分析，从这些观点中获得的有价值的信息有助于追踪事件的进程。数据来源方面，选择三种类型的数据来源，包括一份专门研究太阳能产业的专业期刊（《太阳能展望》）、一份报道与山东 SWH 产业相关的区域外（国家和全球）事件的全国性期刊（《太阳能》），以及两份关注山东省的扶贫和城市事件的地方性报纸（《济南日报》和《德州日报》）。此外，还有其他几份全国性和省级报纸和杂志，如《人民日报》（全国性）、《大众日报》（省级）和《齐鲁晚报》（省级）。与产业路径开发的资源流相关的事件被输入到数据库中，并按三种资源类型分类进行编码，见表 14-6。

表 14-6　区域内的资源编码与区域外的资源编码

资源类型	区域内的资源编码	区域外的资源编码
知识（技术）	R.knowl-R	R.knowl-E
金融投资	R.investm-R	R.investm-E
合法性	R.legit-R	R.legit-E

结果分析显示，在过去十年里，山东省 SWH 产业出现了多层次的政策组合：

首先，在《联合国气候变化框架公约的京都议定书》出台之后，在国家和省两级颁布了几项与气候变化有关的法律和细则，如国家层面的《中华人民共和国可再生能源法》《民用建筑节能管理规定》，以及省级层面的《山东省农村可再生能源条例》等。这些法律和规章使可再生能源和节能技术及产品的开发和应用合法化，它们无疑为 SWH 技术的合法化铺平了道路。继 2006 年《建筑节能工程实施方案》和 2007 年《关于加快太阳能热水系统推广应用工作的通知》在国家层面颁布之后，在省一级提出了几个促进 SWH 应用的详细方案，例如山东的 SWH 财政补贴方案。

其次，在城市一级，设计了一些关键政策工具来解决建筑物中 SWH 系统的安装问题。早在 2004 年，甚至在强调 SWH 产业在省和国家两级发展的政策文件出台之前，日照市莒县就制定了强制安装 SWH 系统的规定。此后，强制安装 SWH 系统的城市倡议在山东各市（如日照、济南、烟台、青岛和淄博）普遍展开，数量激增。

2. 多层次政策组合与 SWH 产业的协同演化

山东省 SWH 产业的早期发展主要是通过基层资源开发来启动的。在 2004 年之前，几乎没有任何省级政府文件支持这个产业。在山东省，早期家庭热水使用的需求远远未得到满足，这意味着 SWH 产业具有巨大的潜在市场。在 20 世纪 80 年代末和 90 年代，SWH 的初创企业开始出现了，如山东桑乐集团有限公司（成立于 1987 年，以下简称“桑乐公司”）和皇明太阳能股份有限公司（成立于 1995 年，以下简称“皇明公司”），这些先驱企业在将各种资源引入 SWH 产业方面发挥了关键作用，并逐渐将SWH的市场生态位打开了。

值得注意的是，早期成功的资源锚定离不开山东省原有的资源禀赋，如丰富的太阳能资源、知识基础和相关产业。山东省是一个太阳能资源丰富的地区，这也是SWH技术应用的初始自然优势。此外，先驱企业很好地利用了当地的社会网络和相关的知识基础，例如桑乐公司SWH技术是研发自山东省科学院能源研究所的太阳能实验室，该实验室成立于1982年，是中国最早专门研究太阳能技术的研究中心之一。桑乐公司的创始人高靖平是能源研究所的研究员，他的团队也主要由太阳能实验室的研究人员组成。另一家领先的SWH企业山东力诺瑞特新能源有限公司（以下简称“力诺瑞特”）是由当地的一家力诺公司和一家德国公司Paradigma共同组建的，力诺的前身是一家拥有七年制造SWH相关粗管和真空管经验的公司。

然而，前期在没有政府政策干预的情况下，锚定SWH合法性作为一种资源曾遇到了巨大困难。由于没有行业标准，SWH产品的质量无法保证。因此，不合格产品导致用户体验不佳，影响了当地对SWH技术的信任和认可。为了改变这种状况，SWH企业家和创新中介机构参与了各种游说活动。自2004年以来，显著影响多种资源锚定的多层次政策组合开始出现。下面将详细介绍2004～2016年山东省多层次政策组合和SWH产业的共同演进过程，根据关键事件分为三个阶段。

（1）第一阶段：多层次政策组合的出现以及稳定的资源调动和锚定（2004～2008年）

从2004年开始，山东省新兴的SWH产业多层次政策组合促使了资源积累的渐进过程，这导致SWH产业集群初具雏形，大大提高了SWH产业的社会认可度。直到2008年，山东省SWH产业一直走在稳步健康发展的轨道上。

2004年初，在山东省日照莒县住房和城乡建设局的一次例会上，首次提出了在住宅建筑中强制安装SWH系统的建议。虽然没有发布正式的政府文件，但该法规被认为是第一个规定SWH技术应用的政府法规。莒县严格执行强制性法规，极大地推动了SWH技术的普及。

关于在建筑物中安装SWH系统的强制性规定后来在整个日照市发布，随后山东省其他几个城市也相继发布，如济南、烟台、青岛和淄博等城市。日照市发起的这一倡议后来被证实对各城市和省一级的后续法规都有示范作用。德州市的做法也值得一提，早在2005年德州市政府就启动了“太阳能城市战略”。围绕这一市级的政策战略，制定了一系列政策工具，如《德州农村应用》和《德州产业支持》。相关的政府部门也成立了SWH产业战略委员会，以确保进一步的政策支持及顺利推行“太阳能城市战略”。2005年，德州市还被中国太阳能学会宣布为当时全国唯一的“中国太阳能城市”，SWH产业集群开始形成。

在上述城市的积极倡议下，山东省政府开始发布政策刺激 SWH 技术在全省范围内发展，例如在 2007 年，山东省政府明确提出公共建筑（如旅馆、学校、医院等）必须强制安装 SWH 系统，并提供相关的安装补贴。

与此同时，在国家层面，2006 年颁布的《建筑节能工程实施方案》和 2007 年颁布的《关于加快太阳能热水系统推广应用工作的通知》，都强调要实施 SWH 系统建设一体化，同时文件中也明确规定了实施过程中各地方政府相应部门的职责，这些职责与 2004 年之前政府各部门模糊的义务和职责形成了鲜明对比，这意味着政策制定和执行过程越来越一致。这两项政策，以及许多于 2006 年生效的 SWH 系统建设一体化相关的国家标准和法律法规，反映了山东向更加规范的市场迈出了稳健步伐，进一步加强了 SWH 产业的合法性。

此外，中央政府向 SWH 产业注入了大量的财政资金（金融投入）。在 2006 年，在国家层面正式启动了“可再生能源建筑应用示范项目”，在第一批 25 个项目中就有 5 个落户山东省，这不仅是因为山东省在 SWH 产业中的领先地位，也是因为省政府在制度上的支持，例如在这个国家层面项目公布后，山东省建设厅与 SWH 企业组织了几次研讨会，大力鼓励和帮助企业申请国家补贴。另一项国家层面的计划是“国家住宅产业化示范基地”，旨在促进与建筑施工相关的新技术创新及其产业化，全国仅有五家企业获得“国家住宅产业化示范基地”称号，力诺瑞特是 SWH 行业中唯一一家企业。该项目旨在促使力诺瑞特发挥在商业和住宅建筑中开发和应用建筑集成 SWH 系统的示范和指导作用，并形成与建筑行业相关的 SWH 技术及产品的产业链，这表明建筑集成 SWH 技术已被中央政府视为推进建筑节能的一项关键技术。

在得到国家层面的大力扶持下，山东省政府抓住机遇，制定了一系列发展 SWH 产业的战略规划，运用多种政策工具，出台了若干措施支持 SWH 产业的大力发展。2007 年，山东省住房和城乡建设局与力诺瑞特共同制定了首个省级建筑集成 SWH 系统设计和应用技术标准，该标准为 SWH 系统在山东省各种类型建筑中的集成提供了示范。随后，2008 年发布了《山东省可再生能源建筑应用发展规划（2008～2012）》，该规划特别强调了建筑一体化 SWH 系统的推广，以及 SWH 产业在该地区的进一步发展和升级。显然，SWH 在山东的合法性最初是通过这些行动形成的。

随着多层次政策组合的支持，山东省逐步形成了一个 SWH 产业集群，特别是在济南市和德州市，这两个城市是皇明公司和力诺瑞特的大本营。2007 年，山东省就有 110 多家 SWH 制造商；2008 年，山东省的 SWH 产量占中国总产量的 30%；在年产值超过 1 亿人民币的 30 家中国 SWH 企业中，就有 10 家位于山东省（李剑锋和秦丽，2009；王玉刚和王云红，2010）。越来越多的家庭开始使用 SWH 系统，SWH 产品的社会接受度也逐渐得到加强，从消费者和社会角度来看，这也意味着 SWH 的合法性形成。然而，SWH 在山东省产业集群仍处于初级阶段，虽然冲压设备、焊接设备和真空设备等设备是在国内设计和供应的，但某些关键技术落后于国际先进水平，仍在从国外引进，例如力诺瑞特要从德国引进壁挂式 SWH 系统技术，以应对在高层建筑中安装 SWH 系统的技术挑战。

（2）第二阶段：全球金融危机、国家优先事项的突然变化及资源调动的不平衡（2009～2011 年）

到了第二阶段，前期 SWH 产业的稳定健康发展被非理性扩张所取代了，这种非理性扩张主要是过度开发了农村市场，以及国家层面主导性的需求拉动型政策支持引发了资源的非均衡配置。

在山东省继续实施和加强对 SWH 产业政策支持的同时，由于受到 2008 年全球金融危机的影响，国务院办公厅启动了 4 万亿元的经济刺激计划，其中“家电下乡（HATC）”计划对 SWH 产业的发展轨迹产生了重大影响。HATC 计划旨在鼓励农村居民购买政府补贴的家用电器，政府期望农村的销售能够帮助解决家用电器的产能过剩，以抵消全球金融危机的影响。2009 年，SWH 产品被列入 HATC 政府采购清单。经过公开招标，92 家 SWH 企业中标，山东省是其中中标最多的地区（92 家中有 20 家）。作为一个补充政策工具，政府还宣布了“HATC 计划操作规则”。随后，山东省政府和几个地方市政府发布了具体的政策执行操作规则。对 HATC 计划的补贴主要由国家政府提供，所以下级政府的主要作用是协调和促进政策执行。以济南市为例，市政府大力改善物流配送体系，简化补贴申请程序，确保 HATC 计划的顺利实施。事后证实，HATC 计划对山东省 SWH 产业的发展轨迹产生了重大影响，一个直接后果是目标市场从城市地区转移到农村地区。

此外，该阶段有大量的财政资源投入到 SWH 产业中，例如 2009 年桑乐公司与渣打银行签署了一项 2330 万美元的投资合作协议。HATC 的实施有助于促进 SWH 产业在山东的进一步集聚，山东省 SWH 相关企业从 2008 年的 387 家暴增到 2009 年的 523 家。

然而，HATC 计划的政策安排对需求拉动型工具的关注不平衡，导致政策组合不全面。从 2009 年至 2011 年，除了在国家、省和城市各级的国家 HATC 计划和相关实施细则之外，几乎没有实施任何其他政策战略，与 2004 年至 2008 年的前一阶段形成鲜明对比。这种转变导致了各种资源的分布不均衡，并对资源锚定产生了其他混合效应。与前所未有的财政资源动员形成对比的是，在这一阶段几乎没有知识发展，SWH 技术的合法性甚至下降了。由于不合理的扩张，这个行业的长期健康状况受到了严重损害，出现了许多问题，例如由于缺乏明确和全面的行业标准，市场准入门槛非常低。当时，由于需求大大超过供给，所有进入该行业的公司都可以通过花费几千美元注册商标并开始生产 SWH 产品来赚钱。因此，许多家庭作坊式的小企业也进入了该行业，这些小企业生产了大量不合格产品。

这些不合格产品产生的问题严重影响到由先驱企业建立的 SWH 产品的社会接受度。针对当时这种混乱局面，山东省许多行业代表呼吁制定行业标准，以恢复市场秩序。显然，这阶段迫切需要进行政策调整来改变这种状况。

（3）第三阶段：政策组合重组、进一步的资源整合和锚定及行业调整和集中（2012～2016 年）

最后一个阶段的特点是完善多层次的政策组合，更加全面和平衡地考虑城市和农村地区。国家和省级政策组合已得到优化，以更好地规范市场，并制定了支持大型制造商扩大发展的议程，导致一些小型工厂关闭，并提高了山东省 SWH 行业的集中度。

2012 年，随着 HATC 计划终止，旨在监管 SWH 市场的一系列政策文件发布。这一举措引发了一场行业洗牌，许多小型不合格的企业在此过程中破产。2012 年 9 月，SWH 行业第一个强制性国家标准颁布。在这份文件中，根据能源效率对三种不同的质量水平进行了分类，SWH 产品必须至少达到最低水平才能进入市场。

再者，2012 年还将 SWH 产品纳入了另一项国家补贴计划，即“节能补贴（ESSP）”项目，该项目被视为 HATC 计划的替代方案，总补贴中约 15%（约 265 亿元）计划分配给 SWH 产品。与 HATC 计划的低准入门槛相比，参与该项目的企业必须满足严格的准入标准。在第一轮 HATC 计划中，92 家 SWH 企业获得了投标，而只有 20 家企业进入了第一轮 ESSP 项目，其中有 9 家来自山东。这表明 SWH 产业在全国和山东省的集中度都有所提高。值得注意的是，在该政策设计过程中，中国工业和信息化部（MIIT）组织了研讨会，邀请 HATC 计划实施的重点省市（包括山东省）的政府官员讨论该计划的结果，并为进一步的政策制定征求建议。因此，国家层面的政策学习和资源重新配置在很大程度上是由下级政府，特别是山东省政府提供的。

此外，随着对 SWH 产业认识提高和不同工具政策效应增加，MIIT 在 2013 年发布了《SWH 工业健康发展实施指南》，其中山东被列为 SWH 产业升级的重点地区之一，该政策的意图是在未来 SWH 产业发展中，不同的资源可以集中在主要制造商身上。根据国家层面指导意见，2014 年山东省政府发布了《关于深化太阳能光热应用加快太阳能光热产业转型发展的指导意见》，敦促 SWH 产业进行变革，以解决低端产品产能过剩和培育 10 家重点企业，同时还根据指导意见制定了补充性文书。

与此同时，随着越来越多山东省城市加强了建筑一体化 SWH 系统的强制性安装，城市政策倡议再次出现。2014 年，济南市政府将其强制性法规从 2007 年要求 12 层或更低层的住宅建筑扩展至 100m 以下（相当于 33 层）的住宅建筑。强制性法规的进一步实施打开了一个新的市场，即所谓的“建筑工程市场”，在这个市场中，房地产开发商和制造商通常会直接签订合同，为整个新建小区安装 SWH 产品。

出于对这一新细分市场日益增长的期望，直接推动了金融资本流入到该行业。2012 年有两家山东省 SWH 企业上市，包括山东联创产业发展集团股份有限公司在深交所上市，山东澳华新能源有限公司在伦敦证券交易所上市。许多小型企业由于缺乏获得这些相对较大项目的资源能力，在一定程度上促进了大型企业的资源整合。

然而，这个阶段的企业仍然主要关注市场扩张和生产规模的扩大，而与 SWH 相关的技术创新和知识发展却明显滞后，导致 SWH 产品的结构仍然雷同，用户体验没有得到明显改善。

图 14-8 展示了山东省多层次政策组合和 SWH 产业的协同演进。自 2004 年以来，多层次政治支持的出现促进了 SWH 地区稳定的资源整合。然而，全球金融危机后的政策飞跃，特别是 2009 年启动的 HATC 计划，导致了资源的不平衡调动和积累。为应对这种混乱局面，从 2012 年开始，调整了多层次政策组合，以巩固关键企业的资源锚定，并提高行业集中度。

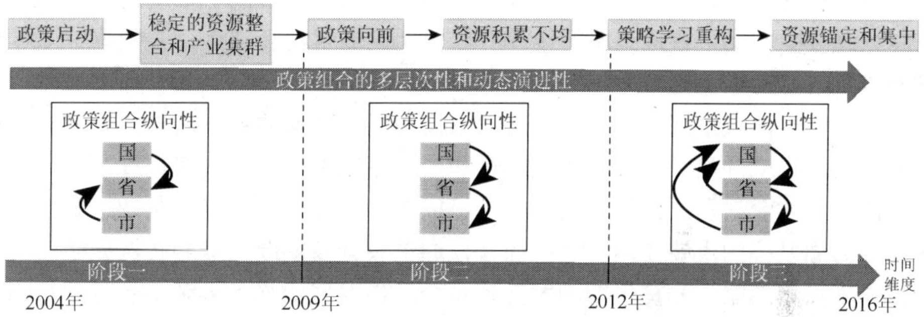

图 14-8　SWH 产业路径发展的阶段和多级政策组合的相互作用

资料来源：文献（Huang，2019），有所完善调整

实证案例展示了山东 SWH 产业发展路径中多层次政策组合的动态互动。

2004 年以前，山东省 SWH 产业主要是通过基层资源开发起步的。在先驱企业家的呼吁下，多层次政策组合在 2004 年开始出现。在第一阶段，各城市地方政府和中央政府在资源调动和锚定方面都发挥了积极作用，而省级政府作为跟随者的作用则不是特别明显。一方面，各城市地方政府倡议促使了省一级形成决策；另一方面，省政府遵循国家对 SWH 产业发展的重视。因此，这一阶段政策组合的纵向互动既表现为自上而下（国家对省）的模式，也表现为自下而上（城市对省）的模式（见图 14-8，阶段一）。政策的互动机制仍主要为单向，省级政府是影响的主要接受者。

在第二阶段，国家层面政策制定的飞跃（如 HATC 计划）和较低一级相应的政策组合大大扭转了前一阶段的稳定发展。尽管开辟了宽广的农村市场，但资源的发展不平衡，表现为金融投资在 SWH 产业的大量流入，而 SWH 技术创新和合法性停滞甚至下降。在这一阶段观察到的政策互动主要是通过单向的、自上而下的机制（国家到省到市）发生的（见图 14-8，阶段二），这表明当国家优先事项突然发生变化时，中央政府可以在形成（或重塑）较低治理级别的决策和执行方向方面发挥主导和决定性作用。此外，从政策组合的组成部分可以看出，国家政策工具往往得到较低治理级别的相应政策执行措施的补充，而政策制定基本上不存在。换句话说，较低级别政府在这一阶段发挥的作用更多的是政策执行者，而不是制定者，这导致多级政策组合的全面性相对较低。

在最后阶段，观察到政策学习和重新配置的过程。调整后的多层次政策安排提高了市场准入门槛，鼓励了各种资源向大型制造商集中。国家层面的政策调整一方面有可能得到较低一级政府的投入，另一方面为省级和城市政策组合的调整提供指导。这些交互重新呈现了垂直政策学习的机制，与之前的阶段不同，它显示了双向模式，并最终形成了反馈回路（见图 14-8，阶段三）。多层次政策组合显然越来越全面，其中政策战略的设计有着更明确的目标和计划，各种政策工具使这些政策战略得以实施。

可以看出，政策组合的多层次互动不仅局限于政治体系，还与资源锚定过程动态互动。也就是说，只有在政策组合和产业路径发展的协同演进过程中，互动机制的动力才会显现。在这一过程中，可以看到多层次政策组合在调动和锚定各种资源方面发挥的重要作用。具体而言，通过设计长期政策战略（例如德州市的“太阳能城市战略”）提供的制度支持是合法性发展的强大来源；示范项目，特别是国家层面的示范项目（如将力诺瑞特指定为“国家住宅产业化示范基地”），往往注入了大量资金资源；政府授权的战略和工具有助于开拓新的细分市场（如根据 HATC 计划开放农村市场，以及通过在高层建筑中强制安装 SWH 系统开放“建筑项目市场”），这进一步推动了 SWH 业务的扩展，并将新的投资和知识引入该行业。随着 SWH 技术的普及，该地区的关键资源已经成功实现重新配置，导致 SWH 技术嵌入当地经济、基础设施和社会实践，例如在山东省的许多农村地区，拥有 SWH 系统被视为社会地位的象征，甚至被列为已婚夫妇的“必备物品”之一，此外还有彩电和洗衣机（Huang et al.，2018a）。因此，SWH 产业给山东省发展带来了更广泛和更深刻的社会-技术变革，体现了 ST 过程。

14.3.4 经验启示

在 ST 领域，人们越来越多地重新认识到政策组合对于刺激技术创新和新兴产业的重要性。在现存的文献中，政策组合的垂直性或多层次维度还没有被充分地研究（Howlett et al.，2017）。此外，政策组合的垂直性很少在政策制定和社会-技术体制的共同演进中加以研究。Huang（2019）一文弥合了这一关键不足，并探究了政策组合在新技术可持续发展过程的纵向互动。以中国山东 SWH 技术产业化为示范案例，揭示了自下而上和自上而下的政策制定的互动过程。一方面，地方城市一级的政策举措可以为更高一级的政策制定提供信息（自下而上的过程）；另一方面，国家优先事项可以极大地影响和重塑较低级别政府的政策组合（自上而下的过程）。城市政府和中央政府在资源调动和锚定方面比省政府发挥了更为积极的作用。此外，随着政策组合和 SWH 产业的协同演进，政策组合的纵向互动通过纵向政策学习反馈机制从单向、自上而下或自下而上的模式向更复杂的双向模式演变。这一发现为试图揭示政策组合和创新系统的相互依赖的研究提供了新见解（Reichardt et al.，2016）。研究结果表明，随着资源的锚定和产业的发展，不仅政策组合在横向上不断发展，而且政策组合的垂直性也在发展和完善。显然，通过不同背景下的比较案例研究，可以加强实证分析的丰富性和多样性。特别是在解释实证分析产生的一些结果时，需要考虑中国政治制度的特色，例如在中国集权的体制下，政府支持本身往往是合法性的强大来源。然而，在分权的政治体制下，情况可能并非如此。总的来说，中国山东 SWH 技术产业化的发展历程给予的启示主要包括以下两点。

第一，多级政府之间显著的纵向互动表明，需要对促进新技术产业化发展的政策组合设计形成更细致的视角。尽管等级权力结构在不同的背景下可能会有所不同（例如，在中国的背景下，国家政府拥有强大的能力和领导力来实现政治目标并影响国家以下各级政府的决策，而在西方的背景下，区域监管可能比国家一级的政策优先事项更有影响力），但多层次的政策干预对于促进新技术产业化的相互作用足以得到证明。值得注意的是，虽然中央政府对国家发展优先事项有着更广泛和更长远的愿景，但国家层面以下各级地方政府（尤其是城市一级）对区域和城市背景有着深层次的了解，这往往与一个区域的 ST 特别相关。为此，在多层次政策组合的协调中，需要加强地区政府的作用，以便将资源流向最符合当地禀赋的领域。最近的一项研究也表明，一个国家指定的示范城市在 SWH 产业化实施上是如何由于技术特征和当地环境因素之间的不匹配而失败的（Huang et al.，2018b）。在这种情况下，更细致的政策组合设计有利于积极的纵向反馈机制发展，这种机制对来自不同级别政府的治理能力提高具有积极作用，并在寻求 ST 途径时带来更大的灵活性。

第二，政策组合的制定过程与产业在时间上是具有共同演进性质的（Matti et al.，2017）。政策组合随着行业的发展而演变，并通过动态的政策学习和调整过程施加影响（Hoppmann et al.，2014；Matti et al.，2017）。多层次政策组合互动模式的演变增加了政策制定与产业协同演进过程的复杂性。Huang（2019）提出的一个综合多层次和演进性的政策组合分析框架，不仅与中国山东 SWH 产业这一个案例相关，而且值得在其他背景下进行验证。从概念上来说，通过资源锚定这一视角来剖析技术创新和产业发展，从而将政策组合与技术系统的功能分离出来，这为政策组合和创新系统之间的关系分析提供了更清晰的概念。理论上，该框架提供了政策组合的多层次和演进的解释，政策组合的多层次和演进性目前还没有得到充分的研究，该框架满足了这个研究不足的需要，并提供了一个有效的分析工具，可用于更多的实证研究。

14.4　中国电动自行车产业

本节主要介绍 Ruan 等（2014）运用政策组合理论分析政府如何通过促进型政策和限制型政策的组合，助力中国电动自行车产业的发展。以中国电动自行车为例，研究发展经济体中政府是如何通过促进型和限制性的政策来促进颠覆性创新的发展。通过回顾过去 15 年该产业的历史以及中央和地方政府的政策，揭示了行业和机构环境（社会-技术体制）与颠覆性创新在此过程中如何共同演进的。此外，还讨论了颠覆性创新的独特性及其如何影响企业的战略，以及行业与政府之间的关系。

14.4.1　研究背景

（1）颠覆性创新与中国电动自行车

颠覆性创新被定义为在行业中打破既定的绩效改进轨迹，或重新定义绩效含义的创新。在基于颠覆性创新形成技术中断或技术不连续性的定义上，Christensen 和 Raynor（2002）提出了三个标准来帮助识别潜在的颠覆性创新，认为当一项创新产品推出时，主流客户认为其属性差而不接受，但其新特性得到了低端客户或新客户、小众客户的赞赏，那么它就是颠覆性的，或者其商业模式是颠覆性的。

电动自行车可视为颠覆性创新，是因为它并未沿自行车或摩托车的轨迹继续进行任何技术改进，而是通过使用电动机、电池和控制器重新定义了两轮运输工具的性能特征。电动自行车清楚地展示了有前途的颠覆性创新的几个功能。当电动自行车首次投放市场时，其性能（即速度、负载、每次充电的行驶里程）无法与摩托车媲美。但是，它易于使用，比摩托车便宜得多，并且比传统自行车更有效，这些功能吸引了新的利基市场（老年顾客、儿童和妇女）。这些人可能不会骑摩托车，但是他们的交通需求超出了传统自行车所能提供的范围。在 2000 年代初，由于电动马达和电池技术的多项突破，电动自行车的性能得到了显著提高，可以满足主流城市客户对个人运输的需求。此外，在早期，电动自行车的生产与摩托车相比是低质量和小规模的，仅存在于很小的细分市场。因此，它成功地发展成为一支不可否认的力量，而没有引起摩托车业者的极大兴趣或竞争。

由于颠覆性创新与持续创新（那些可以维持行业绩效改善的创新）不同，因此颠覆性创新一词始终被用作相对术语。颠覆性创新可能会支撑发展一个行业，又会破坏另一个行业。就电动自行车而言，可能是对传统的自行车的架构升级；但是对于摩托车制造商来说，电动自行车被认为是低利润的低质量产品，直到在城市市场上超过摩托车并开始向农村市场扩展之前，它一直局限于利基市场。另外，术语“颠覆”并不一定意味着现任企业退出，尽管电动自行车在市场上并未完全取代摩托车，但它已大大侵蚀了摩托车制造商的市场份额。当前，许多知名的摩托车制造商正面临着成熟的电动自行车公司进入该市场的重大挑战。对于他们来说可能为时已晚，因为自21世纪初以来，电动自行车公司的进入已经满足了新市场的需求。

（2）中国电动车产业的发展历史

根据技术发展特征和市场推广轨迹，中国电动自行车产业的发展历史可以划分为四大阶段，即新兴阶段、批量生产阶段、加速发展阶段和稳定成熟阶段。

①新兴阶段。电动自行车发展的新兴阶段也是试验阶段，大约从1995年至1999年。在此期间，该行业专注于对支持电动自行车的四个主要部件（即电机、电池、电池充电器和控制器）的关键技术进行探索和研究。最初的几家电动自行车公司收集信息，跟踪新技术趋势，启动销售和市场营销，并推出少量产品来测试客户的反应。结果，电动自行车逐渐引起了客户的关注。从技术角度来看，早期电动自行车电池每次充电只能支持30km的行驶距离，并且电池寿命短。另外，最大电动机输出转矩仅为14～18Nm，导致爬坡能力差，并且此时的技术条件下对带电刷的电动机存在磨损严重的情况。但是，这一时期的探索为电动自行车行业的发展在人力资源、技术和制造过程等方面奠定了坚实的基础。根据官方记录，南京大陆鸽是合格电动自行车在中国的发源地。1998年1月，李岚清副总理赴南京大陆鸽考察，对电动自行车这一新产品给予了充分的肯定。1998年，科技部为其电动自行车授予了南京大陆鸽国家火炬计划证书。上海千鹤和苏州小羚羊是该行业的另外两个先驱。1995年，上海千鹤作为试验产品向市场投放了100辆电动自行车。但是，反馈显示产品需要进行重大改进：电动机在不到三个月的时间内就烧毁了，可移动式铅酸电池无法充电。尽管存在这些问题，客户通常还是对电动自行车使用评价良好，并称赞其负重能力。1996年，由于两冲程发动机造成的严重污染，上海禁止销售汽油机车时，上海千鹤抓住了机会，将其所有研发投入到电动自行车上，并迅速推出了第一批产品，填补了市

场空白。自从第一批电动自行车上市以来，后续产品有了重大改进：不再需要每三个月更换一次电动机，可以为电池充电 300 次，并且每次充电的里程延长到 50km，几乎没有污染。如果以总能量单位计算，那么单人使用电动自行车的效率是普通汽车的 15～20 倍。

②批量生产阶段。电动自行车发展的第二阶段在 2000～2004 年，被称为大规模生产阶段。在此期间，持续的研发导致了关键技术的突破（例如，无刷直流电动机），大大提高了电动自行车的性能。电动自行车开始成为摩托车和传统自行车的替代选择，它的价格可承受性、性能有效性和易用性引起了消费者的极大关注，并刺激了巨大的市场需求。随着许多城市禁止骑自行车及 2003～2004 年间 SARS 的爆发，数百万的中国人出行开始选择更安全的个人交通工具。开拓性的电动自行车公司抓住了这个机会，一些新进入者（例如新日、雅迪等）进入了该行业，从而扩大了整体生产能力。目前，在中国形成了江苏、浙江和天津三个主要的产业集群基地。随着销售数量的成倍增长，也出现了三个次要产业集群，分别是山东、上海和四川。

③加速发展阶段。第三阶段在 2005～2010 年，业内人士称之为“井喷阶段”。在这段时间里，公司之间日益激烈的竞争刺激了技术进步。新技术的普及，极大地改善了电动自行车的技术性能：电池寿命和容量增加了 35%，电机的预期寿命增加了 5 倍，电动机的效率提高了 30%，电动自行车攀爬和承载能力提高约 3.5 倍。除了性能提高外，制造成本也大幅下降至原始价格的 21%。在电池技术领域，铅酸电池在全球电动汽车应用中处于领先地位，在浙江、江苏和广东形成了三个铅酸电池生产集群。锂电池的出现进一步促进了电动自行车的普及，特别是由于其在电动自行车中的应用。增强电机性能的关键在于磁性材料的性能。在各种永磁材料中，稀土元素具有最佳性能。中国被公认为世界上最大的稀土元素来源国之一，也是稀土元素产品生产最好的国家。因此，在国际市场上非常昂贵的 BLDC 永磁电动机系统在中国非常便宜，被中国公司广泛采用。电动自行车行业受益于这种独特的资源优势。

④稳定成熟阶段。第四阶段从 2011 年持续至今，中国电动自行车行业在优质企业的驱动下，逐渐走向成熟，正朝着集群化、规模化、科技化方向发展，产品质量提升，产品更加多元。随着我国电动自行车行业的稳步发展，电动自行车保有量稳步上升。根据 2017 年 3 月 15 日国家自行车电动自行车质量监督检验中心发布的《中国电动自行车质量安全白皮书》，截至 2018 年末，我国电动自行车社会保有量已超过 2.5 亿辆。在这个时期，行业进入成熟阶段，产量整体企稳回升。根据国家统计局数据，我国电动自行车产量逐年上升，全国电动自行车产量从 2000 年的 29 万辆增长至 2013 年的 3 695 万辆，年均复合增长率达到 34.21%。这段时期行业活跃度达到最高，参与者众多，行业技术水平大幅度提

高。随着行业的成熟，行业开始由高速发展阶段逐渐进入整合发展阶段，高速发展阶段增长的行业产能也需逐步消化，2014～2017 年电动自行车行业产量略有下降。2018 年，全国电动自行车产量为 3 228 万辆，电动自行车总产量同比小幅上升，未来电动自行车产量合理控制将是行业发展的新常态，量的增长将逐步让位于质的提高。

自 1990 年代中期以来，中国的电动自行车业务已成为世界上增长最快的行业之一。电动自行车是自改革开放以来具有中国特色的创新产品之一，属于绿色环保、贴近民生、拥有高度自主产权的民族产业。自第一台电动自行车生产面世到现在 20 余年间，电动自行车逐步发展成为中国重要的交通工具，2005 年，中国的电动自行车销量超过了汽油摩托车。2010 年，电动自行车的年销量达到 2 880 万辆。中国的电动自行车生产和销售占国际市场的 90%以上，中国已成为世界上最大的电动自行车生产国、消费国和出口国。根据工业和信息化部及中国汽车工业协会统计的数据，2018 年全国交通工具产量中电动自行车排名第二，仅次于两轮脚踏自行车，成为中国交通工具制造领域产量规模较大的制造产业。但是，由于制度上的不确定性，这种指数增长难以维持。鉴于电动自行车事故造成的死亡人数增加以及电池生产和回收造成的无节制铅污染引发的几起致命事故，中国政府对电动自行车行业的发展越来越谨慎，在国家标准和道路安全法的制定方面要求越来越严格，在行业准入壁垒和技术壁垒上设计条件越来越高。

14.4.2 研究方法

为了获得有关中国电动自行车行业的丰富数据和见解，Ruan 等（2014）使用了案例研究方法。深入的案例研究能够了解政府（中央和地方政府）如何参与和影响电动自行车行业，以及该行业如何响应政策和法规。通过主要和次要来源获得了定性证据，涵盖了不同类型的数据。总体而言，中国电动自行车行业的文献很少，也没有关于政府政策及其对电动自行车行业影响的系统化组织数据。因此，二手数据是通过广泛的档案研究获得的，包括行业年鉴、新闻数据库、公司和行业协会的内部报告、公司网站以及主要媒体等。根据二手数据，提出了半结构化访谈问题，并访问了三个主要产业集群（天津、浙江和江苏）的 16 家领先的电动自行车公司，6 家领先的零部件供应商及 5 家行业协会负责人。对于每家公司，都对首席执行官、首席技术官、总工程师及相关人员进行了访谈，以了解他们对相关政府政策以及研发管理和营销策略的知识和看法。这些人在电动自行车的研发和商业化过程中发挥了关键作用，因此可以提供有关这项创新的研究背景和商业发展的详细信息。这些访谈在每家公司中都有足够多的信息提供者以提供多种观点。

在采访区域行业协会的领导人时，要求他们概述电动自行车行业发展的概况、中央和地方政策法规、区域行业协会的作用以及对公司和政府的建议。访谈材料提供了一个主观的发展情况，可以与从二级渠道获得的初始“客观”数据进行比较。随后，一些案件历史与提供者共享并由提供者检查。在主要数据收集过程中，参加了三个全国性和国际性行业会议和展览，以及一些区域性行业峰会，主要企业的高管，研究机构和政府机构的专家以及行业协会的领导人参加了会议。在这些活动中，讨论了与该行业的挑战和成就，某些政府政策以及该行业的前景有关的一些关键问题。

根据定性数据，研究确定了关键政策，政策对行业的影响以及行业的对策。更具体地说，该案例研究的关键问题是：第一，政府最初是如何参与颠覆性创新发展和行业兴起的？第二，国家标准和相关的道路运输法对行业有何影响？第三，政府如何在其指数级增长之后促进和规范该行业？第四，地方政府的政策与中央政府有何不同？

14.4.3　研究过程

1. 中央政府的宏观引导

中国电动自行车业务蓬勃发展的主要原因之一是中国是世界上拥有城市自行车道的少数国家之一。由于中国政府将自行车生产列为国家重点项目（Weinert，2007），并在 1949 年中华人民共和国成立后在城市中建立了自行车基础设施，因此大多数中国人都将自行车作为日常生活中的一种出行方式。在探索通勤问题的各种解决方案时，中国政府在“九五”期间将电动汽车列为十大技术项目之一，并开始在快速城市化的条件下对电动自行车的研发进行投资。在 90 年代中期，由于政府对能源效率的关注，电动汽车获得了李鹏总理的支持，1996 年，首届全国电动自行车论坛举办。在政府的帮助下，大陆鸽和千鹤等公司推出了第一批电动自行车以测试市场。大约在同一时间，许多主要城市（例如 1995 年的天津、1996 年的上海和 1998 年的广州）开始禁止销售摩托车（汽油两轮车）或中止摩托车牌照的发放。随后，绿源和雅迪等私营公司提出了电动自行车，以填补此类政策造成的市场空缺。

（1）国家标准与道路运输安全法

1999 年，电动自行车国家标准《电动自行车通用技术条件》（GB 17761—1999）由中央政府制定，旨在限制电动自行车的速度、重量和功率。但是，该标准将带功能踏板的 2 轮电动车视为电动自行车。这个漏洞为电动踏板车打开了大门。由于电动踏板车可以运载更多的货物和乘客，更舒适（例如更大的座椅、较低的重心、踏板），并且速度更快，因此，南部城市的客户更喜欢电动自行车，部分原因是适合山地环境和多雨气候。制造商只需生产带有假踏板的电动踏板车即可满足法规要求，这些踏板可以在购买后轻松拆卸。该标准的另一个特点是它具有一些强制性标准和一些推荐标准。例如，速度限制，制动距离和车架振动是强制性的，这意味着如果不满足这些条件，则该产品将不允许进入市场。但是，建议使用重量、宽度、电机功率和踏板功能，这意味着如果不满足这些要求，将会导致罚款。结果，产生许多标准执行不力的现象，例如，许多制造商通过添加车辆购买后可拆卸的车辆速度限制装置来绕过速度限制。违反推荐标准的罚款通常由地方当局根据当地的经济条件及其与制造商的关系来决定。根据国家自行车行业信息中心的一项调查，到 2010 年，电动 2 轮车中只有 16.1%是电动自行车，2%～6%是电动踏板车，而 57.7%是两者之间的车型。

自 1999 年制定国家标准后，有 9 个省在同年开始颁发电动自行车牌照。2003 年，随着越来越多的城市禁止摩托车及 SARS 的爆发，电动自行车业务在主流市场开始兴起。及时的国家标准在诱导市场准入和大规模生产方面发挥了重要作用。它为中国消费者定义了这一新市场概念的基础，从而消除了关于新型电动两轮车产品应提供的性能特征的不确定性。此外，国家标准（GB 17761—1999）中的基本产品规格将重点放在中国企业对电动自行车的早期建筑和技术开发上，从而解决了在使用何种技术和设计时存在很大不确定性这一难题。

2000 年，国家交通管制部起草了《中华人民共和国道路交通安全法》，该法赋予电动自行车使用非机动车道的权利。该法律最终在 2004 年获得通过和批准。根据该法律第一百一十九条，电动自行车被归类为在当地警察局登记后可以操作的非机动车辆，这意味着电动自行车使用者无须驾驶执照或头盔即可骑行。由于摩托车被归类为机动车辆，因此该法律的执行为电动自行车增加了另一个吸引人的特征。但是，这一宽松的监管条款的后果是，交通事故数量不断增加，机动车辆驾驶员的交通效率下降，这主要是由电动踏板车驾驶员不稳定引起的。此外，快速、大型、沉重和静音的电动自行车（主要是电动踏板车）也对非机动车道上的传统自行车驾驶员甚至人行道上的行人构成威胁。

2018 年 5 月 17 日，《电动自行车安全技术规范》（GB 17761—2018）强制性国家标准由工信部正式发布，成为电动自行车行业新的国家标准。2019 年 4 月 15 日之前，电动自行车行业的标准为国家标准化管理委员会 1999 年颁布实施的《电动自行车通用技术条件》（GB 17761—1999），规定了电动自行车的定义、产品分类以及时速、重量等技术要求等。2019 年 4 月 15 日，《电动自行车安全技术规范》的正式实施，进一步规范了电动自行车的生产、销售和使用管理，对行业的健康发展起到有利的推动作用，促进所有电动自行车生产厂商生产符合国家标准的高质量产品。新国标对电动自行车龙头企业具有一定的促进作用，龙头企业研发实力较强、生产效率较高，能够快速完成新国标车型的研发并快速投放市场。新国标拓展了传统电动自行车企业的发展空间，明确了电动自行车与电动摩托车的界限，对于电动自行车行业发展具有积极的意义。

（2）监管规则与措施

2009 年，电动自行车事故造成的死亡人数达到 3 600 人，是 2004 年的四倍。为解决安全问题以及市场上大多数电动自行车不符合国家标准的事实，中国标准化管理局于 2009 年 12 月发布了一套新的电动踏板车（轻型电动摩托车）和电动摩托车国家标准《电动摩托车和电动轻便摩托车安全要求》（GB 24155—2009）。新国家标准定义了所有重量超过 40kg 并且可以达到时速 20km/h 以上的电动摩托车为电动踏板车或电动摩托车。根据《中华人民共和国道路交通安全法》，所有摩托车和踏板车（轻型摩托车）均为机动车辆，不应在非机动车道上行驶。此外，还要求骑手获得驾驶执照并戴好头盔。新国家标准还提高了制造商的技术和安全标准。但是，由于制造商和客户的强烈抗议，该标准的颁布被推迟了，迄今为止，它仍在讨论和修订中。

尽管由于推迟执行新国家标准和有关电动自行车的负面消息而带来了不确定因素，2010 年电动自行车的年销售额依旧达到近 3 000 万元。同年，由于电动自行车被纳入“家电下乡”活动的项目之一，因此政府将电动自行车推广到中国农村地区的广大人群。如果购买电动自行车，遍布 10 个省的农村地区的消费者可以获得政府补贴（产品价格的 13%，最高为 260 元人民币）。此外，为促进电动自行车的出口，财政部于 2009 年 1 月 1 日将自行车、电动自行车及相关组件的出口关税回扣提高到 14%，这些措施表明了中国政府对电动自行车行业的支持态度。

2011 年初，公安部、工业和信息化部、国家工商行政管理总局和国家质量监督检验检疫总局联合发布了《关于加强电动自行车管理的通知》，要求各省政府严格遵守 1999 年电动自行车国家标准（GB 17761—1999）的条例（所谓的“四部公告”），并去除所有不符合标准的电动自行车。大约在同一时间，由于一些电池生产和回收过程质量低下导致的铅废料致命事故，环境保护部发布了一项通知，对铅酸电池和铅回收行业的污染进行管理。这两个通知的影响是巨大的，许多地方当局暂停了电动自行车的销售许可和车辆登记，许多潜在客户决定“静观其变”。此外，到 2011 年 11 月，关闭了 83%的铅酸电池公司，由于将近 90%的电动 2 轮车仍依赖铅酸电池，约占国内铅酸电池总产量的 37%，该政策导致价格大幅上涨，并导致许多电动自行车制造商转向更昂贵的锂电池。由于竞争激烈且利润低，许多小型电动自行车制造商无法承受这种变化，因此退出了市场。同时，大型电动自行车制造商通过收购小型制造商，迅速扩大了产能。因此，一方面，这些法规和政策变化增加了整个电动自行车行业的风险和不确定性；另一方面，他们通过淘汰小规模和低质量的电动自行车制造商加快了产业集中化进程。此外，随着越来越多的电动自行车制造商开始寻求与锂电池供应商的合作，促使大多数锂电池供应商都在为苦苦挣扎的电动汽车制造商服务，电动自行车行业的法规政策加快了锂电池供应商的研发速度，助推了锂电池产业的发展。

电动自行车在高速发展阶段时准入壁垒和技术壁垒较低，市场集中度不高，产品质量参差不齐，2009 年，持有生产许可证的电动自行车生产企业达 2 600 多家。随着消费者对电动自行车的认识日益提高，消费者对电动自行车的产品质量、售后服务、技术革新水平提出了更高要求。生产企业必须具有新产品开发能力、完善的质量控制体系和优秀的售后服务体系。随着市场的优胜劣汰，电动自行车生产企业在规模、盈利能力、竞争力和市场影响力上逐渐拉开了距离，“马太效应”日渐显现，市场集中度有一定提升。目前，国内有生产许可证的整车企业约有 700 家。

2011 年 2 月，中国自行车协会发布《中国自行车行业“十二五”规划》，指出要积极倡导骑行文化，促进产业升级，积极开展自行车骑行环保公益活动，大力宣传自行车、电动自行车低碳、绿色、健康、休闲、时尚的优势，更好地发挥自行车行业在发展低碳经济中的作用，促进产品品质提升，扩大自有品牌知名度，增加中高档产品的市场份额，不断提升国内市场消费水平，提高产业综合实力，推动产业升级。“十二五”期间，要进一步落实扩大内需的各项政策，把电动自行车下乡扩大到全国范围，扩大内需市场。

2015 年 5 月，国务院发布《中国制造 2025》，明确提出要把可持续发展作为建设制造强国的重要着力点，加强节能环保技术、工艺、装备推广应用，构建绿色制造体系，走生态文明的发展道路。

2016 年 7 月修订的《中华人民共和国节约能源法》规定，县级以上地方各级人民政府应当优先发展公共交通，加大对公共交通的投入，完善公共交通服务体系，鼓励利用公共交通工具出行，鼓励使用非机动交通工具出行。

2016 年 8 月，工信部发布的《轻工业发展规划（2016-2020 年）》指出，要推动自行车工业向轻量化、多样化、时尚化、智能化方向发展。加快高强度轻型材料、变速器、传动系统、新能源、智能传感技术和物联网技术等的研发与应用。重点发展时尚休闲、运动健身、长途越野和高性能折叠等多样化自行车以及符合标准的锂离子电池电动自行车和智能电动自行车。

2016 年 11 月，国务院发布的《“十三五”国家战略性新兴产业发展规划》指出，要把握全球能源变革发展趋势和我国产业绿色转型发展要求，着眼于生态文明建设和应对气候变化，以绿色低碳技术创新和应用为重点，引导绿色消费，推广绿色产品，大幅提升新能源交通工具和新能源的应用比例，全面推进高效节能、先进环保和资源循环利用产业体系建设，推动新能源交通工具等绿色低碳产业成为支柱产业。

2. 地方政府的政策干预

电动自行车行业的最终方向取决于中央政府的政策，而地方政府则帮助决定了电动自行车行业在全国的格局，因为他们决定了如何执行中央政府的政策和管理交通。

第一，关于空气污染和排气管废气排放的规则在不同的城市和省份之间有所不同。一些人认为，禁止摩托车是在中国发展电动自行车业务规模经济的关键，在禁止摩托车的城市中，电动自行车企业填补了市场空白。某些省份（例如江苏、广东）的摩托车禁止城市数量更多，因此提供了更多的机会。

第二，地方政府对城市交通的未来有不同的看法，因此对电动自行车也有不同的看法。在地方政府对电动自行车持积极态度的地方，该领域的发展非常迅速（如上海和成都）；在地方政府倾向于鼓励其他运输方式（如汽车）或质疑电动自行车有安全问题的地方，电动自行车的市场份额较低（如北京）；在地方政府对电动自行车持中立态度的地方，电动自行车市场仍然不发达（如石家庄）。

第三，地方政府在培育当地电动自行车行业的方式上存在差异。例如，天津是中国最大的传统自行车生产基地。随着对传统自行车需求的萎缩，许多公司面临财务问题，不得不裁员。由于电动自行车行业与传统自行车行业有很多相同之处，因此，天津市政府将电动自行车视为自行车制造商有前途的升级机遇，也是解决由传统自行车需求萎缩引起的下岗工人问题的好方法。在当地政府的支持下，根据现有自行车制造能力和生态系统，在天津建立了中国最大的电动自行车制造集群。天津自行车工业协会现在每年都在国内举办最大的国际电动自行车展览会。另一个例子是浙江省，为了在现有生产能力的基础上发展当地经济，并培育新兴的电动自行车产业集群，浙江省政府选择放宽对国家标准（GB 17761— 1999）的限制（例如速度限制和重量限制），并建立了自己的标准。

第四，地方政府对中央政府政策的理解不同，这导致电动自行车业务的制度环境大相径庭。例如，在执行国家标准（GB 17761—1999）期间，北部地区遵循标准的程度要高于南部地区。在浙江省，自 2000 年以来，电动自行车行业一直受到目录管理的监管，2004～2005 年间制定的当地行业标准具有比国家标准（GB 17761—1999）更严格的速度和重量限制。同样，在江苏省，建立了目录管理来规范和保护当地的电动自行车行业，并且速度和重量限制甚至高于浙江省（重量≤50kg，速度≤24km）。因此，允许这些省份的电动自行车制造商生产更多的电动踏板车。而北部的省市则遵循 1999 年国家标准（GB 17761—1999）并生产更多的电动自行车。

第五，当出现有关电动自行车的安全和污染问题时，地方政府采取了不同的方法进行监管。一些政府选择完全禁止电动自行车，而另一些政府选择使用车辆注册对其进行控制。在所谓的“四部委通知”中，中央政府授权地方政府采取相应行动。这导致全国电动自行车业务的机构环境更加多样化。电动自行车新国标正式实施后，不少省级政府相继出台了电动自行车管理条例，继2020年5月13日《浙江省电动自行车管理条例（草案修改稿）》提交省十三届人大常委会第二十一次会议审议后，2020年5月15日闭幕的江苏省十三届人大常委会第十六次会议通过了《江苏省电动自行车管理条例》，并从2020年7月1日起实施。这是全国第一部由省级人大制定出台的电动自行车管理法规。条例明确，在道路上驾驶电动自行车应当年满16周岁。成年人驾驶电动自行车只能搭载一名16周岁以下的未成年人，搭载6周岁以下未成年人的应当使用安全座椅。16周岁以上未成年人驾驶电动自行车不得搭载人员。条例规定，驾驶、乘坐电动自行车应当按照规定佩戴安全头盔，具体实施的时间和区域，由设区市政府来规定。同时，快递、外卖等企业应当为电动自行车驾驶人配备安全头盔。

14.4.4 经验启示

有关政府对电动自行车政策的研究表明，根据创新的特点，电动自行车的成功开发可以归功于匹配良好的政策。基于电动自行车的发展特征和产业结构，政府促进了电动自行车制造的区域集群，此外，省级行业协会在不断发展的电动自行车及其组件的研发中，也扮演着知识经纪人的角色。本研究对转型经济体的政策制定者和企业家产生了许多启示。

首先，研究表明，与创新特征相匹配的政策可以加速技术发展和产业兴起。如果政策制定者正在培育直接投资，则他们应考虑促进区域集群，建立国家标准，促进知识交流以鼓励技术升级，并让行业参与者参与制定适当的法规。此外，尽管中国政府在城市中禁止摩托车的原因主要与环境问题有关，但它无意间为电动自行车行业的发展提供了一个保护的空间，这对于颠覆性创新的成功开发至关重要。因此，对于具有强大国家政治结构的转型经济体，强大的国家政治结构可以作为国家竞争战略来培育基于颠覆性创新的产业。

其次，追赶战略在发展中国家中广泛流行，以建立其国家创新体系，以此为目标并追赶发达国家的研发活动的脚步。尽管这一战略在许多国家取得了成功，但人们对研发成果的商业化提出了担忧。一方面，政府在高级研发和重大创新上花费了数百万美元，而这些研发和创新很容易作为负担得起的产品和服务进行商业化；另一方面，国际收支市场的需求未得到满足，金字塔中部（MOP）消费者的需求与本地化的外国产品和服务之间存在市场鸿沟。换句话说，在新兴经济体中，在本土市场，节俭和颠覆性创新的市场需求可能很大。这样的需求也可能是潜在的，并且需要私营和公共部门的企业家努力。电动自行车的成功商业化和电动自行车行业的兴起表明，政府决策者应更加重视在创新系统中发展和培育直接投资。另一个诱因是，可以进一步改善某些直接投资，以满足发达经济体中产阶级消费者的需求，从而使企业发展成为逆向创新的候选者。

再次，电动自行车的案例也说明了发展污染预防和 NEV 产业的替代途径。尽管各国政府致力于在这些领域开发资本密集型产品中的前沿技术并使之商业化，但电动自行车行业的兴起，其基层行业始于低技术准入门槛和低端产品已显示出其颠覆摩托车行业的潜力。加上政府规范铅酸电池和铅回收行业的政策，电动自行车行业为锂电池和其他新能源电池公司创造了发展机会。因此，政府可以利用基于直接投资的此类行业来消除现有行业的阻力，并以更具成本效益的方式鼓励发展环境友好型行业。此外，许多领先的电动自行车公司基于其累积的研发和制造能力，正在进入电动三轮车和电动四轮车市场。由于电动自行车公司生产的电动汽车的质量和性能远低于汽车制造商生产的电动汽车，因此，它们仍然无法获得制造电动汽车的政府许可，但它们却便宜得多并且改善的速度非常快。从占领的利基市场来看，这些经济型电动汽车的性能可能会迅速提升，从而扰乱主流电动汽车市场。

最后，对于其他转型经济体的企业家来说，一个有趣的问题是，他们是否可以效仿像中国电动自行车这样的直接投资产业的成功培育。文献中还没有足够的知识来回答这个问题。这些新兴国家的企业家可以研究有利的公共政策，并与他们的政府合作实施必要的法规和规章，包括建设必要的基础设施（如自行车道）或禁止在城市使用汽油摩托车以加速发展节能环保的电动自行车。

参 考 文 献

白雪洁，李媛，2012. 我国战略性新兴产业发展如何避免低端锁定：以风电设备制造业为例[J]. 中国科技论坛，(3)：50-55.

白雪洁，闫文凯，2017. 中国新兴产业产能过剩的形成机理及疏解策略：基于光伏行业的案例分析[J]. 南开学报（哲学社会科学版），(1)：133-142.

曹建海，邓菁，2014. 补贴预期、模式选择与创新激励效果：来自战略性新兴产业的经验证据[J]. 经济管理，36（8）：21-30.

陈玲，谢碧辉，2011. 新兴产业选择倾向研究：以福建省为例[J]. 科技进步与对策，28（8）：42-46.

陈鲁夫，邵云飞，2017. “钻石模型”视角下战略性新兴产业创新绩效影响因素的实证研究：以新一代信息产业为例[J]. 技术经济，36（2）：1-7，116.

陈衍泰，史世伟，2012. 德国新兴产业发展演化及其影响因素分析：以风机制造产业为例[J]. 德国研究，27（2）：80-91，127.

陈悦，陈超美，刘则渊，等，2015. CiteSpace 知识图谱的方法论功能[J]. 科学学研究，33（2）：242-253.

陈悦，刘则渊，2005. 悄然兴起的科学知识图谱[J]. 科学学研究，(2)：149-154.

陈卓淳，2016. 可持续转型理论中利基研究新进展[J]. 科技进步与对策，33（4）：156-160.

程鹏，柳卸林，李洋，等，2018. 本土需求情景下破坏性创新的形成机理研究[J]. 管理科学，31（2）：33-44.

程善宝，2010. 新兴技术产业化的系统动力学研究：以混合动力汽车产业为例[D]. 北京：北京工业大学.

程啸天，2011. 政策工具视角下的中国风电产业政策文本内容分析[D]. 杭州：浙江大学.

杜传忠，曹艳乔，2017. 金融资本与新兴产业发展[J]. 南开学报（哲学社会科学版），(1)：118-132.

段宏波，朱磊，范英，2014. 能源、环境、经济气候变化综合评估模型研究综述[J]. 系统工程学报，29（6）：852-868.

樊燕萍，2005. 经济转型时期的企业行为特征分析[D]. 太原：太原理工大学.

范柏乃，蓝志勇，2009. 公共管理研究与定量分析方法[M]. 北京：科学出版社.

范晓莉，黄凌翔，卢静，等，2017. 战略性新兴产业集聚发展及影响因素分析[J]. 统计与决策，(14)：139-143.

苟劲松，李金玉，阮平南，2014. 新兴产业形成中障碍跨越策略研究[J]. 经济体制改革，(5)：92-96.

苟劲松，阮平南，李金玉，2015. 基于主导设计的新兴产业形成障碍跨越策略研究[J]. 科技进步与对策，32（4）：36-40.

郭洋洋，2014. 技术成熟度视角下北京纯电动汽车产业发展研究[D]. 北京：北京工业大学.

韩旷怡，2011. 战略石油储备-油价-经济系统动力学模型及模拟分析[D]. 合肥：合肥工业大学.

韩增林，李彬，张坤领，等，2016. 基于 CiteSpace 中国海洋经济研究的知识图谱分析[J]. 地理科学，36（5）：643-652.

何巨峰，2008. 基于生态观的集群企业技术能力研究[D]. 广州：暨南大学.

何巨峰，谢卫红，2008. 技术生态位与技术能力演化关系实证研究[J]. 系统工程，（5）：36-41.

胡安军，郭爱君，钟方雷，等，2018. 高新技术产业集聚能够提高地区绿色经济效率吗？[J]. 中国人口·资源与环境，28（9）：93-101.

胡仁杰，张光宇，刘贻新，2013. 高新技术企业技术生态位测度与评价[J]. 辽宁工程技术大学学报（自然科学版），32（6）：861-864.

黄萃，徐磊，钟笑天，等，2014. 基于政策工具的政策-技术路线图（P-TRM）框架构建与实证分析：以中国风机制造业和光伏产业为例[J]. 中国软科学，（5）：76-84.

黄鲁成，王冀，2011. 新兴技术商业化成功的环境影响因素实证研究[J]. 科技进步与对策，28（1）：1-6.

黄永春，祝吕静，沈春苗，2015. 新兴大国扶持企业实现赶超的政策工具运用：基于战略性新兴产业的动态演化博弈视角[J]. 南京社会科学，（6）：23-30.

纪玉山，于晶，2011. 吉林省发展战略性新兴产业的路径选择与政策建议[J]. 工业技术经济，30（7）：3-8.

贾品荣，2012. 战略性新兴产业的七大驱动因素[J]. 企业研究，（1）：46-49.

姜钰，贺雪涛，2014. 基于系统动力学的林下经济可持续发展战略仿真分析[J]. 中国软科学，（1）：105-114.

杰弗里·摩尔，陈劲，2014. 公司进化论：伟大的企业如何持续创新[M]. 北京：机械工业出版社.

李超，2011. 上海股票市场节日效应的实证研究[D]. 湘潭：湘潭大学.

李方旺，2015. 基于效率评价的我国战略性新兴产业财政政策体系研究[D]. 合肥：中国科学技术大学.

李飞星，刘贻新，张光宇，2019. 科技经济困局成因及破解的数字化治理机制研究[J]. 科技管理研究，39（24）：21-29.

李华军，陈鸽林，2015. SNM 视角下的新兴产业“社会技术实验”驱动要素与模式研究[J]. 开发研究，（5）：66-69.

李华军，张光宇，刘贻新，2012. 基于战略生态位管理理论的战略性新兴产业创新系统研究[J]. 科技进步与对策，29（3）：61-64.

李剑锋，秦丽，2009. 山东太阳能热水器产业集群印象：龙头企业引领行业发展[J]. 电器，（9）：30-32.

李江，刘源浩，黄萃，等，2015. 用文献计量研究重塑政策文本数据分析：政策文献计量的起源、迁移与方法创新[J]. 公共管理学报，12（2）：138-144，159.

李俊强，2016. 基于分位数回归的战略性新兴产业影响因素分析：以河北省为例[J]. 中国科技论坛，（4）：49-55.

李小芬，2012. 新兴产业创新发展的政策驱动机制：基于我国风能产业案例研究[D]. 合肥：中国科学技术大学.

李燕，李应博，2015. 战略性新兴产业的空间分布特征及集聚动力机制研究[J]. 统计与决策，（20）：130-133.

李扬，沈志渔，2010. 战略性新兴产业集群的创新发展规律研究[J]. 经济与管理研究，（10）：29-34.

李煜华，王月明，胡瑶瑛，2015. 基于结构方程模型的战略性新兴产业技术创新影响因素分析[J]. 科研管理，36（8）：10-17.

李子彪，孙可远，吕鲲鹏，2018. 三类政府财政激励政策对高新技术企业创新绩效的激励机制：基于企业所有权性质的调节效应[J]. 技术经济，37（12）：14-25，75.

梁大鹏，徐春林，马东海，2012. 基于系统动力学的 CCS 产业化模型及稳态研究[J]. 管理科学学报，15（7）：36-49.

梁军，赵方圆，2016. 新兴产业与传统产业互动的影响因素研究：基于省际面板数据的实证分析[J]. 软科学，30（2）：13-18.

林毅夫，2017. 产业政策与我国经济的发展：新结构经济学的视角[J]. 复旦学报（社会科学版），59（2）：148-153.

刘和东，陈雷，2019. 高新技术产业集聚区生态系统演化机理研究[J]. 科技管理研究，39（16）：199-204.

刘和旺，张双，2019. 清洁生产政策对我国企业转型升级的影响[J]. 湖北大学学报（哲学社会科学版），46（6）：154-163.

刘洪昌，刘洪，2018. 创新双螺旋视角下战略性海洋新兴产业培育模式与发展路径研究：以江苏省为例[J]. 科技管理研究，38（14）：131-139.

刘军，2007. 高新技术产业化生态机理研究[D]. 太原：山西大学.

刘秋岭，张雷，徐福缘，2015. 政策作用下我国镁产业升级的动态仿真[J]. 技术与创新管理，36（5）：473-480，485.

刘艳，张光宇，2014. 高新区知识产权战略生态位管理研究：以广东为例[J]. 科技进步与对策，31（9）：34-37.

刘贻新，胡仁杰，张光宇，2013. 企业技术生态位测度模型构建研究[J]. 管理观察，（11）：53-55.

刘贻新，胡仁杰，张光宇，等，2016. 基于技术生态位结构特征的企业技术战略动态匹配[J]. 科技管理研究，36（11）：127-130，138.

刘贻新，梁霄，朱怀念，等，2018a. 新兴技术产业化障碍因素的识别及其分类：可持续转型视角[J]. 广东工业大学学报，35（4）：1-9.

刘贻新，谭蓉娟，张光宇，等，2018b. 可持续转型理论研究综述及展望[J]. 科技进步与对策，35（18）：152-160.

刘贻新，张光宇，邓晓锋，2015. 战略生态位管理（SNM）与技术创新：理论背景及其研究框架[J]. 系统科学学报，23（4）：92-96.

刘贻新，张光宇，谭蓉娟，等，2017a. 国外可持续转型理论的研究脉络及热点探测：基于科学知识图谱视角[J]. 华南师范大学学报（社会科学版），（5）：86-97，190-191.

刘贻新，张光宇，杨诗炜，等，2017b. 国内战略生态位管理（SNM）研究的知识图谱：基于CiteSpaceIII的计量分析[J]. 广东工业大学学报，34（3）：59-66.

刘则渊，陈悦，侯海燕，等，2008. 科学知识图谱：方法与应用[M]. 北京：人民出版社.

刘志阳，程海狮，2010. 战略性新兴产业的集群培育与网络特征[J]. 改革，（5）：36-42.

娄伟，李萌，2016. 中国新兴产业科技创新面临的困境分析：以可再生能源产业为例[J]. 科技导报，34（4）：56-60.

卢健，陈学广，2014. 基于优惠税率的新能源汽车产业化激励机制研究[J]. 计算机应用研究，31（6）：1736-1739，1743.

罗嘉文，张光宇，谭丹丹，2013. 战略生态位管理过程研究现状综述[J]. 广东工业大学学报（社会科学版），13（2）：84-90，94.
罗晓梅，黄鲁成，王凯，2015. 基于 CiteSpace 的战略性新兴产业研究[J]. 统计与决策，（6）：142-145.
吕涛，王春玲，王飞，2015. 社会-技术系统转型理论及其在能源系统转型中的应用[J]. 中国科技论坛，（10）：109-114.
梅亮，陈劲，余芳珍，2015. 创新演进与范式转移：可持续转型理论的源起、特征与框架[J]. 自然辩证法研究，31（10）：36-40.
欧春尧，刘贻新，张光宇，2020. 新加坡新生水（NEWater）产业化分析及启示：基于 ST 视角[J]. 科技进步与对策，37（9）：39-48.
秦晓楠，卢小丽，武春友，2014. 国内生态安全研究知识图谱：基于 Citespace 的计量分析[J]. 生态学报，34（13）：3693-3703.
任保平，赵通，2019. 高质量发展的核心要义与政策取向[J]. 红旗文稿，（13）：23-25.
任海英，程善宝，黄鲁成，2010. 区域新兴技术产业化的系统动力学研究：以新能源汽车产业为例[J]. 科技进步与对策，27（13）：39-43.
任海英，程善宝，黄鲁成，2013. 基于系统动力学的新兴技术产业化策略研究[J]. 科研管理，34（5）：21-31.
任伟宏，黄鲁成，2008. 研发产业发展水平评价权重确定方法研究[J]. 科技管理研究，（2）：72-74.
单春红，孔海峥，2014. 我国海洋风能产业化财政支撑政策研究：基于系统动力模型[J]. 资源与产业，16（2）：8-14.
单晓红，庞婷，蒋国瑞，等，2015. 基于 Netlogo 的新兴技术产业化过程仿真研究[J]. 科技管理研究，35（4）：93-96，101.
石璋铭，徐道宣，2018. 集聚促进战略性新兴产业创新生态系统发展的实证分析[J]. 科技进步与对策，35（23）：92-98.
宋杰鲲，韩文杰，康忠燕，等，2019. 中国技术创新产出重心迁移路径及驱动因素分解研究[J]. 华东经济管理，33（12）：69-76.
宋涛，2014. 弹性城市目标下的中国城市新陈代谢特征、机制及其优化研究[D]. 北京：中国科学院大学.
宋燕飞，尤建新，栾强，2016. 汽车产业创新生态系统仿真与影响因素分析[J]. 同济大学学报（自然科学版），44（3）：473-481.
苏竣，张芳，2015. 政策组合和清洁能源创新模式：基于光伏产业的跨国比较研究[J]. 国际经济评论，（5）：132-142.
苏懋康，1988. 系统动力学原理及应用[M]. 上海：上海交通大学出版社.
苏秦，杨阳，2016. 3D 打印颠覆性创新应用及商业模式研究[J]. 科技进步与对策，33（1）：9-15.
孙丽文，吕静韦，段妍，2009. 基于面板模型的高新技术产业关键影响因素分析：以河北省为例[J]. 河北工业大学学报，38（2）：37-41.
孙晓华，刘小玲，2015. 范式转换与新兴产业培育：自新能源汽车观察[J]. 改革，（9）：112-121.
孙晓华，王林，2014. 范式转换、新兴产业演化与市场生态位培育：以新能源汽车为例[J]. 经济学家，（5）：54-62.
孙瑜康，李国平，袁薇薇，等，2017. 创新活动空间集聚及其影响机制研究评述与展望[J]. 人文地理，32（5）：17-24.
孙育红，张春晓，2018. 改革开放40年来我国绿色技术创新的回顾与思考[J]. 广东社会科学，（5）：5-12.
孙振清，李欢欢，刘保留，2020. 碳交易政策下区域减排潜力研究：产业结构调整与技术创新双重视角[J]. 科技进步与对策，37（15）：28-35.
唐方成，2013. 新技术商业化的风险要素及其作用机理：基于社会技术系统理论的实证研究[J]. 系统工程理论与实践，33（3）：622-631.
特日昆，徐小博，韦庆明，2016. 战略性新兴产业演化模型研究：基于技术与制度共同演化视角[J]. 工业工程与管理，21（1）：117-125.
田志龙，史俊，2015. 互动导向的新兴产业政策决策过程研究[J]. 科研管理，36（5）：139-148.
田志龙，史俊，田博文，等，2015. 新兴产业政策决策过程中的不确定性管理研究：基于物联网产业的宏观政策决策过程的案例[J]. 管理学报，12（2）：187-197.
涂文明，刘敦虎，2015. 战略性新兴产业区域集聚的范式演进与实现机理[J]. 科技进步与对策，32（2）：73-78.
汪明月，肖灵机，万玲，2018. 基于演化博弈的战略性新兴产业技术异地协同共享激励机制研究[J]. 管理工程学报，32（3）：206-213.
王博，刘则渊，刘盛博，2020. 我国新能源汽车产业技术标准演进路径研究[J]. 科研管理，41（3）：12-22.
王明，吴幸泽，2015. 战略新兴产业的发展路径创新：基于创新生态系统的分析视角[J]. 科技管理研究，35（9）：41-46.
王燕，孙超，2020. 产业协同集聚对绿色全要素生产率的影响研究：基于高新技术产业与生产性服务业协同的视角[J]. 经济纵横，（3）：67-77.
王玉刚，王云红，2010. 发展低碳绿色能源　打造太阳能产业强省[J]. 科学与管理，30（4）：39-41.
王中奇，马俊，2014. 节能与新能源机动车前景的系统动力学分析[J]. 科技和产业，（9）：64-67.
卫平，范佳琪，2019. 技术创新路径选择对高技术产业出口影响研究[J]. 工业技术经济，38（9）：3-8.
吴超林，2001. 宏观调控的制度基础与政策边界分析：一个解释中国宏观调控政策效应的理论框架[J]. 中国社会科学，（4）：54-63，204.
吴绍波，顾新，2014. 战略性新兴产业创新生态系统协同创新的治理模式选择研究[J]. 研究与发展管理，26（1）：13-21.
夏恩君，宋剑锋，2015. 开放式创新研究的演化路径和热点领域分析：基于科学知识图谱视角[J]. 科研管理，36（7）：28-37.
夏林，2016. 后发国家新兴产业赶超的机遇识别与政策协同：基于演化经济视角的分析[J]. 求是学刊，43（1）：80-87.
肖灵机，汪明月，万玲，等，2016. 新兴产业技术扩散路径优化研究[J]. 中国科技论坛，（4）：37-42.
谢青，田志龙，2015. 创新政策如何推动我国新能源汽车产业的发展：基于政策工具与创新价值链的政策文本分析[J]. 科学学与科学技术管理，36（6）：3-14.
熊勇清，刘霞，2016. 新兴产业进入国际市场的决策分析模型及其应用[J]. 软科学，30（5）：11-16.

徐娟，2016. 新常态下产业政策转型研究：新兴产业补贴方向与补贴时机比较[J]. 科技进步与对策.（11）：48-54.
许国栋，高嵩，俞岚，等，2018. 新加坡新生水（NEWater）的发展历程及其成功要素分析[J]. 环境保护，46（7）：70-73.
许倩，曹兴，2019. 新兴技术企业创新网络知识协同演化的机制研究[J]. 中国科技论坛，（11）：85-92，112.
许箫迪，2007. 高技术产业生态位测度与评价研究[D]. 南京：南京航空航天大学.
许泽浩，张光宇，廖建聪，2016. 基于战略生态位管理视角的颠覆性技术成长过程研究[J]. 中国科技论坛，（2）：5-9.
薛澜，蒋凌飞，2017. 纯电动乘用车选择性产业政策成效分析：对产业政策制定与执行的启示[J]. 中国科技论坛，（10）：80-87.
薛奕曦，邵鲁宁，尤建新，等，2013. 面向新能源汽车的社会—技术域分析及其转型推动研究[J]. 中国软科学，（3）：78-88.
杨学君，2014. 基于系统动力学的新兴技术与新兴产业协同演化研究[D]. 北京：北京工业大学.
叶芬斌，2013. 基于 SNM 理论的技术范式变迁实证研究：以数码化图像显示技术为例[J]. 科学学研究，31（6）：818-828.
叶芬斌，许为民，2012. 技术生态位与技术范式变迁[J]. 科学学研究，30（3）：321-327.
喻登科，周荣，2016. 全要素网络维力、产业变革与新兴产业集群形成[J]. 科技进步与对策，33（4）：51-60.
曾鸣，李娜，王涛，等，2012. 基于系统动力学的电动汽车与燃油汽车预测仿真[J]. 现代电力，29（6）：56-60.
张光宇，李华军，张玉磊，等，2012a. 战略生态位管理（SNM）理论研究现状述评及展望[J]. 科技管理研究，32（4）：167-170，184.
张光宇，刘贻新，马文聪，等，2015a. 广东创新驱动路径设计探究：基于 SNM 的颠覆性技术创新到产业创新[J]. 广东科技，24（18）：14-16.
张光宇，刘贻新，谢卫红，等，2012b. 基于突变级数法的技术生态位评价模型[J]. 系统科学学报，20（3）：79-83.
张光宇，谢卫红，胡仁杰，等，2016. 颠覆性创新：SNM 视角[M]. 北京：科学出版社.
张光宇，谢卫红，刘艳，等，2015b. 战略生态位管理的理论与实践[M]. 北京：科学出版社.
张光宇，张玉磊，谢卫红，等，2011. 技术生态位理论综述[J]. 工业工程，14（4）：11-16.
张杰，2019. 中国关键核心技术创新的特征、阻碍和突破[J]. 江苏行政学院学报，（2）：43-52.
张丽萍，2002. 从生态位到技术生态位[J]. 科学学与科学技术管理，（3）：23-25.
张治河，黄海霞，谢忠泉，等，2014. 战略性新兴产业集群的形成机制研究：以武汉•中国光谷为例[J]. 科学学研究，32（1）：24-28.
赵辰辰，2019. 创业合成对新兴产业技术变革的影响研究[D]. 大连：大连理工大学.
赵筱媛，苏竣，2007. 基于政策工具的公共科技政策分析框架研究[J]. 科学学研究，25（1）：52-56.
郑士尧，2015. 基于系统动力学的电动汽车补贴政策建模分析与仿真研究[D]. 北京：华北电力大学.
钟美瑞，2009. 技术生态位及生态化对企业技术创新的作用机理[J]. 科技进步与对策，26（24）：79-83.

钟永光，贾晓菁，钱颖，等，2013. 系统动力学[M]. 北京：科学出版社.
周昊，刘俊勇，刘友波，等，2016. 基于系统动力学的电动汽车规模推演[J]. 四川大学学报（工程科学版），48（S1）：178-186.
朱方长，2005. 技术生态对技术创新的作用机制研究[J]. 科研管理，（4）：8-14.
朱艳鑫，朱艳硕，薛俊波，2016. 地方政府产业政策的文本量化研究：以战略性新兴产业政策为例[J]. 经济问题探索，（2）：127-133.
Agnolucci P，Mcdowall W，2007. Technological change in niches：auxiliary power units and the hydrogen economy[J]. Technological Forecasting and Social Change，74（8）：1394-1410.
Ahlborg H，2017. Towards a conceptualization of power in energy transitions[J]. Environmental Innovation and Societal Transitions，（25）：122-141.
Angel D，Rock M T，2009. Environmental rationalities and the development state in East Asia：prospects for a sustainability transition[J]. Technological Forecasting and Social Change，76（2）：229-240.
Arnold E，2004. Evaluating research and innovation policy：a systems world needs systems evaluations[J]. Research Evaluation，13（1）：3-17.
Avelino F，2017. Power in sustainability transitions：analysing power and (dis)empowerment in transformative change towards sustainability[J]. Environmental Policy and Governance，27（6）：505-520.
Avelino F，Grin J，Pel B，et al.，2016. The politics of sustainability transitions[J]. Journal of Environmental Policy and Planning，18（5）：557-567.
Avelino F，Rotmans J，2009. Power in transition：an interdisciplinary framework to study power in relation to structural change[J]. European Journal of Social Theory，12（4）：543-569.
Avelino F，Wittmayer J M，2016. Shifting power relations in sustainability transitions：a multi-actor perspective[J]. Journal of Environmental Policy and Planning，18（5）：628-649.
Azar C，Sandén B A，2011. The elusive quest for technology-neutral policies[J]. Environmental Innovation and Societal Transitions，1（1）：135-139.
Bakker S，2014. Actor rationales in sustainability transitions-interests and expectations regarding electric vehicle recharging[J]. Environmental Innovation and Societal Transitions，（13）：60-74.
Bakker S，Leguijt P，van Lente H，2015. Niche accumulation and standardization-the case of electric vehicle recharging plugs[J]. Journal of Cleaner Production，（94）：155-164.
Balsiger P，2010. Making political consumers：the tactical action repertoire of a campaign for clean clothes[J]. Social Movement Studies，9（3）：311-329.
Bauer M W，Knill C，2014. A conceptual framework for the comparative analysis of policy change：measurement，explanation and strategies of policy dismantling[J]. Journal of Comparative Policy Analysis，16（1）：28-44.
Baumgartner F R，Jones B D，1993. Agendas and instability in American politics[M]. Chicago：University of Chicago Press.
Bergek A，2020. Diffusion intermediaries：a taxonomy based on renewable electricity technology in Sweden[J]. Environmental Innovation and Societal Transitions，（36）：378-392.
Bergek A，Jacobsson S，Carlsson B，et al.，2008. Analyzing the functional dynamics of technological innovation systems：a scheme of analysis[J]. Research Policy，37（3）：407-429.

Berggren C，Magnusson T，Sushandoyo D，2015. Transition pathways revisited：established firms as multi-level actors in the heavy vehicle industry[J]. Research Policy，44（5）：1017-1028.

Berkhout F，Angel D，Wieczorck A J，2009. Asian development pathways and sustainable socio-technical regimes[J]. Technological Forecasting and Social Change，76（2）：218-228.

Berkhout F，Marcotullio P，Hanaoka T，2012. Understanding energy transitions[J]. Sustainability Science，7（2）：109-111.

Binz C，Harris-Lovett S，Kiparsky M，et al.，2016. The thorny road to technology legitimation—institutional work for potable water reuse in California[J]. Technological Forecasting and Social Change，（103）：249-263.

Binz C，Truffer B，Coenen L，2014. Why space matters in technological innovation systems—mapping global knowledge dynamics of membrane bioreactor technology[J]. Research Policy，43（1）：138-155.

Boehmer-Christiansen S，1997. A winning coalition of advocacy：climate research，bureaucracy and ‘alternative’ fuels：who is driving climate change policy？[J]. Energy Policy，4（25）：439-444.

Borge L，Bröring S，2020. What affects technology transfer in emerging knowledge areas？A multi-stakeholder concept mapping study in the bioeconomy[J]. The Journal of Technology Transfer，45（2）：430-460.

Borrás S，Edquist C，2013. The choice of innovation policy instruments[J]. Technological Forecasting and Social Change，80（8）：1513-1522.

Bressers J T A，O'Toole L J，2005. Instrument selection and implementation in a networked context[M]//Eliades P，Hill M M，Howlett M. Designing government：from instruments to governance. Montreal and Kingston：McGill-Queen's University Press：132-133.

Bridge G，Bouzarovski S，Bradshaw M，et al.，2013. Geographies of energy transition：space，place and the low-carbon economy[J]. Energy Policy，（53）：331-340.

Brown H S，Vergragt P J，2008. Bounded socio-technical experiments as agents of systemic change：the case of a zero-energy residential building[J]. Technological Forecasting and Social Change，75（1）：107-130.

Budde B，Alkemade F，Weber K M，2012. Expectations as a key to understanding actor strategies in the field of fuel cell and hydrogen vehicles[J]. Technological Forecasting and Social Change，79（6）：1072-1083.

Busch P O，Jörgens H，2011. The diffusion of renewable energy policies in Europe：potentials and pitfalls of an alternative europeanisation mechanism[J]. European Energy Policy：97-123.

Cairney P，2013. Standing on the shoulders of giants：how do we combine the insights of multiple theories in public policy studies？[J]. Policy Study，（41）：1-21.

Cairney P，Heikkila T，2014. A comparison of theories of the policy process[J]. Theories of the Policy Process：363-389.

Cairney P，Jones M D，2016. Kingdon's multiple streams approach：what is the empirical impact of this universal theory？[J]. Policy Study，（44）：37-58.

Campbell A L，2012. Policy makes mass politics[J]. Annual Review of Political Science，15（1）：333-351.

Caniëls M C J，Romijn H A，2008. Strategic niche management：towards a policy tool for sustainable development[J]. Technology Analysis and Strategic Management，20（2）：245-266.

Cao X，Brechtel C Z，2011. Institutional perspective on emerging industry development：foreign experiences and policy implications for China[J]. Journal of Science and Technology Policy in China，28（5）：255-276.

Carvalho L，Mingardo G，van Haaren J，2012. Green urban transport policies and cleantech innovations：evidence from Curitiba，Göteborg and Hamburg[J]. European Planning Studies，20（3）：375-396.

Castellacci F，2008. Innovation and the competitiveness of industries：comparing the mainstream and the evolutionary approaches[J]. Technological Forecasting and Social Change，75（7）：984-1006.

Chen C，2006. CiteSpace II：detecting and visualizing emerging trends and transient patterns in scientific literature[J]. Journal of the American Society for Information Science and Technology，57（3）：359-377.

Chen C，2012. Predictive effects of structural variation on citation counts[J]. Journal of the American Society for Information Science and Technology，63（3）：431-449.

Christensen C M，Raynor M，2002. The innovator's solution[M]. Boston：Harvard Business School Press.

Coenen L，Benneworth P，Truffer B，2012. Toward a spatial perspective on sustainability transitions[J]. Research Policy，41（6）：968-979.

Coenen L，Raven R，Verbong G，2010. Local niche experimentation in energy transitions：a theoretical and empirical exploration of proximity advantages and disadvantages[J]. Technology in Society，32（4）：295-302.

Costantini V，Crespi F，Palma A，2017. Characterizing the policy mix and its impact on eco-innovation：a patent analysis of energy-efficient technologies[J]. Research Policy，46（4）：799-819.

Crevoisier O，Jeannerat H，2009. Territorial knowledge dynamics：from the proximity paradigm to multi-location milieus[J]. European Planning Studies，17（8）：1223-1241.

Dan P，2016. Dynamics of China's provincial-level specialization in strategic emerging industries[J]. Research Policy，45（8）：1586-1603.

de Haan F J，Rotmans J，2018. A proposed theoretical framework for actors in transformative change[J]. Technological Forecasting and Social Change，128：275-286.

de Haan J H，Rotmans J，2011. Patterns in transitions：understanding complex chains of change[J]. Technological Forecasting and Social Change，78（1）：90-102.

Dedehayir O，Nokelainen T，Mäkinen S J，2014. Disruptive innovations in complex product systems industries：a case study[J]. Journal of Engineering and Technology Management，（33）：174-192.

Dela Santa E，2013. The politics of implementing Philippine tourism policy：a policy network and advocacy coalition framework approach[J]. Asia Pacific Journal of Tourism Research，18（8）：913-933.

den Besten J W，Arts B，Verkooijen P，2014. The evolution of REDD+：an analysis of discursive-institutional dynamics[J]. Environmental Science and Policy，（35）：40-48.

Diercks G，2019. Lost in translation：how legacy limits the OECD in promoting new policy mixes for sustainability transitions[J]. Research Policy，48（10）：103667.

Dijk M，Wells P，Kemp R，2016. Will the momentum of the electric car last？Testing an hypothesis on disruptive innovation[J]. Technological Forecasting and Social Change，（105）：77-88.

Dóci G，Vasileiadou E，Petersen A C，2015. Exploring the transition potential of renewable energy communities[J]. Futures，（66）：85-95.

Doremus H，2003. A policy portfolio approach to biodiversity protection on private lands[J]. Environmental Science and Policy，6（3）：217-232.

Duygan M，Stauffacher M，Meylan G，2019. A heuristic for conceptualizing and uncovering the determinants of agency in socio-technical transitions[J]. Environmental Innovation and Societal Transitions，33：13-29.

Edmondson D L，Kern F，Rogge K S，2019. The co-evolution of policy mixes and socio-technical systems：towards a conceptual framework of policy mix feedback in sustainability transitions[J]. Research Policy，48（10）：103555.

Elzen B，Geels F W，Leeuwis C，et al.，2011. Normative contestation in transitions ‘in the making’：animal welfare concerns and system innovation in pig husbandry[J]. Research Policy，40（2）：263-275.

Elzen B，Hoogma R，Kemp R，2003. Managing the transition to sustainable transport through strategic niche management[C]//Transportation，Energy，and Environmental Policy：Managing Transitions.

Erik A，Tomas A，Charlotte G，et al.，2018. How should we evaluate complex programmes for innovation and socio-technical transitions？[J]. Policy and Society，24（4）：19-32.

Essletzbichler J，2012. Renewable energy technology and path creation：a multi-scalar approach to energy transition in the UK[J]. European Planning Studies，20（5）：791-816.

Etzion D，Gehman J，Ferraro F，et al.，2017. Unleashing sustainability transformations through robust action[J]. Journal of Cleaner Production，（140）：167-178.

Fagerberg J，2018. Mobilizing innovation for sustainability transitions：a comment on transformative innovation policy[J]. Research Policy，47（9）：1568-1576.

Farla J，Markard J，Raven R，et al.，2012. Sustainability transitions in the making：a closer look at actors，strategies and resources[J]. Technological Forecasting and Social Change，79（6）：991-998.

Feder C，2018. The effects of disruptive innovations on productivity[J]. Technological Forecasting and Social Change，（126）：186-193.

Feldman M，2003. The locational dynamics of The US biotech industry：knowledge externalities and the anchor hypothesis[J]. Industry and Innovation，10（3）：311-329.

Fischer L，Newig J，2016. Importance of actors and agency in sustainability transitions：a systematic exploration of the literature[J]. Sustainability，8（5）：476.

Flanagan K，Uyarra E，Laranja M，2011. Reconceptualising the ‘policy mix’ for innovation[J]. Research Policy，40（5）：702-713.

Fuchs G，Hinderer N，2014. Sustainable electricity transitions in Germany in a spatial context：between localism and centralism[J]. Urban，Planning and Transport Research，2（1）：354-368.

Fuenfschilling L，Binz C，2018. Global socio-technical regimes[J]. Research Policy，47（4）：735-749.

Fuenfschilling L，Truffer B，2016. The interplay of institutions，actors and technologies in socio-technical systems—an analysis of transformations in the Australian urban water sector[J]. Technological Forecasting and Social Change，（103）：298-312.

Garud R，Kumaraswamy A，Karnøe P ，2010. Path dependence or path creation? [J]. Journal of Management Studies，47（4）：760-774.

Geels F W，2002. Technological transitions as evolutionary reconfiguration processes：a multi-level perspective and a case-study[J]. Research Policy，31（8/9）：1257-1274.

Geels F W，2004. From sectoral systems of innovation to socio-technical systems：insights about dynamics and change from sociology and institutional theory[J]. Research Policy，33（6/7）：897-920.

Geels F W，2005a. Co-evolution of technology and society：the transition in water supply and personal hygiene in the Netherlands（1850-1930）—a case study in multi-level perspective[J]. Technology in Society，27（3）：363-397.

Geels F W，2005b. Processes and patterns in transitions and system innovations：refining the co-evolutionary multi-level perspective[J]. Technological Forecasting and Social Change，72（6）：681-696.

Geels F W，2006. Major system change through stepwise reconfiguration：a multi-level analysis of the transformation of american factory production（1850-1930）[J]. Technology in Society，28（4）：445-476.

Geels F W，2010. Ontologies，socio-technical transitions（to sustainability），and the multi-level perspective[J]. Research Policy，39（4）：495-510.

Geels F W，2011. The multi-level perspective on sustainability transitions：responses to seven criticisms[J]. Environmental Innovation and Societal Transitions，1（1）：24-40.

Geels F W，2012. A socio-technical analysis of low-carbon transitions：introducing the multi-level perspective into transport studies[J]. Journal of Transport Geography，（24）：471-482.

Geels F W，2014. Regime resistance against low-carbon transitions：introducing politics and power into the multi-level perspective[J]. Theory，Culture and Society，31（5）：21-40.

Geels F W，Kern F，Fuchs G，et al.，2016. The enactment of socio-technical transition pathways：a reformulated typology and a comparative multi-level analysis of the german and UK low-carbon electricity transitions（1990-2014）[J]. Research Policy，45（4）：896-913.

Geels F W，Penna C C R，2015. Societal problems and industry reorientation：elaborating the dialectic issue lifecycle（DILC）model and a case study of car safety in the USA（1900-1995）[J]. Research Policy，44（1）：67-82.

Geels F W，Raven R，2006. Non-linearity and expectations in niche-development trajectories：ups and downs in dutch biogas development（1973-2003）[J]. Technology Analysis and Strategic Management，18（3/4）：375-392.

Geels F W，Schot J，2007a. Comment on ‘techno therapy or nurtured niches? ’ by Hommels et al[J]. Research Policy，36（7）：1100-1101.

Geels F W，Schot J，2007b. Typology of sociotechnical transition pathways[J]. Research Policy，36（3）：399-417.

Geels F W，Verhees B，2011. Cultural legitimacy and framing struggles in innovation journeys：a cultural-performative perspective and a case study of dutch nuclear energy（1945-1986）[J].

Technological Forecasting and Social Change，78（6）：910-930.

Georgallis P，Dowell G，Durand R，2019. Shine on me：industry coherence and policy support for emerging industries[J]. Administrative Science Quarterly，64（3）：503-541.

Goess S，de Jong M，Ravesteijn W，2015. What makes renewable energy successful in China？The case of the Shandong province solar water heater innovation system[J]. Energy Policy，（86）：684-696.

Govindarajan V，Kopalle P K，2006. Disruptiveness of innovations：measurement and an assessment of reliability and validity[J]. Strategic Management Journal，27（2）：189-199.

Gravey V，Jordan A，2016. Does the European Union have a reverse gear？Policy dismantling in a hyperconsensual polity[J]. Journal of European Public Policy，23（8）：1180-1198.

Green E H，Skerlos S J，Winebrake J J，2014. Increasing electric vehicle policy efficiency and effectiveness by reducing mainstream market bias[J]. Energy Policy，（65）：562-566.

Gunningham N，Sinclair D，1999. Regulatory pluralism：designing policy mixes for environmental protection[J]. Law and Policy，21（1）：49-76.

Hajer M A，1995. The politics of environmental discourse：ecological modernization and the policy process[M]. Oxford：Clarendon Press.

Hajer M A，Versteeg W，2005. A decade of discourse analysis of environmental politics：achievements，challenges，perspectives[J]. Journal of Environmental Policy and Planning，7（3）：175-184.

Hansen T，Coenen L，2015. The geography of sustainability transitions：review，synthesis and reflections on an emergent research field[J]. Environmental Innovation and Societal Transitions，（17）：92-109.

Hansen U E，Nygaard I，Romijn H，et al.，2018. Sustainability transitions in developing countries：stocktaking，new contributions and a research agenda[J]. Environmental Science and Policy，（84）：198-203.

Hanson J，2018. Established industries as foundations for emerging technological innovation systems：the case of solar photovoltaics in Norway[J]. Environmental Innovation and Societal Transitions，26（24）：64-77.

Harahap B，2014. Barriers & niche strategies for scaling-up technology firms at the base of pyramid[D]. Delft：Delft University of Technology.

Hargreaves T，Hielscher S，Seyfang G，et al.，2013a . Grassroots innovations in community energy：the role of intermediaries in niche development[J]. Global Environmental Change，23（5）：868-880.

Hargreaves T，Longhurst N，Seyfang G，2013b. Up，down，round and round：connecting regimes and practices in innovation for sustainability[J]. Environment and Planning A，45（2）：402-420.

Haukkala T，2018. A struggle for change—the formation of a green-transition advocacy coalition in Finland[J]. Environmental Innovation and Societal Transitions，（27）：146-156.

Heiskanen E，Jalas M，Rinkinen J，et al.，2015a. The local community as a “low-carbon lab”：promises and perils[J]. Environmental Innovation and Societal Transitions，（14）：149-164.

Heiskanen E，Nissila H，Lovio R，2015b. Demonstration buildings as protected spaces for clean energy solutions—the case of solar building integration in Finland[J]. Journal of Cleaner

Production，（109）：347-356.

Hekkert M P，Suurs R A A，Negro S O，et al.，2007. Functions of innovation systems：a new approach for analysing technological change[J]. Technological Forecasting and Social Change，74（4）：413-432.

Henry A D，2011. Ideology，power，and the structure of policy networks[J]. Policy Study，（39）：361-383.

Hess D J，2013. Industrial fields and countervailing power：the transformation of distributed solar energy in the united states[J]. Global Environmental Change，23（5）：847-855.

Hess D J，2014. Sustainability transitions：a political coalition perspective[J]. Research Policy，43（2）：278-283.

Hess D J，2016. Undone science：social movements，mobilized publics，and industrial transitions[M]. Cambridge，MA：MIT Press.

Hodson M，Marvin S，2010. Can cities shape socio-technical transitions and how would we know if they were？[J]. Research Policy，39（4）：477-485.

Hoffman J，2013. Theorizing power in transition studies：the role of creativity and novel practices in structural change[J]. Policy Sciences，46（3）：257-275.

Holzer B，2006. Political consumerism between individual choice and collective action：social movements，role mobilization and signalling[J]. International Journal of Consumer Studies，30（5）：405-415.

Hoppmann J，Huenteler J，Girod B，2014. Compulsive policy-making—the evolution of the German feed-in tariff system for solar photovoltaic power[J]. Research Policy，43（8）：1422-1441.

Hossain M，2016. Grassroots innovation：a systematic review of two decades of research[J]. Journal of Cleaner Production，（137）：973-981.

Howlett M，Cashore B，2009. The dependent variable problem in the study of policy change：understanding policy change as a methodological problem[J]. Journal of Comparative Policy Analysis，11（1）：33-46.

Howlett M，How Y P，del Rio P，2015. The parameters of policy portfolios：verticality and horizontality in design spaces and their consequences for policy mix formulation[J]. Environment and Planning C：Government and Policy，33（5）：1233-1245.

Howlett M，Rayner J，2007. Design principles for policy mixes：cohesion and coherence in ‘new governance arrangements’[J]. Policy and Society，26（4）：1-18.

Howlett M，Rayner J，2013. Patching vs packaging in policy formulation：assessing policy portfolio design[J]. Politics and Governance，1（2）：170-182.

Howlett M，Vince J，del Rio P，2017. Policy integration and multi-level governance：dealing with the vertical dimension of policy mix designs[J]. Politics and Governance，5（2）：69-78.

Huang P，2019. The verticality of policy mixes for sustainability transitions：a case study of solar water heating in China[J]. Research Policy，48（10）：103758.

Huang P，Castán Broto V，Liu Y，2018a. From “transitions in cities” to “transitions of cities”：the diffusion and adoption of solar hot water systems in urban China[J]. Energy Research and Social Science，（36）：156-164.

Huang P，Castán Broto V，Liu Y，et al.，2018b. The governance of urban energy transitions：a comparative study of solar water heating systems in two Chinese cities[J]. Journal of Cleaner Production，（180）：222-231.

Huttunen S，Kivimaa P，Virkamäki V，2014. The need for policy coherence to trigger a transition to biogas production[J]. Environmental Innovation and Societal Transitions，（12）：14-30.

Hyysalo S，Johnson M，Juntunen J K，2017. The diffusion of consumer innovation in sustainable energy technologies[J]. Journal of Cleaner Production，（162）：S70-S82.

Hyysalo S，Juntunen J K，Martiskainen M，2018a. Energy internet forums as acceleration phase transition intermediaries[J]. Research Policy，47（5）：872-885.

Hyysalo S，Perikangas S，Marttila T，et al.，2018b. Catalysing pathway creation for transition governance[J]. Design Research Society International Conference，（3）：1023-1040.

Ingold K，2011. Network structures within policy processes：coalitions，power，and brokerage in Swiss climate policy[J]. Policy Studies Journal，39（3）：435-459.

Ingold K，Stadelmann-Steffen I，Kammermann L，2019. The acceptance of instruments in instrument mix situations：citizens' perspective on Swiss energy transition[J]. Research Policy，48（10）：103694.

Jacobsson S，Bergek A，2004. Transforming the energy sector：the evolution of technological systems in renewable energy technology[J]. Industrial and Corporate Change，13（5）：815-849.

Jacobsson S，Lauber V，2006. The politics and policy of energy system transformation—explaining the German diffusion of renewable energy technology[J]. Energy Policy，34（3）：256-276.

Jenkins-Smith H C，Nohrstedt D，Weible C M，et al.，2014. The advocacy coalition framework：foundations，evolution，and ongoing research [M]//Theories of the Policy Process. Boulder：Westview Press，183-223.

Jenkins-Smith H C，St Clair G K，1993. The politics of offshore energy：empirically testing the advocacy coalition framework[J]. Policy Change and Learning：149-175.

Jolly S，Raven R，2016. Field configuring events shaping sustainability transitions？The case of solar pv in India[J]. Technological Forecasting and Social Change，（103）：324-333.

Jolly S，Raven R，Romijn H，2012. Upscaling of business model experiments in off-grid pv solar energy in India[J]. Sustainability Science，7（2）：199-212.

Jørgensen U，2012. Mapping and navigating transitions-the multi-level perspective compared with arenas of development[J]. Research Policy，41（6）：996-1010.

Judson E P，Bell S，Bulkeley H，et al.，2015. The co-construction of energy provision and everyday practice：integrating heat pumps in social housing in England[J]. Science and Technology Studies，28（3）：26-53.

Juntunen J K，2014. Domestication pathways of small-scale renewable energy technologies[J]. Sustainability：Science，Practice and Policy，10（2）：28-42.

Kamp L M，Bermúdez Forn E，2016. Ethiopia's emerging domestic biogas sector：current status，bottlenecks and drivers[J]. Renewable and Sustainable Energy Reviews，（60）：475-488.

Kamp L M，Vanheule L F I，2015. Review of the small wind turbine sector in kenya：status and bottlenecks for growth[J]. Renewable and Sustainable Energy Reviews，49：470-480.

Karltorp K，Sandén B A，2012. Explaining regime destabilisation in the pulp and paper industry[J]. Environmental Innovation and Societal Transitions，（2）：66-81.

Kemp R，Pontoglio S，2011. The innovation effects of environmental policy instruments-a typical case of the blind men and the elephant？[J]. Ecological Economics，(72)：28-36.

Kemp R，Rip A，Schot J，2001. Constructing transition paths through the management of niches[M]//Garud R，Karnøe P. Path dependence and creation：269-299.

Kemp R，Schot J，Hoogma R，1998. Regime shifts to sustainability through processes of niche formation：the approach of strategic niche management[J]. Technology Analysis and Strategic Management，10 (2)：175-198.

Kern F，2011. Ideas，institutions and interests：explaining policy divergence in fostering ‘system innovations’ towards sustainability[J]. Environment and Planning C：Government and Policy，29 (6)：1116-1134.

Kern F，Howlett M，2009. Implementing transition management as policy reforms：a case study of the dutch energy sector[J]. Policy Sciences，42 (4)：391-408.

Kern F，Kivimaa P，Martiskainen M，2017. Policy packaging or policy patching？The development of complex energy efficiency policy mixes[J]. Energy Research and Social Science，(23)：11-25.

Kern F，Rogge K S，2018. Harnessing theories of the policy process for analysing the politics of sustainability transitions：a critical survey[J]. Environmental Innovation and Societal Transitions，(27)：102-117.

Kern F，Rogge K S，Howlett M，2019. Policy mixes for sustainability transitions：new approaches and insights through bridging innovation and policy studies[J]. Research Policy，48 (10)：103832.

Kingdon J W，1995. Agendas，alternatives，and public policies[M]. London：Longman Publishing Group.

Kivimaa P，2014. Government-affiliated intermediary organisations as actors in system-level transitions[J]. Research Policy，43 (8)：1370-1380.

Kivimaa P，Boon W，Hyysalo S，et al.，2019. Towards a typology of intermediaries in sustainability transitions：a systematic review and a research agenda[J]. Research Policy，48 (4)：1062-1075.

Kivimaa P，Kangas H，Lazarevic D，2017. Client-oriented evaluation of ‘creative destruction’ in policy mixes：finnish policies on building energy efficiency transition[J]. Energy Research and Social Science，(33)：115-127.

Kivimaa P，Kern F，2016. Creative destruction or mere niche support？Innovation policy mixes for sustainability transitions[J]. Research Policy，45 (1)：205-217.

Kivimaa P，Martiskainen M，2018. Dynamics of policy change and intermediation：the arduous transition towards low-energy homes in the United Kingdom[J]. Energy Research and Social Science，(44)：83-99.

Kivimaa P，Virkamäki V，2014. Policy mixes，policy interplay and low carbon transitions：the case of passenger transport in Finland[J]. Environmental Policy and Governance，24 (1)：28-41.

Klepper S，2010. The origin and growth of industry clusters：the making of silicon valley and detroit[J]. Journal of Urban Economics，67 (1)：15-32.

Klerkx，Leeuwis，2009. The emergence and embedding of innovation brokers at different innovation system levels：insights from the dutch agricultural sector[J]. Technological Forecasting Social Change (76)：849-860.

Klijn E H，2005. Designing and managing networks：possibilities and limitations for network management[J]. European Political Science，（4）：328-339.

Knill C，Schulze K，Tosun J，2012. Regulatory policy outputs and impacts：exploring a complex relationship[J]. Regulation and Governance，4（6）：427-444.

Konrad K，Markard J，Ruef A，et al.，2012. Strategic responses to fuel cell hype and disappointment[J]. Technological Forecasting and Social Change，79（6）：1084-1098.

Köhler J，Geels F W，Kern F，et al.，2019. An agenda for sustainability transitions research：state of the art and future directions[J]. Environmental Innovation and Societal Transitions，（31）：1-32.

Köhler J，Turnheim B，Hodson M，2020. Low carbon transitions pathways in mobility：applying the mlp in a combined case study and simulation bridging analysis of passenger transport in the Netherlands[J]. Technological Forecasting and Social Change，（151）：119314.

Kwon T，2012. Strategic niche managementof alternative fuel vehicles：a system dynamics model of the policy effect[J]. Technological Forecasting and Social Change，79（9）：1672-1680.

Lanahan L，Feldman M P，2015. Multilevel innovation policy mix：a closer look at state policies that augment the federal sbir program[J]. Research Policy，44（7）：1387-1402.

Lauber V，Jacobsson S，2016. The politics and economics of constructing，contesting and restricting socio-political space for renewables-the german renewable energy act[J]. Environmental Innovation and Societal Transitions，（18）：147-163.

Laurell C，Sandström C，2018. Comparing coverage of disruptive change in social and traditional media：evidence from the sharing economy[J]. Technological Forecasting and Social Change，（129）：339-344.

Lawhon M，2012. Relational power in the governance of a South African e-waste transition[J]. Environment and Planning A，44（4）：954-971.

Lawhon M，Murphy J T，2011. Socio-technical regimes and sustainability transitions：insights from political ecology[J]. Progress in Human Geography，33（36）：354-378.

Lefsrud L M，Meyer R E，2012. Science or science fiction？Professionals’ discursive construction of climate change[J]. Organization Studies，33（11）：1477-1506.

Li W，Song G，Beresford M，et al.，2011. China’s transition to green energy systems：the economics of home solar water heaters and their popularization in Dezhou city[J]. Energy Policy，39（10）：5909-5919.

Li Y，Guo H，Cooper S Y，et al.，2019. The influencing factors of the technology standard alliance collaborative innovation of emerging industry[J]. Sustainability，11（24）：6930.

Lindberg B，Marie M J，Andersen D，et al.，2019. Policies，actors and sustainability transition pathways：a study of the EU’s energy policy mix[J]. Research Policy，48（10）：103668.

Liu C P，Yuan Y F，Yang Y X，et al.，2014. Study of financing policy on the development of strategic emerging material industry[J]. Applied Mechanics and Materials，（644）：4848-4851.

Liu Y X，Ou C Y，Zhang G Y，et al.，2020. Research on the effect evaluation of protected space driving new technologies industrialization from the perspective of st[J]. Journal of Systems Science and Complexity，32（2）：475-509.

Loorbach D，2007. Transition management：new mode of governance for sustainable development[D].

Rotterdam：Erasmus University Rotterdam.

Loorbach D，2010. Transition management for sustainable development：a prescriptive，complexity-based governance framework[J]. Governance，23（1）：161-183.

Lopolito A，Morone P，Sisto R，2011. Innovation niches and socio-technical transition：a case study of bio-refinery production[J]. Futures，43（1）：27-38.

Lopolito A，Morone P，Taylor R，2013. Emerging innovation niches：an agent based model[J]. Research Policy，42（6/7）：1225-1238.

Luederitz C，Schäpke N，Wiek A，et al.，2017. Learning through evaluation-a tentative evaluative scheme for sustainability transition experiments[J]. Journal of Cleaner Production，(169)：61-76.

Maassen A，2012. Heterogeneity of lock-in and the role of strategic technological interventions in urban infrastructural transformations[J]. European Planning Studies，20（3）：441-460.

Magro E，Wilson J R，2013. Complex innovation policy systems：towards an evaluation mix[J]. Research Policy，42（9）：1647-1656.

Magro E，Wilson J R，2019. Policy-mix evaluation：governance challenges from new place-based innovation policies[J]. Research Policy，48（10）：103612.

Maine E，Lubik S，Garnsey E，2012. Process-based vs product-based innovation：value creation by nanotech ventures[J]. Technovation，32（3/4）：179-192.

Markard J，Hoffmann V H，2016. Analysis of complementarities：framework and examples from the energy transition[J]. Technological Forecasting and Social Change，（111）：63-75.

Markard J，Raven R，Truffer B，2012. Sustainability transitions：an emerging field of research and its prospects[J]. Research Policy，41（6）：955-967.

Markard J，Suter M，Ingold K，2016. Socio-technical transitions and policy change-advocacy coalitions in Swiss energy policy[J]. Environmental Innovation and Societal Transitions，（18）：215-237.

Markard J，Truffer B，2008. Technological innovation systems and the multi-level perspective：towards an integrated framework[J]. Research Policy，37（4）：596-615.

Martiskainen M，Kivimaa P，2018. Creating innovative zero carbon homes in the United Kingdom-intermediaries and champions in building projects[J]. Environmental Innovation and Societal Transitions，（26）：15-31.

Matschoss K，Repo P，2018. Governance experiments in climate action：empirical findings from the 28 European Union countries[J]. Environmental Politics，27（4）：598-620.

Matti C，Consoli D，Uyarra E，2017. Multi level policy mixes and industry emergence：the case of wind energy in Spain[J]. Environment and Planning C，4（35）：661-683.

Mavrot C，Hadorn S，Sager F，2019. Mapping the mix：linking instruments，settings and target groups in the study of policy mixes[J]. Research Policy，48（10）：103614.

Mcdowall W，2014. Exploring possible transition pathways for hydrogen energy：a hybrid approach using socio-technical scenarios and energy system modelling[J]. Futures，（63）：1-14.

Mcmeekin A，Southerton D，2012. Sustainability transitions and final consumption：practices and socio-technical systems[J]. Technology Analysis and Strategic Management，24（4）：345-361.

Meadowcroft J，2007. Who is in charge here? Governance for sustainable development in a complex world[J]. Journal of Environmental Policy and Planning，9（3/4）：299-314.

Millar C，Lockett M，Ladd T，2018. Disruption：technology，innovation and society[J]. Technological Forecasting and Social Change，（129）：254-260.

Miller C C，2008. Decisional comprehensiveness and firm performance：towards a more complete understanding[J]. Journal of Behavioral Decision Making，21（5）：598-620.

Murphy J，Smith A，2013. Understanding transition-periphery dynamics：renewable energy in the highlands and islands of scotland[J]. Environment and Planning A，45（3）：691-709.

Murray B C，Cropper M L，de la Chesnaye F C，et al.，2014. How effective are US renewable energy subsidies in cutting greenhouse gases？[J]. American Economic Review：Papers and Proceedings，104（5）：569-574.

Musiolik J，Markard J，Hekkert M，et al.，2020. Creating innovation systems：how resource constellations affect the strategies of system builders[J]. Technological Forecasting and Social Change，（153）：119209.

Nagy D，Schuessler J，Dubinsky A，2016. Defining and identifying disruptive innovations[J]. Industrial Marketing Management，（57）：119-126.

Nelson R R，Winter S G，1982. An evolutionary theory of economic change[M]. Cambridge，MA：Harvard University Press.

Newell D，Sandström A，Söderholm P，2017. Network management and renewable energy development：an analytical framework with empirical illustrations[J]. Energy Research and Social Science，（23）：199-210.

Nilsson M，Hillman K，Magnusson T，2012a. How do we govern sustainable innovations？Mapping patterns of governance for biofuels and hybrid-electric vehicle technologies[J]. Environmental Innovation and Societal Transitions，（3）：50-66.

Nilsson M，Zamparutti T，Petersen J E，et al.，2012b. Understanding policy coherence：analytical framework and examples of sector-environment policy interactions in the EU[J]. Environmental Policy and Governance，22（6）：395-423.

Nordfors D，Sandred J，Wessner C，2003. Commercialization of academic research results[M]. Stockholm：Vinnova.

Normann H E，2015. The role of politics in sustainable transitions：the rise and decline of offshore wind in Norway[J]. Environmental Innovation and Societal Transitions，（15）：180-193.

Ornetzeder M，Rohracher H，2013. Of solar collectors，wind power，and car sharing：comparing and understanding successful cases of grassroots innovations[J]. Global Environmental Change，23（5）：856-867.

Orstavik F，2014. Innovation as re-institutionalization：a case study of technological change in housebuilding in Norway[J]. Construction Management and Economics，32（9）：857-873.

Ortt R，2012. Market creation for radically new technologies：a literature review on the role of market niches[Z]. Munich：2012 18th International ICE Conference on Engineering，Technology and Innovation.

Ortt J，Langley D，Pals N，2013. Ten niche strategies to commercialize new high-tech products[Z]. Hague：2013 IEEE International Technology Management Conference and 19th ICE Conference.

Ossenbrink J，Finnsson S，Bening C R，et al.，2019. Delineating policy mixes：contrasting top-down and bottom-up approaches to the case of energy-storage policy in California[J]. Research Policy，

48（10）：103582.

Oudshoorn N，Pinch T，2003. How users matter：the Co-Construction of Users and Technologies[M]. Cambridge，MA：MIT Press.

Oyake-Ombis L，van Vliet B J M，Mol A P J，2015. Managing plastic waste in East Africa：niche innovations in plastic production and solid waste[J]. Habitat International，（48）：188-197.

Pack H，Saggi K，2001. Vertical technology transfer via international outsourcing[J]. Journal of Development Economics，65（2）：389-415.

Papachristos G，Sofianos A，Adamides E，2013. System interactions in socio-technical transitions：extending the multi-level perspective[J]. Environmental Innovation and Societal Transitions，（7）：53-69.

Parag Y，Janda K B，2014. More than filler：middle actors and socio-technical change in the energy system from the "middle-out"[J]. Energy Research and Social Science，（3）：102-112.

Penna C C R，Geels F W，2012. Multi-dimensional struggles in the greening of industry：a dialectic issue lifecycle model and case study[J]. Technological Forecasting and Social Change，79（6）：999-1020.

Pierson P，1993. When effect becomes cause：policy feedback and political change[J]. World Polit，（45）：595-628.

Pinkse J，Bohnsack R，Kolk A，2014. The role of public and private protection in disruptive innovation：the automotive industry and the emergence of low-emission vehicles[J]. Journal of Product Innovation Management，31（1）：43-60.

Planko J，Cramer J M，Chappin M M H，et al.，2016. Strategic collective system building to commercialize sustainability innovations[J]. Journal of Cleaner Production，112（4）：2328-2341.

Quitzau M，Hoffmann B，Elle M，2012. Local niche planning and its strategic implications for implementation of energy-efficient technology[J]. Technological Forecasting and Social Change，79（6）：1049-1058.

Raven R，2005. Strategic niche management for biomass[D]. Eindhoven：Eindhoven University of Technology.

Raven R，Bosch S，Weterings R，2010. Transitions and strategic niche management：towards a competence kit for practitioners[J]. International Journal of Technology Management，51（1）：57-74.

Raven R，Geels F W，2010. Socio-cognitive evolution in niche development：comparative analysis of biogas development in Denmark and the Netherlands（1973-2004）[J]. Technovation，30（2）：87-99.

Raven R，Kern F，Verhees B，et al.，2016. Niche construction and empowerment through socio-political work. A meta-analysis of six low-carbon technology cases[J]. Environmental Innovation and Societal Transitions，（18）：164-180.

Raven R，Schot J，Berkhout F，2012. Space and scale in socio-technical transitions[J]. Environmental Innovation and Societal Transitions，（4）：63-78.

Reichardt K，Negro S O，Rogge K S，et al.，2016. Analyzing interdependencies between policy mixes and technological innovation systems：the case of offshore wind in Germany[J]. Technological Forecasting and Social Change，（106）：11-21.

Reichardt K，Rogge K，2016. How the policy mix impacts innovation：findings from company case studies on offshore wind in Germany[J]. Environmental Innovation and Societal Transitions，（18）：62-81.

Reichardt K，Rogge K S，Negro S O，2017. Unpacking policy processes for addressing systemic problems in technological innovation systems：the case of offshore wind in Germany[J]. Renewable and Sustainable Energy Reviews，（80）：1217-1226.

Reinhardt R，Gurtner S，2015. Differences between early adopters of disruptive and sustaining innovations[J]. Journal of Business Research，68（1）：137-145.

Rip A，Kemp R，1998. Technological change[M]//Rayner S，Malone E L. Human choice and climate change. Columbus：Batelle Press，（2）：327-399.

Rogge K S，Pfluger B，Geels F W，2020. Transformative policy mixes in socio-technical scenarios：the case of the low-carbon transition of the German electricity system（2010-2050）[J]. Technological Forecasting and Social Change，（151）：119259.

Rogge K S，Reichardt K，2016. Policy mixes for sustainability transitions：an extended concept and framework for analysis[J]. Research Policy，45（8）：1620-1635.

Rogge K S，Schleich J，2018. Do policy mix characteristics matter for low-carbon innovation? A survey-based exploration of renewable power generation technologies in Germany[J]. Research Policy，47（9）：1639-1654.

Rohracher H，Späth P，Linköpings U，et al.，2014. The interplay of urban energy policy and socio-technical transitions：the eco-cities of Graz and Freiburg in retrospect[J]. Urban Studies，51（7）：1415-1431.

Rong K，Shi Y，Shang T，et al.，2017. Organizing business ecosystems in emerging electric vehicle industry：structure，mechanism，and integrated configuration[J]. Energy Policy，（107）：234-247.

Rosenbloom D，Berton H，Meadowcroft J，2016. Framing the sun：a discursive approach to understanding multi-dimensional interactions within socio-technical transitions through the case of solar electricity in Ontario，Canada[J]. Research Policy，45（6）：1275-1290.

Rothaermel F T，2001. Complementary assets，strategic alliances，and the incumbent's advantage：an empirical study of industry and firm effects in the biopharmaceutical industry[J]. Research Policy，30（8）：1235-1251.

Rothwell R，Zegveld W，1985. Reindustrialization and technology[M]. London：Routledge Press.

Rotmans J，Kemp R，Asselt M V，2001. More evolution than revolution[J]. Foresight，3（1）：15-31.

Ruan Y，Hang C C，Wang Y M，2014. Government's role in disruptive innovation and industry emergence：the case of the electric bike in China[J]. Technovation，34（12）：785-796.

Sabatier P A，1988. An advocacy coalition framework of policy change and the role of policy-oriented learning therein[J]. Policy Sciences，（21）：129-168.

Sabatier P A，1999. Theories of the policy process[M]. Boulder：Westview Press.

Schaffrin A，Sewerin S，Seubert S，2014. The innovativeness of national policy portfolios-climate policy change in Austria，Germany，and the UK[J]. Environmental Politics，23（5）：860-883.

Schäpke N，Omann I，Wittmayer J，et al.，2017. Linking transitions to sustainability：a study of the societal effects of transition management[J]. Sustainability，9（737）：1-36.

Schmidt T S，Huenteler J，2016. Anticipating industry localization effects of clean technology deployment policies in developing countries[J]. Global Environmental Change，38：8-20.

Schmidt T S，Sewerin S，2019. Measuring the temporal dynamics of policy mixes-an empirical analysis of renewable energy policy mixes' balance and design features in nine countries[J]. Research Policy，48（10）：103557.

Schneider M，Schade B，Grupp H，2004. Innovation process 'fuel cell vehicle'：what strategy promises to be most successful？[J]. Technology Analysis and Strategic Management，16（2）：147-172.

Schot J，2016. Confronting the second deep transition through the historical imagination[J]. Technology and Culture，57（2）：445-456.

Schot J，Geels F W，2008. Strategic niche management and sustainable innovation journeys：theory，findings，research agenda，and policy[J]. Technology Analysis and Strategic Management，20（5）：537-554.

Schot J，Kanger L，Verbong G P J，2016. The roles of users in shaping transitions to new energy systems[J]. Nature Energy，1（5）：1-7.

Schot J，Steinmueller W E，2018. Three frames for innovation policy：R&D，systems of innovation and transformative change[J]. Research Policy，47（9）：1554-1567.

Schubert K，Bandelow N C，2009. Lehrbuch der politikfeldanalyse 2.0[Z]. Berlin：De Gruyter Oldenbourg.

Schuelke-Leech B，2018. A model for understanding the orders of magnitude of disruptive technologies[J]. Technological Forecasting and Social Change，（129）：261-274.

Sengers F，Wieczorek A J，Raven R，2016. Experimenting for sustainability transitions：a systematic literature review[J]. Technological Forecasting and Social Change，23（3）：12-45.

Seyfang G，Haxeltine A，2012. Growing grassroots innovations：exploring the role of community-based initiatives in governing sustainable energy transitions[J]. Environment and Planning C：Government and Policy，30（3）：381-400.

Seyfang G，Hielscher S，Hargreaves T，et al.，2014. A grassroots sustainable energy niche？Reflections on community energy in the UK[J]. Environmental Innovation and Societal Transitions，（13）：21-44.

Seyfang G，Smith A，2007. Grassroots innovations for sustainable development：towards a new research and policy agenda[J]. Environmental Politics，16（4）：584-603.

Shove E，Walker G，2007. Caution！Transitions ahead：politics，practice，and sustainable transition management[J]. Environment and Planning A，39（4）：763-770.

Shove E，Pantzar M，Watson M，2012. The dynamics of social practice：everyday life and how it changes[M]. Publ.SAGE.

Sine W D，Lee B H，2009. Tilting at windmills？The environmental movement and the emergence of the US wind energy sector[J]. Administrative Science Quarterly，54（1）：123-155.

Slayton R，Spinardi G，2016. Radical innovation in scaling up：boeing's dreamliner and the challenge of socio-technical transitions[J]. Technovation，47（11）：47-58.

Smink M M，Hekkert M P，Negro S O，2015. Keeping sustainable innovation on a leash？Exploring incumbents'institutional strategies[J]. Business Strategy and the Environment，24（2）：86-101.

Smith A，2000. Policy networks and advocacy coalitions：explaining policy change and stability in UK industrial pollution policy？[J]. Environment and Planning C：Government and Policy，（1）：95-114.

Smith A，Fressoli M，Thomas H，2014a. Grassroots innovation movements：challenges and contributions[J]. Journal of Cleaner Production，（63）：114-124.

Smith A，Hargreaves T，Hielscher S，et al.，2016. Making the most of community energies：three perspectives on grassroots innovation[J]. Environment and Planning A：Economy and Space，48（2）：407-432.

Smith A，Kern F，2009. The transitions storyline in Dutch environmental policy[J]. Environmental Politics，（18）：78-98.

Smith A，Kern F，Raven R，et al.，2014b. Spaces for sustainable innovation：solar photovoltaic electricity in the UK[J]. Technological Forecasting and Social Change，（81）：115-130.

Smith A，Raven R，2012. What is protective space？Reconsidering niches in transitions to sustainability[J]. Research Policy，41（6）：1025-1036.

Smith A，Stirling A，2018. Innovation，sustainability and democracy：an analysis of grassroots contributions[J]. Journal of Self-Governance and Management Economics，6（1）：64.

Smith A，Stirling A，Berkhout F，2005. The governance of sustainable socio-technical transitions[J]. Research Policy，34（10）：1491-1510.

Smith A，Voss J，Grin J，2010. Innovation studies and sustainability transitions：the allure of the multi-level perspective and its challenges[J]. Research Policy，39（4）：435-448.

Sorrell S，Sijm J，2003. Carbon trading in the policy mix[J]. Economic Policy，19（3）：420-437.

Söderholm P，Hellsmark H，Frishammar J，et al.，2019. Technological development for sustainability：the role of network management in the innovation policy mix[J]. Technological Forecasting and Social Change，（138）：309-323.

Spurling N，Mcmeekin A，Shove E，et al.，2013. Interventions in practice：reframing policy approaches to consumer behaviour[R]. Lancaster：Lancaster University.

Stevenson N，2012. Localization as subpolitics：the transition movement and cultural citizenship[J]. International Journal of Cultural Studies，15（1）：65-79.

Strunz S，2014. The German energy transition as a regime shift[J]. Ecological Economics，（100）：150-158.

Sühlsen K，Hisschemöller M，2014. Lobbying the ‘energiewende’. Assessing the effectiveness of strategies to promote the renewable energy business in Germany[J]. Energy Policy，（69）：316-325.

Temmes A，Räsänen R，Rinkinen J，et al.，2013. The emergence of niche protection through policies：the case of electric vehicles field in Finland[J]. Science and Technology Studies，26（3）：37-62.

Törnberg A，Department O S A W，Göteborgs U，et al.，2018. Combining transition studies and social movement theory：towards a new research agenda[J]. Theory and Society，47（3）：381-408.

Truffer B，Coenen L，2012. Environmental innovation and sustainability transitions in regional studies[J]. Regional Studies，46（1）：1-21.

Truffer B，Murphy J T，Raven R，2015. The geography of sustainability transitions：contours of an emerging theme[J]. Environmental Innovation and Societal Transitions，（17）：63-72.

Turnheim B，Geels F W，2012. Regime destabilisation as the flipside of energy transitions：lessons from the history of the British coal industry（1913－1997）[J]. Energy Policy，（50）：35-49.

Unruh G C，2002. Escaping carbon lock-in[J]. Energy Policy，30（4）：317-325.

Upham P，Virkamaki V，Kivimaa P，et al.，2015. Socio-technical transition governance and public opinion：the case of passenger transport in Finland[J]. Journal of Transport Geography，（46）：210-219.

Valderrama Pineda A F，Jørgensen U，2016. Creating Copenhagen's metro-on the role of protected spaces in arenas of development[J]. Environmental Innovation and Societal Transitions，（18）：201-214.

van Lente H，Hekkert M，Smits R，et al.，2003. Roles of systemic intermediaries in transition processes[J]. International Journal of Innovation Management，（7）：247-279.

Verhees B，Raven R，Veraart F，et al.，2013. The development of solar pv in the Netherlands：a case of survival in unfriendly contexts[J]. Renewable and Sustainable Energy Reviews，（19）：275-289.

Viney L，1983. The assessment of psychological states through content analysis of verbal communications[J]. Psychological Bulletin，94（3）：542-563.

Voß J，Smith A，Grin J，2009. Designing long-term policy：rethinking transition management[J]. Policy Sciences，42（4）：275-302.

von Hippel E，2016. Free innovation[M]. Cambridge，MA：MIT Press.

Walsh P R，2012. Innovation nirvana or innovation wasteland? Identifying commercialization strategies for small and medium renewable energy enterprises[J]. Technovation，32（1）：32-42.

Weber M，Hoogma R，Lane B，et al.，1999. Experimenting with sustainable transport innovations：a workbook for strategic niche management[M]. Enschede：Universiteit Twente.

Weinert J，Ma C，Cherry C，2007. The transition to electric bikes in China：history and key reasons for rapid growth[J]. Transportation，34（3）：301-318.

Welch D，Warde A，2015. Theories of practice and sustainable consumption[M]//Reisch L，Thϕgersen J. Handbook of research on sustainable consumption. Cheltenham：Edward Elgar Publishing：84-100.

Welch D，Yates L，2018. The practices of collective action：practice theory，sustainability transitions and social change[J]. Journal for the Theory of Social Behaviour，48（3）：288-305.

Wesseling J H，Farla J C M，Sperling D，et al.，2014. Car manufacturers' changing political strategies on the zev mandate[J]. Transportation Research Part D：Transport and Environment，（33）：196-209.

Wieczorek A J，Hekkert M P，2012. Systemic instruments for systemic innovation problems：a framework for policy makers and innovation scholars[J]. Science and Public Policy，39（6）：74-87.

Wieczorek A J，Raven R，Berkhout F，2015. Transnational linkages in sustainability experiments：a typology and the case of solar photovoltaic energy in India[J]. Environmental Innovation and Societal Transitions，（17）：149-165.

Wirth S，Markard J，Truffer B，et al.，2013. Informal institutions matter：professional culture and the development of biogas technology[J]. Environmental Innovation and Societal

Transitions，（8）：20-41.

Wittmayer J M，Avelino F，van Steenbergen F，et al.，2017. Actor roles in transition：insights from sociological perspectives[J]. Environmental Innovation and Societal Transitions，（24）：45-56.

Wittneben B B F，Okereke C，Banerjee S B，et al.，2012. Climate change and the emergence of new organizational landscapes[J]. Organization Studies，11（33）：1431-1450.

Xue Y，You J，Liang X，et al.，2016. Adopting strategic niche management to evaluate ev demonstration projects in China[J]. Sustainability，8（2）：142.

Yu Z，Gibbs D，2018. Encircling cities from rural areas？Barriers to the diffusion of solar water heaters in China’s urban market[J]. Energy Policy，（115）：366-373.

Zahariadis N，2008. Ambiguity and choice in european public policy[J]. Journal of European Public Policy，15（4）：514-530.

附录 1　ST 视角下障碍因素识别的调查问卷

尊敬的专家：

您好！首先非常感谢您于百忙之中抽空填写这份问卷。

我们团队正在完成一项基于 ST 视角下识别新技术产业化水平障碍因素的研究工作。需要您根据个人的专业判断，对下表中障碍因素的重要程度进行甄别。

每个因素分为五档：A.非常重要；B.比较重要；C.重要；D.一般；E.不重要。请在相应处打“√”。

如果方便的话，请您留下个人联系方式，以便今后的持续沟通及成果共享！谢谢！

如有任何有关问卷的疑问，请您联系：**博士 联系电话：*** E-mail：***

2015 年 10 月 12 日

序号	障碍因素	重要程度				
		A	B	C	D	E
1	产品的新性能					
2	新技术知识					
3	新产品的生产系统					
4	辅助性产品和服务					
5	基础设施及其维护					
6	自然资源与劳动力					
7	有效的供应商					
8	利益相关者的协同合作问题					
9	金融资本					
10	缺乏售后服务					
11	知识的应用					
12	社会文化与教育					
13	消费者的需求					
14	消费者的认知					
15	支付能力					
16	劣质产品和市场被损坏					

续表

序号	障碍因素	重要程度				
		A	B	C	D	E
17	制度方面					
18	法律、法规和标准					
19	社会环境的副效应					
20	突发事故影响					
21	宏观经济方面					

附录 2　保护空间政策工具编码信度效度评估表

尊敬的专家：

您好！首先非常感谢您于百忙之中抽空填写这份评估表。

我们团队正在运用政策工具理论，完成一项验证中国政府出台的保护政策是否能够促进新能源汽车（NEV）产业化的工作。其中，在已有的研究成果之上，我们对当前中国常用的政策工具进行了界定和分类（附件①），并构建了政策工具视角下的中国 NEV 产业化保护空间三维立体评价模型（请见图附 2-1）。在精读了 259 份政策文件的基础上，按内容分析法，从中提取出 NEV 产业化保护空间所运用的含有政策工具的条款，形成了中国 NEV 产业化保护空间的政策工具编码表（附件②）。现需要您就本书构建的评价模型、分析类目及编码情况进行信度和效度评估。

如果方便的话，请您留下个人联系方式，以便今后的持续沟通及成果共享！谢谢！

如有任何有关问卷的疑问，请您联系：**博士 联系电话：*** E-mail：***

2019 年 12 月 15 日

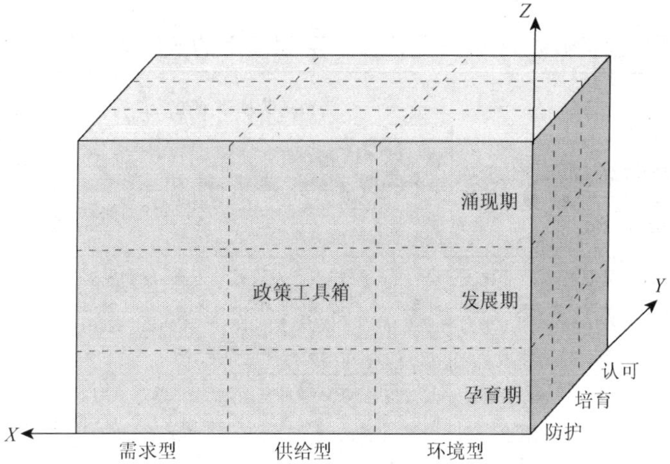

图附 2-1　新技术产业化保护空间三维立体评价模型

说明：本书将依据政策工具理论，以政策工具类型作为基本维度（X 维度），同时综合考虑了保护空间功能属性类型（Y 维度）和创新生态位成长阶段（Z 维度）两个维度构建新技术产业化保护空间的三维评价模型（图附 2-1）。该模型可以分析不同类型的政策工具在不同创新生态位成长阶段产生了何种作用，以及实现了保护空间的何种功能，从而探讨保护空间如何推动新技术产业化的中间机制。

（一）信度

信度主要表征为两类：一是类目信度，二是判断者间的信度。针对前者，需要您判断笔者界定的类目是否明确、是否详尽互斥（详见附件①）。针对后者，即类目归属问题，需要您判断笔者将分析单元归属到特定的类目（包括政策工具维度、功能属性维度和创新生态位成长阶段维度，详见附件②）是否与您一致。

（二）效度

效度是指实证测量在多大程度上反映了概念的真实含义。由于本书的分析单位为政策文本的有关条款，而条款最终表现为若干政策工具的组合，因此，本书将基本政策工具作为分析类目。效度评估需要您根据其反映政策真实含义的程度分别赋值。类目信度检验与类目效度检验遵循如下的赋值标准。

类目信度检验和类目效度检验赋值标准
类目信度赋值标准 0：表示笔者对类目界定与您不一致 1：表示笔者对类目界定与您基本一致
类目效度赋值标准 分值为 0～5（评分表详见附件②）：0 表示笔者确定的分析类目或评价模型不能反映 NEV 政策工具的真实含义，不能有效评测现有的政策体系；5 表示笔者确定的分析类目或评价模型反映了 NEV 政策工具的真实含义，较有效地评测了政策体系

附件①：中国政府构建 NEV 产业化保护空间运用的政策工具类型、名称及界定

类型	名称	定义	举例（以 NEV 产业为例）	信度	效度
环境型	产业规划	政府对新技术产业化要达成的目标和远景做出总体描述和勾画	将 NEV 列为战略性新兴产业之一，并制定产业规划和 NEV 发展技术路线图；制定 NEV 与节能产业发展规划；出台《国务院办公厅关于加快新能源汽车推广应用的指导意见》等		
	法规管制	政府规范新技术产业化发展的市场秩序，或从景观层面出台宏观综合政策，给社会-技术体制压力	出台节能减排低碳发展行动方案、能源发展战略行动计划、大气污染防治行动计划；NEV 准入管理、动力蓄电池行业规范和回收、新建纯电动乘用车企业规定、NEV 知识产权管理布局等		
	金融支持	政府直接或间接给参与新技术产业化的企业或个人提供各种投融资支援	大力发展 NEV 项目直接融资方式，加大对 NEV 种子期、初创期企业投资项目的金融支持力度，提供股权、债权以及信用贷款等融资综合服务；支持 NEV 重点领域投资项目通过债券市场筹措资金；设立政府引导、市场化运作的 NEV 产业（股权）投资基金，吸引社会资本参加等		
	税收优惠	政府主动采取措施给予参与新技术产业化的企业或个人各项赋税上的减免	出台车船税减免政策、消费税优惠政策、高新技术企业所得税优惠政策、营业税优惠政策、NEV 购置税免征政策、关税优惠政策等		

续表

类型	名称	定义	举例（以NEV产业为例）	信度	效度
供给型	研发支持	政府直接或间接鼓励各项与新技术及其辅助技术相关的科技研发	国家863计划、国家科技支撑计划、技改资金支持、国家重点研发计划NEV专项、重大创新基地、电动汽车“十二五”科技规划、NEV产业技术创新工程、NEV国家级协同创新中心、NEV孵化器等		
	辅助技术	政府对新技术性能提高所需要的辅助技术进行投入	推进动力电池和驱动电机等辅助技术的攻关措施		
	基础设施	政府对新技术产业化所需要的基础设施进行投入	充电设施发展指南、充电设施建设奖励、充电设施用地政策、明确电动汽车用电价格政策、将充电设施建设纳入城市总体规划等		
	服务平台	各项公共服务性措施，包括科技服务、企业服务、新技术人才培养和管理、公共信息服务	建立NEV新型研发机构和产学研联盟、充电智能服务平台，组建国家电动汽车充电基础设施促进联盟；出台NEV高层次人才相关引进和管理政策，完善NEV科技成果转化激励政策，搭建高层次人才成果网上展示平台；建立NEV工作联席会议制度、NEV论坛，通过专题培训等方式，大力宣传NEV产业发展		
需求型	示范项目	通过建立示范项目，向消费者和生产者引入和接触新技术最多知识，同时也完善新技术性能	执行国家统一推广目录；出台京津冀公共服务领域NEV推广方案、加快NEV在交通行业的推广应用政策，如NEV不限购、不限行等		
	贸易管制	政府通过有关进出口贸易的各项管制或鼓励措施，实现拉动新兴产业发展，吸引更多的投资主体	设定外商投资指导目录等		
	政府采购	中央及地方政府的各项采购规定，如政府采购、公营事业采购、合约研究	提出NEV政府采购实施方案等		
	消费者补贴	政府直接或间接给消费者购买新技术产品的各种类型补贴，降低消费者的购置成本	启动私人购置补贴和新能源公交车运营补贴，在单位团购、动力电池回收、换购更新、租赁、技术研发等方面给予额外的资金补贴，或者对专门从事新能源汽车运营或租赁服务的企业给予补贴等		

附件②：编码表一致性检验（编码信度评估）

由于本研究涉及政策工具的条款共645条，有时一个条目会涉及一个以上的政策工具，此时用“*”号加以区分。现从中抽取190条（抽样比例为三分之一，达到操作要求）。

赋值标准

0：表示笔者对政策工具和科技活动所处阶段的判断与您不一致

1：表示笔者对政策工具和科技活动所处阶段的判断与您一致

一致性检验赋值标准
0：表示笔者对类目、政策工具、功能和所处生态位阶段的判断与您不一致
1：表示笔者对类目、政策工具、功能和所处生态位阶段的判断与您一致

附录3　系统动力学模型主要方程式

（01）FINAL TIME = 2025

Units：年

The final time for the simulation.

（02）INITIAL TIME = 2007

Units：年

The initial time for the simulation.

（03）NEV 产业化水平 = INTEG（NEV 市场占有率，0）

Units：Dmnl

（04）NEV 保护力度 = IF THEN ELSE（产业转型压力*0.615 + 节能减排压力*0.385 ＞0，产业转型压力*0.615 + 节能减排压力*0.385，0）

Units：Dmnl

（05）NEV 保护空间水平 = INTEG（NEV 保护力度，500）

Units：Dmnl

（06）NEV 市场占有率 = NEV 新增市场

Units：Dmnl

（07）NEV 新增市场 = 需求因素影响的新增市场 + 供给因素影响的新增市场

Units：Dmnl

（08）SAVEPER = TIME STEP

Units：年 [0，？]

The frequency with which output is stored.

（09）TIME STEP = 1

Units：年 [0，？]

The time step for the simulation.

（10）产业经济效益 = INTEG（效益增量 2，　0）

Units：Dmnl

（11）产业规划的力度 =　环境型政策工具力度*0.25

Units：Dmnl

（12）产业转型压力 = INTEG（压力增加值 2，200）

Units：Dmnl

（13）产品价格 = 生产成本*（1 + 企业利润率）

Units：Dmnl

（14）企业利润率 = 生产成本*0.1 + 税收优惠力度*0.001

Units：Dmnl

（15）企业参与度 = INTEG（企业参与提升值，0）

Units：Dmnl

（16）企业参与提升值 = 经济效应*0.5 + 企业认知提升值*0.3 + 服务平台完善程度*0.2

Units：Dmnl

（17）企业认知度 = INTEG（企业认知提升值，0）

Units：Dmnl

（18）企业认知提升值 = 新技术成熟度*0.35 + 新技术愿景*0.35 + 法制管规力度*0.3

Units：Dmnl

（19）使用性能提升 = 新技术成熟度*0.5 + 辅助技术成熟度*0.2 + 充电桩投入力度*0.3

Units：Dmnl

（20）使用总成本 = 购买价格 + 汽车运行成本

Units：Dmnl

（21）供给因素影响的新增市场 =　企业参与提升值*0.8

Units：Dmnl

（22）供给型政策工具力度 = 供给型政策工具力度系数*NEV 保护空间水平

Units：Dmnl

（23）供给型政策工具力度系数 = WITH LOOKUP（Time，（[（2007，0）-（2025，1）]，（2007，0.1），（2008，0.15），（2009，0.18），（2010，0.15），（2011，0.19），（2012，0.23），（2013，0.31），（2014，0.4），（2015，0.42），（2016，0.48），（2017，0.45），（2018，0.42），（2019，0.4），（2020，0.38），（2021，0.35），（2022，0.32），（2023，0.3），（2024，0.28），（2025，0.3））

Units：Dmnl

（24）充电价格 = 1.2

Units：Dmnl

（25）充电桩投入力度 = 供给型政策工具力度*充电桩投入力度系数

Units：Dmnl

（26）充电桩投入力度系数 = 0.25

Units：Dmnl

（27）压力增加值 1 = 生态压力指数*100 –节能减排效益

Units：Dmnl

（28）压力增加值 2 = 经济压力指数*100 –产业经济效益

Units：Dmnl

（29）政府采购力度 = 需求型政策工具力度*政府采购力度系数

Units：Dmnl

（30）政府采购力度系数 = 0.2

Units：Dmnl

（31）效益增量 1 = NEV 产业化水平*0.032 5

Units：Dmnl

（32）效益增量 2 = NEV 产业化水平*0.067 5

Units：Dmnl

（33）新技术愿景 = 产业规划的力度*1.6

Units：Dmnl

（34）新技术成熟度 = 研发支持力度*1

Units：Dmnl

（35）服务平台完善程度 = 供给型政策工具力度*0.25

Units：Dmnl

（36）汽车运行成本 = （充电价格*15 –消费者充电补贴力度）

Units：Dmnl

（37）法制管规力度 = 环境型政策工具力度*0.25

Units：Dmnl

（38）消费者充电补贴力度 = 消费者补贴力度*0.365

Units：Dmnl

（39）消费者满意度 = INTEG（购买意愿提升值，0）

Units：Dmnl

（40）消费者补贴力度 = 需求型政策工具力度*消费者补贴力度系数*0.003 6

Units：Dmnl

（41）消费者补贴力度系数 = 0.3

Units：Dmnl

（42）消费者认知度 = INTEG（消费者认知提升值，0）

Units：Dmnl

（43）消费者认知提升值 = 新技术愿景*0.5 + 新技术成熟度*0.5

Units：Dmnl

（44）消费者购置补贴力度 = 消费者补贴力度*0.635

Units：Dmnl

（45）环境型政策工具力度 = 环境型政策工具系数*NEV 保护空间水平

Units：Dmnl

（46）环境型政策工具系数 = WITH LOOKUP（Time，([（2007，0）-（2025，1）]，（2007，0.5），（2008，0.55），（2009，0.56），（2010，0.6），（2011，0.58），（2012，0.55），（2013，0.48），（2014，0.4），（2015，0.4），（2016，0.27），（2017，0.25），（2018，0.25），（2019，0.28），（2020，0.27），（2021，0.25），（2022，0.26），（2023，0.25），（2024，0.24），（2025，0.2））

Units：Dmnl

（47）生产成本 = 10-金融支持力度*0.000 1–贸易管制强度*0.000 1

Units：Dmnl

（48）生态压力指数 = WITH LOOKUP（Time，([（2007，0）-（2025，200）]，（2007，200），（2008，190），（2009，180），（2010，170），（2011，160），（2012，150），（2013，140），（2014，130），（2015，120），（2016，110），（2017，100），（2018，90），（2019，80），（2020，70），（2021，60），（2022，50），（2023，40），（2024，20），（2025，10））

Units：Dmnl

（49）研发支持力度 = 供给型政策工具力度*0.25

Units：Dmnl

（50）示范项目推广力度 = 需求型政策工具力度*示范项目推广力度系数

Units：Dmnl

（51）示范项目推广力度系数 = 0.2

Units：Dmnl

（52）税收优惠力度 = 环境型政策工具力度*税收优惠力度系数

Units：Dmnl

（53）税收优惠力度系数 = 0.25

Units：Dmnl

（54）经济压力指数 = WITH LOOKUP（Time，([（2007，0）-（2025，20）]，（2007，20），（2008，19），（2009，18），（2010，17），（2011，16），（2012，15），（2013，14），（2014，13），（2015，12），（2016，11），（2017，10），（2018，9），（2019，8），（2020，7），（2021，6），（2022，5），（2023，4），（2024，3），（2025，2））

Units：Dmnl

（55）节能减排压力 = INTEG（压力增加值 1，200）

Units：Dmnl

（56）节能减排效益 = INTEG（效益增量 1，0）

Units：Dmnl

（57）购买价格 = 产品价格–消费者购置补贴力度

Units：Dmnl

（58）购买意愿提升值 = 0.33*消费者认知提升值 + 0.33*使用性能提升 + 0.33*使用总成本*100

Units：Dmnl

（59）贸易管制强度 = 需求型政策工具力度*0.25

Units：Dmnl

（60）辅助技术成熟度 = 供给型政策工具力度*0.25

Units：Dmnl

（61）金融支持力度 = 环境型政策工具力度*0.25

Units：Dmnl

（62）需求因素影响的新增市场 = 购买意愿提升值*0.5 + 政府采购力度*0.2 + 示范项目推广力度*0.3

Units：Dmnl

（63）需求型政策工具力度 = 需求型政策工具力度系数*NEV 保护空间水平

Units：Dmnl

（64）需求型政策工具力度系数 = WITH LOOKUP（Time，（[（2007，0）-（2025，1）]，（2007，0.4），（2008，0.3），（2009，0.26），（2010，0.25），（2011，0.23），（2012，0.22），（2013，0.21），（2014，0.2），（2015，0.18），（2016，0.25），（2017，0.3），（2018，0.33），（2019，0.32），（2020，0.35），（2021，0.4），（2022，0.42），（2023，0.45），（2024，0.48），（2025，0.5））

Units：Dmnl

后　记

关于 ST 未来研究的方向，综合 Köhler、Kern、Rogge 等学者的观点，主要包括以下几大方面：第一，要加强对现有社会-技术体制和社会-技术制度的不稳定、衰落和淘汰方面的研究，现有社会-技术体制可能会因为生态位创新的压力而衰落，但系统也可能会因为生态位创新加速传播创造空间而有意被淘汰。第二，要加强对新技术可持续发展过程中突破点、扩散点和引爆点的研究，因为现实的某些行业（如可再生电力技术、电动汽车）已经开始发生可持续转型，而气候变化等领域问题需要加速转型。第三，要超越单一创新的狭窄思路，加强对多种新技术与现有技术之间的互补或竞争方面的研究，或者对生态位的影响方面的研究，以及这些动态对更大的社会-技术体制的运行影响研究。第四，更全面阐述对转型内涵的理解，包括对多个系统之间相互作用的研究，如电力运输、农业运输和热电等。同时，也要加强对“深度转型”的研究，阐述多重制度变迁如何影响社会-技术景观的发展，进而影响全局。第五，对转型的速度以及如何加快转型的研究，譬如转型总是需要几十年那么长的时间吗？可以更快点吗？如果不行，在什么情况下会加速？第六，开始分析技术锁定机制的优势，以及它们如何随着时间或部门之间的变化而变化，这方面的研究可以更精确地评估路径依赖的程度以及制度可能出现的裂缝。

在具体的 ST 研究主题方面，未来研究可重点关注：第一，转型的政治与权力。这个主题未来研究的主要挑战可能是比较和整合政治和权力研究的多样化，并反映当前研究结果对转型理论的作用，在跨学科、跨框架、跨层次（宏观/中观/微观）和案例研究的基础上，对转型中政治和权力的博弈问题进行更具比较性的研究。第二，转型的治理。未来研究有多个方向，其中重点包括前瞻性分析和后期阶段转型的治理，进一步加强转型背景下的政策研究，以及实验和转型中介在联合行为者方面的作用。第三，转型的社会团体与社区运动。一个重要但研究不足的领域是社会团体和社会运动是如何影响公众对不稳定的体制支持，逐步淘汰不可持续发展的现有技术，以及对 ST 政策的制定。社会团体的行动者在克服体制对 ST 的政策抵制方面发挥了什么作用？在何种情况下，社会运动和社会团体是转型时期治理和政治的重要参与者？第四，转型的企业与行业。现有行业的不稳定和衰退变得更加突出，行动者之间的斗争加剧，转型变得更加激烈。行业的不稳定和衰退提供了许多研究机会，譬如研究是否存在某些行业衰退的模式？如何加速衰退？如何应对衰退（从商业和社会的角度来看），或者新兴行业和衰退行业如何互动？变革在各个行业的普遍性，现有的转型框架如何应对涉及多个部门和行业的复杂转型，以及企业如何应对这些挑战？第五，转型的用户实践和日常生活。可以通过将其理论体系扩展到实践理论的应用外，扩展对支撑消费和日常生活转型的关键社会机制和动力的理解。同时，有必要建立更广泛的分析框架，在系统、技术和产品层面将生产和消费联系起来。再者，还需要定量方法，以及在不同社会、文化和地理背景下跨领域的比较研究，以对比了解用户日常生活中轨迹的动态变化。第六，转型的地理。鉴于全球化、可持续发展和城市化日益相互关联，发展中国家的转型和城市转型是未来研究的特别有趣的途径，这使得能够探索各种新的和具有挑战性的研究方向。